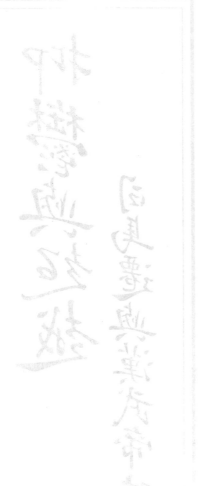

出版說明

逯耀東先生育才無數、著作等身，於學術界、文壇享譽盛名。「糊塗齋史學論稿」集結《抑鬱與超越——司馬遷與漢武帝時代》、《從平城到洛陽——拓跋魏文化轉變的歷程》、《魏晉史學的思想與社會基礎》、《魏晉史學及其他》、《胡適與當代史學家》五種，是先生在史學方面的經典著作。本書《抑鬱與超越——司馬遷與漢武帝時代》為先生之遺著，乃其畢生研治《史記》的心血結晶，共有正文八篇、附錄三篇。

有別於其他研究《史記》著作，或著重研究司馬遷個人生平，或從《史記》中探究中國古代史。先生另開蹊徑從司馬遷個人經歷出發，深入剖析其撰寫《史記》的目的及蘊含的飽滿情感，尤其精準地捕捉了司馬遷如何有意承繼孔子以來中國學術的遠大志向。本書之書名「抑鬱與超越」，即是其觀察司馬遷寫作過程忍辱負重的情緒，與背後宏大目標所得到的精闢結論。此外，本書也對《史記》進行詳細考證、分析編排理念，乃至後世評價，內容完整且面面俱到，是研究漢代史學發展不可不讀的重要著作。

本書初版編輯自二〇〇四年一月起陸續排校，書名幾經斟酌、改動，方才定案。其後，先生更耗費一年半時間，仔細校閱書稿的行文、論據及引文出處，務求盡善盡美。稿樣校畢，先生著手撰寫書序，題名「殘燈」。豈料文稿未定，先生遽歸道山，留給後人莫大的遺憾與懷念。先生欲於「殘燈」中表述的深意，無緣得知，為了彌補缺憾，乃敦請先生高足李廣健、陳識仁為本書撰寫「導言」。同時延請先生另一高徒黃清連襄助，校閱一過。三位追隨逯先生問學有年，學術上各有專精，透過「導言」可使讀者明瞭全書體系、要旨，而「殘燈」手稿，則如實呈現於後，以為誌念。

本次再版重新校對，設計了新版型、書封，希冀經典傳揚，以慰先生、以饗讀者，並藉此再次傳達太史公撰史，以及先生著書「抑鬱與超越」之心境。

編輯部謹識

残灯

　　司马迁下值辞家，出得宫东门，沿着笔直的御道缓缓走到他的车乘停歇处，停足翘首回望，十二月的朔风，自宫枕树丛之所近后呼啸而来，捲动了反白天空枝低沉的乌云，沿着层层宫阙流泻下来，在重重里色的宫屋，迴视在里色重重的宫宇间，不停地翔腾滚动着。使得井得静穆的建章宫，更得又神秘莫测了。

　　　　　　诛纪实

　　司马迁深深守了一口气，倒又想到武亭要差回　　这大半年他随侍车驾在外，说在回到京城，但两廿一个月又直得遇上赴雍，上，是司马迁个人後对武亭的防消，这除消除教晨外，还有些微的勤區，自先填二年他因李陵事件下狱之後，缄有留在宫中，在武亭身担任中令后之工作。在武亭身旁负责文告层证的之作，他俩君臣间似乎比往日交款远了。所以，出宫前每向武亭禀告一声，武亭正在昼寝。他停之退出的侍候，陈约帐内传出武亭缓缓的鼾声，他又张嘴，

　　「是？司马迁轻声恭敬回答，之後又静之踅向武亭的寝榻旁。

　　「争去早回味，武亭自榻上撑起身土，司马迁急忙械向恨手急忙扶持，武亭挽之手，之後说：「子长，你两查之膚庵檀载有什么東西？

　　「是？司马迁低声回答，心说，遗道今天遗屋裡让他今天在这屋裡之经搜查了好儿遍了。武亭说的東西，是个桐木刻的小人，上面有武亭的生辰八字。

　　生辰八字。　　　　　　　　「去年十一月，巫蛊事件发生，在元寿板宫中亚气，西列太z宫搖重，搜得一桐刻一个小桐木人的

　　自此之後，武亭性情大变缓　　　　武亭深刻怀疑，左右都以巫蛊祝诅他後合能害，扵是司马迁扒展开帐後，搞摩榻底仔细搜查一遍，之後说並没汗得，都没好怎武亭生才安心躺陈，挽之手说：「主说，司马迁缄得又再计月游列宿前将约帐垂如，看见着帐内的武亭已经睡著了。缄一悦敧乱的两鬓自额凭靠着剃疫的脸膛，眼睛涌涕，下的鲜朝项沒着流浃的皱纹呼起伏着，寻着是一→司马迁情之逗出，他依然扣相信朝廷帐内睡的是国事刻劳的当人，竟是天下权力的扫主掌者，而且扒子汤且对记怀の的学陸中

　　　　　　　　真的成了涨字家人了。

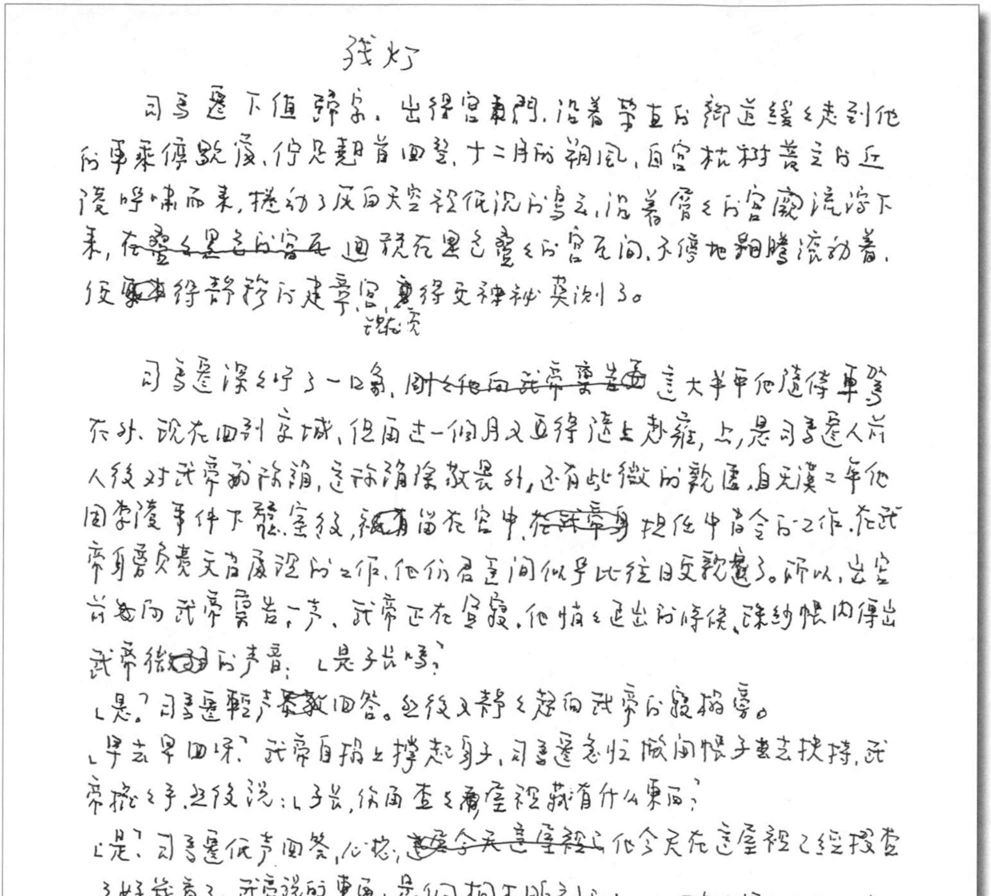

「殘燈」手稿

抑鬱與超越——司馬遷與漢武帝時代

目次

導言：抑鬱與超越

漢武帝時代是一個空前變動的時代。

漢武帝自建元元年（公元前一四〇年）至後元二年（公元前八七年），在位共五十四年。自建元元年至元封元年（公元前一一〇年），司馬談任太史前後恰三十年。司馬談卒後，司馬遷繼任太史，至征和二年（公元前九一年）〈報任安書〉說：「得待罪輦轂下二十餘年矣。」武帝崩於後元二年，司馬遷或也在此時前後不久棄世。

司馬氏父子相繼為太史，侍從武帝左右，或從巡幸天下，或侍議中廷，前後經歷了整個漢武帝時代。司馬氏父子因為職務的關係，久處於政治權力結構中心之內，他們雖然不是決策者，卻親歷每一個重大的歷史事件。對這些重大歷史變動，感受更深。而且記錄與著述也是太史工作之一，因此他們感到有責任將這些親歷的歷史變動記錄下來。所以，司馬談臨終對這個願望仍念念不忘，囑託司馬遷他所欲論載的，亦即其個人所經歷的漢武帝時代。其後司馬遷繼承其遺志，「悉論先人所次舊聞」，開始撰寫《史記》，其與上大夫壺遂討論其所欲撰寫者，也集中在他所生存的漢武帝時代。

司馬遷在撰寫《史記》過程中，因遭遇「李陵之禍」，內心鬱結，反映在他的著作之中，讓後人認為司馬遷在《史記》裡對現實政治「微文刺譏」，因而視《史記》為「謗書」。當然，司馬遷在寫作過程中，將其個人際遇的鬱結，有意或無意融於《史記》中，也是非常可能的。至於「微文刺譏」，誹謗今上，即使他想這樣做，在當時現實的政治環境下，卻是不可能的。不過，《史記》雖非專為司馬遷個人鬱結而發，但司馬遷撰寫《史記》時，遭受現實政治的壓抑，並且身受其摧殘。如何超越現實的桎梏，在不觸犯時諱的情況下，保留當代歷史的記錄，是司馬遷頗費思量的問題，值得深入討論。

司馬遷所創造的紀傳體，成為後世歷史寫作遵循的形式之一。《史記》是由一百六七十個主要人物編織而成，那裡有帝王將相之輩，也有雞鳴狗盜之徒，有慷慨悲歌的義士，也有窮途末路的英雄。這種歷史寫作形式讓後人產生一種錯覺，認為中國紀傳體是以人為主。事實上，中國的紀傳體本以敘事為主，和編年體一樣，同樣敘述歷史事件發展的過程，以及演變的因果關係，所不同的，編年體是以年繫事，紀傳體則以人繫事而已。司馬遷以孔子的《春秋》為藍圖，創造中國史學的新形式。《史記》的結構分為本紀、表、書、世家、列傳，形成一個不可分割的整體，即〈太史公自序〉所謂「二十八宿環北辰，三十輻共一轂，運行無窮」。本紀為歷史發展演變的中心若北辰，年表以時間縱向貫穿，八書以時間橫向相連形成一個軸心，世家、列傳輻輳，形成一個向前運行的歷史巨輪。從表面上看各部分自成體系，互不相關，但事實上各篇間卻有無形的邏輯關聯性。司馬遷融合中國古史寫作的形式，鑄造成中國史學新的版型，並一直影響著中國兩千年史學寫作的形式。

一

司馬遷在〈太史公自序〉和〈報任安書〉兩次提到「成一家之言」，雖然這兩處地方追求的目標一致，但表現的意義卻不相同，進行的程序也有先後之別。前者是對孔子刪《詩》《書》、定禮樂以來的學術發展與演變，作一次系統的整理。後者是將整理過的材料，納入時間框限之中。二者綜合起來，就是司馬遷撰寫《史記》的意旨，也是他對中國學術與史學的貢獻所在。

漢武帝時開始的圖書校整，規模較成帝時大。劉歆《七略》謂「孝武皇帝敕丞相公孫弘廣開獻書之路，百年之間，書積如山」。漢武帝時有計劃大規模搜集軼書，並建立典藏制度，設置太史令管理與整理圖書。圖書典藏和整理是一體兩面的工作，擔任校書工作的就是司馬氏父子。司馬談為太史，整理石室金匱的圖書，負責保管國家的文獻與檔案，就必須對相關資料進行整理校讎。章學誠根據《漢書．藝文志．詩賦略》收載「上所自造賦」，認為班固以劉向、歆校讎祕閣的工作成果為藍本。而劉氏父子的工作成果則其來有自，源於漢武帝時所編的目錄。這部目錄很可能就是司馬遷校書時的記錄，但沒有成書，後來司馬遷撰《史記》時分散於書中各篇。其底稿或仍有流傳，或藏於祕府，劉向、歆將這份底稿納入己書，至班固時因循而成《漢書．藝文志》。

司馬遷在〈報任安書〉自嘲「文史星曆近乎卜祝之間」，「文史」所指就是文字處理，以及保管和整理圖書檔案工作。〈太史公自序〉記載司馬談「愍學者之不達其意而師悖，乃論六家之要指」，正是太史掌管圖書工作具體的表現。司馬談在工作過程中，選擇黃老作為主導思想，並提出〈論六家要指〉，是中國傳統目錄學最早的序錄。司馬談壯志未酬身先死，司馬遷繼其遺志，接續校整圖書，其目的就是為了研讀和了解古籍。司馬遷遂以公孫弘「明天人分際，通古今之義」為基礎，向「欲以究天人之際，通古今之變」過渡，雖僅「義」與「變」一字之易，卻創立了中國的傳統史學。

戰國以來，百家爭鳴各顯其說，學者不務綜其終始，欲一觀諸要難。另一方面，先秦書籍經秦火焚銷散亂，不僅引起司馬氏父子的感嘆，也為他們的工作帶來實際困難。所以，司馬談在奉命整理圖書時，似乎就立下心願，對孔子校整《詩》、《書》、《禮》、《樂》以來的學術發展與演變，作一次系統的整理。孔子是保存先秦文獻的第一人，先秦典籍經孔子刪定，對上古學術發展作了第一次的集結後，自此之後中國文獻始有可稽。至漢武帝時校書祕閣，司馬氏父子對孔子以來的學術思想演變作系統的整理，是為第二次的集結校整。

漢初至漢武帝百餘年間，在不同階段因不同的政治需要，曾對不同類別的圖籍作過初步整理，這些圖籍最後都集中在司馬氏父子處。他們就利用這個基礎，完整而系統地整理這些圖籍。所以，司馬氏父子不僅是劉氏父子的先行者，並且為以後中國目錄學開闢了新的道路。

就目錄學的發展而論，《呂氏春秋．不二》對戰國以來的「天下之豪士」，作扼要定調，目錄學始見端倪，但對其學術流派卻未作具體的劃分。到《韓非子．顯學》，才初見學術流派的傳承。及至《淮南子．要略》提出縱橫、刑名和法等學術流派的名稱及其承繼，仍然沒有對戰國時期學術流派的發展與流變，作整體的分析與討論。淮南王劉安與司馬談同時，目錄學發展至此，辨章學術流派的雛形已出現。中國學術思想經孔子第一次清理後，演變到這時已歷五百年，迫切需要再一次的清理。於是，司馬談利用校整圖書的機會，對國初以來駁雜的學術發展與流變，作一次徹底而系統化的整理。更在儒、墨之外，提出黃老之學。

司馬氏父子首先提出對漢初政治發生重大影響的「黃老」，是當時學術的主流。曹參在漢初援黃老入政治，後來又繼蕭何為丞相，仍用黃老術。司馬遷對曹參以黃老治國，予以很高的評價。《史記》對秦楚之際的黃老以迄蓋公、曹參的承傳關係，作了詳細的敘述。司馬氏父子認為，黃老之言出自齊之稷下。慎到、接子、田駢、環淵、尹文、宋鈃同為司馬遷所謂的稷下之士，他們的著作，在《漢書·藝文志》中分別置於〈諸子略〉的道家、法家、名家、小說家等類中。雖然類別不同，但卻同樣是「其言黃老意」。司馬遷將老子與韓非合傳，並附申子，皆因其學皆源道德之意，亦即黃老之學。這些稷下學士，是戰國諸子學說形成前，流行一時的學術思想流派。他們對後世包括道、法、名、陰陽等家思想都發生影響。所以，司馬談才會以黃老概括與統率陰陽、名、法、道德諸家的形成與發展。並在此基礎上提出〈論六家要指〉，對戰國以來的學術發展與流變，作系統化的整理與總結。並對經過系統化整理的學術流派，予以固定的分類名稱，劃清不同學術流派間的範圍。這種分類後來為劉向、歆所繼承，《漢書·藝文志》的〈諸子略〉即以此為藍本形成。不僅班固《漢書·藝文志》的〈六藝〉與〈諸子〉由此而出，司馬氏父子的工作更進一步支配了以後簿錄之學的「經部」和「子部」的內容。這兩個範疇劃定後，史部之學隨之逐漸萌芽。

司馬談任太史令近三十年，負責校整圖書，並以在校整過程中搜集到的材料，準備撰寫

《史記》。司馬談卒後三年，司馬遷接任太史令，繼續司馬談未竟之業。太初三年，司馬遷開始撰寫《史記》，而司馬氏父子校整圖書的資料，則分散於書中有關章節中。劉向、歆未敘《七略》由來，但在此以前必有傳授。若溯其來由，則諸子十家，可觀者九流，實淵源於〈論六家要指〉，諸敘錄則承司馬遷著書諸人的列傳而來。《史記》對著書諸人著述由來、承傳所自、著述要旨，彼此之間的學術關係均有交代。後來，劉向、歆校書的敘錄，一準於此。把這些資料匯集起來，就是《漢書．藝文志》中〈諸子略〉、〈詩賦略〉、〈數術略〉的資料來源與淵源所自。

司馬氏父子生存的時代環境各異，司馬談生當黃老作為政治和學術思想主流的時代，所以確有「先黃老而後六經」的傾向。而司馬遷除了繼承其家學外，又曾問學於孔安國、董仲舒，加上漢武帝時，政治與學術發生空前的轉變。為了遷就現實，司馬遷的學術思想也作出調整，把孔子從儒家中分出，超越諸家之上，提升到「至聖」的地位。

孔子繼承了周代六藝之教的傳統，為著教學需要，對上古以來的文獻作了一次系統的整理、校整編次。禮、樂、射、御、書、數六藝，是周代王子貴胄文武合一的基礎教育。春秋戰國之際，戰爭形式由車戰轉變為短兵相接，文武合一開始分途。專於武事的射、御退出六藝之教，技術性的書、數也排除在外。另一方面，卻添補了知識性的《詩》、《書》。文武合一的六藝，遂轉化成知識文化層次的《詩》、《書》、《禮》、《樂》四教。孔子不僅深刻體認六藝的師儒傳統，而且掌握了六藝轉變為四教的趨勢，再納入《易》與《春秋》，和以往六藝之教全然不同。至《史記》始將孔子教學內容謂之六藝的名稱固定下來，並在〈儒林列傳〉把孔子系統整理六藝文獻資料的背景與過程，作清晰的說明。這是中國學術發展重要的轉變，使原來王廷獨尊的知識，轉變為社會普及的文化。這傳統到漢武帝時代發生了變化，孔子六藝與儒家合而為一，依附於政治，超越諸家之上。於是，六藝又由社會回歸到政治，淪為為政治服務的工具。

司馬氏父子對周秦以來文獻資料的整理，不僅對戰國以來新興的學術思想予以歸類，並將孔子所成的六藝，超越諸家之上，鑄定以後中國學術思想發展的版型。司馬遷將孔子的六藝傳統，獨立並超越現實政治之外，自成體系。又把儒生經典化的六經，退處九流，這就是〈儒林列傳〉創立的原因。司馬遷似有意以公孫弘貫穿整個〈儒林列傳〉，詳述諸經師傳經的情形，並具列受經的諸弟子，然而卻不言弟子傳經以廣師說，僅言某至某官，秩若干。所言並非記敘六藝學術的承傳，而是論六經依附政治為經典後，成為利祿之途庸俗化的過程。所以，孔子六藝，與罷黜百家後的六經，有學術思想與政治現實的不同，有古今之變的「古」與「今」的差異。

所以，《史記》內外，有兩個「成一家之言」。前者是對上古的學術作一個系統的整理。後者則是為中國史學拓創了新的途徑。唯有從這方面探索，才能發掘司馬遷《史記》對中國學術與中國史學所作的承先啟後的貢獻。

司馬遷所謂「通古今之變」的「今」，即其所撰〈今上本紀〉的「今」，也就是司馬遷個人所生存的漢武帝時代。漢武帝時代不僅是漢代，也是中國歷史重要的轉變時代。漢武帝選擇儒家思想作為政治指導的最高原則，並以此塑造以後中國君主的專制統治體系。這種統治制度，司馬遷釋之為「一人有慶，萬民賴之」。換言之，就是君主絕對權威的樹立。

後來，司馬遷因為替李陵游說而「誣上」，卒遭吏議，「與法吏為伍，深幽囹圄」，更於天漢二年被處宮刑。他對君主的絕對權威，以及其統治工具酷吏的暴虐，有切身體驗，感受深刻。因此，進一步探索漢武帝「一人有慶」的由來，可能是他撰〈今上本紀〉，或發憤著《史記》的潛在原因。

雖然，社會經濟的發展與繁榮，以及七國之亂後，地方王國勢力不削自弱，功勳舊臣凋零殆盡，為漢武帝「德歸京師」，也就是權力集於中央的大一統的局面，提供了有利的客觀條件。但是，司馬遷卻選擇了田蚡，作為漢武帝由「德歸京師」過渡到「一人有慶，萬民賴之」的開端。田蚡是漢武帝的舅氏，漢武帝即位後擠進權力核心，當時漢武帝所有「計筴」，皆出於田蚡。田蚡就利用儒術為政治鬥爭的工具，挑戰掌握宮廷三世權力，而且崇尚黃老的竇太后。最後，田蚡雖然失敗，但仍隱藏於幕後弄權。直到竇太后病逝，田蚡復出為丞相。田蚡在掌握政治權力後，一方面繼續清除竇氏的殘餘勢力，另一方面恢復因竇氏干預而停滯的各種設施。

當是時，漢武帝已從初即位十六七歲的少年，在不斷的政治鬥爭中，成長為年輕有為之君，並且掌握了實際的權力。原來強調尊卑有序的儒家思想，如董仲舒對策所言，可以為大一統的帝國，提供一個有效的建國藍圖。但田蚡本非儒者，傳稱其學《槃盂》諸書，並好鬼神之事，將黃帝納入方士系統的李少君，或由田蚡薦於漢武帝，影響漢武帝一生向道羨僊。所以，田蚡不過順應當時的趨勢，利用儒家作為政治鬥爭的工具而已。而且，由田蚡引薦進入新官僚體系的公孫弘、張湯，也非純儒。司馬遷說公孫弘「學《春秋》雜說」，「習文法吏事，而又緣飾以儒術」，張湯則「決大獄，欲傅古義」。他們皆曲學阿世，非「務正學以言」者，因而使儒術淪為漢武帝絕對君權的統治工具。這也是汲黯對漢武帝一朝政治所作的總結性的批評：「陛下內多欲而外施仁義，奈何欲效唐虞之治乎！」所謂「內多欲而外施仁義」，也就是以儒術為名，行法家之治。汲黯認為公孫弘的「懷詐飾智以阿人主取容」，張湯的「刀筆吏專深文巧詆，陷人於罪」，是促使這種現象出現的根本原因，汲黯特別譴責公孫弘、張湯的原因也在此。

司馬遷的《史記》以〈魏其武安侯列傳〉，為漢武帝時代諸列傳之始，而以〈汲鄭列傳〉作為諸列傳之終，原始察終，敘述漢武帝「一人有慶」絕對君權形成的過程。並於〈汲鄭列傳〉之後，輔以公孫弘為主的〈儒林列傳〉與張湯為首的〈酷吏列傳〉，探索其形成的原因。並以此作為〈今上本紀〉「內脩法度」的開端，也就是「今」之開端，然後以此為基點，向過去尋求其演變與發展的因果關係。此即為司馬遷史學思想的「通古今之變」。

不過，如果要徹底了解司馬遷的這個命題，就得以「今」作為開端進行探索。因為這是司馬遷個人生存的時代。過去，討論這個問題都集中在司馬遷因遭李陵之禍，微文刺譏的層面，作為一個中國史學肇始者的司馬遷，除了宣洩個人鬱怨之外，似乎應該有更遼闊的胸襟。關於這個問題，從司馬遷婉轉迂迴地討論漢武帝「一人有慶」絕對君主權威的樹立，可以得到了解，作為一個史學家如何超脫現實政治的壓制，真實地敘述其生存時代的歷史。這種敘述的方法，即其〈自序〉所謂「夫《詩》《書》隱約者，欲遂其志之思也」。

這種方法，司馬遷也用在敘述司馬談之死一事上。漢武帝自建元元年即位，到元封元年登泰山，完成封禪的心願。這三十年間，司馬談侍從漢武帝巡狩四方，參與議論封禪典儀。最後，卻在漢武帝登泰山舉行封禪大典前，竟被留滯周南，「發憤且卒」。司馬遷記載他父親的死，先用「留滯」，後用「發憤且卒」，筆法非常耐人尋味。

漢武帝即位後馬上頒布詔書，似乎有意突破漢初以來的黃老之治，並超越秦始皇「法後王」的法家之治，上繼五帝三王之道。不過，這份詔書以五帝三王之道開始，中間說到受命之符，災異之故，王者壽夭，終始之變，最後以陰陽甚至神僊家為結。其實，漢武帝好儒，卻志不在治，根本是援之以文飾其鬼神之詞。

漢武帝登基後的連串改革，因竇太后阻撓而失敗。由田蚡舉薦的王臧、趙綰，成為政爭中的犧牲者。田蚡雖好儒術，卻更喜黃老鬼神之事。而他所喜的黃老，又與竇太后所喜的有別，前者「迂誕依託」，多出漢武帝時方士之手；後者起於六國時，與老子近似。竇太后反對改革，既是為了保有其政治特權，也可能是恐田蚡假儒家之名，將年輕的漢武帝引入行鬼神之事的歧途。當竇太后死後，田蚡為丞相，先前竇太后反對的種種措施，紛紛恢復。漢武帝頒賢良詔、幸雍、祠五畤，並訂定元年祭天、二年祭地、三年祭五畤的祠祀制度，同時在上林置神君。後來，田蚡因過於囂張而見斥，但漢武帝好鬼神之祠，亦已積習難返。

元狩五年，朝廷開始討論封禪，由於孔子和儒家典籍都沒有論及封禪，漢武帝藉儒家文飾封禪的願望就無法實現。於是，退而結合司馬相如的主張，將黃帝登僊與封禪聯繫起來，把方士僊道修煉的系統大為簡化。元鼎元年，得黃帝寶鼎於汾陰，迎至甘泉，漢武帝親自薦祠，回到長安，受到群臣讚頌，此舉增強了漢武帝封禪的信心和決心。元鼎五年十月，郊雍，至隴西，西登崆峒幸甘泉，令祠官具太一祠壇。十一月，始郊太一。元封元年十月，漢武帝勒兵十餘萬，北巡朔方，還祭黃帝冢於橋山，至甘泉，為用事泰山，先祠太一。翌年春正月，東幸緱氏，親登嵩高，東巡海上。夏四月，還，登泰山封禪。這一系列行動，目的都是為了封禪泰山，然後學黃帝登僊而去。所以，漢武帝一方面在外巡狩與祠祀，而另一方面，由於得黃帝寶鼎，尤其在公孫卿敘述黃帝乘龍登僊的事之後，漢武帝與公卿諸生及方士更積極討論封禪典儀之事。然而封禪用希，儒生莫知其禮，因此援用儒家典籍來進行討論。事實上，漢武帝理想的封禪儀禮，只不過援引儒術以作文飾。所以，在諸儒草封禪儀習其禮時，漢武帝卻示以方士所製的封禪祠器。但是，拘於古詩文不知變通的儒生，竟認為「不與古同」，遂致漢武帝「盡罷諸儒不用」，也就是完全放棄儒術的文飾，直接採用方士之言。

漢武帝從開始就沒有純用儒術的意願，招賢良方正董仲舒、公孫弘對策，兩人都受到陰陽五行災異之變的感染，而這正是漢武帝所喜愛的。所以，後來積極籌辦封禪時，漢武帝完全依信方士，對於諸儒據儒學典籍提出的議論，更是反感，甚至一怒之下，盡罷諸儒不用。其中更可能包括司馬談，遂致滯留周南，不得參加封禪。司馬談於建元元封間任太史，正是漢武帝由好鬼神之祠，進而封禪泰山的日子，司馬談無役不與。而且，從他的〈論六家要指〉

來看，顯然不屬儒家，而最後竟遭盡罷諸儒的牽連，不得封禪，司馬遷書以「發憤且卒」，應是當時實際的情況。

司馬遷記載父親臨終囑咐「無忘吾所欲論著」，司馬談除了欲論著所廢的天下文史之外，可能還有他三十年間扈從漢武帝從事封禪的紀錄。司馬遷撰寫〈封禪書〉的目的，也就是敘述事實的真相，並討論事實真相發生的原因。司馬氏父子前後經歷了這個歷史事件的發生、進展、結果，以及後來演變的全部過程。對個人參與的歷史事件，以及對事件的觀察與敘述，很難避免個人主觀的因素。尤其他父親兢兢業業，委曲求全地參與這件工作，竟被株連不得從事司馬談個人認為的偉大歷史工作，最後因此含恨以終，為人子者不可能完全沒有感應。所以司馬遷對他父親的死，書以非常情緒化的「憤」。

司馬遷認為元狩、元鼎、元封直到太初改定新曆，是一個完整的時代，其間經歷獲麟、得寶鼎、封禪、改正朔、易服色、受命於清穆之言，這個時代以得寶鼎為受命的關鍵，封泰山禪梁父是受命的高峰，改正朔易服色是受命的終極。古代國之大事在祀與戎，司馬遷把兵戎之事載入〈律書〉，關於國家大祀的典儀，則記入〈封禪書〉中。

〈封禪書〉將這個在當時與以後都發生重大影響的歷史事件，客觀地記錄下來，詳實地保存這批重要的史料，這是《史記》常用的方法。關於〈封禪書〉的材料來源，包括一批司馬談三十年來扈從漢武帝巡祠天地與封禪，以及相關資料的「舊聞」，還有司馬遷個人每次巡祭與封禪的紀錄。此外，當時方士的記錄也是〈封禪書〉材料的另一來源。《漢書．藝文志》著錄了一批涉及封禪的著作。漢武帝封禪和求神僊長生不老，是一體的兩面，這些小說興於漢武帝之時，皆出於方士之手。這些小說的作者皆稱「臣」或「待詔臣」，可能都是各懷祕書祕術，隨侍漢武帝的方士。他們的祕書祕術後來編輯成冊，稱為小說，內容都是迂怪妄誕的。然而，這些材料卻又非常豐富，成為司馬遷撰寫〈封禪書〉的另一重要來源。

不論是司馬談所遺留的「舊聞」，還是司馬遷扈從漢武帝巡行天地，退而論次的材料，這些都是他們親身經歷或親眼目睹，而又是曾經發生，真實存在的歷史事實。但是，這些無可否認的歷史事實，卻是縉紳先生難言，又無法考證的材料。至於方士之言，更是充滿神僊家的虛無飄渺，迂誕妄怪，不是現實世界應有的現象，益發難以考證。如何處理這些無法考證的材料，是司馬遷撰寫〈封禪書〉首要解決的問題。「每用虛字誕語翻弄」，是司馬遷處理無法肯定又無法證實的材料，「疑則傳疑，蓋其慎也」的方法。〈封禪書〉就是用這方法處理有關的材料。累累萬餘言的〈封禪書〉，就用「蓋」、「若」、「焉」及「云云」結構而成，用這些無法考證的材料，支持了漢武帝的封禪與求神僊。在〈封禪書〉裡「云云」特別多，也就是人云亦云，司馬遷將這些人云亦云而無法考證的材料，保持原來的形式敘述出來，有姑妄言之、姑妄聽之的意思，至於真偽是非，就只好留待後之君子自己判斷了。漢武帝求神僊所堅持「冀遇其真」的態度，司馬遷便以「冀遇其真」，結合了「蓋」、「焉」、「若」及「云云」的材料，記載漢武帝封禪的過程。

漢武帝求神僊，終無有驗。但卻意外創造了另一個神僊，那就是黃帝。李少君將方士之術與黃帝扯在一起，於是黃帝進入了神僊系統。自得寶鼎後，黃帝又和封禪結合，公孫卿則編製出黃帝乘龍的神話，黃帝既封禪又登僊，深合漢武帝的心意。因此，黃帝在方士的粉飾渲染下，變成了神僊家的箭垛式人物。依託古人以自顯，是先秦諸子思想形成時常見的現象。戰國時期諸子學說，是將當時社會流行的殊俗新知相互雜糅，然後援用古往今來已存的理論，加以系統整理，成為一家之言。戰國興起的傳說中的黃帝，經鄒衍將其納入歷史系統之後，成為人世真實的黃帝，再進一步成為華夏民族的共祖。司馬遷寫《史記》始於〈五帝本紀〉，其中又由黃帝開始，就是受到了這種影響。不過，這個民族共祖卻在漢武帝時，騰昇為神僊的黃帝，其過程就是《史記．封禪書》撰寫的原因。由戰國時期的傳說凝聚而成的黃帝，流傳到漢代，尤其漢武帝時，已有許多不同的面貌。大致來說，《漢書．藝文志》存在著起於「六國時，與老子相似」；以及「迂誕依託」兩大類的黃帝著作。

不過，神話和傳說是有區別的，神話是想像的產物，雖然怪誕荒唐非理性，但言者和聽者卻信以為真，絕不認為是虛妄。至於傳說必須有某種事實為依據，雖然這些事實往往因穿鑿附會流於不經，但傳說所敘述的是一個民族英雄，不是超越現實世界的神僊。司馬遷將包括黃帝在內的許多神話材料，採取保留的態度，每每藉方士之口道出，卻不加任何論斷，將這一份材料保存在〈封禪書〉中。然後，再進一步從傳說中提煉可信的材料，塑造另一個歷史的黃帝。所以，司馬遷的《史記》中有兩個黃帝：一個在〈封禪書〉，另一個在〈五帝本紀〉。前者是神僊的黃帝，後者是歷史的黃帝。司馬遷將神僊的黃帝固定在〈封禪書〉中，然後再考論包括傳說在內的其他材料，撰寫〈五帝本紀〉之首的另一個中國歷史開端的黃帝。所以，《史記》中有兩個黃帝，一為歷史的黃帝，一為漢武帝時的神僊黃帝，前者為古，後者為今。

二

漢武帝時代作為《史記》中「古今之變」的「今」的範圍，「內脩法度」與「外攘夷狄」是當時兩大重要歷史事件。前者即由王國郡縣的地方分權，轉變為中央集權，最後形成君主絕對權威的樹立。後者雖然包括匈奴、南越、東甌、朝鮮，但對匈奴的征伐才是主要的對象。

趙翼批評《史記》把朝臣與外夷並列，認為是因列傳隨得隨編，「皆無意義」可言。其實，司馬遷在處理漢武帝時代討伐匈奴這問題時，受到來自兩方面的限制：即漢匈衝突和現實政治相關的歷史問題，以及司馬遷個人被捲入匈奴問題的是非之中。司馬遷如何突破這種政治與個人的雙重限制，是一個值得探討的問題。

《史記》本紀僅記歷史事件的大端；列傳則對這些歷史事件作進一步的敘述與分析。本紀列傳之間的關係，一如經典的傳注用以闡釋經義。所以，《史記》列傳貌似各自獨立，實際上彼此間存在一種內在的邏輯關聯性。

《史記》自〈魏其武安侯列傳〉第四十七至〈太史公自序〉第七十，雖然各自獨立成傳，若以〈建元已來王子侯者年表〉及〈建元以來侯者年表〉貫穿，則〈今上本紀〉的「內脩法度」與「外攘夷狄」兩大問題，皆在其中，形成一個「今上」的獨立單元。在這單元中，對匈奴的征討，則自〈韓長孺列傳〉始，至〈平津侯主父列傳〉終，更以〈建元以來侯者年表〉貫穿，則成為「今上」單元中的一個小環節。

《史記．匈奴列傳》敘述漢匈關係，始於「今帝即位」，迄於太初四年的詔書，在此以後的記載，是因為巫蠱之禍起，司馬遷刪削甫定稿的《史記》時所增補。所以，太初四年詔書是〈匈奴列傳〉的總結。在這份詔書中，透露出漢武帝北伐匈奴的真正的原因，實因「高皇帝遺朕平城之憂」，為的是雪恥復仇。平城之圍，高祖如何脫出，「世莫得聞」。但漢匈間的關係，最後以締結和親納幣、約為兄弟的方式維持和平，斷續維持到漢武帝元光二年的馬邑之戰才完全斷絕。這種不平等的國際關係，對漢帝國朝野上下而言，是忍隱不言的奇恥大辱。如何突破，是繼任統治者內心強烈的意願。所以，〈匈奴列傳〉以這份詔書作結，是要突顯漢武帝勞師動眾討伐匈奴的原因。

竇太后崩，朝廷的政治事務與人事任用，大多由田蚡負責，但對匈奴的政策卻完全由漢武帝主導。馬邑之戰是漢武帝時代對匈奴政策重要的轉變，韓安國不僅經歷這個轉變，而且親預其事，更是馬邑之戰前後重要的關鍵人物。〈韓長孺列傳〉可分為前後兩個部分：前一部分為景帝時，事梁孝王並力諫梁孝王改善與中央的關係。後一部分是漢武帝即位之初，由地方轉入中央，正是新舊權力交替之際，韓安國參與對匈奴和戰問題的廷議，作政策論辯，並於馬邑之戰中扮演重要的角色。

元光元年第一次廷議論辯，對匈奴的和戰問題，王恢主戰，韓安國主和，群臣多附韓安國。韓安國的意見，實際上代表田蚡的主張。不過，漢武帝討伐匈奴的決心卻相當堅定，次年又下詔重議，於是開始第二次漢匈和戰問題的廷議。最後，漢武帝決擇主戰，遂有馬邑之戰。這次戰鬥的部署完全依王恢之議，更有謂此役漢武帝親自將兵前往，因未竟全功而諱之。

韓安國在此次戰役中任護軍將軍，協調諸軍事宜，其位僅次於主帥。廷議上韓安國堅持和親，卻在馬邑之戰中轉而擔負重任，真可謂「智足以當世取合」。馬邑之戰的後果，影響廣及政治、軍事、經濟與社會各層面，確是當世一大巨變。而在馬邑之戰前，或此戰役中，韓安國都扮演重要的角色。因此，司馬遷藉列傳以人繫事的體例，將這個重要戰役的緣起、經過以及戰後的處理，詳載於〈韓長孺列傳〉中。

司馬遷撰《史記》列傳，非僅敘單獨的個人，乃是以人繫事。〈匈奴列傳〉敘漢匈和戰關係大事，至於事件發展緣起以及過程之背景，則載於其他列傳之中。〈韓長孺列傳〉敘漢武帝對匈奴政策轉變開端的馬邑之戰，即是一個明顯的例子。然後，以此與〈李將軍列傳〉、〈匈奴列傳〉、〈衛將軍驃騎列傳〉、〈平津侯主父列傳〉並讀，將會發現彼此關聯，再以〈建元以來侯者年表〉來加以貫穿，形成一個漢武帝處理匈奴問題的單元。

馬邑之戰後，韓安國的生涯都和對匈奴的征戰有關。但韓安國「後稍斥疏」，與「新幸壯將軍衛青等有功，益貴」，司馬遷將〈韓長孺列傳〉與〈衛將軍驃騎列傳〉聯繫起來，韓安國的「斥疏」與衛青等的「益貴」，象徵著漢武帝對匈奴的討伐，進入另一新階段。韓安國卒於元朔二年，這一年也是漢武帝匈奴政策的重要轉變階段。當時由衛青率軍討伐匈奴，經此役後，韓安國不數月即嘔血死，衛青則封長平侯。於是，韓安國既歿，衛青、霍去病出焉。

漢武帝為雪平城之恥，就有必要建立一支精銳並絕對忠誠的部隊，故在內寵嬖臣與外戚中拔擢統帥。此後，討伐匈奴的將帥皆出於外戚之家，前有衛青、霍去病，後有李廣利。漢武帝在守戍京師的南北軍外，培養了一批精銳的禁衛軍，作為出擊匈奴的骨幹。於是有羽林、期門兩支禁衛軍，並收容從軍戰死者的子孫，教以五兵，儲備戰鬥力量。羽林、期門是善於騎射的騎兵，專為討伐匈奴而置，其成員多來自「隴西北地良家子能騎射者」。天水、隴西、安定、北地、上郡、西河六郡一帶，地處長城沿邊，與塞外胡羌為鄰，是草原與農業文化的過渡地區。這地區由於地理環境與歷史背景，自古以來名將輩出，入漢之後大批將領出於此地，其中更有現實意義。因為中原農業地區的步兵，無法適應邊郡的戰爭環境，一方面天氣酷寒，另一方面無法與匈奴機動性的騎兵抗衡，最嚴重的還是部隊的補給問題。為解決這問題，首先要在邊郡養馬，並訓練一支適應草原作戰的騎射部隊。這些騎士籍隸六郡、家世清白，屬於良民或良口，善騎射，或征或募充為邊郡良騎。由他們為基礎組成的羽林、期門騎，同時也是衛青、霍去病麾下的重要部屬，是漢武帝討伐匈奴的主力。而且，衛青、霍去病所有的功績，都是由六郡良家子衝鋒陷陣的血淚取得的。司馬遷似乎要說明，如果沒有這些六郡良家子，〈衛將軍驃騎列傳〉是無法形成的。將〈李將軍列傳〉與〈衛將軍驃騎列傳〉聯繫起來，就是要表達此意。

李廣不僅是六郡良家子從軍典型的代表，而且形成一個軍人世家。其子李椒、李敢，孫李陵皆參與討伐匈奴的征戰，又與外戚出身的最高統帥衛青、霍去病、李廣利有恩怨的糾纏。故〈李將軍列傳〉與〈衛將軍驃騎列傳〉應該並讀，始知司馬遷處理匈奴問題的微意所在。

後世對李廣終老不封而自刎，多所感嘆。但若將這問題置於歷史或史學領域，則另有一層意義。李廣以六郡良家子從軍擊胡，不僅善射而且精於射術，騎術亦復出眾，又熟練匈奴作戰技術。李廣從軍之日，正是文帝欲大舉討伐匈奴之時。文帝十四年欲親征匈奴，就是長期處在屈辱心理下的行動，最終卻因太后攔阻而未果。及漢武帝即位，馬邑之戰雖未竟功，但卻轉變了平城之戰以來的「倒懸」關係，積極展開對匈奴的進攻。此後，李廣便投入對匈奴的大小戰爭中。然而，李廣不封，非關於命而與漢武帝、衛青有關。司馬遷似有意以李廣一生的際遇，說明以六郡良家子從軍形成的軍人，雖然在討伐匈奴的戰鬥中，曾作出許多不可磨滅的貢獻，但卻沒有獲得應有的尊敬。相反地，由恩幸出身的衛青、霍去病，他們所有的功績，都是由這批六郡良家子血淚凝成。但漢武帝對他們寵愛有加，封賜超常，其出征所將皆精兵良騎。所以，漢武帝雖有討伐匈奴雪恥復仇的決心，然其擇將帥，專憑一己之偏，擢自恩幸柔媚之中，是故「建功不深」。司馬遷於〈匈奴列傳〉之終，遂有「唯在擇任將相」的慨嘆，若以此與馮唐〈論將帥〉並讀，即知司馬遷將〈李將軍列傳〉與〈衛將軍驃騎列傳〉

分置於〈匈奴列傳〉前後的用意了。

至於〈平津侯主父列傳〉，司馬遷於傳中特引主父偃上書九事中的「諫伐匈奴」，和韓安國與王恢廷議的論辯，前後呼應。〈韓長孺列傳〉用匈奴和戰的廷議，作為討論匈奴問題之始；而以主父偃「諫伐匈奴」作為討論漢匈和戰問題的終結，則可見其終始。由此不僅可見司馬遷個人對匈奴問題的看法，亦可了解此一系列傳記彼此之間的關聯性。公孫弘與主父偃合傳，是由於二人曾辯論朔方郡設置的問題。因為朔方置郡不僅是軍事的需要，更具有政治意義。朔方置郡，計出主父偃，而此意實來自漢武帝，主父偃乃揣摩上意而發此策。司馬遷以收河南，置朔方，作為衛青之首功。衛青既取河南地，乃命蘇建築朔方城，並提報漢武帝。河南地舊為匈奴牧地，始皇三十二年蒙恬攻略河南地後，一方面城河上以為塞，並築亭障以逐胡，防止匈奴再進此地牧馬。另一方面，修建自九原至雲陽的馳道，直通邊疆，然後遷徙農業人口，充實這個地區。這一系列的設施，顯示秦帝國有意將此地區，永遠納入秦國版圖。但楚漢之際，這地區再落入匈奴手中，並直接威脅京師安危。所以，衛青攻取失去百年的河南地，捷報傳來，漢武帝喜不自禁，立即開置朔方郡。朔方置郡與內地徙民同時進行，漢武帝為雪高祖平城之恥而伐匈奴，收取河南地，不僅可以建立一個穩定的邊疆，並且也是深入匈奴的前進基地。

司馬遷以〈韓長孺列傳〉的馬邑之戰始，以〈平津侯主父列傳〉的公孫弘與主父偃議朔方置郡為終，敘述漢武帝為復仇雪恥而討伐匈奴的過程，因為不論馬邑之戰或朔方置郡，皆取決於漢武帝個人的獨斷。以前後幾次廷議與上書作終始，有其深意在焉。由此可見，《史記》各個列傳與列傳之間，存在著一種邏輯的關聯。從〈韓長孺列傳〉到〈平津侯主父列傳〉，不是為單獨的個人寫傳，而是以人繫事，因此這些列傳不是分離和孤立的。

自高祖至武帝百年間的漢匈關係，朝野視為國恥，隱忍不談，卻是司馬遷敘述〈匈奴列傳〉時無法迴避的主軸，當他處理這個問題的材料時，就會因避免觸及現實政治的忌諱，受到一定程度的限制，《史記》中不錄單于與呂后的兩書，就是有意迴避。此外，他在搜集匈奴問題材料時，因直接或間接與參加匈奴征戰的人物接觸，或對漢匈戰爭遺跡實際的考察，又因李陵事件而捲入歷史問題的漩渦，難免出現史家個人主觀意識，對其所敘述的歷史問題產生限制，這是司馬遷處理匈奴問題時，遇到的另一困境。

如何突破這種困境，是司馬遷要解決的問題。幾經思量，終於找到解決方法，就是以「《詩》《書》隱約者，欲遂其志之思也」，唯有在「隱略」的前提下，才能避免現實政治的限制，委婉地「述故事，整齊世傳」。遭受腐刑後的司馬遷，格外謹慎，在處理其他當代的問題時，都用這種方法。

三

司馬遷用紀傳體形式撰寫《史記》，自《隋書．經籍志》以後，就被認為是中國傳統正史典型的寫作方式。本紀、列傳以及其中的「太史公曰」，是司馬遷架構《史記》的重要元素。他如何利用這些要素，來達到「《詩》《書》隱約者，欲遂其志之思也」，是一個值得探索的課題。

劉知幾將編年與紀傳並稱「二體」，是中國古代史學寫作的兩種主要形式。司馬遷所創包括紀、傳、表、志的紀傳體，則鑄成中國傳統正史寫作的版型。

《史記》中的列傳有幾種不同的形式，如以個人為主的獨立個傳，有二人的合傳及以類相從的類傳。如果單從列傳敘人的角度來看，若干合傳、類傳在分合之際，不僅年月相去甚遠，事跡也不相類。何以有如此問題，值得探討。首先，要討論的是司馬遷最初立傳的本意為何？

司馬遷在列傳中敘人物事跡時，常以「傳曰」開始，說明取材自他書。這裡所說的傳，是漢代學者對六藝以外的史傳雜說、古人之言或時下流行的俗說諺語，統稱之為傳。因此，東方朔、褚少孫好觀的「外家之語」、「外家傳語」，與司馬遷的「六經異傳」，是相同的事。

司馬談死後，司馬遷「紬史記石室金匱之書」，繼續其父校整圖書的工作，接著應用這批經過系統整理的文獻資料，「及先人所次舊聞」，寫作其父「所欲論著」的《史記》。其中，有關戰國至秦漢著書諸人的列傳，或即應用司馬談既審定編次，又討論其生平的敘錄，連綴成篇。所以，這部分著書諸人的列傳，與校整圖書的敘錄，可為一體的兩面。讀其書，當知其人，在書為敘錄，在人為列傳，《史記》這一系列著書諸人的列傳，不僅在材料方面，即使著作的形式也都取自校整圖書的敘錄。這些著書諸人的列傳，多以合傳或類傳的形式出現，但其中〈魯仲連鄒陽列傳〉、〈屈原賈生列傳〉，不僅年月相去甚遠，行事也不相類，最受後人議論。其實，如果從簿錄之敘錄方面考察，則司馬遷將屈原、賈生或魯仲連、鄒陽合傳的微意，即可立現。

〈屈原賈生列傳〉始述屈原，其中綴以宋玉、唐勒、景差等，「皆祖屈原之從容辭令」，最後終於屈原後百餘年的賈誼，說明了楚辭與漢賦的承傳關係。至於〈魯仲連鄒陽列傳〉，兩人雖皆齊人，但無承傳關係，所處時代環境也不同。戰國時諸侯紛爭，游說之士蜂起，魯仲連以一介布衣，「為人排患釋難解紛亂而無取」，功成後飄然而去，隱於海上，游說之士發展至此也達顛峰。至於鄒陽雖在漢初為諸侯王所招，但七國亂後，地方分權向中央集中，游說之士已無活動餘地，鄒陽象徵了戰國形成的游士沒落的一代。司馬遷「原始察終，見盛觀衰」，透過他們的著作，敘說游士之興廢，也許是他寫〈魯仲連鄒陽列傳〉的微意之所在。

將著作的敘錄寓於行事之中，也是《史記》列傳的一種寫作形式。事實上，敘錄已包括個人的行事在內，而且也是著述諸人主要的行事部分。所以，論其行事的事，是《史記》列傳形成的主要基礎。創於司馬遷的紀傳體，其列傳並非專為敘人物，而是以人繫事，如編年以時繫事一樣，而且所敘的事不是孤立的，和其生存時代的歷史發展與演變息息相關，和個人獨立的傳記完全不同。至於魏晉時代所形成的別傳，則是漢魏之際到兩晉的兩百年間新興的史學寫作形式。別傳與紀傳體的列傳不同，其性質近似魏晉文學領域裡的別集，別傳與別集的別，可作「分別」或「區別」解，以示各有自我的性格，與眾不同。就性質而論，別傳代表兩種不同的意義，一是別傳與正史列傳的不同，亦即別於列傳；二是別傳與別傳彼此間不同，各自表現其不同的性格與風格。這兩種意義說明一個事實：即在魏晉時期，兩漢定於一尊的儒家思想已經衰退，個人突破原有道德規範的約束，因而產生個人意識的醒覺，由於對個人價值的肯定與尊重，形成表現個人性格的獨立別傳。

列傳與別傳雖然同為敘事，但列傳所不同於別傳者，是著重說明個人對其生存時代的貢獻，個人已融於事中，很難見其鮮明的性格，這當然是列傳以人繫事的具體表現。例如〈張丞相列傳〉，非僅為張蒼立傳，傳中還敘及任敖、申屠嘉等人，甚至任、申之後的趙周、石慶，也在列傳之中。他們大多由御史大夫轉任丞相，但為相後「娖娖廉謹，為丞相備員而已」，若與〈萬石張叔列傳〉中謂石慶為相時「事不關決於丞相，丞相醇謹而已」的評語兩相對照，則司馬遷撰張蒼列傳的微意之所在，顯然是藉蒼繫事。

列傳雖以人繫事，但並不是孤立的。其所繫之事，必須與本紀相應，否則便失去列傳以人繫事的意義。劉知幾以《春秋》的經傳關係，解釋本紀和列傳之間的關係，認為《春秋》以傳解經，紀傳則以傳釋紀。漢代解經之書有兩種形式，一種是訓釋解經的傳，以孔安國訓釋《尚書》的傳為代表，漢儒解經多採用這種形式。一種是「事詳而博」的傳，《左氏春秋》即採這形式。以人敘事的傳從司馬遷的《史記》列傳開始，採用敘事之傳，轉而為以人繫事的列傳。本紀是統領眾事的綱領，其目的為了敘述一個時代的重大歷史事件，及歷史發展的主要趨向。所以本紀僅記其大端，列傳則委曲敘事以釋本紀。

總之，司馬氏父子因校書祕閣，選擇了傳以釋經的經傳關係，轉變為本紀和列傳的歷史解釋，並以此為基礎探索古今之變的歷史因果關係。因此，中國上古學術的發展，超越過去經傳解釋「古今之義」的探討，轉變為歷史「古今之變」的尋求。至此，司馬遷終於將其〈自序〉的「拾遺補藝」，與《史記》之外〈報任安書〉的「通古今之變」的兩個「成一家之言」，凝而為一，成為完整的「一家之言」。這不僅是中國上古學術重要的轉變，更是中國傳統史學形成的重要關鍵。

司馬遷肇創紀傳體並以「太史公曰」發論以來，就成為一種特殊的寫作方法，那就是為史學家留下一個空間，允許他們在嚴肅而客觀地敘述歷史事實之後，有一個發抒己見的機會：包括對歷史事件的議論，以及對歷史人物的評價。它們或序於傳前，或論於卷後，雖然所敘的是由歷史事實引發，但卻都是史學家個人的看法。這種將客觀事實與個人主觀意見，同時並存於一卷之中，而不混淆的寫作方法，更突出了中國傳統史學的特殊風格。這種寫作形式，後世稱為論贊，不僅存在於紀傳體，同時也出現在另一種傳統史學寫作的編年體之內。

雖然史傳論贊是一種史學寫作形式，但其性質與史傳寫作卻有主觀和客觀的不同。主觀的議論和客觀的敘述，正是文學和史學的區別之處。蕭統《文選》選輯的純粹是文學作品，他認為以語言載於簡冊的諸子與史傳，不屬於文學的範疇；但是「錯比文華，事出沉思」的史傳論贊，因表現了作者個人的才思，是具有文學作品性質的。《文選》這種分類方法，不僅劃清了文學與史學的界限，同時也反映了當時學術發展的實際狀況。因為東漢末年以來，文學與史學分別掙脫經學的桎梏，邁向獨立。就史學而言，其發展與轉變的過程，最初從經學的羽翼下脫穎而出，上升至與經學同等的地位，並稱為「經史」。然後又與逐漸獨立的文學合流，是為「文史」。經過文史合流的過渡期間後，至此文學和史學不論在質和量的兩個方面，都各自具有獨立發展的條件。《文選》的編輯順應了這個發展的趨向，明確地劃分文學和史學獨立的範圍。

其實，在司馬遷《史記》「太史公曰」之前，漢代已有歷史人物評價的歷史著作存在，而且是非常流行的，如司馬相如的〈荊軻論〉、東方朔的〈嗟伯夷〉等。不過，這種脫離歷史事實，對歷史人物所作的評論，和史學家在敘述一段歷史事實之後，所作的議論與評價，並不相同，史傳論贊的形成自有其淵源。

在先秦的著作中，寫作的形式常會在敘述一段歷史事實，或講罷一則寓言故事之後，作者以此為依託，發表個人的意見或論斷。透過這些意見或論斷，將過去的經驗與現代的現實生活貫穿起來，成為一種道德規範或行為的準則。這種寫作形式具體地表現在《左傳》之中，也就是常在敘事之間，插入一段「君子曰」形式的論斷，無論是對歷史事件的議論或對歷史人物的評價，都假君子之口而道出。今古文之爭，使學者們對《左傳》「君子曰」有幾種不同的意見，有人認為是「左氏自為論斷之詞」，有人認為君子是孔子，更有人認為是劉歆之辭，或者是當時有德位者的嘉言讜論。

不過，「君子曰」也並非《左傳》所獨有，《國語》、《晏子春秋》，以及劉向《新序》也有

「君子曰」。尤其《國語》中有多處「君子曰」的論斷同時也見之於《左傳》，雖然《左傳》與《國語》的「君子曰」有繁簡的不同，但所表現的意義往往相類似。因此，「君子曰」可能是古史寫作的一種形式，這種形式匯集了時人對歷史事件或歷史人評價而成，然後以「君子曰」的形式，保存在古代的史料中，後來應用這些材料撰寫成書，同時也保留這種論斷的形式。

《左傳》中共有一百三十四條關於歷史事件與歷史人物評價的論斷，其中八十四條以與「君子」相關的形式道出，包括了「君子曰」、「君子謂」、「君子以為」以及「君子是以」等的評論。除此之外，還有五十條直接引用孔子、周任、仲虺、臧文仲、史佚等當時君子的嘉言讜論。這些當時君子的嘉言讜論，可能就是「君子曰」的原來形式，經過《左傳》作者選擇或增刪後，就成為「君子曰」的格式。這些論斷由當時君子的言論或意見凝聚而成，原本代表當時社會的輿論，《左傳》作者在編撰過程中，不僅將他們的言論或意見輯於書中，並且在經過刪節或歸納的整理以後，形成「君子曰」。此格式往往是假君子之口，提出論斷，然後再引用幾句格言，作為論證或結論。所以，《左傳》「君子曰」總結了過去歷史材料中，原來就存在的論斷，並引用《詩經》作為論證的依據，形成一種歷史評論的格式。這種歷史評論的格式，經過司馬遷《史記》「太史公曰」的援用，對後世史傳論贊的形式，發生啟導性的作用與影響。

史傳論贊的內容，包括對歷史事件的議論和歷史人的評價。但如果以此標準衡量《史記》「太史公曰」，將會發現「太史公曰」的內容更豐富，魯實先師歸納為四，即：記經歷、補軼事、言去取、述褒貶。其中除了述褒貶是對歷史事件的議論，以及對歷史人物的評價外，記經歷、補軼事、言去取等三項，則屬於材料處理的範疇。所以，司馬遷的《史記》「太史公曰」，實際上包括兩部分，一是開後世史傳論贊先河的對歷史事件的議論，以及對歷史人物的評價，另一部分則是關於材料的處理方法。

關於「太史公曰」對材料的處理，鄭樵稱之為「史外之事」，章實齋則進一步解釋是司馬遷的「自注」。所謂注，是中國經學傳統解釋的著作形式，這種著作形式在漢代經學形成後，透過經師對經書的闡釋和講授，逐漸形成，以文字和訓詁作為解釋的工具，進一步剖析經書的微言大義。不過，這種經注和魏晉以後出現的史注，其意義完全不同。錢大昭對於經注和史注作了明確的劃分，亦即「注經以明理為宗」、「史注以達事為主」。「明理」和「達事」是經注和史注基本的區分，所謂「達事」，也就是應用了更多的材料，進一步解釋歷史事件的真象和意義。到魏晉以後，史學的地位上升，與經學並稱為「經史」，史學也成為一種專家之學，作為教學和傳授的對象，為適應這種轉變的需要，因而出現了史書單獨的注釋。最初，由於教學的實際需要而出現的史注，仍然繼承經書傳注的傳統，以訓詁為基礎，對音義與字句的解釋，不過經注和史注除了明理和達事的不同外，最大的差異，就是注經不可駁經。注史則不同，可以提出駁糾或辨誤，不同形式的史注因此出現。

對於這些不同形式的史注，劉知幾在《史通．補注篇》中，將魏晉以來形成的史注歸納為四類：一是「儒宗訓解」；二是「列於章句，委曲敘事，存於細書」；三是「掇眾史之異辭，補前書之所闕」；四是「手自刊補，列為子注」。其中所謂的「手自刊補，列為子注」，也就是作者的自注，這類形式的注是偏重材料的輯補的，其目的為對本文作進一步輔助的解釋。這種自注，也見於司馬遷的《史記》之中，其目的是為了對所引用材料的解釋。不過，這種行文中解釋性的自注，與章實齋所謂「太史公曰」式自注性質是不同的，因為司馬遷的「太史公曰」，其作用是為了「明述作之本旨，見去取之從來」，尤其「見去取之從來」的材料處理方法，非常明顯地存在於《史記》的「太史公曰」之中，此中又可分為四類：一、說明參考文獻與材料的來源；二、材料的鑑別與考證；三、材料的選擇與去取；四、軼聞逸事的附錄。這種自注，與現代學院派論文的注釋的作用相似，其目的都是為了對本文所提出的問題，作更深一層的探討和解釋，並輔助讀者對這個問題的認識和了解。

《史記》卷首〈五帝本紀〉的「太史公曰」就具體表現了這些功能，司馬遷於其中說明他處理有關黃帝材料的方法與態度，旨在說明他如何從駁雜的材料中，「擇其言尤雅者」的過程。也就是超越當時的眾說紛紜，在「不離古文者近是」的原則下，搜集與鑑別材料，然後選擇接近事實的史料，寫成〈五帝本紀〉的黃帝部分。所以，〈五帝本紀〉的「太史公曰」，一如列傳之首〈伯夷列傳〉的「太史公曰」，前者是司馬遷處理材料的凡例，後者是七十篇列傳的總序，司馬遷在這篇列傳總序中，提出了他對歷史事件議論與歷史人物評價的標準，二者相合，就是司馬遷「太史公曰」的全部內容。因此，《史記》的「太史公曰」，包括了對歷史事件議論和歷史人物評價，以及對歷史材料處理兩個部分，其中對材料的處理屬於史學的範疇，其目的是討論與考辨材料的真偽，和表現個人才情的文學寫作完全不同。這是蕭統《文選》沒有選《史記》「太史公曰」的原因。

自來司馬遷「太史公曰」的討論，都把「太史公曰」對材料處理的部分忽略了。自注式的「太史公曰」，也是裴松之《三國志注》的淵源所自，並且開創了史注的新寫作形式。劉知幾認為，裴松之的《三國志注》，是這類史注最典型的代表。裴松之注《三國志》的體例，在他〈上三國志注表〉中所說的，有四種，即：補闕、備異、懲妄、論辯。其中補闕與備異部分，是由裴松之的助手協助完成，對材料的考辨則由其親自執筆，這部分就是懲妄與論辯，也就是裴松之「雜引諸書，亦時下己意」的自注，分別以「臣松之案」與「臣松之以為」來表示。「臣松之案」，是對材料的處理的考證；「臣松之以為」，則是對歷史事件的議論，以及對歷史人物的評價。在《三國志注》中裴松之的自注並不多，僅占全部注釋的十分之一左右，但卻是《三國志注》的精旨深義所在，因為裴松之注《三國志》，不僅拾遺補闕而已，最終的目的也是在〈上三國志注表〉中所說的：「繢事以眾色成文，蜜蜂以兼采為味，故能使絢素有章，甘踰本質。」所以，裴松之自注，都是他對其助手整理的材料，經過校勘考證後所提出的個人意見。這些討論包括對材料的處理，以及對歷史事件的議論和歷史人物的評價，正是司馬遷自注式的「太史公曰」的內容。所以，裴松之的《三國志注》的自注，淵源於司馬遷，也就是繼承司馬遷「太史公曰」的基礎發展而形成。

後來劉孝標的《世說新語注》及劉昭注《後漢書》，都是受裴松之《三國志注》的影響。司馬遷「太史公曰」的材料處理部分，經過裴松之、劉孝標的繼承與發揚，後來到司馬光修《資治通鑑》，同時並上、單獨成書的《通鑑考異》三十卷也循此線索發展。司馬光撰寫《通鑑》時，「遍閱舊史，旁采小說，簡牘盈積，浩如煙海」，高似孫說司馬光援引的材料多達二百二十二家，尤其唐代部分，引用了許多雜史、小說、家傳等材料，而且往往一事用三四出處。因此，司馬光對所引用的材料需要一番考辨的工夫，親自撰寫的《通鑑考異》即為此而作。由此可知，《通鑑考異》獨立成書，是仿裴松之注《三國志》「詳引諸書錯互之文，折衷以歸一是」的自注體例。司馬光撰《通鑑考異》的目的，是為了「袪將來之惑，明所以去取之故」，這正是司馬遷「太史公曰」的遺意之所在。

總之，自注式的「太史公曰」，其內容包括兩部分，一為對歷史事件的議論與歷史人物的評價，一為對歷史材料的處理。前者由班固的《漢書》繼承，凝聚成後世的史傳論贊，裴松之卻掌握了司馬遷「太史公曰」的舊法，具體表現在他的《三國志注》的自注中。後來劉孝標、劉昭承其餘緒，司馬光的《資治通鑑》將「太史公曰」一分為二，對歷史事件的議論與歷史人物的評價，放置在《通鑑》的「臣光曰」中，至於對材料的處理，則獨立撰成為《通鑑考異》一書。所以，司馬遷「太史公曰」對材料處理部分，雖然其流變與傳承的過程曲折迂迴，自來被史學工作者所忽略，但自班彪而裴松之，最後出現司馬光，其間脈絡仍是有跡可尋的。

四

《史記》斷限於何時，眾說紛紜。當然，《史記》斷限上起黃帝，下迄漢武是沒有問題的，但司馬遷就生存在這個時代之中，其下限究竟終於武帝何時，就有必要探討。〈太史公自序〉中提到的斷限有三處，分別是麟止、太初、天漢三種說法。這三種不同時間的斷限，前後相距數十年，其實都有其可能性。

司馬談臨終之前，執司馬遷手而泣曰：「余死，汝必為太史；為太史，無忘吾所欲論著矣。……自獲麟以來四百有餘歲，而諸侯相兼，史記放絕。……余為太史而弗論載，廢天下之史文，余甚懼焉，汝其念哉。」由此看來，對司馬談而言，最大的歷史事件莫過於「獲麟」一事。但司馬遷對於「獲麟」的態度與司馬談不同，具體表現在〈封禪書〉的撰寫方面。司馬談對漢武的封禪不僅充滿宗教情懷，而且認為是神聖的使命，因此，司馬談因獲白麟的激動而開始撰寫《史記》，並以麟止為斷，是非常可能的。但司馬遷撰寫〈封禪書〉是為了「自古以來用事於鬼神者，具見其表裡。後有君子，得以覽焉」，並且多用「然」、「焉」、「若」等懷疑字眼，保存著一系列他個人親身經歷，卻無法考證的材料。

司馬談卒後八年，當太初元年，司馬遷開始繼其父遺稿撰寫《史記》。這一年，也是司馬遷所主導制定的「太初曆」完成並頒布施行的時間，不僅是當時重要的歷史事件，而且影響後世至鉅。司馬遷主持太初改曆，始終參與其事，對後世的貢獻，不下於《史記》，但司馬遷在《史記》中並沒有特別強調。不過，司馬遷在〈封禪書〉中談到改曆，卻是與改制相提並論的。

漢興，君臣皆起草莽，建國之初，並未留意制度的改張，所以叔孫通定朝儀，張蒼定章程，仍因襲秦制。因此，後來自賈誼至司馬遷都希望突破秦帝的框限，改制更新，於是改正朔、易服色、定制度並提。漢武帝的太初改曆是一個新時代的開始，司馬遷認為身為太史，面臨這個新時代，「廢明聖盛德不載，滅功臣世家賢大夫之業不述」，而且「墮先人所言」，是他莫大的罪過。於是繼先人未竟之業，開始執筆撰寫《史記》。首先撰寫的可能就是〈今上本紀〉，因為他最初所寫的〈今上本紀〉就集中在改正朔、易服色方面。因此，司馬談認為「麟止」是孔子著《春秋》終於獲麟的五百年之期；而司馬遷則認為「太初」是改制更化的新時代開始。雖然司馬遷繼續其父未竟之業，由於新的歷史情況的出現，就不得不另選新的歷史斷限。

王國維認為《史記》中最晚的記事為李廣利降匈奴事，司馬遷為何選擇此事作為《史記》最後的記載，又是另一個需要討論的問題。根據《史記》、《漢書》中的材料，最初漢武帝欲遣派李陵督貳師輜重，而後李陵自請為一隊，率步兵五千出居延，其任務為李廣利的助兵，「欲以分匈奴兵，毋令專走貳師也」。後來李陵敗降，司馬遷為其游說，因誣上而下獄，其誣上的罪名即是「欲沮貳師」。因此，李陵滅族，與司馬遷個人的悲劇，皆緣於天漢二年李廣利出征匈奴。天漢二年李陵降匈奴，及〈李將軍列傳〉附敘李陵降匈奴事，皆為司馬遷於天漢二年後所增補，這也是《漢書．司馬遷傳》中又有《史記》終於天漢二年之議的原因。所以，〈自序〉中的三個斷限，及《史記》的最終記事，不僅和漢武帝時代的發展和演變相關，而且和司馬遷個人的際遇有密切的關係。

漢武帝寵愛李廣利，因李廣利是霍去病、衛青亡故後，漢武帝唯一信賴的征討匈奴的將領，而且是從外戚中選拔，經過訓練直屬中央的精銳部隊統帥，其待遇與出身隴西軍人世家的李陵完全不同。李廣利於太初四年伐大宛一役中立下戰功，但在十一年之後的征和三年，敗降於匈奴，此事又涉及漢武帝晚年所發生骨肉相殘、株連甚廣的宮廷政治鬥爭——「巫蠱之禍」。「巫蠱之禍」禍延三年，「是時，上春秋高，意多所惡，以為左右皆為蠱道祝詛，窮治其事」，當是時，司馬遷隨侍武帝左右，親歷這場政治風暴。這場政治鬥爭殺戮慘重，司馬遷的兩位至友田仁與任安亦同遭池魚之殃。

司馬遷與田仁相友善，其事跡附於〈田叔列傳〉之後。〈田叔列傳〉次於〈萬石張叔列傳〉與〈扁鵲倉公列傳〉之間，是《史記》中較為特殊的一篇列傳。〈萬石張叔列傳〉所傳者有石慶、張叔、衛綰、直不疑、周仁等，都是文景兩朝的舊臣，於漢武帝初任職中央要津，與〈魏其武安侯列傳〉合觀，正象徵文景兩朝到漢武帝即位之初，新舊權力結構的轉變與過渡。至於田叔，官不過魯相，事亦乏善可陳，竟一人獨據一傳，從司馬遷對其評價「孔子稱曰『居是國必聞其政』，田叔之謂乎！義不忘賢，明主之美以救過」，並且自謂「仁與余善」一語可以看出，田仁與司馬遷之交絕非泛泛。

司馬遷的「太史公曰」雖然有補軼事之例，但以「仁與余善，余故并論之」作為補敘，則顯得突兀，也是全書僅見。其所並論者，乃其所敘田仁為官及其「坐太子事」兩部分。田仁涉太子事被誅，是征和二年七月間的事，則司馬遷所「并論」田仁事的增添則是在此之後。而且，可以肯定這段記事出於司馬遷的手筆，因此司馬遷所「并論」者，不僅為其「下至于茲」作一個旁證，同時也可以補王國維所謂的司馬遷最終的記事，由此可知司馬遷因「巫蠱之禍」，對其已完稿的《史記》所增刪不止一處。

「巫蠱之禍」是司馬遷自天漢二年以來，所遭遇最嚴峻的困境，摯友田仁因縱太子被誅，其悲痛可知。當是時，司馬遷隨侍武帝在甘泉，在絕對權威的漢武帝之前，祇有隱含恭謹從事，其後隨駕返京，即將田仁之誅附記於〈田叔列傳〉之後。但當時情勢未明或因現實忌諱，所記語焉不詳，司馬遷心情複雜與情勢急迫，躍於紙上。「巫蠱之禍」未歇，田仁已誅，任安亦因太子事而下獄待決，司馬遷思前想後，感慨衷來，於是乃有〈報任安書〉之作。任安亦與田仁相善，田仁為丞相長史時，任安為益州刺史，司馬遷被刑後，任安曾致書司馬遷，「責以古賢臣之義」，司馬遷接書未覆。至此時任安繫獄待決，司馬遷恐為時不多，乃作書以報故人。後世學者雖曾議論〈報任安書〉的寫作時間，不過，不論司馬遷寫於何時，都是一封欲寄無從寄的書信。這是一封無法遞入牢獄的信，即使遞出，若被留中，上達天聽，後果必更可怕。當斯時，漢武帝因恐失去權力的掌握與控制，發動這次殘酷的政治鬥爭，親如骨肉亦遭殺戮，這封充滿憤懣的〈報任安書〉若落在漢武帝手中，其後果可知，不僅司馬遷和其族必遭不幸，他忍辱撰成的《史記》亦必遭毀散。在這種嚴峻的情勢下，司馬遷當然不可能冒此大不韙，遞出這封信。

司馬遷親歷這場空前的殘酷政治鬥爭，非僅田仁與任安，其故舊株連者眾。而司馬遷隨侍漢武帝左右，必須蔽飾其內心悲痛，稍有不慎，即可能被禍。經此巨變，漢武帝以往在司馬遷心中偉大的形象完全幻滅。司馬遷經歷這場政治風暴，身心交瘁，身體大不如前，尤其想及自己所遭受的屈辱，「汗未嘗不發背霑衣也」。因此，藉〈報任安書〉將以往「抑鬱而無誰語」者，若骨鯁在喉，一吐為快，最後終於釋解內心積鬱已久的心結。所以在〈報任安書〉最終處，司馬遷說：「今雖欲自彫瑑，曼辭以自解，無益，於俗不信，祇取辱耳。要死之日，然後是非乃定」。〈報任安書〉不僅是一封欲寄無從寄的信簡，而且是司馬遷最後的絕筆，可視為司馬遷的遺書。既為遺書，無需示人，希望這份遺書與所撰的《史記》同傳後世，使後世讀《史記》者同時讀〈報任安書〉，可以從其最後絕筆，了解他撰寫《史記》的心路歷程。

《文選》將司馬遷〈報任安書〉與楊惲〈報孫會宗書〉並列。楊惲是司馬遷的外孫，司馬遷欲「藏之名山，傳之其人」的《史記》，即傳於楊惲，包括原不欲示人的〈報任安書〉。楊惲在宣帝時期，因「妄引亡國以誹謗當世」，事下廷尉，免為庶人，楊惲於是「家居治產業，起室宅，以財自娛」，友人安定太守西河孫會宗為書諫戒之，於是楊惲才有充塞憤懣語句的〈報孫會宗書〉之作。但是這封書信被廷尉驗案獲之，宣帝見而惡之，楊惲以大逆無道之罪被腰斬，妻子徙酒泉郡。司馬遷身後將他的《史記》遺留給楊惲，同時也可能包括〈報任安書〉。這封司馬遷最後絕筆的信簡，顯然對楊惲發生直接的影響，〈報孫會宗書〉的文字語氣，皆充滿憤恨之情，一似〈報任安書〉。看來，蕭統編《文選》時將〈報孫會宗書〉附於〈報任少卿書〉之後，有其微意在焉。

〈報任安書〉是後世研究司馬遷最接近的材料，但〈報任安書〉與作為《史記》總結的〈太史公自序〉雖有相同的地方，也有相異之處，這些相異之處，正是探索司馬遷撰寫《史記》最重要的材料。由於「巫蠱之禍」現實政治環境的突變，司馬遷對其已撰成的《史記》有所刪節或增添，雖然其刪節的部分已不可知，但戾太子的材料被刪是很明顯的。至於增添的部分，一是田仁之死，一是李廣利降匈奴，都和司馬遷個人恩怨有關，事在「巫蠱之禍」的征和年間，於是在司馬遷最後絕筆的〈報任安書〉中出現「略推三代，錄秦漢，上記軒轅，下至於茲」的新斷限。這個新的斷限，同時也出現在已撰成的〈太史公自序〉中，顯然是在撰寫〈報任安書〉之後增添的。

「拾遺補藝，成一家之言」與「欲以究天人之際，通古今之變，成一家之言」，是司馬遷在〈太史公自序〉與〈報任安書〉一再強調他撰寫《史記》的終極目標。但其結果並不一樣，前者只是對周秦以來散亂文獻圖籍的校整，而後者就有「以古非今」之虞了。所以，〈太史公自序〉以「拾遺補藝，成一家之言」作結，「欲以究天人之際，通古今之變，成一家之言」則留在其作為遺書的〈報任安書〉中，以傳後世。

關於《史記》被視為「謗書」一事，也值得一說。司馬遷在〈太史公自序〉中，李陵事件僅是寥寥數語、一筆帶過，〈報任安書〉中則血淚滿紙。最後言及其所撰《史記》：

> 草創未就，適會此禍，惜其不成，是以就極刑而無慍色。僕誠已著此書，藏之名山，傳之其人通邑大都，則僕償前辱之責，雖萬被戮，豈有悔哉！

因為這一段自我剖白，後世往往將司馬遷的《史記》與李陵事件糾纏在一起，視之為「謗書」。司馬遷遭李陵之禍的鬱結，反映在他的著作之中，兩漢以來一直流傳著。王充的《論衡》是漢代討論《史記》較多的著作，對此問題有較深一層的討論，王充雖然沒有直接指出司馬遷微文刺譏，但卻說出司馬遷因下蠶室而對《史記》所發生的影響，此後一直流傳這種說法。因此，荀悅《漢紀》中所謂的「司馬子長既遭李陵之禍，喟然而嘆，幽而發憤，遂著《史記》」，幾乎已成定說。到了曹魏時，魏明帝批評司馬遷「著《史記》非貶孝武，令人切齒」，似乎也代表當時普遍的看法。所以，魏晉以後，《史記》、《漢書》和其他經書一樣，同被列為傳授的對象，但後世注釋《漢書》者遠超過注釋《史記》，可能就是受到《史記》是「謗書」這種長期流傳的印象所影響。

《史記》是「謗書」的看法，逐漸形成於漢晉之間，成為後世討論與批評司馬遷及其《史記》的主要依據之一。但作為中國史學奠基者的司馬遷，若僅僅以洩憤作為其著史的目的，則《史記》就不能成為中國史學的開山之作而流傳千古了。當然，刑餘之人積壓的抑鬱，不自覺流露於字裡行間，是難免的。司馬遷在〈報任安書〉中自認為，為李陵游說而下獄，是「拳拳之忠，終不能自列」，遭遇頗似韓非。於是，在敘述先秦諸子著書甚少直接引用原文的《史記》，卻在〈老子韓非列傳〉中全篇引錄韓非的〈說難〉，可見司馬遷頗有藉他人酒杯澆自己塊壘的微意。

《史記》雖非司馬遷專為個人鬱結而發，但面對當時現實政治環境，而且寫的又是當代之史，司馬遷下筆就不得不慎重了。司馬遷深切了解政治現實，即使孔子著《春秋》也是難免的，因為有所忌諱，對於自己生存的那個時代，不得不略予褒贊。對於現實政治的殘酷，司馬遷在遭李陵之禍後，有更深刻的切身體驗。他在〈太史公自序〉中說：「夫《詩》《書》隱約者，欲遂其志之思也」，所謂「隱約」，與孔子著《春秋》時，「至定哀之際則微」的隱略是相同的。這是司馬遷經李陵之禍後，再三思惟後選擇的寫作道路。唯有在「隱約」的前提下，才能避免現實政治的限制，這些「唯唯、否否」的未竟之意，祇有「俟後世聖人君子」的探索了。不過，司馬遷自己已在其最後絕筆的〈報任安書〉中留下了伏筆。

〈太史公自序〉的「拾遺補藝」

司馬遷撰寫《史記》，最終的目的是想「成一家之言」。在他的著作之中，卻存在著兩個地方提到「成一家之言」。一是《史記．太史公自序》最終所說「以拾遺補埶（藝），成一家之言」，一是《漢書．司馬遷傳》引〈報任安書〉的「欲以究天人之際，通古今之變，成一家之言」。

因此司馬遷這兩個「成一家之言」，雖然追求的目標一致，但表現的意義卻不相同，而且進行的程序也有先後的層次。前者經過「厥協六經異傳，整齊百家雜語」的過程，對孔子刪《詩》《書》、定禮樂的學術發展與演變，作一次系統性的整理。後者則是將經過整理系統化的材料，納入時間的框限之中，即所謂「網羅天下放失舊聞，考之行事，稽其成敗興壞之理」。二者綜合起來，就是司馬遷寫《史記》的意旨所在，也是司馬遷對中國學術與史學承先啟後、繼往開來的貢獻。

「拾遺補藝」是對圖書的校整，屬於目錄學領域的工作。鏡考源流，部次流別是中國傳統目錄學的精神。自來討論中國目錄學，都集中讚揚劉向、歆父子在這方面的成就，完全忽略了司馬談、遷父子對這方面的貢獻。實際上，武帝時開始校整圖書工作，規模較成帝時大，前後負責校書祕閣的就是司馬氏父子。在校整圖書過程中，由於政治與學術的環境不同，司馬談選擇了黃老作為主導思想，提出他的〈論六家要指〉，規劃出陰陽、儒、墨、名、法、道德諸家的輪廓，是中國傳統目錄學的最早序錄。後來《漢書．藝文志．諸子略》的九流十家就是在這個基礎上形成的。

司馬談壯志未酬身先死，司馬遷繼承他「孔子卒後至於今五百歲，有能紹明世，正《易傳》，繼《春秋》，本《詩》《書》《禮》《樂》之際」的未竟遺志，繼續圖書校正的工作。但為了適應當時轉變的學術與政治環境，將孔子完成的六藝，獨立於儒家之外，並超越各家之上，成為一個學術的專門領域，班固《漢書．藝文志》的〈六藝略〉緣此而出，同時也鑄定以後中國目錄學經部的版型。整理圖書文獻的最終目的，為了對古籍的研讀和了解，也就是公孫弘所謂「明天人分際，通古今之義」，司馬遷即以此為基礎，向「欲以究天人之際，通古今之變」過渡，雖僅「義」與「變」一字之易，卻創立了中國的傳統史學。

一、司馬談、遷父子校書祕閣

《漢書．藝文志．詩賦略》的「屈賦」之類下，有「上所自造賦二篇」，顏師古注：「武帝也」，指明這兩篇賦的作者是漢武帝。雖然班固〈藝文志〉，以劉向、歆的《別錄》與《七略》為藍本編撰而成。但劉氏父子離武帝時代已遠，論理說不應稱武帝為「上」，「上」是臣工對當代君主的稱謂。所以，章學誠認為「上所自造四字，必武帝時人標目，劉向從而著之，不與審定稱謂」。

章學誠的疑惑，引發出另一問題，就是劉氏父子校讎祕閣、編撰簿錄其來有自，淵源於武帝時所編纂的目錄。這部目錄很可能是司馬遷校書時，原有的辨章學術、鏡考源流的簿錄工作，但沒有成書，後來撰《史記》時分散於百三十篇之中。所撰述的底稿，或仍有流傳或藏於祕府，劉氏父子將這部底稿納入己書，班固因循未改，也是非常可能的❶。

司馬遷在《史記》中，稱武帝為「上」或「今上」。〈太史公自序〉曰：「漢興五世，隆

❶ 張舜徽，《漢書藝文志通釋》（湖北：教育出版社，一九九〇）。

在建元，外攘夷狄，內脩法度，封禪，改正朔，易服色。作〈今上本紀〉。」今上就是漢武帝，《史記》很多地方這樣稱呼。《漢書．劉向傳》：「上方精於《詩》《書》，觀古文，詔向領校中五經祕書。」此處所謂的「上」是成帝。《漢書．藝文志．諸子略．儒家》有《高祖傳》十三篇、《孝文傳》十一篇，顏師古分別注曰：「高祖與大臣述古語及詔策也」及「文帝所稱及詔策」。《漢書．藝文志》對高祖與文帝都不稱「上」，唯獨對武帝稱「上」，的確是非常有趣，也是值得探討的問題。

《漢書．藝文志》除了「上所自造賦二篇」外，在所著錄的書籍作者，往往出現「有列傳」的小注。中國傳統目錄學體制，綜合而言有三：一是考一書源流的篇目，二是考一人源流的敘錄，三是考一家源流的小序❷。對於考一人源流的敘錄，章學誠認為劉向、劉歆「其校書諸敘論，既審定其篇次，又推論其生平；以書而言，謂之敘錄可也；以人而言，謂之列傳可也。史家存其部目於〈藝文〉，載其行事於列傳，所以為詳略互見之例也。是以〈諸子〉、〈詩賦〉、〈兵書〉諸略，凡遇史有列傳者，必注『有列傳』字於其下，所以使人參互而觀也」。

---

❷余嘉錫，《目錄學發微》（香港：中華書局，一九七五）。

班固在《漢書．藝文志》〈諸子〉、〈詩賦〉、〈兵書〉諸略，於作者名下注「有列傳」者，計有晏子、孟子、孫卿子、魯仲連子、管子、商君、蘇子、張子、屈原賦、吳起、魏公子等十一種。顏師古在《晏子》十八篇下注稱：「有列傳者，謂《太史公書》」。以上諸書作者，《史記》中不僅有列傳，司馬遷除論其行事外，並對他們著作的大要歸指，皆有所敘論。所以，《漢書．藝文志》所著錄的這些著作及「上所自造賦二篇」下的小注，很可能出自司馬氏父子的手筆。

《漢書．藝文志．諸子略．道家》有《管子》八十六篇，其下小注曰：「名夷吾，相齊桓公，九合諸侯，不以兵車也」。案《史記．管晏列傳》太史公曰：「吾讀管氏〈牧民〉、〈山高〉、〈乘馬〉、〈輕重〉、〈九府〉。」《正義》：「《七略》曰：『《管子》十八篇，在法家。』」與〈漢志〉不同。《四庫提要．管子》條下說：「葉適《水心集》亦曰：《管子》非一人之手筆，亦非一人之作，考其文大抵後人附會，多于仲之本書。」所以有人認為《管子》一書是一種雜燴，不僅不是管仲作的書，而且非作於一人，也非作於一時，大約是戰國及其後期的一批雜碎著作的總集，一部份是齊國的舊物，一部份是漢朝開獻書之令時，由齊國地區獻過來的❸。《管子》中有儒、道、法、兵、農、縱橫、陰陽各家的言論，嚴格說，《管子》一書可入雜家。所以，《管子》在漢代出現時，已經是一部範圍包羅甚廣，內容非常駁雜的資料彙編。在劉向校書之前，已有幾種不同的校本。劉向〈管子書錄〉云：

護左都水使者光祿大夫臣向言：所校讎中管子書三百八十九篇，大中大夫卜圭書二十七篇，臣富參書四十一篇，射聲校尉立書十一篇，太史書九十六篇，凡中外書五百六十四篇，已校，除復重四百八十四篇，定著八十六篇。殺青而書可繕寫也。

劉向所校定的《管子》八十六篇，即《漢書·藝文志·道家》所著錄的《管子書》。在劉向所校的《管子》校本中，有「太史書」九十六篇，和劉向的《管子》定本最接近。所謂「太史書」，可能就是司馬氏父子所校的《管子》。

司馬氏父子在武帝時校書祕閣，定其歸指，案《文選》卷三十六任彥昇〈為始興求立太宰碑表〉李善注引劉歆《七略》：「孝武皇帝敕丞相公孫弘廣開獻書之路，百年之間，書積如山」。雖然漢初就開始收集秦火剩餘的圖籍，惠帝更下除挾書之令，但有計劃大規模搜集軼

❸郭沫若，〈宋鈃伊人遺書考〉，《郭沫若全集·歷史篇》第一卷《青銅時代》（北京：人民出版社，一九八二）。

書，並建立典藏制度，卻在漢武帝時。《漢書．藝文志序》說：

> 漢興，改秦之敗，大收篇籍，廣開獻書之路。迄孝武世，書缺簡脫，禮壞樂崩，聖上喟然而稱曰：「朕甚閔焉！」於是建藏書之策，置寫書之官，下及諸子傳說，皆充祕府。

對圖書的典藏與整理，「外有太常、太史、博士之藏，內有延閣、廣內、祕室之府」。武帝除了設寫史之官外，並置太史令負責實際的圖書管理與整理工作。《隋書．經籍志．史部序》就說：

> 其（戰國）後陵夷衰亂，史官放絕，秦滅先王之典，遺制莫存。至漢武帝時，始置太史公，命司馬談為之，以掌其職。

司馬談既為太史，負責石室金匱的圖書整理，與保管國家的文獻與檔案，即所謂「天下計書皆先上太史公，副上丞相」。於是，「百年之間，天下遺文古事靡不畢集太史公」。太史既負責圖書的典藏，同時就必須對圖書進行整理的校讎。因為圖書典藏和整理是一體兩面的工作。

掌管與整理圖書文獻，原本是古代史官的工作範圍。《周禮》關於太史、小史、內史、外史、御史對圖書的掌管和分工，記載得非常詳細，歸納起來，凡史官所主持的吉凶大禮及封賞慶典，觀測的天象、氣候，出納的王言、章奏的紀錄，乃至於所占卜的休咎跡兆，都由他們自負登記保管之責。後來更將所有的法規、盟約都交付太史錄下副本，妥藏備查。邦國之志、四方之志也一併交由史官收藏。最後，史官掌管的範圍擴大，遂將私人的盟約，也由史官登錄，三皇五帝圖書概由史官收藏。所以，楚懷王說左史倚相能讀《三墳》、《五典》、《八索》、《九丘》之書。韓宣子至魯，觀書於太史氏。史稱老子為「周守藏室之史」或「柱下史」，都說明圖書文獻的收藏，是古代史官的職掌❹。所以，《隋書·經籍志序》說：「書契已傳，繩木棄而不用；史官既立，經籍於是興焉。」

武帝置太史令，有古代史官的遺意。司馬遷說「太史公既掌天官，不治民」。其職掌的範圍，就是司馬遷〈報任安書〉自嘲說的「文史星曆近乎卜祝之間」。星曆卜祝的部份，案應劭《漢官儀》：「太史令屬太常，秩六百石，掌天時星歷，凡歲奏新年歷；凡國祭祀喪娶之事，

❹ 沈剛伯師，〈說史〉，《沈剛伯先生文集》（上）（臺北：中央日報，一九八二）。

奏良日；國有瑞應災異，記之」。這是史官的原始職掌部份。至於「文史」則是文字工作的處理，及圖書檔案的保管和整理。關於文字工作的處理，《漢書．藝文志．六藝略．小學》條下：「蕭何草律，亦著其法，曰：太史試學童，能諷書九千字以上，乃得為史」。至於圖書檔案的整理，則是史官職掌擴大後的工作範圍，太史令屬官有望郎與掌故各三十人，分別負「星曆」和「文史」的工作。所謂文史就是司馬遷說司馬談，「於建元元封元年之間」任太史公。其間歷元光、元朔、元狩、元鼎，至元封元年「發憤且卒」前後近三十年。司馬談的行事除見於〈封禪書〉，和祠官寬舒討論封禪與設壇外，就是在〈太史公自序〉中的「愍學者之不達其意而師悖，乃論六家之要指」了。這是太史掌管圖書工作具體的表現。

所謂「愍學者之不達其意而師悖，乃論六家之要指」。悖，《正義》引顏師古曰：「惑也。各習師書，惑於所見也。」所謂「各習師書，惑於所見」，即《史記．十二諸侯年表序》太史公曰：

> 儒者斷其義，馳說者騁其辭，不務綜其終始；曆人取其年月，數家隆於神運，譜諜獨記世謚，其辭略，欲一觀諸要難。

學者不務終始，欲一觀諸要難，正是戰國以來，百家爭鳴、各顯其說的學術發展情況。《莊子．天下》說：「悲夫，百家往而不反，必不合矣！後世之學者，不幸不見天地之純，古人之大體，道術將為天下裂」。的確是這個時期學術情況的實際反映。另一方面，先秦的書籍經秦火之後，焚銷散亂，《史記．六國年表序》太史公曰：

> 秦既得意，燒天下《詩》《書》，諸侯史記尤甚，為其有所刺譏也。《詩》《書》所以復見者，多藏人家，而史記獨藏周室，以故滅。惜哉，惜哉！

「惜哉，惜哉！」不僅是司馬氏父子對秦火焚書的感嘆，也是他們校書過程中，遭遇的實際困難。所以，司馬談在奉命整理圖書之時，似乎就立下心願，對孔子校《詩》《書》《禮》《樂》以來，尤其戰國至漢代的學術發展與演變，透過對圖書的校定，作一次系統的整理，祇是這個工作一直到他死時都沒有完成，然後由司馬遷繼承其遺志繼續進行。〈太史公自序〉曰：

> 先人有言：「自周公卒五百歲而有孔子。孔子卒後至於今五百歲，有能紹明世，正《易

傳》，繼《春秋》，本《詩》《書》《禮》《樂》之際？」意在斯乎！意在斯乎！小子何敢讓焉。

對司馬遷的「小子何敢讓焉」，揚雄、孫盛認為實在自不量力。但就中國學術的發展與興衰而言，秦焚《詩》《書》是一個分水嶺。自秦以前遠溯上古的學術發展，經孔子刪定後，作了第一次的集結，即所謂「古者史官既司典籍，蓋有目錄，以為綱紀，體制堙滅，不可復知。孔子刪書，別為之序，各陳作者所由」。自此而後，中國文獻始有可稽。所以，孔子是保存先秦文獻的第一人❺。此後五百年，其間經歷秦焚《詩》《書》，載籍渙散，至漢武帝大規模搜集軼書，然後司馬氏父子校書祕閣，對孔子以來的學術思想演變，作一次系統的整理，這是中國文獻的第二次集結校整。司馬氏父子欲以承五百年之運，繼孔子之業以自任，這是司馬遷說「小子何敢讓焉」的原因。因此，〈太史公自序〉說：

維我漢繼五帝末流，接三代絕業。周道廢，秦撥去古文，焚滅《詩》《書》，故明堂石

❺ 鄭鶴聲，《司馬遷年譜》（上海：商務印書館，一九五七）。

室金匱玉版圖籍散亂。於是漢興，蕭何次律令，韓信申軍法，張蒼為章程……自曹參薦蓋公言黃老，而賈生、晁錯明申、商，公孫弘以儒顯，百年之間，天下遺文古事靡不畢集太史公。太史公仍父子相續纂其職。曰：「於戲！余維先人嘗掌斯事，顯於唐虞，至于周，復典之，故司馬氏世主天官。至於余乎，欽念哉！欽念哉！」

「欽念哉！欽念哉！」是司馬遷自勉之詞。以上材料說明漢初至武帝百餘年間，蕭何、韓信、張蒼等，各人因不同的政治需要，曾對不同類別的圖籍，作過初步的整理，這些經過整理的圖籍，最後都集中在司馬氏父子處。他們就利用這個基礎，對所有的圖籍作一次完整而系統的整理。所以，司馬氏父子不僅是劉氏父子的先行者，並且為以後中國目錄學開闢了新的道路。

不過，自來討論中國目錄學，都推崇劉氏父子的拓創之功。章學誠《校讎通義》就有〈宗劉篇〉，並且在卷一總序開宗明義說「蓋自劉向父子部次條別，將以辨章學術，考鏡源流；非深明於道術精微、群言得失之故者，不足與此」。完全忽略了司馬氏父子在這方面的貢獻。事實上武帝時對圖籍的搜求，就規模與範圍而言，都超過成帝時代。而且參與整理工作的，也不僅限於司馬氏父子。《漢書．藝文志．兵書略》小序就說：「武帝時，軍政楊僕捃摭遺逸，紀奏兵錄，猶未能備」。楊僕的兵錄，就是據張良、韓信序次的軍法為基礎整理的。司馬氏父子則是對當時所搜羅的圖籍，作了總結性的整理與校定。祇惜資料不全，無法考證。不過仍有許多線索隱藏於《史記》中，可供探討。

關於劉氏父子校書，《隋書．經籍志．史部．簿錄序》說：「劉向《別錄》、劉歆《七略》，剖析條流，各為其部，推尋事跡，疑則古之制也」。所謂「古之制也」，是說劉氏父子剖析條流是有所繼承的。關於這個問題，章學誠認為「〈漢志〉最重學術源流，似得自太史公敘傳，及莊周〈天下〉篇、荀卿〈非十二子〉。《莊子．天下》、《荀子．非十二子》討論戰國學者的異同，對劉向、劉歆有啟導作用，至於「司馬遷之載籍也，疏而有理蓋能溯原」。所以，章學誠也承認在敘述學術源流方面，劉向、劉歆及班固，的確受了司馬遷的影響。章學誠說：

〈藝文〉雖始於班固，而司馬遷之列傳，實討論之。觀其敘述，戰國、秦、漢之間，著書諸人之列傳，未嘗不於學術淵源、文詞流別，反復而論次焉。劉向、劉歆蓋知其意矣。故其校書諸敘論，既審定其篇次，又推論其生平；以書而言，謂之敘錄可也；以人而言，謂之列傳可也。史家存其部目於〈藝文〉，載其行事於列傳，所以為詳略互見之例也。

所謂「劉向、劉歆蓋知其意」，也就是指司馬遷對戰國秦漢間，著書諸人的學術淵源與文詞流別，都敘述得非常詳細，後來劉向、歆父子校書的敘錄即淵源於此。

在《史記》中關於戰國秦漢間著書諸子，以及有關學術流變的列傳，計有管仲、晏嬰、老子、韓非、司馬穰苴、孫子、吳起、仲尼弟子、商君、蘇秦、張儀、孟子、荀卿、呂不韋、魯仲連、鄒陽、屈原、賈誼、扁鵲、倉公、司馬相如、儒林、日者、龜冊等十七篇，占全書七十篇列傳四分之一強，如將附各傳的著書諸人計入，當不止此數。這也反映司馬氏父子對著書諸人，及戰國秦漢之間的學術流變是非常重視的，這和他們整理圖書所得到的材料有關❻。

二、司馬談的〈論六家要指〉

雖然，司馬遷著書，有「其書世多有之，是以不論，論其佚事」的體例。這種以人繫事的寫作方法，突出《史記》列傳論其行事的性格。但對於重要的學術思想的流變與承傳，則

❻金德建，《司馬遷所見書考·自序》（上海：上海人民出版社，一九六三）。

反復敘論。所以，關於老子的學術思想，〈老子韓非列傳〉說：

老子脩道德，其學以自隱無名為務。居周久之，見周之衰，迺遂去。至關，關令尹喜曰：「子將隱矣，彊為我著書。」於是老子迺著書上下篇，言道德之意五千餘言而去，莫知其所終。

敘述老子著書的經過後又說：

世之學老子者則絀儒學，儒學亦絀老子。「道不同不相為謀」，豈謂是邪，李耳無為自化，清靜自正。

「無為自化，清靜自正」是老子思想的核心，《正義》曰：「此都結老子之教也。」最後於篇末的「太史公曰」則對老子學說的承傳與各家的影響，作扼要的說明：

老子所貴道，虛無，因應變化於無為，故著書辭稱微妙難識。莊子散道德，放論，要

> 亦歸之自然。申子卑卑，施之於名實。韓子引繩墨，切事情，明是非，其極慘礉少恩。皆原於道德之意，而老子深遠矣。

老子與韓非合傳，後世學者多有微詞。而且對老子的傳說，自戰國以來就眾說紛紜。司馬遷歸納這些傳說，以「蓋」與「或」的形式，來敘這位「隱君子」❼。其目的不在「論其行事」，不過藉此鏡考自戰國以來就流行，對漢初政治與學術思想發生重大影響的學說，其源流所自以及流派的演變。司馬遷在〈太史公自序〉中說「李耳無為自化，清靜自正」，完全以鏡考學術源流為著眼點。

至於老子思想的承傳，司馬遷說莊子、韓非、申子之學皆本道德意。莊子「其學無所不闚，然其要本歸於老子之言」。而韓非「喜刑名法術之學，而其歸本於黃老」。至於申子之學也是「本於黃老而主刑名」。

所謂「黃老」，劉向說：「黃老之法不尚繁華，清簡無為，君臣自正。」這種黃帝老子並稱的「黃老」思想，在戰國後期形成，對漢初的政治，發生重大的影響，是當時學術的主流。

---

❼參見本書〈武帝封禪與〈封禪書〉〉。

但黃老並稱，不見於他書，由司馬氏父子首先提出。因此，《史記》對這種學術思想的形成、流變與傳承，可說已經作了詳細的探討。

劉向所謂「清簡無為，君臣自正」，正是黃老之學表現於政治的意旨所在。在漢初援黃老入政治的曹參，即〈太史公自序〉所謂「曹參薦蓋公言黃老」。《史記．曹相國世家》說：

> 參之相齊，齊七十城。天下初定，悼惠王富於春秋，參盡召長老諸生，問所以安集百姓，如齊故諸儒以百數，言人人殊，參未知所定。聞膠西有蓋公，善治黃老言，使人厚幣請之。既見蓋公，蓋公為言治道貴清靜而民自定，推此類具言之。參於是避正堂，舍蓋公焉。其治要用黃老術，故相齊九年，齊國安集，大稱賢相。

後來曹參繼蕭何為丞相，由地方到了中央，其治國仍用「清靜而民自定」的黃老術。曹參為漢相國三年卒。百姓歌之：「蕭何為法，顜若畫一；曹參代之，守而勿失。載其清靜，民以寧一。」司馬遷對曹參以黃老術治國，予以很高的評價。〈曹相國世家〉的「太史公曰」：「參為漢相國，清靜極言合道。然百姓離秦之酷後，參與休息無為，故天下俱稱其美矣。」

曹參的黃老術得自蓋公，膠西蓋公則受教於樂臣公。《史記．樂毅列傳》云：「樂臣公教蓋公。蓋公教於齊高密、膠西，為曹相國師。」其後的「太史公曰」對秦楚之際黃老之學的承傳，作了詳細的敘述：「樂臣公學黃帝老子，其本師號曰河上丈人，不知其所出。河上丈人教安期生，安期生教毛翕公，毛翕公教樂瑕公，樂瑕公教樂臣公，樂臣公教蓋公。」樂臣公除教蓋公外，田叔也從樂臣公習黃帝老子，後仕於趙王張敖。《史記．田叔列傳》稱其「學黃老術於樂臣所」。案《索隱》曰：「臣公本燕人，樂毅之後」。《史記．樂毅列傳》稱：「樂氏之族有樂瑕公、樂臣公，趙且為秦所滅，亡之齊高密，樂臣公善修黃帝、老子之言，顯聞於齊，稱賢師。」案臣公在秦滅趙之後，流亡到齊國，設帳授徒，傳黃老之言。司馬遷敘秦楚之際黃老之術的承傳情形，大致是可以相信的❽。

至於司馬氏父子鏡考黃老之言的淵源，則認為出自於齊之稷下。《史記．田敬仲完世家》說：「宣王喜文學游說之士，自如騶衍、淳于髡、田駢、接予、慎到、環淵之徒七十六人，皆賜列第，為上大夫，不治而議論，是以齊稷下學士復盛，且數百千人。」稷下學士，「不治而議論」，其議論立說成書，所著書「言治亂之事」。而其所著書，「皆學黃老道德之術」。《史記．孟子荀卿列傳》云：

❽錢穆師，《先秦諸子繫年》上，卷三「稷下通考」條下（香港：香港大學，一九五六）。

慎到，趙人。田駢、接子，齊人。環淵，楚人。皆學黃老道德之術，因發明序其指意。故慎到著十二論，環淵著上下篇，而田駢、接子皆有所論焉。

《漢書．藝文志．諸子略．法家》有《慎子》四十二篇。注稱：「名到，先申韓，申韓稱之。」道家類有《田子》二十五篇。注稱：「名駢，齊人。遊稷下，號天口駢。」道家類又有《捷子》二篇。案錢大昭《漢書辨疑》稱：「接、捷，古字通，則捷子即接子。」道家類又有《蜎子》十三篇。注稱：「名淵，楚人，老子弟子。」師古注曰：「蜎，姓也。」娟為環之借字。案應劭《風俗通．姓氏篇》：「環淵即娟淵。」又名家類有《尹文子》一篇。注稱：「說齊宣王。先公孫龍。」師古注引劉向曰：「與宋鈃俱游稷下。」案《漢書．藝文志．小說家》有《宋子》十八篇。注稱：「孫卿道宋子，其言黃老意。」

慎到、接子、田駢、環淵、尹文、宋鈃同為司馬遷所謂的稷下之士，《漢書．藝文志》分別將他們的著作置於〈諸子略〉的道家、法家、名家、小說家等類中。雖然類別不同，但卻有一個共同的性質，那就是「其言黃老意」。《莊子．天下》首先論《詩》、《書》、《禮》、《樂》與《易》的學術之源，認為最先得之者是孔子，然後傳授於鄒魯之士的縉紳先生，最後才是百家之學。百家依次將墨翟、禽滑釐歸為一類；宋鈃、尹文為一類；彭蒙、田駢、慎到為一類；關尹、老聃為一類；莊周自為一類；最後是惠施、公孫龍為一類。

如果《莊子．天下》討論百家之學的形成與發展，依時間的先後為序，則稷下學士宋鈃、尹子、慎到、田駢之學，或當在老聃之前。老子在漢代「世莫能知其所以然否」，老子之學至「詆訿孔子之徒，以明老子之術」的莊子，才顯於世。司馬遷將老子與韓非合傳，並附申子，且說韓非、申不害之學，皆源道德之意。所謂道德之意即黃老之學。〈老子韓非列傳〉說韓非「喜刑名法術之學，而其歸本於黃老」。而申子之學「本於黃老而主刑名」。他們二人的「刑名」之學，都淵源於黃老。案如上述《漢書．藝文志．諸子略．法家》有《慎子》四十二篇。注稱：「名到，先申韓，申韓稱之。」《四庫全書》有《慎子》一卷，入子部雜家類。《提要》曰：「周慎到撰。……然《漢志》列之於法家。今考其書，大旨欲因物理之當然，各定一法而守之。不求於法之外，亦不寬於法之中，則上下相安，可以清靜而治。然法所不行，勢必以刑齊之。道德之為刑名，此其轉關。」

《四庫總目提要》認為《慎子》一書，是黃老轉變為名法的關鍵。也就是說申韓的名法之學，淵源於稷下的慎到而非李耳。《莊子．天下》將慎到、田駢與彭蒙並論，並說：「慎到棄知去己而緣不得已，冷汰於物，以為道理。」《荀子．非十二子》：「其言之成理，足以欺惑愚眾：是慎到、田駢也。」並且批評他們：「尚法而無法，下脩而好作，上則取聽於上，下則取從於俗，終日言成文典，反紃察之，則倜然無所歸宿，不可以經國定分」。《荀子．解蔽》又說：「慎子蔽於法而不知賢。」〈天論〉則說「慎子有見於後，無見於先」，則與老子道學的旨意相合❾。

與慎子同在稷下，「立說在黃老申韓之間」的還有尹文。《漢書．藝文志．諸子略．名家》有《尹文子》一篇。注稱：「說齊宣王。先公孫龍。」師古注引劉向云：「與宋鈃俱游稷下。」《四庫全書總目》著錄《尹文子》二卷，入雜家。《提要》云：「大旨指陳治道，欲自處於虛靜，而萬事萬物，則一一綜核其實，故其言出入於黃老申韓之間。」與尹文同遊稷下的田駢，《莊子．天下》與慎到並論。前述《漢書．藝文志．諸子略．道家》有《田子》二十五篇，班固說田駢曾遊稷下，號天口駢。《呂氏春秋．不二》：「陳駢貴齊。」錢大昭《漢書辨疑》稱：「陳、田古今通用，則陳駢即田駢」。所謂「陳駢貴齊」，高誘注稱：「陳駢，齊人也，作《道書》二十五篇。貴齊，齊死生，等古今。」《莊子．天下》說慎到之學，「齊萬

---

❾ 一九七三年長沙馬王堆出土的帛書中，在《老子》乙本卷前，有《法經》、《十六經》、《稱》、《道原》四種古佚書，唐蘭認為這四種古佚書即《漢書．藝文志》著錄的《黃帝四經》。見唐蘭，〈馬王堆出土《老子》乙本卷前古佚書的研究〉，《考古學報》，一九七五年第一期。

物以為首」，也就是「知萬物皆有所可，有所不可」。所以，慎到、田駢的「齊死生，等古今」，與莊子之學略似，或者是承楊朱的重生貴己而來⑩。

因此，司馬氏父子所謂「皆學黃老意」的稷下學士，是戰國時期諸子學說形成前，流行的學術思想流派。這種學術思想對後來包括道、法、名、陰陽等家思想都發生影響。至於稷下學士的思想流派，如何依托黃帝，後來又與老子思想結合，最後形成司馬氏父子所謂的黃老，似仍有跡可尋的⑪。

《淮南子·脩務》說：「世俗之人，多尊古而賤今，故為道者必託之于神農、黃帝而後能入說。亂世闇主，高遠其所從來，因而貴之。」這種情形是先秦諸子思想形成時，常見的一種情況。劉勰就認為諸子是入道之書，但「君子處世，疾名德不彰」，而依托古人以自顯。所以，他認為諸子的著作是「上古遺語，戰代記者」。戰代即戰國。也就是戰國時期的諸子學說，是將當時社會流行的殊俗新知相互雜糅，然後援用古往今來已存的理論，加以系統化的整理，成為一家之言。因為這種援古論今的表現形式，易為朝野上下所接受與奉行。所以，

⑩ 錢穆師，《先秦諸子繫年》下，卷四「慎到考」條下。
⑪ 顧頡剛，〈黃帝〉，《史林雜識初編》（北京：中華書局，一九六三）。

儒家言必稱堯舜，墨家托於大禹，農家上繼於神農。然稷下學士卻無所依，於是由鄒衍將黃帝納入其思想體系。

《漢書．藝文志．諸子略．陰陽家》有《鄒子》四十九篇。注稱：「名衍，齊人，為燕昭王師，居稷下，號談天衍。」又有《鄒子終始》五十六篇，師古注曰：「亦鄒衍所說。」〈孟子荀卿列傳〉說鄒衍「深觀陰陽消息而作怪迂之變，〈終始〉〈大聖〉之篇十餘萬言」，又說：

> 其語閎大不經，必先驗小物，推而大之，至於無垠。先序今以上至黃帝，學者所共術，大並世盛衰，因載其禨祥度制，推而遠之，至天地未生，窈冥不可考而原也。

鄒衍的學說是後來陰陽家的張本，其學說以先驗小物，然後以推至無垠的推理方法，將時間與空間結合起來，形成他的理論體系。所謂時間方面，也就是歷史的，由已知的現在推向未知的遠古，將黃帝固定在已知和未知的分界線上，即所謂的「先序今以上至黃帝」，並將黃帝以來的典章制度興廢，與古今的禨祥治亂結合，探索人間的盈虛消息，這就是鄒衍「五德轉移」的理論。鄒衍將黃帝固定在已知和未知的分界上，於是，戰國興起的傳說中的黃帝，經鄒衍將其納入歷史系統之後，成為人世真實的黃帝，然後進一步成為華夏民族的共祖。司馬遷寫《史記》始於〈五帝本紀〉，〈五帝本紀〉又始於黃帝，多少受了這種影響⓬。不過，這個華夏民族共祖的黃帝，卻在漢武帝時，又騰昇為神僊的黃帝。其騰昇的過程，就是司馬遷寫《史記．封禪書》的原因⓭。

所以，《史記》中有兩個黃帝，一是〈五帝本紀〉中歷史的黃帝，一是〈封禪書〉中神僊的黃帝⓮。在漢代，關於黃帝的材料雖然豐富，但卻是非常駁雜的。《漢書．藝文志》著錄托名於黃帝，或與黃帝有關的著作，計二十一種四百四十九篇，此外還有黃帝諸臣的著作七種一百零四篇。這些著作分別著錄在《漢書．藝文志》的〈諸子略〉道家、陰陽家、小說家，〈兵書略〉的陰陽，〈數術略〉的天文、歷譜、雜占，以及〈方技略〉的醫經、經方、房中、神僊等類中由此可以了解，由戰國時期的傳說凝聚而成的黃帝，流傳到漢代，尤其漢武帝時，已有許多不同的面貌。對於這些分散在《漢書．藝文志》不同形式的著作，班固將其歸納成

⓬ 參見本書〈史傳論贊與「太史公曰」〉。
⓭ 參見本書〈武帝封禪與〈封禪書〉〉。
⓮ 參見本書〈武帝封禪與〈封禪書〉〉。

兩類：一是起於「六國時，與老子相似」；一是「迂誕依託」。

關於「迂誕依託」的一類，多出漢武帝時代的方士之手，由於漢武帝封禪求僊的需要應運而生[15]。至於「起六國時，與老子相似」的黃帝著作，《隋書．經籍志．道經部》小序說：「漢時，諸子道書之流，有三十七家。大旨皆去健羨，處沖虛而已……。其黃帝四篇、老子二篇，最得深旨。」黃帝四篇即《黃帝四經》，著錄於《漢書．藝文志．諸子略．道家》，注稱：「起六國時，與老子相似。」道家類有關黃帝的著作，還有《黃帝銘》、《黃帝君臣》、《雜黃帝》、《力牧》等，對於這些著作班固注以「六國時所作」，或「六國時賢者所作」。

所以，在黃、老沒有合流之前，黃帝、老子的著作各行其是，不過其意旨卻有相似之處。到了莊子，在發揚老子思想的同時，就將稷下學士依托黃帝的學術體系，納入老子思想體系以自重[16]。討論天下治道方面，黃、老有內聖外王之別，所以，《莊子．盜跖》就批評「黃帝不能致德，與蚩尤戰於涿鹿之野，流血百里」。〈繕性〉又說：「黃帝始為天下，是故安而不

[15] 逯耀東，〈魏晉志怪小說與史學的關係〉，《魏晉史學的思想與社會基礎》（臺北：東大圖書，二〇〇〇）。

[16] 顧頡剛，《中國上古史研究講義》（北京：中華書局，一九八八）。

順。」不過，在討論道的時候，莊子對黃帝卻有很高的評價。《莊子．知北遊》黃帝回答知所問到的問題，黃帝曰：

夫知者不言，言者不知，故聖人行不言之教。道不可致，德不可至，仁可為也，義可虧也，禮相偽也。故曰：失道而後德，失德而後仁，失仁而後義，失義而後禮。禮者，道之華而亂之首也。故曰：為道者日損，損之又損之，以至於無為，無為而無不為也。

黃帝論道，禮是道之華，但卻也是亂之首。並且認為為道者日損，損之又損，最後至於無為，無為而無所不為。黃帝又認為天下萬物所美者為神奇，惡者為臭腐。但臭腐可為神奇，神奇也可化為臭腐。所以，天道相通為一氣。因此，聖人貴一。黃帝論道，與老子一般無二。至此，黃帝經莊子之援，與老子思想合一。

雖然，莊子將黃帝與老子結合起來，但並沒有出現黃老之名。將黃老並稱，作為戰國以來的儒、墨顯學以外，另一個新興重要的學術思想，則要遲至司馬談奉命校整圖書之時，才由他首先提出來。

就目錄學的發展而論，《莊子．天下》與《荀子．非十二子》對戰國時期的學術代表性人物，作了初步概略的歸納。他們所作歸納，並非是為了鏡考源流與辨別，祇是方便對所提出的學術代表性人物，進行討論與批判。嚴格說，並不具有目錄學的意義。後來《呂氏春秋》的〈不二〉，對戰國以來包括老子、孔子十位「天下之豪士」的學術性質，作了如「老耽（聃）貴柔」、「孔子貴仁」扼要的定性，目錄學始見端倪，但並沒有對其學術流派作具體的劃分。到了韓非的〈顯學〉，論述代表當時顯學的儒、墨兩派，在孔子、墨子死後，弟子因「取舍相反不同」，形成儒、墨不同的流派，目錄學才初見學術流派的傳承。到了漢朝，《淮南子．要略》提出縱橫、刑名和法等學術流派的名稱及其所承繼，但仍無法對戰國時期學術流派的發展與流變，作整體的分析與討論。

淮南王劉安與司馬談同時，目錄學發展至此，已超越最初對個人的學術思想批判，辨章學術流派的雛形已經出現。中國學術思想經孔子第一次清理之後，演變到這時已歷五百年，迫切地需要再一次清理。於是，司馬談利用校整圖書的機會，對國初以來駁雜的學術發展與流變，作一次徹底而系統化的整理。首先在戰國儒、墨顯學之外，更提出黃老之學。不僅將黃老視為戰國以來新興而重要的流派，並以黃老概括與統率陰陽、名、法、道德諸家的形成與發展。而且選擇老子作為這個新興學派的定點，以這個定點為關鍵，鏡考其源流與討論彼此相互的關係，至於老子是否存在是另一個問題，祇不過藉此探索一個學術流派的由來。然後，以此為基礎，提出「《易大傳》：『天下一致而百慮，同歸而殊塗。』夫陰陽、儒、墨、名、法、道德，此務為治者也」的〈論六家要指〉。司馬談的〈論六家要指〉，不僅對戰國以來目錄學的發展有新的拓創，更重要的是對這個時期的學術發展與流變，作一次系統化的整理與總結。並且對經過系統化整理的學術流派，予以一個固定的分類名稱，清晰地劃清不同學術流派間的範圍。這種分類方法後來為劉向、歆父子繼承，《漢書．藝文志》的〈諸子略〉，即以此為藍本形成的。祇是自來討論目錄學與中國學術流變的人，忽略司馬談、遷父子在這方面的拓創與貢獻。

不幸的是，司馬談壯志未酬身先死，案〈太史公自序〉，元封元年「天子始建漢家之封，而太史公留滯周南，不得與從事，故發憤且卒」。司馬談自建元年間任太史公，到這時將近三十年了。這段期間司馬談除校整圖書外，當然還負責天官的專業，而且由於武帝封禪與求僊，這方面的業務更繁重了。司馬談始終恭謹從事，但臨「天子接千歲之統」的封禪泰山，竟被摒棄留滯周南，因而發憤且卒[17]。臨終前，司馬遷適西使歸來，見父於河洛間。司馬談執遷手而泣曰：

[17] 參見本書〈武帝封禪與〈封禪書〉〉。

余死，汝必為太史；為太史，無忘吾所欲論著矣。……遷俯首流涕曰：「小子不敏，請悉論先人所次舊聞，弗敢闕。」

司馬談所謂的「所欲論著」，包括他正在進行的校整圖書，以及在校整圖書過程中搜集的材料，並準備撰寫的《太史公書》。事實上這個工作已經開始[18]。所以，司馬談卒後三年，即元封三年，司馬遷續為太史令，立即「紬史記石室金匱之書」，繼續進行司馬談校整圖書的未竟之業。太初三年，司馬遷與上大夫壺遂等所訂定律曆已經完成，圖書校整工作似也告一段落。於是，司馬遷開始著手撰寫《史記》。司馬氏父子校整圖書，並沒有單獨成書。但司馬遷都將有關這方面的資料，分散在《史記》有關的篇節之中。所以，章學誠說：

讀〈六藝略〉者，必參觀於〈儒林列傳〉；猶之讀〈諸子略〉，必參觀於〈孟荀〉、〈管

[18]《史記》撰作，司馬談在世時已具規模，本紀、世家、書、列傳四體已備，見顧頡剛，〈司馬談作史〉，《史林雜識初編》。賴長揚，〈司馬談作史補正〉，《史學史研究》一九八一年第二期。趙群生，〈司馬談作史考〉，《南京師大學報》一九八二年第二期。

晏〉、〈老莊申韓列傳〉也。(〈詩賦略〉之〈鄒陽〉、〈枚乘〉、〈相如〉、〈揚雄〉等傳,〈兵書略〉之〈孫吳〉、〈穰苴〉等傳,〈數術略〉之〈龜策〉、〈日者〉等傳,〈方技略〉之〈扁鵲倉公〉等傳,無不皆然。)孟子曰:「誦其詩,讀其書,不知其人,可乎?」〈藝文〉雖始於班固,而司馬遷之列傳,實討論之。

章學誠認為讀班固《漢書.藝文志》的〈六藝〉、〈諸子〉、〈詩賦〉諸略,必須與《史記》若干著書諸人列傳相互參讀。因為《史記》在這些著書諸人的列傳中,對生平、著書過程、著作性質、著者學術的由來,與其後的學術承傳都各作敘述,其形式與劉向、歆父子校書所著的敘錄相似。所謂敘錄,「既審定其篇次,又推論其生平;以書而言,謂之敘錄可也」。雖然劉氏父子對《七略》分家未敘其由來,但以前必有傳授,若溯其來由,則諸子十家,可觀者九流,實淵源於司馬談的〈論六家要指〉,諸著書敘錄,則承司馬遷著書諸人的列傳而來。這也是章學誠說「〈藝文〉雖始於班固,而司馬遷之列傳,實討論之」的原因。

司馬遷對著書諸人,在《史記》中有個人單獨的列傳,二人的合傳及若干人合而為一的類傳,敘述其著述之由來,承傳之所自,著述之要旨,與彼此間的學術關係。如《史記.太史公自序》說「獵儒墨之遺文,明禮義之統紀,絕惠王利端,列往世興衰,作〈孟子荀卿列傳〉」。又「孔氏述文，弟子興業，咸為師傅，崇仁厲義。作〈仲尼弟子列傳〉」。至於作〈老子韓非列傳〉，則是「李耳無為自化，清淨自正；韓非揣事情，循埶理」，二者合傳，由於韓非「喜刑名法術之學，而其歸本於黃老」。至於韓非著書，本傳稱：

非為人口吃……與李斯俱事荀卿……非見韓之削弱，數以書諫韓王，韓王不能用。於是韓非疾治國不務脩明其法制，執勢以御其臣下，富國彊兵而以求人任賢，反舉浮淫之蠹而加之於功實之上。以為儒者用文亂法，而俠者以武犯禁。寬則寵名譽之人，急則用介胄之士。今者所養非所用，所用非所養。悲廉直不容於邪枉之臣，觀往者得失之變，故作〈孤憤〉、〈五蠹〉、〈內外儲〉、〈說林〉、〈說難〉十餘萬言。

司馬遷對韓非的師承，著書由來及要旨、篇目皆有敘述，是一篇典型的敘錄寫作形式。後來劉向、歆父子校書的敘錄，一準於此。

韓非之師為荀卿，荀卿則因「嫉濁世之政，亡國亂君相屬，……信禨祥，鄙儒小拘，如莊周等又猾稽亂俗，於是推儒、墨、道德之行事興壞，序列著數萬言」。至於呂不韋的《呂氏春秋》，因「是時諸侯多辯士，如荀卿之徒，著書布天下。呂不韋乃使其客人人著所聞，集論以為八覽、六論、十二紀，二十餘萬言，以為備天地萬物古今之事，號曰呂氏春秋」。韓非、荀卿、呂不韋所著書，分別著錄於《漢書．藝文志．諸子略》。司馬遷對著書諸人，多以合傳的形式敘述。如管晏、老子韓非、孫子吳起、孟子荀卿等等。不過，在這些著書諸人的合傳，受到議論最多的，則是〈魯仲連鄒陽列傳〉、〈屈原賈生列傳〉。因為行事既不相類，時代又相距百載，二人合傳似乎有些不倫不類。但若從目錄學鏡考源流而論，則可見其承傳。

司馬遷所謂「悉論先人所次舊聞，弗敢闕」，已將司馬談校整圖書過程，鏡考源流的資料，完全分散在《史記》的著書諸人，及其他有關的各篇中。這些資料匯集起來，就是《漢書．藝文志》中〈諸子略〉、〈詩賦略〉、〈數術略〉的資料來源與淵源所自。

三、司馬遷探索孔子成六藝

司馬談和司馬遷所生存的時代環境不同。由於司馬談生存的時代，是自漢初以來，黃老之學不論在政治和學術思想雙方面，都是主流思想的時代。而且他本人又「學天官於唐都，受易於楊何，習道論於黃子」。因此，司馬談的思想表現，的確有「先黃老而後六經」的傾向。至於司馬遷除了繼承其家學外，曾問故於孔安國，又從董仲舒習《春秋》。更重要的是漢武帝罷黜百家，獨尊儒術之後，政治與學術發生空前的轉變，司馬遷為了遷就轉變的現實政治環境，其學術思想不得不作某程度的調整[19]。王鳴盛《十七史商榷論·司馬氏父子異尚》就說：

〈太史公自序〉述其父談〈論六家要指〉，謂陰陽、儒、墨、名、法、道德也。其意以五家各有所長，亦各有所短，並致其不滿之詞。而獨推崇老氏道德，謂其能兼有五家之長，而去其所短。且又特舉道家之指約易操、事少功多，與儒之博而寡要、勞而少功，兩兩相校，以明孔不如老，此談之學也。而遷意則尊儒，父子異尚。……漢初黃老之學極盛，君如文、景，宮閫如竇太后，宗室如劉德，將相如曹參、陳平，名臣如張良、汲黯、鄭當時、直不疑、班嗣，處士如蓋公、鄧章、王生、黃子、楊王孫、安丘望之等皆宗之。東方朔戒子以首陽為拙、柱下為工，是亦宗黃老者，而遷獨不然。《漢》本傳贊謂遷論大道先黃老而後六經，此本班彪之言，見《後漢》本傳，而固述

[19] 徐復觀，〈先秦儒家思想的轉折及天的科學的完成〉，《兩漢思想史》第二卷（臺北：學生書局，一九七九）。

之。桓譚謂大司空王邑、納言嚴尤曰老聃著虛無之言兩篇，薄仁義、非禮樂，然好之者以為過於五經，自漢文、景之君，及司馬遷皆有是言。班彪、桓譚皆誤以談之言即遷之意。

王鳴盛對漢初黃老之學的盛行，司馬談崇黃老、司馬遷尊儒，班彪、桓譚誤以司馬談之言為司馬遷之意，作了精闢的析論。不過，雖然司馬遷受董仲舒、孔安國之教，是否真的尊儒是另外的問題。但司馬遷將孔子從儒家中分劃出來，並超越諸家，提升到「至聖」的地位，卻是事實。所以，司馬遷尊孔崇聖是沒有問題的。但崇聖和尊儒卻不能等同視之，司馬遷對孔子尊崇的心情是「高山仰止，景行行止」。所以他適魯，「觀仲尼廟堂車服禮器，諸生以時習禮其家，祇迴留之不能去」。這是《史記》各篇中，司馬遷發思古幽情最深刻敘述，已經超越史學與文學，達到詩意的境界。

(一)六藝與六經

司馬遷因尊崇孔子，將孔子列入世家，後來又創立〈儒林列傳〉，後世學者認為這是司馬遷崇聖尊儒的具體表現，獲得普遍的讚譽。事實不然，司馬遷撰〈孔子世家〉，其〈自序〉云：

周世既衰，諸侯恣行，仲尼悼禮廢樂崩，追脩經術，以達王道，匡亂世反之於正，見其文辭，為天下制儀法，垂六埶（藝）之統紀於後世。

「垂六埶之統紀於後世」即〈孔子世家〉太史公曰：

天下君王至于賢人眾矣，當時則榮，沒則已焉。孔子布衣，傳十餘世……中國言六藝者折中於夫子。

「垂六埶之統紀於後世」與「中國言六藝者折中於夫子」，是司馬遷撰〈孔子世家〉的意旨所在，也就是孔子繼承周代六藝之教的傳統，為了教學的需要，對上古以來的文獻資料，作一次系統的整理、校整與編次，形成詩、書、禮、樂、易、春秋的六藝體系。這是中國學術發展重要的轉變，使原來王廷獨專的知識，轉變為社會普及的文化，受到後世一致的尊崇。不過，這種學術傳統，到司馬遷生存的漢武帝時代，有了顯著的轉變，尤其「罷黜百家，獨尊儒術」以後，孔子的六藝之統與儒家合而為一，依附政治，超越諸家之上，形成一種思想的權威。於是孔子的六藝之統，又由社會回歸政治，淪為政治服務的工具，這是司馬遷創立〈儒林列傳〉的原因。也是司馬遷在〈儒林列傳〉之首，開始就說「余讀功令，至於廣厲學官之路，未嘗不廢書而歎也」。孔子所傳的六藝之教成為利祿之途的工具，這是司馬遷不能不感嘆的。

司馬遷在《史記》中，對孔子所傳的詩、書、禮、樂的六藝之統，稱之為六藝或六經，其稱六藝者：

孔子以詩書禮樂教，弟子蓋三千焉，身通六藝者七十有二人。(〈孔子世家〉)

夫學者載籍極博，猶考信六埶。(〈伯夷列傳〉)

秦之季世，焚詩書，阬術士，六埶從此缺焉。(〈儒林列傳〉)

孔子曰：六埶於治一也。(〈滑稽列傳〉)

夫儒者以六埶為法。(〈太史公自序〉)

其稱六經者：

是以孔子論六經，紀異而說不書。(〈天官書〉)

使博士諸生刺六經中作王制。(〈封禪書〉)

軒轅之前,遐哉邈乎,其詳不可得聞也,五三六經載籍之傳,維見可觀也。(〈司馬相如列傳〉)

「五三六經」,《索隱》云:「『五,五帝也。三,三王也。六,六經也。』」案:六經,《詩》《書》《禮》《樂》《易》《春秋》也。《史記》所謂的六藝或六經,同樣是詩、書、禮、樂、易、春秋,但如果進一步分析,所表現的意義並不相同。

所謂六藝,《周禮.保氏》:「養國子以道,乃教之六藝,一曰五禮,二曰六樂,三曰五射,四曰五馭,五曰六書,六曰九數。」此即禮、樂、射、御、書、數的六藝。《左傳》成公十三年云:「國之大事,在祀與戎。」周代的六藝之教由此而出,是教育王子貴胄文武合一的基礎教育。

六藝之教,其首為禮,即由祭祀衍生而出。按禮,《說文》云:「履也,所以事神致福也,從示從豐。」段注云:「禮有五經,莫重於祭,故禮字從示。豐者,行禮之器也。」祀以神道設教,禮由祀而出。《禮記.祭統》云:「君子之教也必由其本,順之至也。……故曰祭者,教之本也已」。由祭祀衍生的許多典禮儀式,即禮之所出。禮的內容非常廣泛,大至國家典章制度，即由禮所出，小至個人的行為規範，皆在其中。所以，禮為六藝之首。《周禮》保氏所教的五禮，鄭玄注云：「吉、凶、軍、賓、喪為五禮。」五禮是六藝之教中，禮教的具體內容。

和禮相關的樂，自來禮樂並稱。《周禮》大司樂以「六律、六同、五聲、八音、六舞大合樂。……奏〈黃鍾〉，歌〈大呂〉，舞〈雲門〉，以祀天神」，並謂保氏以教六樂。所謂六樂，鄭玄注云：「〈雲門〉〈大咸〉〈大韶〉〈大夏〉〈大濩〉〈大武〉。」皆用於祭祀的典禮。《周禮．春官》：「大司樂掌成均之法，以治建國之學政。」大司樂在春官，屬於禮官系統，所以樂順理成章附屬於禮，在六藝之教中並稱禮樂。

至於射御，則屬於男子之事，以培訓執干戈以衛社稷的甲士。春秋時以車乘為戰鬥的工具，以弓矢克敵，所以射御是甲士必備的戰技條件。《禮記．王制》云：「大司徒教士以車甲，凡執技論力適四方。」射御，《禮記．內則》亦云：「成童舞象，學射御。」培訓國子貴冑為甲士，自幼即始，射御有五，鄭玄注五射，是白矢、參連、剡注、襄尺、井儀。五御則是鳴和鸞、逐水曲、過君表、舞交衢、逐禽左等。

所謂書、數，《禮記．內則》謂貴冑子弟六歲開始「教之數與方名」。即以數數與識方位。九歲「教以數目」，即干支相配的計算方法，十歲入學「學書，計」，即學習六書與九數。六書為象形、指事、會意、形聲、轉注與假借。九數則是方田、粟米、差分、少廣、商功、均輸、方程、盈不足、旁要等。

禮、樂、射、御、書、數的六藝之教，是周代培訓貴冑子弟文武合一的基礎教育。不過，至春秋戰國之際，由於戰爭形式的改變，由車戰轉變為步戰，近距離殺砍的刀劍代替弓矢，射御已失去其戰鬥功能的作用⑳。於是文武合一的六藝之教開始分化，一部分納入儀禮之中，儀禮有鄉飲酒禮、燕禮、大射禮。《禮記．射義》就說：「諸侯君臣盡志於射，以習禮樂。」由此射不再是一種戰鬥技能，而是一種表現揖讓的禮儀形式。《禮記．射義》云：「射者，進退周還必中禮，內志正，外體直，然後持弓矢審固，持弓矢審固，然後可以言中，此可以觀德行矣。」至於御，《論語．子罕》曰：「(子）謂門弟子曰：吾何執？執御乎？執射乎？吾執御矣。」又《論語．子路》曰：「子適衛，冉有僕。」僕，邢昺疏云：「以人為僕御，是六藝之卑者。」自此，武事技術性的射御，退出六藝之教，文武分途。然後出現了四術或四教的新教育內容，《禮記．王制》云：

⑳ 顧頡剛，〈武士與文士之蛻化〉，《史林雜識初編》。徐復觀，〈封建政治社會的崩潰及其典型專制政治的成立〉，《兩漢思想史》第一卷（臺北：學生書局，一九八〇）。

樂正崇四術，立四教，順先王詩書禮樂以造士，春秋教以禮樂，冬夏教以詩書。

新的教育形式有了新的內容，不僅刪去戰鬥技能的射御，同時將技術性的書數也排除在外，另增添知識性的詩與書，原先基礎性文武合一的六藝之教，提升到知識文化的層次。所謂「樂正崇四術，立四教」，鄭玄注云：「樂官之長，掌國子之教」。樂正原來即掌六藝之教，在新的四教教育形式出現後仍由其主持。不過，直接參與教學的則是師儒。所謂師儒，鄭玄注云：「有德行以教民者。」這些師儒原來就是以六藝為教者，《周官．大司徒》「以本俗安萬民」，其分職四即為「聯師儒」，鄭玄注云：「師儒，鄉里有道藝者。」所謂道藝，即有德行與多藝。至於藝，就是禮、樂、射、御、書、數的六藝。不論儒的起源或演變如何，但經歷周代師儒的發展，這些有德行與多藝的師儒，曾從事六藝之教，在新的詩、書、禮、樂四教出現後，他們仍負責執教的工作。

鄒魯是周公的舊封，當周廷禮崩樂廢，仍然保存著豐富的詩、書、禮、樂資料，以及師儒六藝之教的教學傳統。莊子就說：「其在詩書禮樂者，鄒魯之士搢紳先生多能明之。」孔子對六藝和四教文化與教學傳統，有非常深刻的體認和了解。《論語．子罕》：「子曰：吾少也賤，故多能鄙事」。所謂「鄙事」，即孔子所謂「吾何執？執御乎？執射乎？吾執御矣」。至於四教的詩、書、禮、樂，《論語．述而》：「子所雅言，《詩》《書》執禮」。《論語．泰伯》：「興於詩，立於禮，成於樂」。又《論語．季氏》：「不學詩，無以言，不學禮，無以立」。孔子不僅對六藝或四教的師儒教學傳統，皆有深刻的體認，並且掌握了春秋戰國之際，六藝轉變為四教的趨勢，以詩、書、禮、樂為教。《史記．孔子世家》云：

孔子以詩書禮樂教，弟子蓋三千焉，身通六藝者七十有二人。

此所謂六藝，即詩、書、禮、樂，以及後來孔子以易與春秋納入六種科目內，和以往文武合一的六藝之教完全不同。將孔子教學的詩、書、禮、樂、易、春秋稱為六藝，或見於秦漢之際，陸賈《新語．道基》云：「於是後聖乃定五經，明六藝，承天統地，窮事□微，原情立本，以緒人倫，……以匡衰亂」。賈誼《新書．六術》云：「詩、書、易、春秋、禮、樂，六者之術謂之六藝」。至司馬遷的《史記》，始將孔子施教的詩、書、禮、樂、易、春秋謂之六藝的名稱固定下來，並且分析其性質。〈滑稽列傳〉云：

六蓺於治一也。《禮》以節人，《樂》以發和，《書》以道事，《詩》以達意，《易》以神化，《春秋》以義。

這是司馬遷對於孔子施教的六藝，予以簡單的定義。後來在其〈太史公自序〉又進一步分析：

《易》著天地陰陽四時五行，故長於變；《禮》經紀人倫，故長於行；《書》記先王之事，故長於政；《詩》記山川谿谷禽獸草木牝牡雌雄，故長於風；《樂》樂所以立，故長於和；《春秋》辯是非，故長於治人。是故《禮》以節人，《樂》以發和，《書》以道事，《詩》以達意，《易》以道化，《春秋》以道義。

並且在〈儒林列傳〉卷首，對孔子將詩、書、禮、樂、易、春秋的文獻資料，經過系統化整理背景與過程，作一個清晰地說明：

夫周室衰而〈關雎〉作，幽厲微而禮樂壞，諸侯恣行，政由彊國。故孔子閔王路廢而邪道興，於是論次《詩》《書》，修起禮樂。適齊聞〈韶〉，三月不知肉味。自衛返魯，然後樂正，〈雅〉〈頌〉各得其所。世以混濁莫能用，是以仲尼干七十餘君無所遇，曰

「茍有用我者，期月而已矣」。西狩獲麟，曰「吾道窮矣」。故因史記作《春秋》，以當王法，其辭微而指博，後世學者多錄焉。

司馬遷並且說「孔子脩舊起廢，論《詩》《書》，作《春秋》，則學者至今則之㉑」。所謂「脩舊起廢」，司馬遷認為孔子繼承師儒六藝之教的傳統，並掌握六藝文武分途後，轉變為詩、書、禮、樂四教的新發展趨勢，為了教學的實際需要，對四教的詩、書、禮、樂作一次系統的整理，使原來屬於王廷的文獻檔案資料，轉化為民間教學的資料與內容，在整理的過程中，並將這些原來完全為王廷政治服務的文獻資料，賦以社會倫理的道德價值，由政治提升到文化精神的層次。這是中國上古文獻資料，由孔子「脩舊起廢」所作第一次集大成的系統整理。司馬遷為了說明其學術源流，而將孔子施教的詩、書、禮、樂、易、春秋，仍然稱之為六藝。另一方面孔子施教的六藝，在司馬遷生存的時代，武帝罷黜百家後的儒生，將孔子施教的六藝，依附政治稱為六經，成為絕對的思想權威而庸俗化㉒。司馬遷為了將學術傳統與現實政

㉑《史記．太史公自序》。

㉒錢穆師，《先秦諸子繫年》上，卷一「孔門傳經辨」條下。

治作一個明確的區分，將孔子施教的詩、書、禮、樂、易、春秋稱為六藝，說明學術的承傳自有其淵源，不是現實政治所能干預的。

雖然六藝與六經同樣是指孔子施教的詩、書、禮、樂、易、春秋，但這兩種稱謂表現的意義並不相同，所謂經，《文心雕龍．宗經》云：「經也者，恆久之至道，不刊之鴻教也。」恆久為常，《毛傳》釋經：「經，常也。」亦即《韓詩外傳》所謂「常之為經」。《釋名》進一步解釋：「經，徑也，如徑路無所不通」。由此引申用於學術思想，則為某學派最初形成之提綱挈領的思想體系，並不局限孔子的六經。所以《墨子》有〈經〉上、下，〈經說〉上、下，長沙出土的帛書《老子》乙本，前有〈經法〉、〈十大經〉，《莊子．天運》就說：「丘治《詩》《書》《禮》《樂》《易》《春秋》六經。」不過，此處所謂的六經，和漢武帝時所謂的六經意義不同，莊子說丘治六經，並且說「六經，先王之陳跡」。對於這些先王陳跡的資料，並非儒家獨專，其他各家也普遍引用。《韓非子．顯學》就說「孔子、墨子俱道堯、舜」。但自董仲舒上策：

今師異道，人異論，百家殊方，指意不同，是以上亡以持一統；法制數變，下不知所守。臣愚以為諸不在六藝之科孔子之術者，皆絕其道，勿使並進㉓。

此即漢武帝時代的「罷黜百家，獨尊儒術」，自此以後，儒生擁抱孔子的六藝，脫穎而出，依附政治，一躍變成思想的權威。於是，孔子施教的六藝，變成唯我獨尊的六經。影響所及，不僅限於學術與政治，並且擴及社會倫理的層面[24]。因此，《白虎通義》論及五經就說：「經，常也，有三綱五常之道，故曰五經」。六藝經典化以後，原來藏於官府的六藝材料，經孔子系統化的整理後施教於民間，形成一種學術或文化的體系，現在又回復官府而經典化了。六藝經典化後成為六經。負責對經典解釋的是五經博士。不過，任何一種思想經典化後，成為放諸四海皆準的普遍真理，釋經不可駁經，唯有傳注，完全失去其原有的活力與彈性。因此，司馬遷將孔子原來施教的六藝，與依附政治經典化的六經，作一個區分。將孔子施教的六藝學術傳統，獨立並超越現實政治之外，自成體系。自此之後，中國的學術發展有了道統與政統之分。獨立於政治之外自成體系的六藝，班固《漢書．藝文志．六藝略》就由此而出。至於儒生經典化的六經，則退處九流之一，成為《漢書．藝文志．諸子略》的儒家類。《漢書．藝文志》對於〈六藝略〉與〈諸子略．儒家〉的學術分類，鑄定以後中國傳統學術分類

[23] 《漢書．董仲舒傳》。

[24] 徐復觀，〈先秦儒家思想的轉折及天的科學的完成〉，《兩漢思想史》第二卷。

的版型。然而溯其源流，則發軔於司馬遷的六藝與六經的區分。

董仲舒提出罷黜百家、獨尊儒術，除建立絕對君權的政治體制，並且企圖樹立政教合一的政治理想。不過，這個理想因公孫弘的攀附，而沒有完全實現。因為絕對君權體制建立後，出現中央集權的龐大官僚體系，於是儒者進入了〈循吏傳〉，《漢書．循吏傳》首列武帝時代的循吏三人，他們是江都相董仲舒、內史公孫弘與兒寬。其後董仲舒謝去，公孫弘以布衣徒步至公卿，然後封侯。象徵漢武帝對人事的任用，突破以往的體制。公孫弘為丞相後，以「經術潤飾吏事」，也就是以六經潤飾吏事，作為漢武帝一代施政與用人的標準。並且建議為博士弟子設弟子員，為中央與地方儲才。博士弟子員通一經以上者為郎，地方選士亦以通藝定高下。因此，司馬遷說此後「公卿大夫士吏斌斌多文學之士矣」，武帝時代新型的龐大官僚體系，因而成形。

於是，中央和地方的官吏，必須經過六經的測試，然後才能進入新的官僚體系服務，這是公孫弘在董仲舒提出「不在六藝之科孔子之術者，皆絕其道」之後，更進一步以六經為基礎，徹底改變前朝人事任用制度。於是，經典化後的六經，不再是一種學術思想，而成為士人進入仕途的唯一工具。所以，《漢書．儒林傳》贊曰：「自武帝立五經博士，開弟子員，設科射策，勸以官祿，……傳業者寖盛，支葉蕃滋，一經說至百餘萬言，大師眾至千餘人，蓋祿利之路然也。」對此，司馬遷早有所感，所以，在〈儒林列傳〉開始就說：「余讀功令，至於廣厲學官之路，未嘗不廢書而歎也。」因而有〈儒林列傳〉之作，〈太史公自序〉謂其作〈儒林列傳〉云：「自孔子卒，京師莫崇庠序，唯建元元狩之閒，文辭粲如也。」其言「文辭」不言六經，所謂「建元元狩之閒」，案建元元年，武帝即位，衛綰、王臧奏請申、商、韓非、張儀、蘇秦之學「亂國政」，請罷之，罷黜百家之議初現。於是頒徵賢良之詔，公孫弘第一次對策。其後公孫弘為丞相，元狩三年卒。司馬遷似有意以公孫弘穿貫整個〈儒林列傳〉，敘述諸經師傳經的情形甚詳，並詳列經師授經的諸弟子，然而不言弟子傳經以廣師所說，僅言某至某官，秩若干，與其前所云「公卿大夫士吏斌斌多文學之士矣」相應。所以，〈儒林列傳〉所言並不是敘六藝學術的承傳，而是論六經依附政治為經典後，成為利祿之途庸俗化的過程。所以，孔子施教的六藝，與罷黜百家後的六經，有學術思想與政治現實的不同，有古今之變的古與今的差異。所以司馬遷不得不原始察終，稽其興衰之勢，在〈孔子世家〉裡正本清源探討孔子因教學的實際需要，對上古文獻資料經系統化整理後「成六藝」的過程。

(二)孔子對六藝系統的整理

孔子對詩、書、禮、樂、易、春秋六藝整理的過程，首先是有資料可據的詩、書，自來詩、書並稱成為一組。關於對詩整理的過程，〈孔子世家〉云：

古者詩三千餘篇，及至孔子，去其重，取可施於禮義，上采契后稷，中述殷周之盛，至幽厲之缺，始於衽席，……孔子皆弦歌之，以求合〈韶〉〈武〉雅頌之音。

所謂「去其重」，後世或認為是孔子刪歌詩，王充《論衡．正說篇》云：「《詩經》舊時亦數千篇，孔子刪去復重，正而存三百篇。」王充首先提出刪去復重，至唐陸德明《經典釋文》，其〈序錄〉就說孔子「最先刪錄，既取周詩，上兼商頌，凡三百一十一篇」。然後有孔子刪詩之議。詩采自民間，王廷每年三月派遣行人采詩，八月遣派遒人訪里謠歌戲，歸納起來，以見民間意見的反映，作為施政的參考。這些采自民間的歌詩，是詩的最原始材料，其內容是非常駁雜而重複的。孔子對這些駁雜的材料作一次系統的整理，從其中選擇三百五篇可施於禮教的，作為教材。從駁雜重複的《詩經》資料中，選擇可以採用的材料，事實上在孔子以前已經存在。〈宋微子世家〉云：

襄公之時，修行仁義，欲為盟主。其大夫正考父美之，故追道契、湯、高宗，殷所以興，作〈商頌〉。

案「正考父作〈商頌〉」，《索隱》云：「〈商頌〉今五篇存，皆是商家祭祀樂章，非考父追作也。」《國語．魯語》云：「昔正考父校商之名頌。」所謂校，與前述劉向校《管子》同。「劉向校讎《管子》三百八十九篇」，校除重複，定著八十六篇。所謂「校讎」，正如劉向《別錄》所說，是「一人讀書，校其上下，得繆誤為校；一人持本，一人讀書，若怨家相對為讎」。校讎是圖書文獻整理的初步工作，目的在校勘文字篇卷的誤漏。不過，劉向、歆父子領校祕閣，則是將流動不居、雜亂無序的古籍，編校目錄以定其性質。其對《管子》一書「校除復重」，即在定其性質，與正考父校〈商頌〉同。但孔子則是從三千餘篇詩的原始資料，「去其重」，擇其可施之禮義者三百五篇施教，並依時間的先後加以序列，即「上采契后稷，中述殷周之盛，至幽厲之缺」為上下限，最後並予以分類。所謂分類，即司馬遷所說的「四始」，〈孔子世家〉云：

〈關雎〉之亂以為風始，〈鹿鳴〉為小雅始，〈文王〉為大雅始，〈清廟〉為頌始。

司馬遷所謂《詩》的四始，是孔子將整理的三百五篇詩分為風、小雅、大雅、頌四類，分別以〈關雎〉、〈鹿鳴〉、〈文王〉、〈清廟〉為首。《正義》引〈詩小序〉云：「〈關雎〉后妃之德也，風之始也」，「〈鹿鳴〉宴群臣嘉賓也」，「〈清廟〉祀文王也」。又鄭玄注〈詩小序〉云：「〈清廟〉祀文王也」。蔡邕〈琴操〉對〈鹿鳴〉作進一步的解釋：「鹿鳴操者，周大臣之作也。王道衰，君志傾，留心聲色，內顧妃后設旨酒嘉肴，不能厚養賢者，盡禮極歡，形見於色，大臣昭然獨見，必知賢士幽隱，小人在位，周道陵遲，自以是始。故彈琴以風諫，歌以感之，庶幾可復，……此言禽獸得美甘之食，尚知相呼，傷時在位之人不能，乃援琴以刺之，故曰〈鹿鳴〉也」。〈詩小序〉所釋不同，但和司馬遷對孔子整理詩的資料意見相似。〈十二諸侯年表序〉云：「周道缺，詩人本之衽席，〈關雎〉作。仁義陵遲，〈鹿鳴〉刺焉。」是接近孔子系統整理歌詩的意旨。重複駁雜的歌詩材料中，經過材料與篇章的校勘，然後將這些經過校整的材料依照時間的順序編排，最後將其歸類，是中國傳統目錄學「辨章學術，鏡考源流」基本的工作，世多言簿錄起於劉氏父子，其實這種工作早在孔子已經開始，司馬遷特別提出「去其重」㉕，並認為孔子在「去其重」之後，將其有系統地歸納分類，使原來散亂的材料，具有學術與文

㉕金德建，〈論孔子整理《詩經》去其重複〉，《司馬遷所見書考》。

化的意義，這是中國傳統目錄學的精神所在。至於孔子對《書傳》的整理，〈孔子世家〉云：

> 孔子之時，周室微而禮樂廢，《詩》《書》缺。追跡三代之禮，序《書傳》，上紀唐虞之際，下至秦繆，編次其事。曰：「夏禮吾能言之，杞不足徵也。殷禮吾能言之，宋不足徵也。足，則吾能徵之矣。」觀殷夏所損益，曰：「後雖百世可知也，以一文一質。周監二代，郁郁乎文哉。吾從周。」故《書傳》《禮記》自孔氏。

孔子所序的《書傳》，即後世所謂的《尚書》。《尚書》所記載夏、商、周三代千餘年之事，包括這個時期君王的活動及其詔誓誥令等。這些政典的檔案經歷朝代的更替，長久時間的積累，其數量與內容是非常繁浩的。《索隱》云：「又《書緯》稱孔子求得黃帝玄孫帝魁之書，迄秦穆公，凡三千三百三十篇，乃刪以一百篇為《尚書》」。當時，孔子所搜集《書傳》檔案資料，即有三千三百三十篇之多。又《墨子．貴義》曰：「昔者周公旦朝讀《書》百篇」。周公之時《書傳》檔案資料可能更多，並且曾經過整理與編次，否則，周公如何從雜亂無章的檔案資料中，日選百篇閱讀。不過，自周公至孔子五百年間，諸侯兼併，戰亂頻仍，以及諸侯王國有意的刪削，這些曾經整理的檔案資料嚴重軼散。所以，孔子在搜羅這些《書傳》檔案資料時，已有「文獻不足徵」的感慨。〈三代世表序〉曰：

> 孔子因史文次《春秋》，紀元年，正時日月，蓋其詳哉。至於序《尚書》則略，無年月；或頗有，然多闕，不可錄。故疑則傳疑，蓋其慎也。

所以，孔子在整理《書傳》時，這批檔案資料已經有「多闕，不可錄」的情形存在。但孔子為了教學實際的需要，從繁浩而有所闕軼的《書傳》檔案資料中，「斷遠取近，定可以為世法者」，上起唐虞之際，下迄秦繆公。選擇百篇，「編次其事」，對《書傳》檔案資料作系統的整理。

司馬遷說「《書》以道事」，因此，在撰寫上古三代史事時，引用大量《尚書》的材料。前後引用《尚書》篇章六十餘，主要採自伏生與孔安國的《尚書》[26]。但伏生和孔安國的《尚書》後世有今古文的不同。但今古文《尚書》的區別，不在文字的今古，而在篇章的多寡。伏生《尚書》二十九篇，而出自孔壁的孔安國《尚書》則四十五篇。《漢書．藝文志》云：

---

[26] 金德建，〈《史記》所引各篇《尚書》考〉，《司馬遷所見書考》。

「以考二十九篇，得多十六篇」。今古文《尚書》的不同，即在孔安國多出的十六篇。但司馬遷則伏孔並取，兼采古今。《史記》所取《尚書》材料多自伏孔二家，除此之外，亦有取之祕府所藏，包括孔壁後出者，以及流傳秦漢間的《逸周書》。《漢書・藝文志》有《逸書》七十一篇，顏師古注曰：「劉向曰：周時誥誓號令也，孔子論百篇之餘也」。

《史記》采用《尚書》材料，有的引錄其全篇文字。如〈五帝本紀〉引〈堯典〉，〈夏本紀〉引〈禹貢〉〈皋陶謨〉，〈宋世家〉引〈洪範〉，〈魯世家〉引〈金滕〉。由於《書傳》久遠，文字往往深奧難懂，司馬遷於《史記》引用這些材料時，多將其文改譯為漢代語言，如〈五帝本紀〉的〈堯典〉，〈夏本紀〉的〈禹貢〉、〈甘誓〉，〈殷本紀〉的〈湯征〉、〈湯誓〉、〈西伯戡黎〉，〈魯世家〉的〈金滕〉、〈多士〉，〈宋世家〉的〈洪範〉，〈晉世家〉的〈文侯之命〉，〈秦本紀〉的〈秦誓〉等等。而不論引用文字多寡，皆著其篇目。以〈周本紀〉為例，文中列舉的篇名，前後計有〈五官有司〉、〈秦誓〉、〈牧誓〉、〈武成〉、〈洪範〉、〈金滕〉、〈大誥〉、〈微子之命〉、〈歸禾〉、〈嘉禾〉、〈康誥〉、〈酒誥〉、〈梓才〉、〈召誥〉、〈洛誥〉、〈多士〉、〈無佚〉、〈多方〉、〈周官〉、〈顧命〉、〈康誥〉、〈甫刑〉等等。

司馬遷撰寫《史記》引《尚書》材料，不僅注明所引用的篇名，並且每篇皆有簡短說明，言其所以作之故。以〈殷本紀〉為例，可見一斑：

伊尹去湯適夏。既醜有夏，復歸于亳。入自北門，遇女鳩、女房，作〈女鳩女房〉。

湯乃興師率諸侯，伊尹從湯，湯自把鉞以伐昆吾，遂伐桀。……以告令師，作〈湯誓〉。

帝中壬即位四年，崩，伊尹迺立太丁之子太甲。……元年，伊尹作〈伊訓〉，作〈肆命〉，作〈徂后〉。

帝太甲，既立，三年，不明，暴虐，不遵湯法。於是伊尹放之於桐宮。……帝太甲居桐宮三年，悔過自責，反善，於是伊尹迺迎帝太甲而授之政。帝太甲修德，諸侯咸歸殷，百姓以寧。伊尹嘉之，迺作〈太甲訓〉三篇，褒帝太甲，稱太宗。

帝沃丁之時，伊尹卒。既葬伊尹於亳，咎單遂訓伊尹事，作〈沃丁〉。

帝太戊立伊陟為相。亳有祥桑穀共生於朝，一暮大拱。帝太戊懼，問伊陟。伊陟曰：「臣聞妖不勝德，帝之政其有闕與？帝其修德。」太戊從之，而祥桑枯死而去。伊陟贊言于巫咸。巫咸治王家有成，作〈咸艾〉，作〈太戊〉。

帝太戊贊伊陟于廟，言弗臣，伊陟讓，作〈原命〉。

帝陽甲崩，弟盤庚立，是為帝盤庚。帝盤庚之時，殷已都河北，盤庚渡河南，復居成湯之故居，迺五遷，無定處。殷民咨胥皆怨，不欲徙。盤庚乃告諭諸侯大臣……。乃遂涉河南，治亳，行湯之政，然後百姓由寧，殷道復興。諸侯來朝，以其遵成湯之德也。帝盤庚崩，弟小辛立，是為帝小辛。帝小辛立，殷復衰。百姓思盤庚，迺作〈盤庚〉三篇。

帝武丁祭成湯，明日，有飛雉登鼎耳而呴，武丁懼。祖己曰：「王勿憂，先修政事。」……武丁修政行德，天下咸驩，殷道復興。帝武丁崩，子帝祖庚立。祖己嘉武丁之以祥雉為德，立其廟為高宗，遂作〈高宗肜日〉及〈訓〉。

〈殷本紀〉就是以上述的誓令誥訓的篇章連綴而成，不過，這些誓令誥訓祇是語言的紀錄。

如果沒有對這些語言寫作背景的說明，並不具有任何意義，僅可作為歷史材料的應用。但司馬遷對每個篇章所作的背景解說，不僅使其具有鮮明時代風格，並顯示出其歷史的意義和價值，使這些《書傳》的篇章，進入真實的歷史領域。不過，在這些《書傳》篇章，轉變為歷史材料之前，必須經過一番考辨的工夫。《史記》引《書傳》材料六十餘篇章，如上述除分別取自伏生和孔安國的《尚書》外，還有祕府所藏，包括孔壁以後河間王與民間所獻，以及孔子整理《書傳》之餘的《逸周書》。由此可以了解，司馬遷對秦漢以來所流傳的《書傳》，都曾經過考辨的整理，而且不分古今的差別，最後對其經過考辨與整理的《書傳》篇章，予以簡短說明，言其所以成篇之故。這是孔子第一次系統整理《書傳》以後的五百年，司馬遷對周秦以來秦漢之間流傳的《書傳》所作的第二次整理。

在司馬遷考辨與整理《尚書》文獻資料的過程中，對他整理的每一篇《尚書》，都有其所以故的簡短說明。這種類似後世目錄學小序的簡短說明，百年之後被張霸剽竊，再加上其他相關資料，輯成百二篇《書序》[27]。《漢書．儒林傳》云：「世所傳百兩篇者，出東萊張霸，分析合二十九篇以為數十，又采《左氏傳》、《書敘》為作首尾，凡百二篇。篇或數簡，文意

[27] 金德建，〈論司馬遷未見百篇《書序》〉，《司馬遷所見書考》。

淺陋。」但在張霸《書序》後，卻引發了另一個問題，就是在孔子整理《書傳》檔案資料時，到底是否有序的問題，引發後世學者不同的爭議。

〈孔子世家〉說孔子整理《書傳》，「追跡三代之禮，序《書傳》，上紀唐虞之際，下至秦繆，編次其事」。又〈三代世表序〉則謂「至於序《尚書》則略」。或者認為司馬遷兩次言及孔子序《書傳》和《尚書》。所謂序，即序次，與「編次其事」的意思相同㉘。不過，司馬遷所謂「序《書傳》」，或即《漢書．藝文志》云：「故《書》之所起遠矣，至孔子纂焉，上斷於堯，下訖于秦，凡百篇，而為之序，言其作意。」則孔子「序《書傳》」，「言其作意」。前謂周公日讀《書傳》百篇，而周公日理萬機，何得有暇日讀《書傳》百篇？或當時《書傳》即有「言其作意」的「案由」存在，周公得擇而讀之。孔子在整理《書傳》時，即存其案由，而為之序，「言其作意」，是非常可能的。五百年後，司馬遷考辨與整理秦漢之間流傳的《尚書》，存其舊，依原來的形式為小序，敘其所以成篇之故，也是非常可能的。

至於禮樂，自來並稱，而且是周代六藝之教之首。關於孔子禮樂文獻資料的整理，〈孔子世家〉云：

㉘ 金德建，〈論司馬遷未見百篇《書序》〉，《司馬遷所見書考》。

故《書傳》《禮記》自孔氏。

又〈儒林列傳〉云：

諸學者多言禮，而魯高堂生最本。禮固自孔子時而其經不具，及至秦焚書，書散亡益多，於今獨有〈士禮〉，高堂生能言之。

司馬遷既言《禮記》自孔氏，又言「禮固自孔子時而其經不具」。也就是像孔子整理《書傳》一樣，對於禮也曾作過系統的整理，但卻不似《書傳》那樣，禮沒有具體的文字流傳下來[29]。

禮是一種祭祀或典禮儀式的紀錄，原本就沒有具體的文字記載。所謂師儒「以六藝教民」包括禮在內。所以，師儒必須具有禮儀傳習的基本知識。而且陳俎豆，設禮容，絃歌鼓舞，揖讓進退是過去師儒謀生的工具。《墨子．非儒》下就說，儒者「富人有喪，乃大說，喜曰：『此衣食之端也』」。雖然是墨子對於儒者的諷刺，卻也是事實，因為相禮與主持典禮的儀式，

[29] 金德建，〈《史記》「禮固自孔子時而其經不具」的解釋〉，《司馬遷所見書考》。

原本就是孔子所謂「小人儒」的謀生技能。《論語．衛靈公》載孔子自言，「俎豆之事，則嘗聞之矣，軍旅之事，未嘗學也」。〈孔子世家〉就說，孔子幼年嬉戲「常陳俎豆，設禮容」，及長曾「適周問禮」，「學琴師襄子鼓」。孔子繼承周代師儒六藝之教的傳統，特別重視師儒謀生的技能，並以此設教。

孔子因教學的實際需要，對於流傳典儀資料，曾經搜集、校勘與編輯，將其作系統化的整理。在整理的過程中，孔子就發現文獻資料殘闕的問題。所以，他說：「夏禮吾能言之，杞不足徵也。殷禮吾能言之，宋不足徵也。足，則吾能徵之。」由於周禮資料比較完備。所以，他說「吾從周」。不過，周室東遷後，周禮也遭破壞。《漢書．藝文志》云：「及周之衰，諸侯將踰法度，惡其害己，皆滅去其籍，自孔子時而不具。」因此，在孔子整理這批文獻資料時，就不得不有所損益。《論語．子罕》云：「麻冕，禮也。今也純儉，吾從眾。拜下，禮也。今拜乎上，泰也。雖違眾，吾從下。」所以，孔子整理禮的資料是隨時而變的。

對於禮樂，孔子視為是一種典儀的形式。《論語．陽貨》云：「禮云，禮云，玉帛云乎哉？樂云，樂云，鍾鼓云乎哉？」雖然《論語．季氏》云：「不學詩，無以言，不學禮，無以立。」學詩與學禮同等重要，教學的方式卻不相同。《論語．泰伯》云：「子所雅言，《詩》《書》執禮」。鄭玄云：「禮不誦，故日執也。」也就是說《詩》《書》可誦，至於禮，則是遵守其典儀規範㉚。或謂執，守也，是遵行或遵守的意思。其所謂執，即孔子所謂「吾何執？執御乎？執射乎？」（《論語．子罕》）是執行之意，然而執禮必有所守，守其既有的典儀規範。所以執禮和雅言《詩》《書》，教授與學習的方法不同。禮貴在實踐，並無具體文字的記載。

禮的典儀形式雖然沒有具體文字的記載，但世代相襲不墜，〈孔子世家〉云：「魯世世相傳以歲時奉祠孔子家，而諸儒亦講禮鄉飲大射禮于孔子家。」至秦漢之際，秦始皇焚書，禮崩樂廢，然禮樂仍不絕於鄒魯之鄉，〈儒林列傳〉云：

> 陳涉之王也，而魯諸儒持孔氏之禮器往歸陳王。……及高皇帝誅項籍，舉兵圍魯，魯中諸儒尚講誦習禮樂，弦歌之音不絕。

司馬遷自謂二十「北涉汶、泗，講業齊、魯之都，觀孔子之遺風，鄉射鄒、嶧」。且於〈孔子世家〉謂其「適魯，觀仲尼廟堂車服禮器，諸生以時習禮其家，余祗迴留之不能去」，深知禮

㉚ 楊向奎，《宗周社會與禮樂文明》（北京：人民出版社，一九九二）。

之傳習由來及其故。孔子所整理的《禮》，即《禮記．昏義》所謂「夫禮，始於冠，本於昏，重於喪、祭，尊於朝、聘，和於射鄉，此禮之大體也」這些典儀與社交禮節所注重的儀式。所以司馬遷說：「禮固自孔子時而其經不具」。雖然，禮是一種典禮的儀式，但參與執禮者，臨禮必須恭慎。孔子認為「為禮不敬，臨喪不哀，吾何以觀之哉？」因此，孔子將禮儀的典制作抽象的解釋，提升於國家的典章制度，以及社會與個人的道德規範各個層面。並且將抽象的禮與仁結合，形成以後儒家思想的價值體系，即《論語．顏淵》所謂「克己復禮為仁，一日克己復禮，天下歸仁焉」。不過，孔子在講學中對「禮」意義的討論與解釋，並未編輯成冊，以後，由其弟子及孔氏一派的學人繼續闡釋，漢代《禮經》（即《儀禮》）、《禮記》（大、小戴的《禮記》）即由此出。所以，司馬遷說：「《書傳》《禮記》自孔氏」。

自來禮樂相配合，《論語．泰伯》就說：「立於禮，成於樂」。孔子不僅對於禮儀的文獻資料加以系統的整理，並且對於樂譜也予以系統的整理[31]，〈孔子世家〉云：「孔子語魯大師：『樂其可知也。始作翕如，縱之純如，皦如，繹如也，以成。』『吾自衛返魯，然後樂正，雅、頌各得其所。』」當然，孔子所正的不僅雅、頌，並且包括他整理的所有詩篇，即

[31] 楊向奎，《宗周社會與禮樂文明》修訂本（北京：人民出版社，一九九七）。

〈孔子世家〉所謂「三百五篇孔子皆弦歌之。」所謂樂正，即是對於樂譜的審訂與整理。對殘闕的文獻資料作系統的整理，然後以此教其弟子。〈孔子世家〉所謂「孔子不仕，退而脩《詩》《書》《禮》《樂》，弟子彌眾，至自遠方，莫不受業焉」。

《詩》《書》《禮》《樂》，原本是周代四教的內容，也是孔子弟子學習的基本課程。晚後又增添《易》與《春秋》，合稱六藝。不過，《易》、《春秋》是較高深的課目，學成者並不多，〈仲尼弟子列傳〉所謂「孔子曰：『受業身通者七十有七人』，皆異能之士也」。這些異能之士，即〈孔子世家〉所謂「身通六藝者」。〈孔子世家〉云：

> 孔子晚而喜《易》，序〈彖〉〈繫〉〈象〉〈說卦〉〈文言〉。讀《易》，韋編三絕，曰：「假我數年，若是，我於《易》則彬彬矣。」

《易》，後世稱《周易》，是一部占術的著作。今本《周易》分經、傳兩個部份。《周易》由陰陽兩爻組成六十四卦和三百八十四爻，以及卦辭和爻辭等。至於《易傳》則是對卦辭與爻辭所作的解釋。《易傳》包括〈繫辭〉〈象辭〉〈文言〉〈說卦〉〈序卦〉〈雜卦〉等。司馬遷認為孔子晚年喜《易》，並且對《易》進行過系統的整理，曾序〈彖〉〈繫〉〈象〉〈說卦〉等工作，此即所謂的《易傳》32。《漢書．藝文志》則謂「孔氏之為〈彖〉〈象〉〈繫辭〉〈文言〉〈序卦〉之屬十篇」。所謂孔氏，即孔氏的門人以及後傳六藝之學者。不過，可以說對《易》作系統的整理，從孔子晚年已經開始，然後由其門人及六藝之學的繼承者繼續完成。

至於《春秋》，〈孔子世家〉云：

子曰：「弗乎弗乎，君子病沒世而名不稱焉。吾道不行矣，吾何以自見於後世哉？」乃因史記作《春秋》，上至隱公，下訖哀公十四年，十二公。據魯，親周，故殷，運之三代。約其文辭而指博。

「因史記作《春秋》」，〈十二諸侯年表〉作「論史記舊聞，興於魯而次《春秋》」。〈十二諸侯年表〉云：

孔子明王道，干七十餘君，莫能用，故西觀周室，論史記舊聞，興於魯而次《春秋》。

32 楊向奎，《宗周社會與禮樂文明》修訂本。

作與次不同，不過，孔子自謂其「述而不作」，所謂次，即編次之意。即孔子整理《書傳》「上紀唐虞之際，下至秦繆，編次其事」，作《春秋》定魯史舊聞。孟子謂孔子次《春秋》，《孟子．離婁》下云：「其事則齊桓晉文，其文則史，孔子曰：『其義則丘竊取之矣。』」所謂「其文」與「其事」，都是過去的歷史文獻資料，即所謂「西觀周室」搜集所得。孔子所次的《春秋》，即以魯史舊文為基礎，並整理校訂其搜集的「史記舊聞」，然後編次而成。

〈十二諸侯年表〉謂孔子編次《春秋》「上記隱，下至哀之獲麟，約其辭文，去其煩重，以制義法，王道備，人事浹」。並且說孔子口授其七十弟子傳旨，「為有所刺譏褒諱挹損之文辭不可以書見也」。所謂「不可書見」的刺譏文辭，即〈孔子世家〉所云：「吳楚之君自稱王，而《春秋》貶之曰『子』；踐土之會實召周天子，而《春秋》諱之曰『天王守於河陽』：推此類以繩當世。貶損之義，後有王者舉而開之。」此即孟子所謂「其義則丘竊取之」，亦即〈司馬相如列傳〉所謂「《春秋》推見至隱」，所謂「至隱」，〈匈奴列傳〉「太史公曰」：

孔氏著《春秋》，隱桓之閒則章，至定哀之際則微，為其切當世之文而罔褒，忌諱之辭也。

所謂「忌諱之辭」，即〈太史公自序〉司馬遷所言「夫詩書隱約者，欲遂其志之思也」。孔子編次《春秋》雖「述而不作」，然其義已寓其中，唯司馬遷好學深思而心知其義，其撰《史記》上肇《春秋》之微旨所在焉。

至於《春秋》，〈孔子世家〉云：「魯哀公十四年，獲麟。」孔子「乃因史記作《春秋》。」兩年後，孔子過世，因時間倉促，僅留下一部綱目條列式的編年體著作，或者可能是孔子準備繼續撰寫的綱要，在編撰過程中，僅與少數弟子論及列入其教學的教程，所以《論語》並未提及這部著作。這部綱要式的編年史，後世稱之為《春秋》，不僅是經學，更是中國傳統史學著作最高的典範。

將孔子這部著作稱為《春秋》，最初始於孟子，《孟子．離婁》下云：

王者之跡熄而詩亡，詩亡然後《春秋》作。晉之《乘》、楚之《檮杌》、魯之《春秋》，一也。其事則齊桓晉文，其文則史。孔子曰：「其義則丘竊取之矣。」

又《孟子．滕文公》敘孔子纂《春秋》的現實背景：

世衰道微，邪說暴行有作，臣弒其君者有之，子弒其父者有之。孔子懼，作《春秋》。《春秋》，天子之事也。是故孔子曰：「知我者其惟《春秋》乎！罪我者其惟《春秋》乎！」

綜合上述材料，所謂「王者之跡熄而詩亡，詩亡然後《春秋》作」，敘述上古史學的發展與演變，可說是中國最早的史學史；詩亡後而出現《春秋》，雖然當時各國名稱不同，但泛稱之為「春秋」。所謂「《春秋》，天子之事也。」自來《春秋》都由官修，孔子以一介布衣感慨時事而著《春秋》，「其事則齊桓晉文，其文則史」，其事、其文都是由孔子搜羅的文獻資料編纂而成。雖然在編纂過程中，孔子說他「述而不作」，但訂定綱目，材料的選擇與取捨，以及對材料的闡釋，卻有其個人的意見存在，此即「其義則丘竊取之」。所以，孔子的《春秋》出現，轉變了中國上古史學寫作的形式，由官修變為私撰。雖然以魯國的紀元為依據，事實上卻突破一國的局限，成為當時一部完整的中國歷史，司馬遷《史記》的〈十二諸侯年表〉以其為紀年，原因在此。孔子在其所著《春秋》中，所賦予的文化價值與道德判斷，以及所作的歷史與歷史人物的評價，成為後世中國史學遵循的準則與至高無上的典範[33]。

自孟子提出孔子著《春秋》，將原來「春秋」本屬各國史書的泛稱，轉變為孔子個人著作的專稱。司馬遷敘孔子成六藝，在討論孔子的《春秋》時，也以此為線索。分別於《史記》的〈十二諸侯年表〉、〈孔子世家〉、〈儒林列傳〉、〈自序〉以及〈報任安書〉都論及孔子著《春秋》。在〈孔子世家〉云，「因史記作《春秋》」，〈十二諸侯年表〉則云「西觀周室，論史記舊聞，興於魯而次《春秋》」，也就是孔子作《春秋》，除以魯國的「春秋」為藍本外，並且還參考周室典藏的「春秋」。當時各國皆有「春秋」，可能以魯的「春秋」較完備。《春秋》昭公二年：「晉侯使韓起來聘。」《左傳》昭公二年：「春，晉侯使韓宣子來聘，……觀書於大史氏，見《易象》與《魯春秋》，曰：『周禮盡在魯矣。』」魯是周公舊封，保存相關的文獻資料最完備。

「春秋」古史書之，其來已久。《史通．六家》云：「春秋家者，其先出於三代。」劉知幾以汲郡書《瑣語》，《殷夏春秋》作為「春秋」之始。《殷夏春秋》記大丁時之時事。《殷夏春秋》是當時的統稱，《瑣語》又有《晉春秋》，獻公十七年事。若以時代和國名區分，則可標目為夏、殷，或《晉春秋》。所以，「春秋」是史之別名。《管子．法法》云：「故『春秋』之記，臣有弒其君，子有弒其父者」。《管子．山權數》曰：「『春秋』者所以記成敗也。」因

㉝ 錢穆師，〈孔子與春秋〉，《兩漢經學今古文平議》（香港：新亞研究所，一九五八）。

此，「春秋」可以作教化之書用。《國語．晉語》云：「悼公十二年，羊舌肸習於『春秋』，乃詔叔向使傅太子。」韋昭注曰：「肸，向叔名，時孔子未著《春秋》。」所以，在孔子之前，就有許多不同的「春秋」存在。當孔子西觀周室所典藏的文獻資料時，曾使子夏等十四人，求周史記，得百國春秋。所謂「百國春秋」，《墨子．明鬼》下云：「吾見百國春秋。」《墨子．明鬼》著錄周之春秋、燕之春秋、宋之春秋及齊之春秋等等，「百國春秋」或即各國春秋的彙編。所以，孔子「修春秋也，乃觀《周禮》之法，遵魯史之遺文」。然而孔子修《春秋》，除遵魯之遺文外，並且參考當時存在的「百國春秋」，對相關的歷史文獻資料，作一次系統的整理後，定其取捨並予以一定的道德價值判斷，納入其個人所作的《春秋》之內。孔子的《春秋》出，百國春秋廢，由此上古泛稱的「春秋」，就成為孔子專著的名稱了。

司馬遷除了探討孔子因著《春秋》，對當時百國春秋的文獻資料作一次系統的整理外，並且對孔子著《春秋》後，相關的著作也作一次系統的整理。〈十二諸侯年表〉謂孔子作《春秋》：

> 約其辭文，去其煩重，以制義法，王道備，人事浹。七十子之徒口受其傳指，為有所刺譏褒諱挹損之文辭不可以書見也。魯君子左丘明懼弟子人人異端，各安其意，失其

> 真，故因孔子史記具論其語，成《左氏春秋》。鐸椒為楚威王傅，為王不能盡觀《春秋》，采取成敗，卒四十章，為《鐸氏微》。趙孝成王時，其相虞卿上采《春秋》，下觀近勢，亦著八篇，為《虞氏春秋》。呂不韋者，秦莊襄王相，亦上觀尚古，刪拾《春秋》，集六國時事，以為八覽、六論、十二紀，為《呂氏春秋》。及如荀卿、孟子、公孫固、韓非之徒，各往往捃摭《春秋》之文以著書，不可勝紀。

司馬遷將採取《春秋》書中成敗的《鐸氏微》，上採《春秋》下觀近勢的《虞氏春秋》，以及集六國時事的《呂氏春秋》都納入孔子《春秋》譜系，至漢代則有張蒼的《曆譜五德》以及董仲舒有關的著作。

司馬遷正本清源探索孔子上古文獻所作的第一次系統的整理，並繼承上古六藝之教的傳統，掌握當時學術思想發展與轉變的趨勢，將原掌控於王廷的檔案與文獻資料變為社會普遍的價值體系，形成他的詩、書、禮、樂、易、春秋的六藝文化傳統。這也是孔子第一次整理上古文獻資料五百年後，司馬談、遷父子對周秦以來的文獻資料，所作的第二次的整理。經過他們先後總結性的整理後，不僅對戰國以來新興的學術思想予以歸類，並且將孔子所成的六藝，超越諸家之上，鑄定以後中國學術思想發展的版型。不僅班固《漢書．藝文志》的〈六藝〉與〈諸子〉由此而出，並且支配了以後簿錄之學的「經部」和「子部」的內容。這兩個範疇劃定之後，史部之學隨著逐漸萌芽了。

四、「通古今之義」與「通古今之變」

武帝時期搜羅大量天下軼散的圖書資料，藏於祕閣。司馬談與司馬遷父子由於業務職掌的關係，先後負責圖書的校整工作。這次圖籍資料的校整，不僅是秦漢以來規模最繁浩的一次，更是孔子整理上古圖籍檔案五百年以後，所作的一次總結性的校整工作。所以，司馬遷在其〈太史公自序〉就說：「先人有言：『自周公卒五百歲而有孔子。孔子卒後至於今五百歲，有能紹明世，正《易傳》，繼《春秋》，本《詩》《書》禮樂之際？』意在斯乎！意在斯乎！」

孔子在禮崩樂廢之際，為了實際的教學需要，掌握了當時學術發展的趨勢，對周公制禮作樂五百年後，原來藏於王廷，其後散軼民間的圖籍檔案資料，作一次總結與系統校整。孔子不僅校整上古的圖籍文獻資料，並賦予一定的文化與社會意義，使原來王廷獨占專斷的知識，轉變為民間社會普遍的知識。這是孔子對上古圖籍文獻校整所作的總結與貢獻。

自孔子第一次系統校整上古圖籍文獻資料五百年以來，其間經歷戰國時期的兼併紛擾，百家諸子之學蜂起，其後更經秦始皇焚書，秦楚之際的戰亂，詩書圖籍散軼，學無所歸。司馬氏父子，在孔子第一次系統校整圖籍文獻五百年後，利用校整祕閣的機會，對散亂無緒的圖籍與學術的流變，作了系統的校整。這是司馬氏父子繼孔子之後對上古的圖籍文獻，所作的第二次總結性校整。

對圖籍文獻的校整，是中國傳統目錄學的基礎。討論中國傳統目錄學的流變與發展，自孔子校整上古圖籍文獻定六藝之後，《莊子．天下》與《荀子．非十二子》都對春秋戰國之際的學術代表性人物，作了初步的歸納。不過，他們所作的歸納，並非為了鏡考學術源流，祇是為了方便對其所提出的學術代表人物，進行討論與批判，並不具有中國傳統目錄學的實質意義。其後《呂氏春秋》對戰國以來包括老子、孔子等十位「天下之豪士」的學術性質，作了「老耽貴柔」，「孔子貴仁」扼要的定性，中國傳統目錄學始見端倪，但並沒有對學術流派作具體的分劃。《韓非子．顯學》論述代表當時顯學的儒、墨兩派，在孔子、墨子死後，兩派弟子因「取舍相反不同」，形成不同的學術流派，目錄學始初見學術流派及其承傳所自。

直至漢武帝時，《淮南子．要略》在儒、墨之外，又提出縱橫、形名和法家等學術流派的名稱與其學術承傳所自。司馬談與淮南王劉安同時，因校整圖籍，對戰國以來駁雜的學術流變，作一次徹底而系統的釐清，除儒墨顯學外，更提出黃老之學，作為戰國新興而且重要的學術流派，並由此分出陰陽、名、法等學術流派與原來流行的儒、墨，合為六家，提出〈論六家要指〉說：「《易大傳》：『天下一致而百慮，同歸而殊塗。』夫陰陽、儒、墨、名、法、道德，此務為治者也」。司馬談的〈論六家要指〉，不僅鏡考學術，並評論各家得失之故，其後中國傳統目錄學的小序，由此而出，中國傳統目錄學發展至此，已超越最初個人學術思想的討論與批判，辨章學術流派的雛形已由此出現。其後劉歆《七略》、班固《漢書．藝文志》「九流十家」的〈諸子略〉，即緣此而出。

司馬談「發憤且卒」之後，司馬遷繼為太史令，繼續其父未竟之業，「紬石室金匱之書」，進行圖籍校整的工作，在其父已經完成的六家分類的基礎上，對孔子所成的六藝，作正本清源的校整工作。

雖然司馬遷繼承其家族的學術傳統，以黃老為本，但當時學術的實際環境已發生很大的轉變，尤其董仲舒提出罷黜百家、獨尊儒術以後，儒家思想與孔子所成的六藝合而為一，於是儒家思想脫穎而出，一躍而成權威思想。但任何一種思想一旦成為權威，就會失去其原有的活力與彈性而庸俗化。因此，司馬遷將孔子所成的六藝，與儒家依附政治而成的六經作一個區分，表現他崇聖，卻不尊儒，尤其是經公孫弘粉飾過的儒家。

司馬遷說「孔子脩舊起廢，論《詩》《書》，作《春秋》，則學者至今則之。」所謂「脩舊起廢」，就是孔子繼承以往師儒之禮、樂、射、御、書、數的六藝傳統，並且掌握六藝之教文武分途後，形成的詩、書、禮、樂四教新的發展趨向，適應教學的實際需要，對傳自上古的詩、書、禮、樂文獻資料，作一次系統的整理，使原來藏於王廷的文獻資料，轉化為民間教學的科目，並且在整理的過程中，對這批原來完全為政治服務的文獻資料，賦以社會倫理的道德價值，由政治提升至文化的層面，奠定以後中國文化發展的基礎。所以，對於孔子校整的詩、書、禮、樂與以後整理的《易傳》，以及最後因魯史而著的《春秋》，司馬遷為了表示其學術淵源與承傳，對孔子施教的詩、書、禮、樂、易、春秋仍稱為六藝，以說明孔子對上古文獻所作的第一次系統與總結性的整理，其價值與意義之所在。

董仲舒企圖以六藝為基礎，建立一個政教合一的政治體制，但六藝依附政治而經典化以後，變成放諸四海皆準的普遍真理，成為儒者利祿的工具，可以說已經徹底庸俗化。因此司馬遷將孔子施教的六藝，與儒者所持庸俗化的六經作一個區分，他在〈孔子世家〉說：「天下君王至于賢人眾矣，當時則榮，沒則已焉。孔子布衣，傳十餘世，學者宗之。自天子王侯，中國言六藝者折中於夫子。」於是六藝之傳，有了布衣與君王之別，也產生了以後的道統與政統之分。所以，司馬遷的《史記》，既立〈孔子世家〉，又撰〈儒林列傳〉，這是司馬遷藉六藝之傳敘述中國上古學術發展的「古今之變」，其微意在此。於是，孔子所成的六藝，超越儒家所謂的六經，自成體系，班固的《漢書．藝文志．六藝略》，緣此而出。至於儒家則退處與諸子並列，成為《漢書．藝文志．諸子略》的「九流十家」之一。

司馬氏父子校書祕閣，其目的即後世章學誠所謂：

> 蓋部次流別，申明大道，敘列九流百氏之學，使之繩貫珠聯，無少缺逸；欲人即類求書，因書究學。

司馬遷探索孔子六藝之成，即為「申明大道」，司馬談〈論六家要指〉，則為「敘列九流百氏之學」，都先後經過校讎、勘誤、辨偽等工作，然後分章、歸類等系統的整理，使其繩貫珠聯，無少缺逸，最後出現司馬遷在其〈太史公自序〉提出的總結：「拾遺補蓺，成一家之言，厥協六經異傳，整齊百家雜語。」對於這個「一家之言」，《正義》曰：「太史公撰《史記》，言其協于六經異文，整齊諸子百家雜說之語，謙不敢比經藝也。」這種解釋僅局限於司馬遷撰寫《史記》對材料的選擇與處理方面，似無法對司馬遷這「一家之言」作周延的解釋。他們父子先後所作的努力，即〈太史公自序〉所謂：

我漢繼五帝末流，接三代絕業。周道廢，秦撥去古文，焚滅詩書，故明堂石室金匱玉版圖籍散亂。於是漢興，蕭何次律令，韓信申軍法，張蒼為章程，叔孫通定禮儀，……而賈生、晁錯明申、商，公孫弘以儒顯，百年之閒，天下遺文古事靡不畢集太史公。太史公仍父子相續纂其職。曰：「於戲！余維先人嘗掌斯事，顯於唐虞，至于周，復典之，故司馬氏世主天官。至於余乎，欽念哉！欽念哉！」

與「意在斯乎，意在斯乎」前後相應：

先人有言：「自周公卒五百歲而有孔子。孔子卒後至於今五百歲，有能紹明世，正《易傳》，繼《春秋》，本《詩》《書》禮樂之際？」意在斯乎！意在斯乎！小子何敢讓焉。

兩相對照，可以了解，司馬談、司馬遷父子相繼為太史。太史職掌，司馬遷自謂「文史星曆」，所謂「文史」，即圖籍文獻檔案的管理與校整。因此，他們父子既掌管圖籍，又在當時各家整理圖籍的基礎上，對孔子整理的六藝及五百年以來散軼的圖籍，再作一次系統的整理，這是孔子第一次整理上古文獻後，司馬氏父子對中國上古圖籍文獻所作的第二次的整理。

他們校整圖書文獻的目的，即章學誠所謂，使之「繩貫珠聯」，「欲以即類求書，因書究學」，然後「明天人分際，通古今之義。」〈儒林列傳〉云：

公孫弘為學官，悼道之鬱滯，乃請曰：「……為博士官置弟子五十人，復其身。太常擇民年十八已上，儀狀端正者，補博士弟子。……一歲皆輒試，能通一埶以上，補文學掌故缺；其高弟可以為郎中者，……臣謹案詔書律令下者，明天人分際，通古今之義，文章爾雅，訓辭深厚，恩施甚美。……」

公孫弘之奏請，在元朔五年。案《漢書．武帝紀》：「元朔五年，丞相請為博士置弟子員。」武帝建元五年春，置五經博士。《漢書．百官公卿表》云：「博士，秦官，通古今，秩比六百石，員多至數十人。」

所謂五經博士「通古今」，即負責對經典的闡釋，「以通古今之義」。當時通過章句、訓詁、義理等不同的形式，對經典進行闡釋。章句釋經，分章節、斷句讀，是漢代對經典解釋的一種形式。《新唐書．藝文志》云：「自六經焚於秦而復出於漢，其師傳之道中絕，而簡編脫亂訛缺，學者莫得其本真，於是諸儒章句之學興焉。」所以，《易》有施、孟、梁丘的章句，《書》有歐陽、大、小夏侯的章句，《春秋》有公羊、穀梁的章句。至於訓詁則是解釋經典的字義，許慎《說文解字・序》就說：「蓋文字者，經藝之本也。」邢昺《爾雅疏》說：「詁，古也。通古今之言，使人知也。」義理則是探索經藝的「微言大義」，《春秋公羊傳》為代表。不論透過章句、訓詁或義理對經典的闡釋，其目的祇有一個，就是「欲以通古今之義」。

但由於師法與所據經典版本的不同，因此在闡釋經典時，產生不同的流派，甚至有今古文的局限。透過嚴格的章句、訓詁和義理的闡釋，才能真正達到「明天人分際，通古今之義」。這是司馬遷〈太史公自序〉所謂「拾遺補藝，成一家之言，厥協六經異傳，整齊百家雜語」的意旨所在。

不過，當斯時，正是武帝更化圖變的轉變時刻。《漢書・武帝紀》云：

> （元朔元年）春三月甲子，……詔曰：「朕聞天地不變，不成施化；陰陽不變，物不暢茂。《易》曰『通其變，使民不倦』，《詩》云『九變復貫，知言之選』。朕嘉唐虞而樂殷周，據舊以鑒新。其赦天下，與民更始。」

據舊鑒新，更始通變，是當時思想的主流。於是司馬遷將「明天人分際，通古今之義」作一字之易，以「變」代「義」。於是就出現了他的另一個「一家之言」，即其〈報任安書〉所云：

> 自託於無能之辭，網羅天下放失舊聞，考之行事，稽其成敗興壞之理，……亦欲以究天人之際，通古今之變，成一家之言。

所以，《史記》內外，有兩個「成一家之言」。前者「拾遺補藝，成一家之言，厥協六經異傳，整齊百家雜語」，是對上古的學術作一個系統的整理。後者「欲以究天人之際，通古今之變，成一家之言」，則是為中國史學拓創了新的途徑。唯有從這方面探索，才能發現司馬遷的《史記》對中國學術與中國史學所作的承先啟後的貢獻。

「通古今之變」的「今」之開端

一、「古今之變」與〈今上本紀〉

司馬遷的〈報任安書〉，其中所言「欲以究天人之際，通古今之變」，不僅是司馬遷撰《史記》「成一家之言」追求的目標之一，也是中國傳統史學成立的基礎。因為，透過司馬遷的「通古今之變」，中國史學才從先秦的歷史知識層面，提升到史學思想的層次，然後中國史學始得以建立。

自來討論司馬遷的思想，「通古今之變」是首先接觸到的問題。當然，司馬遷所謂的「古今」，「古」是可以了解的。至於「今」所指的時限，司馬遷在《史記．太史公自序》中，論及《史記》的斷限有三處，其下限都在漢武帝時代❶。所以，司馬遷所謂「通古今之變」的

「今」，一如其稱武帝本紀為〈今上本紀〉的「今」，包括了整個漢武帝時代。

《漢書・律曆志》云：「武帝建元、元光、元朔各六年。元狩、元鼎、元封各六年。太初、天漢、太始、征和各四年，後元二年，著紀即位五十四年。」漢武帝在位的五十四年中，司馬談任太史之職前後三十年。〈太史公自序〉說司馬談「仕於建元元封之間」，又說：「是歲，天子建漢家之封，而太史公留滯周南，不得從事，發憤且卒。」是歲，即元封元年，前後恰是三十年。這三十年間，司馬談一直任職太史。司馬談卒後三年，司馬遷繼為太史令。司馬遷於征和二年〈報任安書〉說：「得侍罪輦轂之下，二十餘年矣。」案司馬遷於元鼎五六年間，仕為郎中，嘗侍從西至崆峒，奉使巴蜀滇中。元封三年繼其父遺缺任為太史，續其父未竟之業，一方面整理圖籍，另一方面利用整理圖籍的機會，搜集材料，準備撰寫《史記》。太初元年開始動筆撰寫《史記》，其後天漢二年，遭李陵之禍。轉任中書令，仍繼續撰寫，最後《史記》於征和二年刪削定稿，並以遺〈報任安書〉為其最後絕筆，直至終老。雖然，司馬遷終年不可考，王國維說：「史公卒年，雖不可遽知，視為與武帝相終始，當無大誤也❷。」武帝崩於後元二年，司馬遷或於此時前後不久棄世，是非常可能的。則是，司馬氏

---

❶參見本書〈「巫蠱之禍」與司馬遷絕筆〉。

父子相繼為太史，從侍武帝左右，或從巡幸天下，或侍議中廷，前後經歷了整個漢武帝時代。〈太史公自序〉云：「太史公既掌天官，不治民。」太史掌天官，《史通．史官設置》云：「尋古太史之職，雖以著述為宗，而兼掌曆象、日月、陰陽。」又案《漢舊儀》云：「太史令，凡歲將終，奏新年歷。凡國祀祭娶之禮事，掌祭良日及時節禁忌。」《續漢書．百官志》略同，云：「太史公一人，六百石。本注曰：掌天時、星曆，凡歲將終，奏新年曆，凡國祭祀、喪娶之事，掌良日及時節禁忌，凡國有瑞應，掌記之。」太史所掌，如司馬遷〈報任安書〉所謂「文史星曆近乎卜祝」者。星曆是古史官的專職，文史則其兼掌，包括圖籍文獻的整理與相關的記錄，此亦古史官的遺意。所以司馬談父子事跡可述見於記載者，一是司馬談與祠官寬舒議祠后土，以及議立太峙壇；一是司馬遷與上大夫壺遂等修《太初曆》；這些工作都是太史的專業職掌範圍。不過，記錄與著述也是太史的職務之一。尤其司馬遷父子因職務的關係，久處政治權力中心之內，而且漢武帝時代是一個空前變動的時代。他們雖然不是決策者，但卻是歷史轉變的直接目擊者，處於歷史潮流奔騰的邊沿，在歷史潮流的點滴濺沾下，感受更深。因此，他們感到有責任將這個巨大的歷史轉變記錄下來，對於這個願望，

❷ 王國維，〈太史公行年考〉，《觀堂集林》卷十一（上海：商務印書館，一九四〇）。

司馬談直到臨終仍念念不忘。〈太史公自序〉云：

太史公執遷手而泣曰：「余死，汝必為太史；為太史，無忘吾所欲論著矣。……自獲麟以來，四百有餘歲，而諸侯相兼，史記放絕。今漢興，海內一統，明主賢君忠臣死義之士，余為太史而弗論載，廢天下史文，余甚懼焉，汝其念哉！」遷俯首流涕曰：「小子不敏，請悉論先人所次舊聞。」

司馬談所欲論載者，乃「今漢興，海內一統，明主賢君忠臣死義之士」，即其個人所經歷的漢武帝時代。後來「悉論先人所次舊聞」的司馬遷，於太初元年繼其父未竟之業，開始撰寫《史記》之時，其和上大夫壺遂所討論欲撰寫者，也集中於他所生存的漢武帝時代。〈太史公自序〉云：

漢興以來，至明天子，獲符瑞、封禪改正朔、易服色、受命於穆清，澤流罔極，海外殊俗，重譯款塞，請來獻見者，不可勝道。臣下百官力誦聖德，猶不能宣盡其意，且士賢能而不用，有國者之恥，主上明聖而德不布聞。有司之過也。且余嘗掌其官，廢明聖盛德不載，滅功臣世家賢大夫之業不述，墮先人所言，罪莫大焉。

司馬遷最初所欲撰者，也是宣明聖德及功臣世家賢大夫之業。所以，司馬氏父子所欲撰者皆是當代，即司馬遷所謂「通古今之變」的「今」。對「今」的記載則集中於《史記》的〈今上本紀〉之中，但不幸的是，〈今上本紀〉早已軼散，似已無跡可尋了。

《漢書．藝文志》著錄《太史公》百三十篇，注云：「十篇有錄無書」。與《漢書．司馬遷傳》所云：「十篇缺，有錄無書」同。《集解》引《漢書音義》亦云：「十篇無書。」《史記》所缺十篇，張晏曰：「遷沒之後，亡〈景紀〉〈武紀〉〈禮書〉〈樂書〉〈律書〉〈漢興已來將相年表〉〈日者列傳〉〈三王世家〉〈龜策列傳〉〈傅靳列傳〉。成元之間，褚先生補闕，作〈武帝紀〉〈三王世家〉〈龜策〉〈日者傳〉，言辭鄙陋，非遷本意也。」其中〈武紀〉，即《史記．太史公自序》所謂的〈今上本紀〉。司馬遷稱武帝為「今上」，《集解》云：「〈太史公自序〉曰作〈今上本紀〉，又其述事皆云『今上』『今天子』，或有言孝武帝者，悉後人所定也。」所以，現《史記》所稱的〈孝武本紀〉之名為後人所定，司馬遷所撰者則為〈今上本紀〉。

《史記》十篇有錄無書，劉知幾謂「十篇未成，有錄而已」。案〈太史公自序〉於篇末謂其著十二本紀，作十表、八書、三十世家、七十列傳，「凡百三十篇，五十二萬六千五百字，為《太史公書》。」篇目字數都已詳細標出，《史記》全書確已定稿，有錄無書的十篇，不可能為未成之作。所以，趙翼說：「十篇之缺，乃後所遺失，非史公未成，而待於後人之補也❸。」《史記》亡篇與其補作，自來雖眾說紛紜，但〈今上本紀〉一篇確已亡軼，卻是大家肯定的。王鳴盛云：「世皆言褚先生補《史記》，其實《史記》唯亡〈武紀〉一篇，餘間有缺，無全亡者，而褚所補，亦唯〈武紀〉，其餘附益各篇中，如贅疣耳」❹。王應麟《漢書藝文志考證》謂呂祖謙辨《史記》亡篇，以張晏所列亡篇目錄校之，唯〈武紀〉實亡，〈景紀〉及〈傳靳列傳〉俱在。其辨〈武紀〉之亡云：

十篇惟此篇亡。衛宏《漢官舊儀注》曰：「司馬遷作本紀，極言景帝之短及武帝之過，武帝怒而削去之。」衛宏與班固同時，是時兩紀俱亡。今景帝所以復出者，武帝特毀其副在京師者，藏自名山固有他本也。〈武紀〉終不見者，豈非耆尤甚，雖民間亦畏禍

---

❸ 趙翼，《廿二史劄記》卷一「褚少孫補史記不止十篇」條。

❹ 王鳴盛，《十七史商榷》卷二「武紀妄補」條。

而不藏也❺。

呂氏之說緣於衛宏，案《集解》引衛宏《漢舊儀注》謂太史公作〈景紀〉極言其缺及武帝過，武帝怒而削之，後坐李陵下蠶室有怨言，下獄死云云，《西京雜記》亦謂武帝怒削〈景紀〉與己紀，後遷以怨望下獄死。司馬遷撰《史記》怨望隱切之說，流行於漢魏之際；《三國志．魏志．王肅傳》云：

> 帝又問：「司馬遷以受刑之故，內懷隱切，著《史記》非貶孝武，令人切齒。」（肅）對曰：「司馬遷記事，不虛美，不隱惡。劉向、揚雄服其善敘事，有良史之才，謂之實錄。漢武帝聞其述史記，取孝景及己本紀覽之，於是大怒，削而投之，於今兩紀有錄無書，後遭李陵事，遂下遷蠶室。此謂隱切在孝武，而不在於史遷也。」

魏明帝認為司馬遷「以受刑之故，內懷隱切，著《史記》非貶孝武。」代表當時一般人對這

❺ 呂祖謙，〈辨史記十篇有錄無書〉，《東萊呂太史別集》卷十四。

傳說的看法。這種看法自班固〈典引〉所謂司馬遷「以身陷刑之故，反微文刺譏，貶損當世❻」以來，就將司馬遷遭李陵之禍，而撰《史記》貶損漢武帝二事相連。以致後來王允甚至說：「昔漢武帝不殺司馬遷，使謗書流傳後世❼。」事實上，司馬遷遭李陵之禍是一回事，其撰寫《史記》又是另一回事，二者不可混為一談。果真司馬遷為洩憤而著史，其中又有非損武帝之處，武帝取而觀之，所毀者當是《史記》全書，豈僅〈景紀〉與〈武紀〉而已，司馬遷雖是刑餘之人也難免一死。人書俱毀，司馬遷及其所撰《史記》，又如何能流傳千古後世？

司馬遷自太初元年開始撰寫《史記》，歷天漢，至征和二年脫稿。征和二年正是「巫蠱之禍」鬥爭最激烈的時候。在這場漢武帝晚年的倫常巨變的政治鬥爭中，株連者甚眾，司馬遷兩位好友田仁和任安，也牽涉在內而被誅，這是司馬遷遭李陵之禍後，面臨的最嚴重政治危機。他「雖就極刑，而無慍色」，而撰寫的《史記》，就在這場政治風暴中完成，為了使這部他血淚交織的著作不被波及，不得不遷就嚴峻的現實政治環境，對涉及的人與事，作一次徹底的檢點和刪削。這是司馬遷一生最痛苦的工作，一直進行到征和三年李廣利降匈奴事件發

❻〈符命〉，《文選》卷四十八。

❼〈魏書．董卓傳〉注引謝承《後漢書》，《三國志》卷六。

生，才告結束，《史記》即絕筆於此❽。在這次刪削過程中，因恐觸及現實忌諱，〈今上本紀〉可能被司馬遷自己親手刪削了。不論在什麼狀況下軼散，〈今上本紀〉消失卻是一個不爭的事實，後來由褚少孫取〈封禪書〉補作〈武帝本紀〉。不過錢大昕認為「少孫補史，皆取史公所闕，意雖淺近，詞無雷同，未嘗移甲當作乙者也。或魏晉以後，少孫補篇亦亡，鄉里妄人取此以足其數耳❾。」由於褚少孫以〈封禪書〉全篇補〈今上本紀〉，後來學者認為司馬遷寫〈封禪書〉，是對漢武帝的微言譏諷，《史記》被視為謗書也由此而起❿。

不過，褚少孫選擇以〈封禪書〉全篇補〈今上本紀〉卻不是沒有原因的。〈封禪書〉云：「今天子初即位，尤敬鬼神之祀。」漢武帝藉封禪而羨僊，終其一世樂此不疲。司馬談、遷父子隨侍武帝左右，相繼記錄了這一部份材料。後來司馬遷運用這批他們父子親歷，但卻無法考證的材料，撰寫成〈封禪書〉，以使「後有君子，得以覽焉⓫。」漢武帝封禪，不論其本質如何，卻是縱貫武帝整個歷史的發展與演變，不僅突出了封禪特殊的時代意義，而且是八

❽參見本書〈「巫蠱之禍」與司馬遷絕筆〉。
❾錢大昕，〈孝武本紀〉，《廿二史考異》卷一。
❿參見本書〈武帝封禪與〈封禪書〉〉。
⓫參見本書〈武帝封禪與〈封禪書〉〉。

書中唯一有歲月可稽的一篇。當時許多重要的歷史事件，如對四裔的征討包括匈奴、朝鮮、越，以及太初元年伐大宛，由於「古者先振澤旅，然後封禪」的原因，〈封禪書〉皆有記載。另一方面，漢武帝「以文學為公卿」，「徵文學之士公孫弘」，以「夏，改曆，以正月為歲首，而色上黃，官名更印為五，為太初元年」等等，重大的政治改革與設施，也附〈封禪書〉而記載。綜合上述，前者征討四裔即司馬遷所謂的「外攘夷狄」，至於後者政治改革與設施，則是所謂的「內脩法度」。「外攘夷狄」與「內脩法度」正是司馬遷撰寫〈今上本紀〉意旨所在。〈太史公自序〉云：

> 漢興五世，隆在建元，外攘夷狄，內脩法度，封禪，改正朔，易服色。作〈今上本紀〉。

所以〈今上本紀〉雖軼，但司馬遷寫〈今上本紀〉的意旨，似於〈封禪書〉中仍有跡可尋，且有年月可稽，也許是褚少孫取〈封禪書〉補〈今上本紀〉的原因。

所謂本紀，裴松之認為是「統理眾事，繫之年月」⓬。「統領眾事」是本紀寫作的目的。本紀是為了敘述一個時代重大歷史事件，及歷史發展主要的趨向，而〈今上本紀〉已失，漢武帝時代歷史發展的趨向，似乎難以掌握。所幸〈建元以來侯者年表〉及〈建元已來王子侯者年表〉仍在。顧炎武說：「表以紀治亂興亡之大略，年經月緯，一覽了如。」所以，若以司馬遷為突出漢武帝特殊歷史情況製作的〈建元以來侯者年表〉與〈建元已來王子侯者年表〉，貫穿自〈魏其武安侯列傳〉以後有關漢武帝時代諸臣的列傳與類傳，則漢武帝時代的歷史與政治面貌，仍隱略可見。

司馬遷作〈建元以來侯者年表〉，〈太史公自序〉云：「北討彊胡，南誅勁越，征伐夷蠻，武功爰列。作〈建元以來侯者年表〉。」即為〈今上本紀〉的「外攘夷狄」作注腳。「外攘夷狄」則集中以對匈奴的征討，這是自高祖「平城之圍」，留下的一個嚴重的歷史問題。漢武帝為復仇而伐討匈奴，是這個時代重要的歷史問題之一。至於司馬遷作〈建元已來王子侯者年表〉，〈太史公自序〉云：「諸侯既彊，七國為從，子弟眾多，無爵封邑，推恩行義，其埶（勢）銷弱，德歸京師。」「德歸京師」即司馬遷撰〈建元已來王子侯者年表〉的意旨所在。

所謂「德歸京師」，即〈建元已來王子侯者年表〉太史公曰：「盛哉！天子之德，一人有慶，天下賴之。」也就是由地方分權轉變為中央集權，及君主絕對權威的樹立。權力集中於

⑫《史記．五帝本紀》「正義」引裴松之《史目》。

中央與君主絕對權威的樹立，是漢武帝時代統治體制的轉變，突出了這個時代特殊的歷史性格。司馬遷〈今上本紀〉所謂的「內脩法度」，就建立在這個基礎上。因為，政治體制與制度轉變，象徵著政治權力結構的重組，與新的政治權力中心的建立。漢初承秦制建立的政治結構，發展至漢武帝時代，需要作一次調整與重組。漢武帝把握這個轉變的機會，對政治統治權力作一次新的重塑。重塑後的新統治體制不僅對漢代，並且對以後中國歷史的發展也發生影響。司馬遷就生存在這個重大歷史轉變的潮流之中，對這次權力結構的重組與統治體制的轉型，有深刻而切身的體驗。所以，他撰寫〈今上本紀〉的「內脩法度」，可能就集中這方面的敘述。所以，從「德歸京師」權力由地方集中於中央，到「一人有慶，天下賴之」絕對君主權威的樹立，不僅是司馬遷撰寫〈今上本紀〉的意旨所在，同時也是新的統治體制形成與發展的過程。

權力由地方集中於中央，由「德歸京師」開始，而「德歸京師」則由「推恩行義」出發。〈建元已來王子侯者年表〉云：

制詔御史：「諸侯王或欲推私恩分子邑者，令各條上，朕且臨定其號名。」

案此詔頒於元朔二年，《漢書．武帝紀》云：「二年春正月，詔曰：梁王，陽城王親慈同生，願以邑分子弟，其許之。諸王請與子弟邑者，朕將親覽，使有列位焉。」並云：「列國始分，而畢子侯矣。」案〈建元已來王子侯者年表〉，諸王有子十人以上者，計長沙王有子十五人，菑川懿王有子十二人，陽城頃王有子十三人，趙敬肅王有子十四人，中山靖王有子十九人，齊孝王有子十人，「皆推恩分邑諸子，支庶畢侯矣」，自此以後，〈漢興以來諸侯王年表〉序云：

齊分為七，趙分為六，梁分為五，淮南分三，及天子支庶子為王，王子支庶為侯，百有餘焉。吳楚時，前後諸侯或以適削地，是以燕、代無北邊郡，吳、淮南、長沙無南邊郡，齊、趙、梁、楚支郡名山陂海咸納於漢。諸侯稍微，大國不過十餘城，小侯不過數十里，上足以奉貢職，下足以供養祭祀，以蕃輔京師。而漢郡八九十，形錯諸侯間，犬牙相臨。

自此，《漢書．諸侯王表》云：「諸侯惟得食租稅，不得與政事。」諸侯王不僅失去政治的權力，經濟的特權也隨著消逝。《史記．五宗世家》云：「諸侯獨得食租稅，奪之權，其諸侯貧者，或乘牛車也。」諸王侯的政治與經濟特權，不削自弱。然後元鼎五年，諸王侯更因坐酎金除國。案〈建元已來王子侯者年表〉元鼎五年諸侯王坐酎金除國者計五十五人，這次奪爵者實際有一百零六人，《漢書．武帝紀》云：

五年九月，列侯坐獻黃金酎祭宗廟，不如法奪爵者百六人。

《漢書．食貨志》亦云：

齊相卜式上書，願父子死南粵。天子下詔書褒揚，賜爵關內侯，黃金四十斤，田下頃布告天下，天下莫應。列侯以數百，皆莫求從軍。至飲酎，少府省金，而列侯坐酎金失侯者百餘人。

「列侯坐酎金失侯」，案酎，師古曰：「三重釀醇酒也。」又如淳引《漢儀注》云：「諸侯王歲以戶口酎金於漢朝，皇帝臨受金，金少不如斤兩，色惡，王削縣，侯免國。」於是，漢初留下的歷史問題——中央和地方權力的鬥爭，到這時徹底解決了。

漢初地方制度郡縣與王國並行，結果王國勢力過於膨脹，形成地方對中央的抗衡。不過這個問題的形成，也有其現實的政治原因。司馬遷在〈漢興以來諸侯王年表〉中分析其形成的背景，認為廣封同姓，撫鎮四海，以承衛天子，是漢初封建王國的原因。這些封建王國，大者五六郡，連城數十，置百官宮室，而且政治、軍事與經濟完全獨立，形成漢帝國初建之時，國中有國的特殊政治結構。帝國中央實際控制的地區僅關中至隴西，江陵至巴蜀，並三河、南陽十五郡，此外「盡諸侯地」，地方與中央抗衡的局勢已經形成，到文帝時就發生了「抱火厝之積薪之下而寢其上」的嚴重問題。

「抱火厝之積薪之下而寢其上」，見於賈誼的〈治安策〉。賈誼將當時政治上存在而極待解決的問題，依其緩急，歸納成「可為痛哭者一，可為流涕者二，可為太息者六。」其中最嚴重「可為痛哭者」的問題，就是「諸侯王僭擬，地過古制」。《漢書．賈誼傳》載其策云：

> 高皇帝以明聖威武即天子位，割膏腴之地以王諸公，多者百餘城，少者乃三四十縣，惪（德）至渥也，然其後十年之間，反者九起。陛下之與諸公，非親角材而臣之也，又非身封王之也，自高皇帝不能以是一歲為安，故臣知陛下之不能也。

「親者或亡分地以安天下，疏者或制大權以偪天子」，形成問題的嚴重性，所以賈誼又說：

天下之勢方病大瘇，一脛之大幾如要，一指之大幾如股，平居不可屈信，一二指搐，身慮亡聊。失今不治，必為錮疾，後雖有扁鵲，不能為已。病非徒瘇也，又苦蹠盭。元王之子，帝之從弟也；今之王者，從弟之子也。惠王，親兄子也；今之王者，兄子之子也。親者或亡分地以安天下，疏者或制大權以偪天子，臣故曰非徒病瘇也，又苦蹠盭，可痛哭者，此病是也。

賈誼指出令他可痛哭的病源，並且提出解救之道，《漢書．賈誼傳》云：

欲天下之治安，莫若眾建諸侯而少其力。力少則易使以義，國小則亡邪心。令海內之勢如身之使臂，臂之使指，莫不制從，諸侯之君不敢有異心，輻湊並進而歸命天子，雖在細民，且知其安，故天下咸知陛下之明。

「眾建諸侯而少其力」，即元朔二年武帝「推私恩分子邑」詔的所自。當時「推恩行義」之議，則由主父偃「諸侯得推恩分子弟」的奏策提出，《史記．平津侯主父列傳》載主父偃之說云：

偃說上曰：「古者諸侯不過百里，彊弱之形易制。今諸侯或連城數十，地方千里，緩則驕奢易為淫亂，急則阻其彊而合從以逆京師。今以法割削之，則逆節萌起，前日鼂錯是也。今諸侯子弟或十數，而適嗣代立，餘雖骨肉，無尺寸地封，則仁孝之道不宣，願陛下令諸侯得推恩分子弟，以地侯之。彼人人喜得所願，上以德施，實分其國，不削而稍弱矣。」於是，上從其計。

有主父偃的推恩之議，然後有元朔之詔。至於執行的步驟，賈誼於其〈治安策〉中已明確提出。《漢書．賈誼傳》云：

割地定制，令齊、趙、楚各為若干國，使悼惠王、幽王、元王之子孫畢以次各受祖之分地，地盡而止，及燕、梁它國皆然。

這是賈誼「眾建諸侯而少其力」最後目的所在，主父偃緣此而提出「令諸侯得推恩分子弟，以地侯之。」賈誼和主父偃的最終目的是相同的，就是使「諸侯之君不敢有異心，輻湊並進而歸命天子。」即司馬遷〈漢興以來諸侯王年表〉所謂「強本幹，弱支葉，尊倬明而萬事各得其所矣。」尊俾明，然後君主的絕對權威才能樹立起來。建立一個強有力的中央權力中心，是賈誼的政治理想，其目的即建立一個有效的政治統治體制。後來賈誼提出一系列的政治與制度的改革，就以此為基礎形成的。《史記．屈原賈生列傳》云：

賈生以為漢興至孝文二十餘年，天下和洽，而固當改正朔、易服色、法制度、定官名、興禮樂，乃悉草具其事儀法，色尚黃，數用五，為官名，悉更秦之法。

漢初因循秦法而建制，賈誼企圖突破秦法的框限，創肇漢帝國新的規模。雖然，文帝對賈誼的建議頗為贊同，但不能用，卻成為後來武帝建立統治體制的章本，其削王國改制度皆準於此。司馬遷取賈誼的〈過秦論〉作〈秦始皇本紀〉論贊，而不錄影響漢武帝改制與建立統治體制的〈治安策〉，的確值得玩味的。

文帝不用賈誼之策，〈賈生列傳〉說「孝文帝初即位，謙讓未遑也。」所謂「謙讓未遑」是有其現實政治原因的。《史記．賈生列傳》云：

諸律令所更定，及列侯悉就國，其說皆自賈生發之。於是天子議以為賈生任公卿之位。

絳、灌、東陽侯、馮敬之屬盡害之，乃短賈生曰：「雒陽之人，年少初學，專欲擅權，紛亂諸事。」於是天子後亦疏之，不用其議，乃以賈生為長沙王太傅。

《正義》云：「絳、灌，周勃、灌嬰也。東陽侯，張相如。馮敬時為御史大夫。」他們是當時的功勳重臣，文帝不得不尊重他們的意見。不僅沒有接納賈誼的建議，並且疏遠他，外放為長沙王太傅。其中周勃不僅有誅諸呂之功，而且是開國的功臣。《史記．絳侯周勃世家》太史公曰：「絳侯周勃始為布衣時，鄙樸人也，才能不過凡庸。乃從高祖定天下，在將相位，諸呂欲作亂，勃匡國家難，復之乎正。雖伊尹、周公，何以加哉！」案〈漢興以來將相名臣年表〉孝文元年十一月陳平遷為左丞相，太尉周勃為右丞相，二年十一月周勃復為丞相。自漢初迄天漢百十年間，為丞相者二十三人。其入世家者四人，分別是高祖時的蕭何，惠帝時的曹參，呂后時的陳平，文帝時的周勃。而王陵附於〈陳丞相世家〉，景帝時的周亞夫附於〈絳侯周勃世家〉。這些功臣另一方面又是行政首長，至少表現出漢初至吳楚七國之亂前後，他們在政治上有舉足輕重的影響力量。司馬遷在〈高祖功臣侯者年表〉中，分析了自漢初至武帝太初百年間，這股力量形成與其消長的原因：

漢興，功臣受封者百有餘人。天下初定，故大城名都散亡，戶口可得而數者十二三，是以大侯不過萬家，小者五六百戶。後數世，民咸歸鄉里，戶益息。蕭、曹、絳、灌之屬或至四萬，小侯自倍，富厚如之。子孫驕溢，忘其先，淫嬖。至太初百年之間，見侯五，餘皆坐法隕命亡國，秏（耗）矣。罔亦少密焉，然皆身無兢兢於當世之禁云。

案《史記．高祖功臣侯者年表》功臣封侯者計一百三十七人，首封者為曹參。《漢書．高祖紀》云：「六年冬十一月，始剖符功臣曹參等為通侯。」《史記．曹丞相世家》亦云：「高祖六年賜爵侯，與諸侯剖符，世世勿絕。食邑平陽萬六千戶，號曰平陽侯。」參卒，子窋代侯。窋高后時為御史大夫，立二十九年卒。子奇代侯，尚平陽公主，立二十三年卒，子襄代侯。襄尚衛長公主，立十六年卒。子宗代侯，征和二年坐太子死，國除。上云太初時「見侯五」，其五侯，平陽侯曹黽亦在其中，其他四侯則為曲周侯酈終根、陽阿侯齊仁、戴侯祕宗、穀陵侯馮偃。高祖所封功臣百餘人，至此僅餘五侯，其他「皆坐法隕命亡國」。所謂「坐法隕命亡國」究其因由，汪越云：「大約如酎金，如為太常犧牲不如令，如太常酒酸，罪之輕者也。餘罪如為太守知民不用赤仄錢為賦，如不償人責，如尚南宮公主不敬，如出入屬車日間，如坐出界，如買塞外禁物，如入上林謀盜鹿，如為太常與樂舞人闌入函谷關，如賣宅縣官故貴，猶皆在可議之列也。餘重罪則謀為大逆，大不敬，過律，姦淫，略人，傷人，總之所謂不奉上法者也。」⑬這些功臣失侯，司馬遷認為「罔而少密，動則得咎」。這是「德歸京師」之後，君主絕對權威樹立的表現。

《漢書．高惠高后孝文功臣表》云：「訖於孝武後元之年，靡有孑遺，耗矣！」這是班固續司馬遷〈高祖功臣侯者年表〉而發。司馬遷以「耗矣」，感慨漢初功臣及其苗裔，在漢武帝時期的權力結構中，完全消耗殆盡。這固然由於時間的因素，使其在權力結構中心消逝。另一方面，在漢武帝權力轉移，新的統治體制建立之際，無法容忍強有力的功臣或其苗裔，存在於權力結構之中，也是個重要的原因。

二、〈魏其武安侯列傳〉與罷黜百家

漢初的權力結構，由外戚、功勳、同姓諸王三股力量結合而成。《史記》外戚入世家，《漢書》有〈外戚傳〉，輔以〈外戚恩澤侯表〉，敘述外戚透過與帝王的姻婭關係，在政治上

⑬汪越，〈讀建元已來王子侯者年表〉，《史記漢書諸表訂補十種》（北京：中華書局，一九八二）。

發生的作用與影響。《漢書．外戚恩澤侯表》云：「漢興，外戚與平定天下。」在漢初外戚又是開國功勳，其在政治上的影響，遠超過其他兩股勢力。高祖崩後，呂后臨朝，諸呂驕橫，險傾漢祚。《史記．外戚世家》云：

及孝惠帝崩，天下初定未久，繼嗣不明。於是貴外家，王諸呂以為輔，而以呂祿女為少帝后，欲連固根本牢甚，然無益也。高后崩，合葬長陵。祿、產等懼誅，謀作亂。大臣征之，天誘其統，卒滅呂氏。

呂氏之亂平定後，平亂功臣周勃、灌嬰等恐外戚干政之禍復起，對外戚竇氏的勢力相當壓抑。《史記．外戚世家》云：

竇皇后兄竇長君，弟曰竇廣國，字少君。……絳侯、灌將軍等曰：「吾屬不死，命乃且縣此兩人。兩人所出微，不可不為擇師傅賓客，又復效呂氏大事也。」於是乃選長者士之有節行者與居。竇長君、少君由此為退讓君子，不敢以尊貴驕人。

竇皇后乃文帝之后，景帝之母，武帝的祖母。《史記．外戚世家》云：

孝文帝崩，孝景帝立，乃封廣國為章武侯。長君前死，封其子彭祖為南皮侯。吳楚反時，竇太后從昆弟子竇嬰，任俠自喜，將兵，以軍功為魏其侯。竇氏凡三人為侯。

「竇氏凡三人為侯。」武帝之尊王太后家族，也「三人為侯」。《史記．外戚世家》云：

王太后，槐里人，母曰臧兒……。臧兒嫁為槐里王仲妻，生男曰信，與兩女。而仲死，臧兒更嫁長陵田氏，生男蚡、勝。……王夫人為皇后，其男為太子，封皇后兄信為蓋侯。景帝崩，太子襲號為皇帝。尊皇太后母臧兒為平原君。封田蚡為武安侯，勝為周陽侯。……蓋侯信好酒。田蚡、勝貪，巧於文辭。……王太后家凡三人為侯。

武帝即位之初，就受到祖母竇氏、母親王氏兩個外戚集團的雙重干預。而且在權力交替轉移之際，竇氏與王氏兩個外戚集團，為爭奪權力相互鬥爭，直到建元六年竇太后崩，元朔四年王太后卒後，武帝才完全擺脫外戚集團的雙層箝制。武帝身受其苦，所以，對外戚干政深痛惡絕。最後立昭帝，時年五歲。褚少孫補〈外戚世家〉云：

其後帝閒居，問左右曰：「人言云何？」左右對曰：「人言立其子，何去其母乎？」帝曰：「然，是非兒曹愚人所知也。往古國家之亂也，由主少母壯也。女主獨居驕蹇，淫亂自恣，莫能禁也。女不聞呂后邪？」故諸為武帝生子者，無男女，其母無不譴死，豈可謂非賢聖哉！昭然遠見，為後世計慮，固淺愚儒所及也，謚為武，豈虛哉！

自王氏外戚集團的田蚡之後，不聞外戚干政弄權。案《史記·衛將軍驃騎列傳》「太史公曰」：

蘇建語余曰：「吾嘗責大將軍至尊重，而天下之賢大夫毋稱焉，願將軍觀古名將所招選擇賢者，勉之哉。大將軍謝曰：『自魏其、武安之厚賓客，天子常切齒。彼親附士大夫，招賢絀不肖者，人主之柄也。人臣奉法遵職而已，何與招士！』驃騎亦放此意，其為將如此。

衛青、霍去病皆以外戚貴幸，立功絕域，但鑑於魏其、武安的招賓客，「天子常切齒」。唯奉法遵職而已，傳稱衛青「為人退讓，以和柔自媚於上」。並載其言曰：

青幸得以肺腑待罪行間，不患無威，而（周）霸說我以明威，甚失臣意，且使臣職雖當斬將，以臣之尊寵而不敢自擅專誅於境外，而具歸天子，天子自裁之，於是以見為人臣不敢專權，不亦可乎！

其恭謹如此。《漢書．外戚恩澤侯表》不列衛青。外戚與佞幸本是一體的兩面，《史記．佞幸列傳》云：「內寵嬖臣大抵外戚之家，然不足數也。衛青、霍去病亦以外戚貴幸，然頗用材能自進。」

衛青、霍去病雖以魏其、武安故，不敢擅權，另一方面以外戚、功勳、同姓諸王形成的權力結構，至此完全瓦解，新的統治體制逐漸形成，因「德歸京師」而權力由地方集中央，向「一人有慶」的君主絕對權威演變。在君主絕對權威下，是不能容忍臣下擅權的，這個轉變的過程，可能是司馬遷〈今上本紀〉「內脩法度」的發展線索。

司馬遷於列傳之中，以〈魏其武安侯列傳〉，作為漢武帝時代的開端，也就是司馬遷所謂「古今之變」的「今」之開端。魏其、武安合傳，後世論者甚多，全祖望就認為司馬遷以竇嬰、田蚡合傳，「所見甚陋」。他認為漢之丞相，「自高惠至武昭，其剛方自守，可以臨大節者祇四人，王陵、申屠嘉、周亞夫及嬰也⓮。」所謂嬰「剛方自守，可以臨大節」，指的是竇嬰抗爭竇太后欲立梁孝王，及景帝廢栗太子事。竇太后欲立梁孝王，傳載竇嬰抗爭曰：「天下者，高祖天下，父子相傳，此漢之約也。上何以擅傳梁王！」至於抗爭廢栗太子事，竇嬰本傳又稱：「孝景四年，立栗太子，使魏其侯為太子傅。孝景七年，栗太子廢，魏其數爭不能得。」此二事皆在景帝之時，當是時竇嬰不為丞相。

周亞夫與竇嬰同立功名於吳楚七國之亂，又先後為相。司馬遷為竇嬰立傳，首先肯定其平定吳楚之功。《史記．太史公自序》云：「吳楚為亂，宗屬唯嬰賢而喜士，士鄉之，率師抗山東滎陽，作〈魏其武安列傳〉。」至於周亞夫與竇嬰同為丞相，但一在景帝之時，一在武帝之初。案《史記．漢興以來將相名臣年表》，竇嬰於武帝即位之建元元年為丞相，次年免。建元六年六月癸巳武安侯田蚡為丞相。竇嬰、田蚡於武帝即位之初，先後為相。竇嬰、田蚡為相都是由於外戚的關係。所以，司馬遷說：「魏其、武安皆以外戚重。」是其以竇嬰、田蚡合傳的微意所在。

⓮ 全祖望，〈讀魏其侯傳〉，《鮚埼亭集外編》卷二十八。

武帝即位之初，後宮分別有竇氏與王氏外戚集團，竇嬰、田蚡分別屬於兩個不同的外戚集團。雖然司馬遷寫〈魏其武安侯列傳〉，以竇嬰、田蚡為主線，更以灌夫穿插其間，使二人的關係與恩怨更錯綜複雜，若就文學角度觀之，〈魏其武安侯列傳〉的確是《史記》列傳中，刻劃人物性格比較突出的傳記。但《史記》列傳並非寫人，乃以人繫事，一如編年以時繫事。司馬遷一句「魏其、武安皆以外戚重」，點出題旨。所以，竇嬰、田蚡合傳，並非司馬遷「所見甚陋」，而是〈外戚世家〉在漢武帝時代的延續。藉此敘述在漢武帝權力轉移過程中，兩個外戚集團在權力鬥爭的實際情況，並且透過田蚡與竇嬰的恩怨與衝突，敘述新舊權力轉移之際，新的統治體制形成的過渡之間，權力結構中心發生的政治鬥爭。

雖然外戚權力消長，和在位君主關係的親疏有密切的關係。但竇太后母儀三朝，因起於諸呂傾覆之際，故對諸竇多所約制。但在建元六年逝世之前，一直對政治發生不同程度的影響。《史記．外戚世家》謂其「好黃帝、老子言。帝及太子諸竇不得不讀黃帝，尊其術。」又《史記．儒林列傳》云：

竇太后好老子書，召轅固生問老子書。固曰：「此是家人言耳。」太后怒曰：「安得司空城旦書乎？」乃使固入圈刺豕。景帝知太后怒而固直言無罪，乃假固利兵，下圈刺豕，正中其心，一刺，豕應手而倒。太后默然，無以復罪，罷之。

不僅在景帝時期，即在武帝即位之初，竇太后在政治上，仍然有絕對的支配與影響。這種絕對的支配與影響，具體表現在武帝即位之初的一次政治鬥爭中。《史記．魏其武安侯列傳》云：

魏其、武安俱好儒術，推轂趙綰為御史大夫，王臧為郎中令。迎魯申公，欲設明堂，令列侯就國，除關，以禮為服制，以興太平。舉適諸竇宗室毋節行者，除其屬籍。時諸外家為列侯，列侯多尚公主，皆不欲就國，以故毀日至竇太后。太后好黃老之言，而魏其、武安、趙綰、王臧等務隆推儒術，貶道家言，是以竇太后滋不說魏其等。及建元二年，御史大夫趙綰請無奏事東宮。竇太后大怒，乃罷逐趙綰、王臧等，而免丞相、太尉，以柏至侯許昌為丞相，武彊侯莊青翟為御史大夫。魏其、武安由此以侯家居。

司馬遷認為這是一次影響當時歷史轉變的政治鬥爭。除此之外，並載於〈封禪書〉及〈儒林列傳〉中，《史記．封禪書》云：

上鄉儒術，招賢良，趙綰、王臧等以文學為公卿，欲議古立明堂城南，以朝諸侯。草巡狩封禪改曆服色事未就。會竇太后治黃老言，不好儒術，使人微伺得趙綰等姦利事，召案綰、臧，綰、臧自殺，諸所興為皆廢。

這次政治鬥爭的發生，由於「魏其、武安、趙綰、王臧等務隆推儒術，貶道家言」，而進行一系列改革而引起的。從上述資料看來，王臧、趙綰似是這次改革的建議人與執行者，以及最後的犧牲者。案王臧、趙綰皆受《詩》於申公。申公，魯人，以《詩經》為訓以教。《史記·儒林列傳》云：

蘭陵王臧既受《詩》，以事孝景帝為太子少傅，免去。今上初即位，臧迺上書宿衛上，累遷，一歲中為郎中令。及代趙綰亦嘗受《詩》申公，綰為御史大夫。

王臧曾是武帝為太子時的少傅，武帝即位後曾上書，一歲之內遷為郎中令。案上引〈封禪書〉謂「上鄉儒術，招賢良，趙綰、王臧等以文學為公卿」。不過，趙綰、王臧為公卿，並非由於武帝鄉儒術，而是由於竇嬰、田蚡的「推轂」。案傳稱：「魏其、武安俱好儒術，推轂趙綰為御史大夫，王臧為郎中令。」然後，他們結成改革的聯線，即傳所謂「魏其、武安、趙綰、王臧等務隆推儒術，貶道家言」。其中趙綰、王臧「務隆推儒術」是沒有問題的，至於竇嬰的好儒術卻是值得討論的。

竇嬰是竇太后昆弟之子，但最初與竇太后的關係並不和諧。因竇太后欲立梁王，為竇嬰所阻，竇太后怒除竇嬰門籍，不得入朝請。後來吳楚之亂，竇嬰復起。《史記．魏其武安侯列傳》云：

> 孝景三年，吳楚反，上察宗室諸竇，毋如竇嬰賢，乃召嬰，嬰入見，固辭謝病不足任，太后亦慚。於是上曰：「天下方有急，王孫寧可以讓邪？」乃拜嬰為大將軍。……竇嬰守滎陽，監齊趙兵。七國兵已盡破，封嬰為魏其侯。……孝景時每朝議大事，條侯、魏其侯，諸列侯莫敢與亢禮。

竇嬰封侯雖由平吳之功，而非竇太后的餘蔭。但由梁人高遂向竇嬰建言：「能貴將軍者，上也；能親將軍者，太后也。」由此竇嬰與竇太后的關係逐漸改善，後來桃侯劉舍免丞相，竇太后數度力薦竇嬰代其為丞相。傳稱：「孝景曰：『后豈以為臣有愛，不相魏其？魏其者，沾沾自喜耳，多易，難以為相，持重。』遂不用。」由此知竇太后與竇嬰關係，已非泛泛。而且竇嬰也成為諸竇的代表人物，當知竇太后的好惡，遵守竇太后「諸竇不得不讀黃帝、老子，尊其術」的教訓，於情於理不可能與田蚡「俱好儒術」而推轂王臧、趙綰的。不過，竇嬰雖於景帝時不得為相，卻於武帝即位的建元元年，代衛綰為相。竇嬰為丞相，卻是由於田蚡所促成。《史記．魏其武安侯列傳》云：

> 武安侯新欲用事為相，卑下賓客，進名士家居者貴之，欲以傾魏其諸將相。建元元年，丞相綰病免，上議置丞相、太尉。籍福說武安侯曰：「魏其貴久矣，天下士素歸之。今將軍初興，未如魏其，即上以將軍為丞相，必讓魏其。魏其為丞相，將軍必為太尉。太尉、丞相尊等耳，又有讓賢名。」武安侯乃微言太后風上，於是乃以魏其侯為丞相，武安侯為太尉。

武帝即位，田蚡以舅氏之親，由於其賓客籍福的勸說，竇嬰貴久，田蚡初興，即使武帝以其為相，亦必讓竇嬰，自己出任太尉。太尉、丞相尊等，又得讓賢之名。於是田蚡「微言太后風上」，乃以竇嬰為丞相。田蚡推薦竇嬰為相，一方面是以退為進，另一方面是向竇太后妥協，以竇嬰作為其個人與竇太后之間的緩衝。《史記・魏其武安侯列傳》云：

武安侯田蚡者，孝景后同母弟也，生長陵。魏其已為大將軍後，方盛，蚡為諸郎，未貴，往來侍酒魏其，跪起如子姓。及孝景晚節，蚡益貴幸，為太中大夫。蚡辯有口，學《槃盂》諸書，王太后賢之。孝景崩，即日太子立，稱制，所鎮撫多有田蚡賓客計筴。

所謂「所鎮撫多有田蚡賓客計筴」，即武帝初即位，在新舊權力轉移之際，諸所措施，皆由田蚡幕後設計。舉竇嬰為相、推轂趙綰、王臧都是田蚡所促成，所以田蚡才是這次政治鬥爭的實際主持者。

田蚡促成竇嬰為相，薦趙綰、王臧，並迎申公，以及所作的一系列改革，其目的為了「務隆推儒術」。但田蚡並非篤信儒術，傳稱蚡「辯有口，學《槃盂》諸書。」孔甲《槃盂》可能是依託之作，兼儒墨名法，甚至有鬼神之事[15]。最初將煉丹與黃帝結合起來的李少君，也可能就是田蚡向漢武帝推薦的。司馬遷在〈封禪書〉作了巧妙的暗示：

[15] 參見本書〈武帝封禪與〈封禪書〉〉。

少君資好方，善為巧發奇中，嘗從武安侯飲，坐中有九十餘老人，少君乃言與其大父游射處，老人為兒時從其大父，識其處，一座盡驚。

則是，李少君曾是田蚡的座上客，嘗從其宴游，所以，田蚡雖涉儒術，然更喜鬼神之事。雖然方士之言，也導源於黃老，但與竇太后所喜之黃老是有區別的。班固在其〈藝文志〉的分類中，已加以區別，前者「迂誕依託」，多出於漢武帝時方士之手，後者起於六國時，與老子相似，二者是不相同⑯。這次政治鬥爭的展開，竇太后雖然為了保持其既得的政治特權，但恐田蚡假儒家之名，行鬼神之事，將年少的漢武帝誤導入歧途，也是非常可能的。事實上，後來漢武帝好神僊已積習難返。司馬遷將這次政治鬥爭，詳細記載在〈封禪書〉中，自有其微意。

田蚡「隆推儒術」的目的，為了「貶道家言」，非常明顯是針對竇太后而發的，雖然最初衛綰奏請罷「亂國政」的諸家言中，並未包括黃老，那是避免直接刺激竇太后。但案傳稱田蚡在「迎申公，設明堂，以禮為服制，以興太平」，進行改革的同時，即開始對諸竇勢力進行

⑯參見本書〈〈太史公自序〉的「拾遺補藝」〉。

挑戰。傳稱田蚡等奏請：

……令列侯就國，……諸竇宗室毋節行者，除其屬籍。時諸外家為列侯，列侯多尚公主，皆不欲就國，以故毀日至竇太后，……是以竇太后滋不說魏其等。

這次的行動已引起竇太后的不悅。後來進一步直接向竇太后的權力挑戰，於是，竇太后勃然大怒，立即進行反擊。《史記．魏其武安侯列傳》云：

及建元二年，御史大夫趙綰請無奏事東宮。竇太后大怒，乃罷逐趙綰、王臧等，而免丞相、太尉。

傳稱：「趙綰請無奏事東宮。」《漢書．武帝紀》云：「二年冬十月，御史大夫坐請毋奏事太皇太后，及郎中令王臧皆下獄，自殺。丞相嬰、太尉蚡免。」注引應劭曰：「禮，婦人不豫吏事，時帝已自躬萬機，王臧儒者，欲之明堂辟雍。太后素好黃老術，非薄五經，因欲絕奏事，太后怒故殺之。」又案《漢書．竇嬰田蚡傳》云：

二年，御史大夫趙綰，請毋奏事東宮，竇太后大怒，曰：「此欲復為新垣平邪！」乃罷逐趙綰、王臧，而免丞相嬰、太尉蚡。以柏至侯許昌為丞相，武彊侯莊青翟為御史大夫，嬰、蚡以侯家居。

竇太后所謂「此欲復為新垣平邪」，案《史記．孝文本紀》云：

十五年，……趙人新垣平以望氣見，因說上設立渭陽五廟。欲出周鼎，當有玉英見。……十七年，得玉杯，刻曰「人主延壽」。於是天子始更為元年，令天下大酺。其歲，新垣平事覺，夷三族。

《史記．封禪書》詳載其事始末，謂趙人新垣平以望氣見上，長安東北有神氣，成五采，若人冠絻，宜立祠上帝，以合符應，於是作渭陽五帝廟。廟成，文帝親郊見渭陽五帝，權火舉而祠，若光輝然屬天焉。《史記．封禪書》又云：

於是貴平上大夫，賜累千金。而使博士諸生刺六經中作王制，謀議巡狩封禪事。……

其明年，新垣平使人持玉杯，上書闕下獻之。平言上曰：「闕下有寶玉氣來者。」已視之，果有獻玉杯者，刻曰「人主延壽」。……於是始更以十七年為元年，令天下大酺。……人有上書告新垣平所言氣神事皆詐也。下平吏治，誅夷新垣平。自是之後，文帝怠於改正朔服色神明之事。

竇太后以文帝受方士新垣平的蠱惑，建廟渭陽，親祠五帝，進而命儒生博士以六經為基礎作王制，並議巡狩封禪事，改元，與田蚡為主導的改制相提並論，由是可知田蚡改制的真正目的了。雖然這次的政治鬥爭，表面上是一次儒術與黃老政治理念的衝突。實際卻是新崛起的王氏外戚集團，向長久掌握權力的竇氏集團，尤其竇太后的權威挑戰而引發的，所以「毋奏事太皇太后」成為這次政治鬥爭的導火線。所謂「務隆推儒術」，不過是這次政治鬥爭的工具而已。鬥爭的結果，「諸所興為皆廢」，王臧、趙綰自殺成為替罪的羔羊。不僅掀起鬥爭的田蚡，同時也殃及竇嬰，皆免本職，以侯居家。

田蚡雖以侯居家，傳稱其「雖不任職。以王太后故，親幸，數言事多效。」至於竇嬰，傳稱其「失竇太后，益疏不用，無勢，諸賓客稍稍自引而怠傲，唯灌將軍獨不失故。」灌將軍即灌夫，於吳楚之戰中，率從者數十騎馳入吳軍，至吳將麾下，殺傷數十人，復馳還，身中大創數十，由是聞名天下。〈魏其武安侯列傳〉云：

灌夫家居雖富，然失勢，卿相侍中賓客益衰。及魏其侯失勢，亦欲倚灌夫引繩批根生平慕之後棄之者。灌夫亦倚魏其而通列侯宗室為名高。兩人相為引重，其游如父子然。相得驩甚，無厭，恨相知晚也。

在權力轉移過程中，灌夫是與竇嬰相似的過渡性人物。傳稱灌夫「剛直使酒，不好面腴」，而且「不喜文學，好任俠，已然諾」，其性格與竇嬰相近。司馬遷更以二人皆「失勢」，然後「相為引重」，來說明他們關係的建立。雖然，竇嬰、灌夫皆立功名於吳楚七國之時，但新的權力轉移之際，不論在性格與觀念，都屬於舊一代的政治人物，在新的權力結構形成過程中，既不願放棄既得的利益，又無法適應新的轉變環境，沉浮其間。而且竇嬰與田蚡的政治鬥爭，由於灌夫的加入，變得更尖銳，結果田蚡「遣吏分曹逐捕諸灌支屬，皆得棄市罪。」竇嬰奮力救灌夫，其妻曰：「灌將軍得罪丞相，與太后家忤，寧可救邪！」道出政爭的真正原因。由於王太后的參與，情形變得格外複雜。武帝召集廷議，希望藉群臣眾議緩和這次的政治衝突。〈魏其武安侯列傳〉云：

魏其之東朝，盛推灌夫之善，言其醉飽得過，乃丞相以他事誣罪之。武安又盛毀灌夫所為橫恣，罪逆不道。魏其度不可奈何，因言丞相短。武安曰：「天下幸而安樂無事，蚡得為肺腑，所好音樂狗馬田宅，蚡所愛倡優巧匠之屬，不如魏其、灌夫日夜招聚天下豪桀壯士與議論，腹誹而心謗，不仰視天而俯畫地，辟倪兩宮間，幸天下有變，而欲有大功。臣乃不知魏其等所為。」

於是，上問朝臣：「兩人孰是？」御史大夫韓安國曰：「魏其言灌夫死事，身荷戟馳入不測之吳軍，身被數十創，名冠三軍，此天下壯士，非有大惡，爭杯酒，不足引他過以誅也。魏其言是也。丞相亦言灌夫通姦猾，侵細民，家累巨萬，橫恣潁川，凌轢宗室，侵犯骨肉，此所謂『枝大於本，脛大於股，不折必披』，丞相言亦是。唯明主裁之。」主爵都尉汲黯是魏其，內史鄭當時是魏其，後不敢堅對。餘皆莫敢對。上怒內史曰：「公平生數言魏其、武安長短，今日廷論，局趣效轅下駒，吾并斬若屬矣。」即罷起入，上食太后。太后亦已使人候伺，具以告太后。太后怒，不食，曰：「今我在也，而人皆藉吾弟，令我百歲後，皆魚肉之矣。且帝寧能為石人邪！此特帝在，即錄錄，設百歲後，是屬寧有可信者乎？」上謝曰：「俱宗室外家，故廷辯之。不然，此一獄吏所決耳。」

這次廷議包括御史大夫韓安國在內，汲黯、鄭當時、石慶等諸大臣都參與廷辯。由於王太后的緣故，諸大臣雖同情竇嬰，但卻不敢堅持。韓安國更是首鼠兩端，模稜兩可，使漢武帝非常憤怒。這次廷議雖辯而未決，但最後田蚡以竇嬰「蜚語為惡」，於元光四年十二月，與灌夫並棄市於渭城，結束了這次政爭。對於這次的政爭，司馬遷在〈魏其武安侯列傳〉最後的「太史公曰」，作了這樣的評論：

> 魏其、武安皆以外戚重，灌夫用一時決筴而名顯。魏其之舉以吳楚，武安之貴在日月之際。然魏其誠不知時變，灌夫無術而不遜，兩人相翼，乃成禍亂。

雖然竇嬰、田蚡「皆以外戚重」，但竇嬰「舉以吳楚」，田蚡在權力轉移之際，由於王太后的關係，而「貴在日月」，竇嬰與之抗衡，誠然是「不知時變」了。這也是司馬遷寫〈魏其武安侯列傳〉的意旨所在了。司馬遷透過竇嬰、田蚡個人的恩怨，突出在政治權力轉移之際，新舊政治力量所發生的實際政治鬥爭。司馬遷撰〈魏其武安侯列傳〉，所突出的就是這個問題。如果僅局限竇嬰、田蚡個人的恩怨來討論〈魏其武安侯列傳〉，就無法了解司馬遷撰寫《史記》的「詩書隱略」之意了。而且司馬遷藉這次的政治鬥爭，隱略地敘述出其對漢武帝一朝政治的改革與措施所發生的影響。

竇太后既死，田蚡復起，「以肺腑為京師相」。〈魏其武安侯列傳〉云：

上初即位，富於春秋，蚡以肺腑為京師相，……當是時，丞相入奏事，坐語移日，所言皆聽。薦人或起家至二千石，權移主上。

事實上，田蚡自建元元年武帝即位，至元光四年病卒，前後九年間，一直左右當時政治。傳稱：「孝景崩，即日太子立，稱制，所鎮撫多有田蚡賓客計筴。」其後向竇太后權力挑戰失敗，雖以侯居家，但「以王太后故，親幸，數言事多效。」至竇太后崩。案《漢書．武帝紀》云：「建元六年五月丁亥，太皇太后崩。」〈漢興以來將相名臣年表〉則謂六月癸巳，田蚡代許昌為相。前後相去不滿一月，田蚡即急不可待取得丞相。其取得實際權力後，除繼續清除竇氏殘餘勢力，並積極恢復因竇太后抑制而停滯的各項設施。《漢書．武帝紀》云：「元光元年冬十一月，初令郡國舉孝廉各一人。」五月，又頒賢良詔：

猗與偉與！何行而可以章先帝之洪業休德，上參堯舜，下配三王？朕之不敏，不能遠德，此子大夫之所睹聞也。賢良明於古今王事之體，受策察問，咸以書對，著之於篇，朕親覽焉。

「上參堯舜，下配三王」，與武帝初即位，於建元元年所頒之舉賢良詔所謂「五帝三王之道，改制作樂而天下洽和」之意同。此詔乃建元元年舉賢良詔之復頒。《漢書．董仲舒傳》載建元元年舉賢良之詔云：

制曰：朕獲承至尊……任大而守重，是以夙夜不皇康寧，永惟萬事之統，猶懼有闕。故廣延四方之豪儁，郡國諸侯公選賢良修絜博習之士，欲聞大道之要，至論之極。今子大夫褎然為舉首，朕甚嘉之。

所謂「大道之要，至論之極」，即詔書所云：

五帝三王之道，改制作樂而天下洽和，百王同之。……聖王已沒，……而大道微缺，陵夷至虖桀紂之行，王道大壞矣。夫五百年之間，守文之君，當塗之士，欲則先王之法以戴翼其世者甚眾，然猶不能反，日以仆滅，至後王而後止，豈其所持操或誖繆而失其統與？固天降命不可復反，必推之於大衰而後息與？烏虖！凡所為屑屑，夙興夜寐，務法上古者，又將無補與？三代受命，其符安在？災異之變，何緣而起？性命之情，或夭或壽，或仁或鄙，習聞其號，未燭厥理。伊欲風流而令行，刑輕而姦改，百姓和樂，政事宣昭，何脩何飭而膏露降，百穀登，德潤四海，澤臻中木，三光全，寒暑平，受天之祜，享鬼神之靈，德澤洋溢，施虖方外，延及群生？子大夫明先聖之業，習俗化之變，終始之序，講聞高誼之日久矣，其明以諭朕。

這是漢武帝即位後，所頒佈的第一份詔書。文辭典雅，意旨鮮明。詔書開始即標出五帝三王之道，改制作樂而天下和洽，似意欲突破漢帝國建立六十餘年來，因循秦法與施黃老之治的局限，上繼五帝三王。武帝一朝的政治措施，已隱現於此，為後來更化改制的章本。這份詔書頒於建元元年冬十月，案《漢書．武帝紀》云：「建元元年冬十月，詔丞相、御史、列侯、中二千石、諸侯相舉賢良方正直言極諫之士。」即為此詔。當是時衛綰為丞相。《漢書．武帝紀》又云：

丞相綰奏：「所舉賢良，或治申、商、韓非、蘇秦、張儀之言，亂國政，請皆罷。」奏可。

則是，詔書表現的欲以儒家為改制的指標，以及黜百家之議，皆出於衛綰。案衛綰以「醇謹無他」、「忠實無他腸」歷侍文帝、景帝、武帝三代君主，後為丞相「朝奏事如職所奏」，司馬遷說衛綰「自初官至丞相，終無可言。」所謂「朝奏事如職所奏」，《索隱》曰：「以言但守職份而已，不別有所奏也。」衛綰是個忠厚長者，恭謹奉職而已。其雖為丞相，並無如此膽量與擔當，於新君即位政局動盪之際，提出改變傳統政治結構，罷黜「亂國政」的百家言奏議，幕後當另有其人。

建元元年的詔書，可能出於王臧手筆。或謂王臧曾為武帝少傅，又特見親信，帝之好儒術，淵源於此。制詔文字，即出郎中令王臧之手⓱。是非常可能的。至於王臧特見親信，武帝好儒術，淵源於王臧，則是另一個問題。王臧雖曾為武帝少傅，其免官復起，一歲中累遷為郎中令，則是由於田蚡的「推轂」。田蚡推轂王臧、趙綰的目的，是利用他們儒學的知識與

⓱ 錢穆師，《秦漢史》（臺北：東大圖書，一九八五）。

信仰，進行一系列的改革。至於田蚡為何選擇儒術，作為政治鬥爭的工具，不是沒有原因的。《史記．封禪書》說武帝即位的建元元年：

漢興已六十餘歲矣，天下艾安，搢紳之屬皆望天子封禪改正度也。

所謂「搢紳之屬皆望天子封禪改正度」，也就是當時的士大夫都希望新君即位，能突破漢初因循秦制的政治傳統，作一次徹底的改變。破除秦制的框限，不僅在漢武帝即位之初，早在漢文帝在位之時，已開始醞釀。《史記．孝文本紀》太史公曰：

漢興，至孝文帝四十有餘載，德至盛也。廩廩鄉改正服封禪矣，謙謙未成於今。

文帝時期的改制之議，起於賈誼。《史記．屈原賈生列傳》云：

賈生以為漢興至孝文二十餘年，天下和洽，而固當改正朔，易服色，法制度，定官名，興禮樂，乃悉草具其事儀法，色尚黃，數用五，為官名，悉更秦之法。

賈誼改革之議，由於周勃、灌嬰等勳舊的反對，而文帝「不用其議」。不過，文帝十五年，因公孫臣上書，而有改制之意。《史記．封禪書》云：

魯人公孫臣上書曰：「始秦得水德，今漢受之，推終始傳，則漢當土德，土德之應黃龍見。宜改正朔，易服色，色上黃。」

由於當時丞相張蒼，「以為漢乃水德之始。」公孫臣的建議沒能施行。後三年，黃龍見成紀。文帝乃召公孫臣，拜為博士，「與諸生草改曆服色事。」後來，趙人新垣平以望氣上言，宜祠上帝，以合符應。文帝立五帝廟於渭水，親自拜祠，並使博士諸生「刺六經中作王制，謀議巡狩封禪事。」案王制又稱本制，劉向《七略》云：「文帝所造書有〈本制〉〈兵制〉〈服制〉篇。」如此看來，文帝似有全面改制的準備。後有人上書告新垣平所言氣事皆詐，誅夷新垣平。〈封禪書〉謂「自是之後，文帝怠於改正朔服色神明之事。」

文帝雖改制未成，但改制更始卻是當時「搢紳之屬」共同的願望。所以，田蚡在新舊權力交替之際，掌握了這個轉變的發展趨勢，標榜儒術作為政治鬥爭的工具，直接對竇太后的權威進行挑戰。所以，建元舉賢之詔，乃田蚡在幕後主使，由王臧執筆是非常可能的。

三、〈儒林〉〈酷吏〉列傳與「一人有慶，天下賴之」

田蚡既為丞相，復頒賢良之詔，《漢書．武帝紀》元光元年條下：

五月，詔賢良曰：「……今朕獲奉宗廟，夙興以求，夜寐以思，若涉淵水，未知所濟。猗與偉與！何行而可以章先帝之洪業休德，上參堯舜，下配三王！朕之不敏，不能遠德，此子大夫之所睹聞也。賢良明於古今王事之體，受策察問，咸以書對，著之於篇，朕親覽焉。」於是，董仲舒、公孫弘等出焉。

則是，公孫弘、董仲舒皆起於田蚡為丞相時之賢良對策。案《史記．儒林列傳》云：

及竇太后崩，武安侯田蚡為丞相，絀黃老、刑名百家之言，延文學儒者數百人，而公孫弘以《春秋》白衣為天子三公，封以平津侯，天下之學士靡然鄉風矣。

又《史記．封禪書》云：

> 竇太后崩，其明年，徵文學之士公孫弘等。

「其明年」，即元光元年。案《漢書．武帝紀》董仲舒與公孫弘同時對策應徵。然司馬遷但言公孫弘應詔對策，未敘董仲舒之應徵。《史記．儒林列傳》僅謂董仲舒於「今上即位，為江都相。」又《漢書．董仲舒傳》云：

> 武帝即位，舉賢良文學之士，前後數百，而董仲舒以賢良對策焉。

雖言對策，然未載年月。《漢書．禮樂志》謂：「至武帝即位，進用英雋，議立明堂，制禮服，以興太平。會竇太后好黃老言，不悅儒術，其事又廢，後董仲舒對策」云云，則是董仲舒曾於建元應詔對策。且《漢書．董仲舒傳》敘董仲舒對策後，並載建元徵賢之詔。所以，董仲舒曾於建元元年對策是可以肯定的。因此，董仲舒對策有兩種不同的說法，一是在建元元年，一是在元光元年[18]。

但董仲舒於建元元年，或元光元年對策，兩說皆有可能。《漢書．武帝紀》謂「於是，董仲舒、公孫弘出焉。」公孫弘之出，案《史記．平津侯主父列傳》云：

> 建元元年，天子初即位，招賢良文學之士。是時弘年六十，徵以賢良為博士。……元光五年，有詔徵文學，菑川國復推上公孫弘。弘讓謝國人曰：「臣已嘗西應命，以不能罷歸，願更推選。」國人固推弘，弘至太常。太常令所徵儒士各對策，百餘人，弘第居下。策奏，天子擢弘對為第一。召入見，狀貌甚麗，拜為博士。

所以，公孫弘前後參加建元、元光兩次對策。傳稱元光徵賢，參加對策的儒者「百餘人」。《漢書．董仲舒傳》則謂「舉賢良文學之士，前後數百。」所謂「前後數百」，或是建元、元

---

⑱ 司馬光《資治通鑑》繫董仲舒對策於建元元年。洪邁《容齋隨筆》卷六，則認為董仲舒對策之應在元光元年。自宋以後兩說時有爭議，王先謙注《漢書》以元光元年之說為是，蘇輿《董仲舒年表》則持建元元年之說。錢穆師《秦漢史》採建元元年之說。徐復觀先生《兩漢思想史》則取元光元年之說。周桂鈿《董學探微》亦同徐說。又李廣健〈論《漢書．董仲舒傳》「皆自仲舒發之」的記述〉，《結網二編》（臺北：東大圖書，二〇〇三）。

光兩次詔賢良之士人數的並舉。因此，董仲舒也可能分別「前後」兩次參加建元、元光的對策。所以，所謂「董仲舒、公孫弘出焉。」不是初起，而是復出。

司馬遷《史記．儒林列傳》不言董仲舒對策事，《漢書．董仲舒傳》不僅載建元元年的賢良詔，且錄董仲舒的對策。對策三篇，即後世所謂的「天人三策」。其對策最後說：

> 春秋大一統者，天地之常經，古今之通誼也。今師異道，人異論，百家殊方，指意不同，是以上亡以持一統；法制數變，下不知所守。臣愚以為諸不在六藝之科孔子之術者，皆絕其道，勿使並進。邪辟之說滅息，然後統紀可一而法度可明，民知所從矣。

「諸不在六藝之科孔子之術者，皆絕其道」。此即所謂罷黜百家，獨尊儒術。罷黜百家，獨尊儒術不僅對漢武帝一朝政治，並且對後來中國學術發展影響至鉅。不過，董仲舒的對策，針對策問所提出的問題而發，其所議論的範圍則受到策問的限制。但所謂「諸不在六藝之科孔子之術者，皆絕其道」。則不在策問的範圍之列。董仲舒卻在對策的最後，辭鋒一轉聯繫到這個問題，因此後世皆云罷百家、尊儒術是董仲舒首先倡議的。

不過，罷黜百家，獨尊儒術雖不在策問之列，但卻是建元賢良對策的主旨所在，即衛綰所奏：「所舉賢良，或治申、商、韓非、蘇秦、張儀之言，亂國政，請皆罷。」也是田蚡準備攻擊竇太后的策略。董仲舒之議不過是配合當時的政策，提出較具體的實施方法而已。所以，董仲舒三次對策，在字裡行間對申韓提出批判，首先是「為政而任刑，不順天，故先王莫之肯為也。」然後又說：「師申韓之法，行韓非之說，非有文德以教訓天下也。」最後終於標出儒術才是教化的根本，而提出「諸不在六藝之科，孔子之術者，皆絕其道，勿使並進」的罷黜百家，獨尊儒術。百家之言「亂國政，請皆罷」之奏頒之在先，董仲舒之議發之於後，完全配合當時政策而議論，是不可能影響既定的政策的。

雖然，罷黜百家，獨尊儒術，最初並非倡議於董仲舒。但董仲舒卻為漢武帝「一人有慶，天下賴之」的統治體制，提供了理論的基礎。司馬遷所謂的「一人有慶，天下賴之」，即源於董仲舒的《春秋繁露》「一人有慶，萬民賴之」。《春秋繁露．為人者天》云：

> 唯天子受命于天，天下受命于天子，一國則受命於君。君命順則民有順命，君命逆則民有逆命，故曰：一人有慶，萬民賴之。

「一人有慶，萬民賴之」，由於作為君主的天子，「受命于天，天下受命于天子。」這種君權神授的思想傾向，具體表現在董仲舒的《春秋繁露》之中。董仲舒認為受命之君，是天命所授予的，所以稱之為天子。所謂「天子」，即「德侔天地者，皇天佑之，號稱天子，是為皇帝。」天子即得命於天而為一國之主，「海內之心，懸於天子。」在這個前提下，君主集天地人於一身。所以，君是民之心，民是君之體。董仲舒進一步析論：

> 國之君，其猶一體之心也，隱居深宮，若心之藏智者，至貴無與敵，若心之神無以雙也。[19]

君主既「至貴無與敵」，是一國的元首，「發言，動作，萬物之樞機。」具有無容置疑的絕對權威。因此，董仲舒認為「為人主者，居至德之位，操生殺之勢，以變化民，民之從主者，如草之應四時也。」雖然，董仲舒的賢良對策，以策問所提出的現實問題為主，對於「一人有慶，萬民賴之」的絕對君權的理論，沒有充份發揮。不過，董仲舒對策以大一統為基線，但大一統的出現，必須以君主絕對權威的樹立為前提。所以，董仲舒《春秋繁露》的君權神

[19] 董仲舒，《春秋繁露．天地之行》。

授理論，已融於對策的政治措施之中。即對策所謂「天之所大奉使之王者，必有非人力所能致而自至者，此受命之符也，天下之人同人歸之」。所以，他在對策中強調「治亂興亡在於己，非天降命不可得及」。基本上，董仲舒認為君主的絕對權威已經樹立。所以，他在對策中說：

人受命於天，固超然異於群生，入有父子兄弟之親，出有君臣上下之誼，會聚相遇，則有耆老長幼之施，粲然有文以相接，驩然有恩以相愛，此人之所以貴也。

然後由受命之君領導定制度，改正朔，易服色，以應天，此即董仲舒所謂的「更化」。《漢書．董仲舒傳》云：

今漢繼秦之後，如朽木糞牆矣，雖欲善治之，亡可奈何。……為政而不行，甚者必變而更化之，乃可理也。當更張而不更張，雖有良工不能善調也；當更化而不更化，雖有大賢不能善治也。故漢得天下以來，常欲善治而至今不可善治者，失之於當更化而不更化也。……今臨政而願治七十餘歲矣，不如退而更化，更化則可善治，善治則災害日去，福祿日來。

「更化」是董仲舒對策的主旨所在，對策中所提出的各種改革與措施，都環繞著這個主題進行。但「更化」與改制完全不同，改制沒有政治上的實質意義，「更化」則是將繼承秦代以刑法為治的政治方向與內容，完全改變過來[20]。突破漢繼秦制的統治框限，不僅是董仲舒，也是自賈誼以來的儒生，共同一致的願望。田蚡即掌握了這個趨勢，利用儒生改制的要求，作為與竇太后展開政治鬥爭的工具，但他完全忽略了進行改制或更化，必須有一個強而有力君主為前提的。

當田蚡利用儒術作為政治鬥爭工具之時，武帝初即位，祇是十六七歲的少年，而且在兩宮太后的箝制下，是不可能有所興為的。但竇太后死後，田蚡復出而為丞相，經過六七年的歷練，武帝已在政治鬥爭中長成，成為青年有為之君，對於田蚡的跋扈囂張，早已不耐。《史記．魏其武安侯列傳》云：

---

[20] 徐復觀先生，〈先秦儒家思想發展中的轉折及天的哲學大系統的建立——董仲舒《春秋繁露》的研究〉，《兩漢思想史》卷二。

上初即位，富於春秋，蚡以肺腑為京師相，……當是時，丞相入奏事，坐語移日，所言皆聽。薦人或起家至二千石，權移主上。上乃曰：「君除吏已盡未？吾亦欲除吏。」嘗請考工地益宅，上怒曰：「君何不遂取武庫！」是後乃退。

其後，淮南王謀反事發，田蚡已死，武帝聞田蚡受淮南王金，曰：「使武安侯在者，族矣！」但張湯、董仲舒、公孫弘之出，卻皆緣於田蚡。他們的出仕，象徵著新的權力結構已經形成。龐大的官僚體系需要更多的士人參與，由於他們的參與而改變了舊有的統治體制。《漢書．公孫弘傳》云：

漢之得人，於茲為盛，儒雅則公孫弘、董仲舒、兒寬，篤行則石建、石慶，質直則汲黯、卜式，推賢則韓安國、鄭當時，定令則趙禹、張湯，文章則司馬遷、相如，滑稽則東方朔、枚皋，應對則嚴助、朱買臣，曆數則唐都、洛下閎，協律則李延年，運籌則桑弘羊，奉使則張騫、蘇武，將率則衛青、霍去病，受遺則霍光、金日磾，其餘不可勝紀，是以興造功業，制度遺文，後世莫及。[21]

上述包括各種類型的官僚，都集中在這個時代出現，可謂是人材輩出。分析他們的出身背景，已非過去的宗室、勳舊、或外戚。而且由不同的管道，進入新形成的官僚體系之中，其中尤其以公孫弘之出，更具有劃時代的意義。《史記．平津侯主父列傳》太史公曰：

公孫弘行義雖修，然亦遇時，漢興八十餘年矣，上方鄉文學，招俊義，以廣儒墨，弘為舉首。

對於公孫弘之出，司馬遷於《史記》之中多處記載。《史記．儒林列傳》云：「公孫弘以《春秋》白衣為天子三公，封以平津侯，天下之學士靡然鄉風矣。」案《漢書．公孫弘傳》云：

元朔中，代薛澤為丞相。先是，漢常以列侯為丞相，唯弘無爵，上於是下詔曰：「……蓋古者任賢而序位，量能以授官，勞大者厥祿厚，德盛者獲爵尊，故武功以顯重，而文德以行褒。其以高成之平津鄉戶六百五十，封丞相弘為平津侯。」其後以為故事，

㉑《史記．平津侯主父列傳》亦錄此贊，並云「班固稱曰」與〈公孫弘傳〉略有不同。

至丞相封，自弘始也。時上方興功業，婁舉賢良。弘自見為舉首，起徒步，數年至宰相封侯。

所謂「至丞相封，自弘始也。」公孫弘於元朔五年十一月乙丑為丞相。案《史記．漢興以來將相名臣年表》云：「元朔五年十一月乙丑，御史大夫公孫弘為丞相，封平津侯。」則是，公孫弘於為丞相同日封侯。《索隱》云：「漢興，皆以列侯為丞相，弘本無爵，乃詔封高成之平津鄉侯。丞相封侯，自弘始。」《漢書．循吏傳》云：

孝武之世，外攘四夷，內改法度，民用彫敝，姦軌不禁，時少能以化治稱者，惟江都相董仲舒、內史公孫弘、兒寬居官可紀。三人皆儒者，通於世務，明習文法，以經術潤飾吏事，天子器之。

其中董仲舒以病謝去，公孫弘、兒寬先後為丞相。尤其公孫弘首先以白衣徒步至三公封侯，象徵武帝的人事任用已和以往不同。〈太史公自序〉云：「自曹參薦蓋公，言黃老，而賈生、晁錯明申、商，公孫弘以儒顯。」說明漢帝國建立以來，不同時期以不同的學術思想，作為施政的依據。公孫弘則以「經術潤飾吏事」，作為漢武帝時代施政的準則，所以，公孫弘為丞相後，即奏請為博士置博士弟子員。《漢書．武帝紀》載其詔曰：「其令禮官勸學，講議洽聞，舉遺興禮，為天下先。太常其議予博士弟子，崇鄉黨之化，以厲賢材焉。」並謂「丞相請為博士置弟子員，學者益廣」。公孫弘請為博士置弟子員議，《史記．儒林列傳》云：

> 公孫弘為學官，悼道之鬱滯，乃請曰：「……古者政教未洽，不備其禮，請因舊官而興焉。為博士官置弟子五十人，復其身。太常擇民年十八已上，儀狀端正者，補博士弟子。郡國縣道邑有好文學，敬長上，肅政教，順鄉里，出入不悖所聞者，令相長丞上屬所二千石，二千石謹察可者，當與計偕，詣太常，得受業如弟子。一歲皆輒試，能通一蓺以上，補文學掌故缺；其高弟可以為郎中者，太常籍奏。即有秀才異等，輒以名聞。……」

中央為儲備人材而置博士弟子員，以「能通一藝以上」為標準，地方選士，也以通藝定其高下。公孫弘的奏議，得到漢武帝的認可，《史記．儒林列傳》云：「制曰：可！自此以來，則公卿大夫士吏斌斌多文學之士矣。」

所謂「公卿大夫士吏斌斌多文學之士」，也就是政府中央或地方的官吏，必須透過儒家經典的測驗，合格之後，才能進入新形成的官僚機構工作。這是董仲舒提出「諸不在六藝之科孔子之術者，皆絕其道，勿使並進」之後，公孫弘進一步以儒家的經典為基礎，徹底改變前朝的人事任用制度。於是，儒家的經典成為士人進入仕途的工具。所以，《漢書．儒林傳》贊曰：「自武帝立五經博士，開弟子員，設科射策，勸以官祿，訖於元始，百餘年間，傳業者寖盛，支葉蕃滋，一經說至百餘萬言，大師眾者至千餘人，蓋祿利之路然也。」

儒家經典原本是一種學術思想，現在依附政治轉變為「祿利之路」。因此，司馬遷「讀功令，至於廣利學官之路，未嘗不廢書而嘆也。」因而乃有〈儒林列傳〉之作。〈太史公自序〉云：「自孔子卒，京師莫崇庠序，唯建元元狩之間，文辭粲如也。作〈儒林列傳〉。」所謂「建元元狩之間」，案建元元年，衛綰奏申、商、韓非、蘇秦、張儀之學「亂國政」，請罷之。罷黜百家之議初見，並頒徵賢良之詔，公孫弘第一次對策，至於元狩，公孫弘於該年春三月戊寅卒。司馬遷似有意以公孫弘貫穿〈儒林列傳〉，雖然，公孫弘另有〈平津侯主父列傳〉，該傳乃「論其軼事」之例，另涉及匈奴問題㉒，至於其對武帝一朝統治體制轉變的影響，則

㉒ 參見本書〈〈匈奴列傳〉的次第問題〉。

載於〈儒林列傳〉。〈儒林列傳〉云：

> 及今上即位，趙綰、王臧之屬明儒學，而上亦鄉之，於是招方正賢良文學之士。自是之後，言《詩》於魯則申培公，於齊則轅固生，於燕則韓太傅。言《尚書》自濟南伏生。言《禮》自魯高堂生。言《易》自菑川田生。言《春秋》於齊魯自胡毋生，於趙自董仲舒。……而公孫弘以《春秋》白衣為天子三公，封以平津侯。天下之學士靡然鄉風矣。

自此之後，經師雖備，六藝分途，經師弟子子孫平步而至公卿大夫。所以，司馬遷在公孫弘廣立學官之後，分述諸儒傳經，則敘經師弟子因習某經而至某官。如王臧、趙綰受《詩》於申公，申公弟子為博士者十餘人。《史記．儒林列傳》云：

> 孔安國至臨淮太守，周霸至膠西內史，夏寬至城陽內史，碭魯賜至東海太守，蘭陵繆生至長沙內史，徐偃為膠西中尉，鄒人闕門慶忌為膠東內史……學官弟子行雖不備，而至於大夫、郎中、掌故以百數。言《詩》雖殊，多本於申公。

其他諸經弟子皆多至公卿或郡守。於是，六藝成為利祿的工具，董仲舒最初欲以儒學結合政治的政教合一理想，到此完全破滅，代而興起的是公孫弘以文法吏事，「又緣飾以儒術」，使儒學淪為庸俗的政治工具，儒學依附政治之後，不僅沒有使政教合一，卻使政教徹底分離，所以，楊紹文說：「建元、元狩之間，文辭可觀，傷儒學之徒，有文辭自此始也，故學校不壞於周之廢，而壞於漢之興，則公孫弘之罪也。」他又說：「叔孫制禮，而先王之政亡，公孫弘學儒，先王之教亡。」㉓因此，司馬遷在寫〈儒林列傳〉之後，更撰〈孔子世家〉與〈仲尼弟子列傳〉，闡明學術道統的承傳，即「孔子布衣，傳十餘世，學者宗之，自天子王侯，中國言六藝者折中夫子，可謂至聖矣。」如果〈儒林列傳〉是「今」，則〈孔子世家〉為「古」，可以為司馬遷的「通古今之變」，留下一個可以探索與解釋的空間。

公孫弘立學官，以經術緣飾吏事，確立儒學為現實政治服務規模，張湯的「決大獄，欲傅古義，乃請博士弟子治《尚書》、《春秋》補廷尉史，亭疑法。」以儒術納入刑法規條之中，成為武帝絕對君權的統治工具。所以，司馬遷在〈儒林列傳〉之後，而有〈酷吏列傳〉之作。《史記．平準書》云：

㉓ 楊紹文，《雲在文稿．史記儒林傳論》，見《歷代名家評史記》。

自公孫弘以《春秋》之義，繩臣下取漢相，張湯用峻文決理為廷尉，於是見知之法生，而廢格沮誹窮治之獄用矣。其明年，淮南、衡山、江都王謀反跡見，而公卿尋端治之，竟其黨與，而坐死者數萬人，長吏益慘急而法令明察。當是之時，招尊方正賢良文學之士，或至公卿大夫。公孫弘以漢相，布被，食不重味，為天下先。然無益於俗，稍鶩於功利矣。

司馬遷於此將公孫弘、張湯聯繫在一起，一是「以《春秋》之義，繩臣下取漢相」，一是「峻文決理為廷尉」，來說明他們二人不僅是武帝絕對權威的擁護者，而且又是政策的執行者。所以，司馬遷在〈儒林列傳〉之後，而有〈酷吏列傳〉之作。〈酷吏列傳〉太史公曰：

自郅都，杜周十人者，此皆以酷烈為聲。

在這十人之中，「張湯以知陰陽，人主與俱上下，時數辯當否，國家賴其便」。一如公孫弘於〈儒林列傳〉，張湯也是〈酷吏列傳〉的主導。張湯之起，由田蚡徵為史，而薦於武帝，事實上，張湯開始即依附外戚王氏，傳稱：「周陽侯始為諸卿時，嘗繫長安，湯傾身為之，及出為侯，大與湯交，遍見湯貴人。」周陽侯，即田蚡之兄田勝。所以，張湯從開始就和田蚡關係非泛泛。後來薦於武帝，因與趙禹共定律令，得到武帝的賞識。傳稱其「與趙禹共定諸律令，務在深文，拘守職之吏。已而趙禹遷為中尉，徙為少府，而張湯為廷尉」。趙禹、張湯所定律令，「務在深文，拘守職之吏。」《史記．酷吏列傳》云：

禹以刀筆吏積勞，稍遷為御史。上以為能，至太中大夫。與張湯論定諸律令，作見知，吏傳得相監司。用法益刻，蓋自此始。

「作見知，吏傳得相監司」，即《漢書．刑法志》所謂「作見知故縱，監臨部主之法」。《漢書．刑法志》云：

及至孝武即位……於是招進張湯、趙禹之屬，條定法令，作見知故縱，監臨部主之法。緩深故之罪，急縱出之誅。其後姦猾巧法，轉相比況，禁罔寖密，律令凡三百五十九章，大辟四百九條，千八百八十二事，死罪決事比萬三千四百七十二事。文書盈於几閣，典者不能遍睹。是以郡國承用者駮，或罪同而論罪。姦吏因緣為市，所欲活則傅

> 生議，所欲陷則予死比，議者咸冤傷之。

張湯等所定法令，先由新形成的官僚結構內部開始，即所謂「見知故縱，監臨部主之法」。師古曰：「見知人犯法不舉告為故縱，而所監臨部主有罪，并連坐也。」所以，司馬遷說「拘守職之吏」，「用法益刻，蓋自此始。」張湯定諸律令的目的，在於樹立君主的絕對權威，所以，《史記．酷吏列傳》云：

> 是時上方鄉文學，湯決大獄，欲傅古義，乃請博士弟子治《尚書》、《春秋》補廷尉史，亭疑法。奏讞疑事，必豫先為上分別其原，上所是，受而著讞決法廷尉，絜令揚主之明。

張湯論律決獄，必以上所是為是，絕對遵從武帝的君主的權威。所以，張湯自元狩二年為御史大夫，元鼎二年自殺死之間，甚得武帝寵幸，權傾丞相。《史記．酷吏列傳》云：

> 湯每朝奏事，語國家用，日晏，天子忘食。丞相取充位，天下事皆決於湯。……湯嘗

病，天子至自視病，其隆貴如此。

張湯不僅制定樹立君主絕對權威的律令，同時也培植一批執行律令的酷吏爪牙。案《史記·酷吏列傳》云：王溫舒，「事張湯，遷御史。」尹齊，「以刀筆吏至御史，事張湯。張湯數稱其廉武。」杜周，「事張湯，湯數言其無害，至御史……周為廷尉，其治大放張湯而善候伺。」自張湯之後，武帝時著名的酷吏皆出其治下，並且執行其既定的政策，對於這些作為君主爪牙的酷吏，武帝皆以為其「能」，其所以為「能」，則是傳所謂「所誅殺甚多」，或「吏之為治斬殺縛束為務」。又傳稱「自溫舒等以惡為治，而郡守、都尉、諸侯二千石欲為治者，其治大抵盡放溫舒」。至於杜周「其治暴酷皆甚於王溫舒」。所以，《史記·酷吏列傳》太史公曰：

自張湯死後，網密，多詆嚴，官事寖以秏廢。九卿碌碌奉其官，救過不贍，何暇論繩墨之外乎！

《史記·酷吏列傳》雖然是類傳，卻是以張湯為主體的類傳，一如〈儒林列傳〉以公孫弘為主線貫穿，而且兩篇列傳前後相連，司馬遷意在闡析漢武帝「一人有慶，天下賴之」的絕對君權統治體制的形成，及其政策的執行與貫徹。班固《漢書》將張湯、杜周自〈酷吏傳〉析出，各自為傳，似不知司馬遷撰寫〈酷吏列傳〉的意旨所在了。

公孫弘、張湯是〈儒林〉、〈酷吏〉二傳的主導，也是武帝時形成的新官僚體系中兩位領袖人物，〈酷吏列傳〉稱張湯雖「文深意忌不專平，然得此聲譽。而刻深吏多為爪牙用者。」但卻「依於文學之士，丞相弘數稱其美。」公孫弘所以稱美張湯，由於張湯雖執法嚴刻，但卻依於文學之士，也就是以儒術作為其斷獄的依據，和當時政治標誌的總目標是一致的。不過，對於以儒術為基準的政治措施，卻引起汲黯的批判。《史記．汲鄭列傳》云：

> 當是時，太后弟武安侯蚡為丞相，中二千石來拜謁，蚡不為禮。然黯見蚡未嘗拜，常揖之。天子方招文學儒者，上曰吾欲云云，黯對曰：「陛下內多欲而外施仁義，奈何欲效唐虞之治乎！」上默然，怒，變色而罷朝。

汲黯於景帝時為太子洗馬，武帝即位為謁者，遷東海太守。傳稱其「為人性倨，少禮，面折，不能容人過」。又說「然好學，游俠，任氣節，內行脩絜，好直諫，數犯主之顏色」。雖然汲黯數直諫，引起武帝的不悅，但對汲黯的伉直仍有所顧忌，傳稱：「大將軍青侍中，上踞廁而視之。丞相弘燕見，上或時不冠。至如黯見，上不冠不見也。」所以，汲黯在景帝、武帝權力轉移之際，武帝新的統治體制形成之時，所表現的獨立特行風格，雖然引致武帝不悅，但武帝卻認為「古有社稷之臣，至如黯，近之矣」。

汲黯所謂「陛下內多欲而外施仁義，奈何欲效唐虞之治乎！」不僅對漢武帝，而且是對當時以儒術為基準的政治所作的總結性批評。這種批評和汲黯個人「學黃老之言，治官理民，好清靜」的政治理念無關。案《史記．汲鄭列傳》云：

> 上方向儒術，尊公孫弘。及事益多，吏民巧弄。上分別文法，湯等數奏決讞以幸。而黯常毀儒，面觸弘等徒懷詐飾智以阿人主取容，而刀筆吏專深文巧詆，陷人於罪，使不得反其真，以勝為功。

傳稱「黯常毀儒」，是對公孫弘「懷詐飾智以阿人主」，及張湯「刀筆吏專深文巧詆，陷人於罪」而發。前者即其所謂「外施仁義」，後者則是「內多欲」，二者相合則是武帝欲行的唐虞之治，實際上乃以儒術為名，行法家之治。這也是汲黯對武帝一朝政治所作的總結評論。尤其對於執行儒術政策的公孫弘、張湯，更是深痛惡絕。《史記．平津侯主父列傳》云：

弘為人恢奇多聞……每朝會議，開陳其端，令人主自擇，不肯面折庭爭。於是天子察其行敦厚，辯論有餘，習文法吏事，而又緣飾以儒術，上大說之。……弘奏事，有不可，不庭辯之。嘗與主爵都尉汲黯請閒，汲黯先發之，弘推其後，天子常說，所言皆聽，以此日益親貴。嘗與公卿約議，至上前，皆倍其約以順上旨。汲黯庭詰弘曰：「齊人多詐而無情實，始與臣等建此議，今皆倍之，不忠。」

至於張湯，《史記．汲鄭列傳》云：

張湯方以更定律令為廷尉，黯數質責湯於上前，曰：「公為正卿，上不能褒先帝之功業，下不能抑天下之邪心，安國富民，使囹圄空虛，二者無一焉。非苦就行，放析就功，何乃取高皇帝約束紛更之為？公以此無種矣。」黯時與湯論議，湯辯常在文深小苛，黯伉厲守高不能屈，忿發罵曰：「天下謂刀筆吏不可以為公卿，果然。必湯也，令天下重足而立，側目而視矣！」

雖然，汲黯對於公孫弘、張湯為人處事甚是不齒。但其斥張湯「何乃取高皇帝約束紛更之為」，以及「刀筆吏不可以為公卿」，卻道出其批評漢武帝「內多欲而外施仁義，奈何欲效唐虞之治」的本質。所謂「刀筆吏不可以為公卿」，案《史記．張釋之馮唐列傳》云：「秦任以刀筆之吏，吏爭以亟疾苛察相高，然其敝徒文具耳，無惻隱之實。以故不聞其過，陵遲而至於二世，天下土崩。」漢武帝改制更化，即欲突破漢初因循秦制的傳統，上繼五帝三王，但最後仍然陷於秦政的阱臼之中。

但與秦制所不同的，漢武帝這種新的統治體制，卻是以儒術為基礎建立起來，即以司馬談所謂「住為天下儀表，主倡而臣和，主先而臣隨」，儒者序君臣父子之禮為基礎形成的。這種新統治體制，最初由賈誼提出。賈誼首先以堂、陛、地區分人主、群臣與庶眾，認為「高者難攀，卑易陵」。因此，賈誼在其〈治安策〉中進一步分析：「古者聖王制度等列，內有公卿大夫，外有公侯伯子男，然後有官師小吏，延及庶人，等級分明，而天子加焉，故其尊不可及也。」

司馬遷所謂「通古今之變」的「今」，即其所撰〈今上本紀〉的「今」，也就是司馬遷個人所生存的漢武帝時代。漢武帝時代不僅是漢代，也是中國歷史重要的轉變時代。所謂轉變，即漢武帝選擇儒家思想，作為政治指導的最高原則，並以此塑就以後中國君主的專制統治體系。這種統治制度司馬遷釋之為「一人有慶，萬民賴之」。換句話說，就是君主絕對權威的樹立。

司馬遷個人，由於躋身於權力核心之中，即其〈報任安書〉所謂「得侍罪輦轂之下二十餘年矣」。後來因為李陵游說而「誣上」，遂卒吏議，「與法吏為伍，深幽囹圄」之中，更於天漢二年處以宮刑。所以，他對君主絕對權威，以及其統治工具酷吏的暴虐，有切身的體驗，感受深刻。因此，進一步探索漢武帝「一人有慶」的由來，可能是他撰〈今上本紀〉，或發憤著《史記》的潛在原因。

雖然，社會經濟的發展與繁榮，以及七國之亂後，地方王國勢力不削自弱，功勳舊臣凋零殆盡，為武帝「德歸京師」，也就是權力集於中央的大一統的局面，提供了有利的客觀條件。但司馬遷卻選擇了田蚡，作為武帝由「德歸京師」過渡到「一人有慶，萬民賴之」的開端。田蚡是武帝的舅氏，武帝即位後擠進權力的核心，當時武帝所有「計筴」，皆出於田蚡。於是田蚡立即利用儒術為政治鬥爭的工具，向好黃老而且掌握宮廷三世權力的竇太后，進行挑戰。田蚡雖然失敗，但仍隱於幕後弄權。直到竇太后病逝，田蚡復出為丞相。田蚡在掌握政治權力後，一方面繼續清除竇氏的殘餘勢力，另一方面恢復因竇氏干預而停滯的各種設施，復頒建元徵賢良之詔，即是其中之一，於是，公孫弘、董仲舒復出，張湯也因田蚡的舉薦，進入新形成的官僚體系之中。

當是時，武帝已從初即位十六七歲的慘綠少年，在不斷的政治鬥爭中，成長為青年有為之君，並且掌握了實際的權力。原來強調尊卑有序的儒家思想，如董仲舒對策所言，可以為大一統的帝國，提供一個有效的建國藍圖。但田蚡本非儒者，傳稱其學《槃盂》諸書，並好鬼神之事，將黃帝納入方士系統的李少君，或由田蚡薦於武帝，影響武帝一生向道羨僊。所以，田蚡不過順應當時的趨勢，利用儒家作政治鬥爭的工具而已。而且因田蚡的引薦，進入新官僚體系的公孫弘、張湯也非純儒。司馬遷說公孫弘「學《春秋》雜說」，「習文法吏事，而又緣飾儒術」，張湯則「決大獄，傅以古義」。他們皆曲學阿世，非「務正學以言」者，因而使儒術淪為武帝絕對君權的統治工具。這也是汲黯對漢武帝一朝政治所作的總結性的批評：「陛下內多欲而外施仁義，奈何欲效唐虞之治乎！」所謂「內多欲而外施仁義」，也就是以儒術為名，行法家之治。汲黯認為公孫弘的「懷詐飾智以阿人主取容」，張湯的「刀筆吏專深文巧詆，陷人於罪」，是促使這種現象出現的根本原因，汲黯特別譴責公孫弘、張湯的原因也在此。

司馬遷的《史記》以〈魏其武安侯列傳〉，為漢武帝時代諸列傳之始，而以〈汲鄭列傳〉作為諸列傳之終，原始察終，敘述漢武帝「一人有慶」絕對君權形成的過程，並於〈汲鄭列傳〉之後，輔以公孫弘為主的〈儒林列傳〉與張湯為首的〈酷吏列傳〉，探索其形成的原因。並以此作為〈今上本紀〉「內脩法度」的開端，也就是「今」之開端，然後以此為基點，向過去尋求其演變與發展的因果關係。此即為司馬遷史學思想的「通古今之變」。不過，如果要徹底了解司馬遷的這個命題，就得以「今」作為開端進行探索。因為這是司馬遷個人生存的時代。過去討論這個問題都集中在司馬遷因遭李陵之禍，微文刺譏的層面，作為一個中國史學肇始者的司馬遷，除了宣洩個人鬱怨之外，似乎應有更遼闊的胸襟。關於這個問題，從司馬遷婉轉迂迴地討論漢武帝「一人有慶」絕對君主權威的樹立，可以得到了解，作為一個史學家如何超脫現實政治的壓制，真實地敘述其生存時代的歷史，這種敘述的方法，即其〈自序〉所謂「夫詩書隱約者，欲遂其志之思也。」

武帝封禪與〈封禪書〉

《史記．封禪書》說：「今天子初即位，尤敬鬼神之祀。」以後數十年間，武帝巡祭天地與後來封禪，司馬遷和他父親司馬談曾前後親身參與。〈封禪書〉就是由他們親身經歷為主的材料寫成的。但這些他們親身經歷的材料，卻迂誕不經並充滿神話的色彩。所以，司馬遷在處理這些實際存在，卻又無法考證其真實性的材料時，的確費了一番思量與周折。

一、「賢良方士詔」與封禪

《史記．太史公自序》說：「是歲天子始建漢家之封，而太史公留滯周南，不得與從事，故發憤且卒。」這裡的「太史公」是司馬遷的父親司馬談。「是歲」，是元封元年（公元前一一〇年），《漢書》卷六〈武帝紀〉云：

夏四月癸卯，上還，登封泰山，降坐明堂。詔曰：「朕以眇身承至尊，兢兢焉惟德菲薄，不明于禮樂，故用事八神。遭天地況施，著見景象，屑（屑）然如有聞。震于怪物，欲止不敢，遂登封泰山，至於梁父，然後升禮肅然。自新，嘉與士大夫更始，其以十月為元封元年。……」

《史記．封禪書》也載錄這份詔書，略同。但〈封禪書〉卻詳細記載了這次封禪大典的經過：

四月，還至奉高。……天子至梁父，禮祠地主。乙卯，令侍中儒者皮弁薦紳，射牛行事。封泰山下東方，如郊祠太一之禮。封廣丈二尺，高九尺，其下則有玉牒書，書祕。禮畢，天子獨與侍中奉車子侯上泰山，亦有封。其事皆禁。明日，下陰道。丙辰，禪泰山下阯東北肅然山，如祭后土禮。天子皆親拜見，衣上黃而盡用樂焉。江淮間一茅三脊為神藉。五色土益雜封。縱遠方奇獸蜚禽及白雉諸物，頗以加禮。兕牛犀象之屬不用。皆至泰山祭后土。封禪祠，其夜若有光，晝有白雲起封中。

武帝完成封禪典禮後，除下詔改元元封，又下詔曰：「古者天子五載一巡狩，用事泰山，諸侯有朝宿地，其令諸侯各治邸泰山下。」❶武帝自建元元年（公元前一四〇年）即位，到元封元年登泰山封禪，終於完成了他封禪的心願，並定下五年一封泰山的制度。這三十年間，司馬談侍從武帝巡狩四方，祠祭山川鬼神，並參與議論封禪典儀。最後武帝登泰山舉行封禪大典，司馬談竟被留滯周南，他除了怨嘆「今天子接千歲之統，封泰山，而余不得從行，是命也夫，命也夫」外，最後竟「發憤且卒」。司馬遷記載他父親的死，先用「留滯」，後用「發憤且卒」。從「留滯」到「發憤且卒」之間，是非常耐人尋味，也是值得探討的問題❷。

武帝即位改元建元，顏師古注建元，「自古帝王未有年號，始起於此。」十六七歲的武帝即位後，即頒詔「丞相、御史、列侯、中二千石、二千石、諸侯相舉賢良方正直言極諫之士」的詔書。《漢書．董仲舒傳》說：「武帝即位，舉賢良文學之士前後數百。」其制曰：

❶〈封禪書〉，《史記》卷二十八。

❷《史記》卷一三〇〈太史公自序〉司馬遷記載其父司馬談之死云：「太史公留滯周南，……發憤且卒。」與《三國志》卷十〈荀彧傳〉載彧之死云：「彧疾留壽春，以憂薨……。」甚為相似。案《三國志》裴注引《魏氏春秋》與《後漢書》卷七十〈荀彧傳〉載荀彧之死，並云「太祖饋彧食，發之乃空器也，於是飲藥而卒。」是故司馬遷載其父之死，似亦有未竟之意。

蓋聞五帝三王之道，改制作樂而天下洽和，百王同之。……聖王已沒，鐘鼓筦絃之聲未衰，而大道微缺，陵夷至虖桀紂之行，王道大壞矣。夫五百年之間，守文之君，當塗之士，欲則先王之法以戴翼其世者甚眾，然猶不能反，日以仆滅，至後王而後止，豈其所持操或誖繆而失其統與？固天降命不可復反，必推之於大衰而後息與？烏虖！凡所為屑屑，夙興夜寐，務法上古者，又將無補與？三代受命，其符安在？災異之變，何緣而起？性命之情，或夭或壽，或仁或鄙，習聞其號，未燭厥理。伊欲風流而令行，刑輕而姦改，百姓和樂，政事宣昭，何脩何飭而膏露降，百穀登，德潤四海，澤臻屮木，三光全，寒暑平，受天之祜，享鬼神之靈，德澤洋溢，施虖方外，延及群生？子大夫明先聖之業，習俗化之變，終始之序，講聞高誼之日久矣，其明以諭朕。

這是武帝即位後所頒的第一份詔書，這份詔書開始就說五帝三王之道，改制作樂而天下洽和。武帝似乎有意突破漢初多年來，黃老之治的政治局面，並超越秦始皇「法後王」的法家之治，上繼五帝三王之道。所以這份詔書頒出後，丞相衛綰即奏請「所舉賢良，或治申、商、韓非、蘇秦、張儀之言，亂國政，請皆罷」。這就是後來所謂的罷黜百家，獨尊儒術。不過這份詔書除了言五帝三王之道外，同時更說到受命之符，災異之故，王者壽夭，終始之變等等。所謂王者之符，認為三代盛世，都有祥瑞出現，象徵著王者受命於天，如果沒有祥瑞出現，就無法致太平。王者既受命於天而稱為天子，託天之祐而致太平庇護萬民，因此王者應登格於天，一如黃帝為神僊長生不死❸。所以，這份詔書以五帝三王之道開始，最後卻以陰陽甚至神僊家為結。

〈封禪書〉說武帝敬鬼神之祠，所以在頒佈舉賢良詔的同時，又頒佈了另一份詔書，《漢書．武帝紀》建元元年五月，詔曰：

> 河海潤千里，其令祠官修山川之祠，為歲事，曲加禮。

所以，在武帝的舉賢良詔頒出後，汲黯就提出批評。《史記．汲鄭列傳》云：

> 天子方招文學儒者，上曰吾欲云云，黯對曰：「陛下內多欲而外施仁義，奈何欲效唐虞之治乎？」上默然，怒，變色而罷朝。

❸ 錢穆師，《秦漢史》。

武帝所謂「吾欲云云」，《集解》張晏曰：「所言欲施仁義也。」也就是行儒家之治。汲黯「陛下內多欲而外施仁義，奈何欲效唐虞之治」的批評，正觸及武帝舉賢良方正，欲上繼五帝三王之道的真正動機。後來，王臧、趙綰請立明堂，迎其師申公來京師。《史記．儒林列傳》云：

綰、臧請天子，欲立明堂以朝諸侯，不能就其事，乃言師申公。於是天子使使束帛加璧安車駟馬迎申公，……至，見天子。天子問治亂之事，申公時已八十餘，老，對曰：「為治者不在多言，顧力行何如耳。」是時天子方好文詞，見申公對，默然。

由此可知，武帝好儒術志不在治，不過援之以為文飾其鬼神之祠而已。因此，有些「縉紳之屬」投其所好。《史記．封禪書》云：

（建元）元年，漢興已六十餘歲矣，天下乂安，搢紳之屬皆望天子封禪改正度也，而上鄉儒術，招賢良，趙綰、王臧等以文學為公卿，欲議古立明堂城南，以朝諸侯。草巡狩封禪改曆服色事未就。會竇太后治黃老言，不好儒術，使人微伺得趙綰等姦利事，召案綰、臧，綰、臧自殺，諸所興為皆廢。

這是封禪見於武帝時之始。而封禪與巡狩、改曆、易服色同時出現，是武帝政治改革中的重要環節。這次提出的政治改革，由於竇太后治黃老言、不好儒術的阻礙而失敗，王臧、趙綰成為這次政治鬥爭中的犧牲者。

王臧、趙綰見用於武帝，由田蚡舉薦，案《史記．魏其武安侯列傳》：「魏其、武安俱好儒術，推轂趙綰為御史大夫，王臧為郎中令。」武安侯田蚡是武帝的舅父，武帝即位封列侯。《史記．魏其武安侯列傳》稱：

> 上初即位，富於春秋，蚡以肺腑為京師相，非痛折節以禮詘之，天下不肅。當是時，丞相入奏事，坐語移日，所言皆聽。薦人或起家至二千石，權移主上。

所以，田蚡才是這次政治鬥爭的幕後實際的策劃人。在這次權力轉移過程中的政治鬥爭，由田蚡等「務隆推儒術，貶道家言」而展開。田蚡雖好儒術，但傳稱其「辯有口，學《槃盂》諸書。」《槃盂》諸書，《集解》應劭曰：「黃帝史孔甲所作銘也。凡二十九篇，書槃盂中，所為法戒。諸書，諸子文書也。」又孟康曰：「孔甲《槃盂》二十六篇，雜家書，兼儒、墨、名、法。」《漢書．藝文志．諸子．雜家》，首列孔甲《槃盂》二十六篇，班固注曰：「黃帝之史，或曰夏帝孔甲，似皆非。」所以，孔甲《槃盂》可能是依託之作，兼儒法名墨，並有鬼神迂誕之事。最初將煉丹與黃帝結合起來的李少君，可能就是田蚡向武帝推薦的。《史記·封禪書》稱：

少君資好方，善為巧發奇中。嘗從武安侯飲，坐中有九十餘老人，少君乃言與其大父游射處，老人為兒時從其大父，識其處，一坐盡驚。

李少君曾為田蚡的座上客。所以，田蚡雖好儒術，卻更喜黃老鬼神之事，與竇太后所喜的黃老之言同屬一家，但卻是有分別的，班固在《漢書·藝文志》的分類中，已加以區別。前者「迂誕依託」，多出武帝時方士之手，後者起於六國時，與老子近似，二者是不相同的。所以，這次的政治鬥爭，雖然是竇太后為了保持其既得的政治特權，但恐田蚡假儒家之名，行鬼神之事，將十六七歲的武帝引入歧途，也是非常可能的。司馬遷將這次政治鬥爭，詳細記載在〈封禪書〉中，自有其微意在焉。

建元六年，竇太后崩，武安侯田蚡為丞相。《史記·儒林列傳》云：

及竇太后崩，武安侯田蚡為丞相，絀黃老、刑名百家之言，延文學儒者數百人，而公孫弘以《春秋》白衣為天子三公，封以平津侯。天下之學士靡然鄉風矣。

案《漢書．武帝紀》，竇太后崩後，改元元光，五月頒「何行而可以章先帝之洪業休德，上參堯舜，下配三王」的賢良詔，於是「董仲舒、公孫弘等出焉。」二年冬十月，行幸雍、祠五畤。《史記．封禪書》云：

竇太后崩。其明年，徵文學之士公孫弘等。明年，今上初至雍，郊見五畤。後常三歲一郊。是時上求神君，舍之上林中蹏氏觀。神君者，長陵女子，以子死，見神於先後宛若。宛若祠之其室，民多往祠。平原君往祠，其後子孫以尊顯。及今上即位，則厚禮置祠之內中，聞其言，不見其人云。

竇太后死後，田蚡為丞相，先前因竇太后的反對，「所諸興為皆廢」的種種，現在又再恢復。武帝頒賢良詔，幸雍、祠五畤，並定下元年祭天、二年祭地、三年祭五畤的三年一遍的祠祀制度，同時置神君於上林中，過去計劃現在一一施行，由田蚡舉薦的方士李少君，可能在這時向武帝上卻老方。雖然，後來田蚡過於囂張而見斥，元光四年死，但武帝好鬼神之祠，已積習難返了。最後，在元狩五年（公元前一一八年）開始討論封禪。《漢書．兒寬傳》：

> 及議欲放古巡狩封禪之事，諸儒對者五十餘人，未能有所定。先是，司馬相如病死，有遺書，頌功德，言符瑞，足以封泰山。上奇其書，以問寬，寬對曰：「陛下躬發聖德，統楫群元，宗祀天地，薦禮百神，精神所鄉，徵兆必報，天地並應，符瑞昭明。其封泰山，禪梁父，昭姓考瑞，帝王之盛節也。然享薦之義，不著于經，以為封禪告成，合袪於天地神祇，祇戒精專以接神明。……」

兒寬說「享薦之義，不著於經」。的確，在孔子和儒家的典籍裡，沒有論及封禪典儀。〈封禪書〉說：「孔子論述六蓺，傳略言易姓而王，封泰山禪乎梁父者七十餘王矣，其俎豆之禮不章，蓋難言之。」所謂「封泰山禪乎梁公者七十餘王」，《管子》說：「古者封泰山禪梁父者七十二家，而夷吾所記者十有二焉。」此說或出於《管子》的〈封禪〉篇，亡。《漢書．藝文志．六藝略．禮》有《古封禪群祀》二十二篇，記載古代封禪祠祀之禮，或者是由儒者討論封禪搜集的材料而輯成，《管子》的〈封禪〉篇可能也收載其中。司馬遷特別將管子與桓公談封禪儀制的大段話，載於〈封禪書〉中。因此，武帝想藉儒家文飾封禪的願望無法實現，於是退而求其次，想到司馬相如。也就是〈兒寬傳〉所謂的「司馬相如遺書」的事。案《漢書．司馬相如傳》：

相如既病免，家居茂陵。天子曰：「司馬相如病甚，可往從悉取其書，若後之矣。」使所忠往，而相如已死，家無遺書。問其妻，對曰：「長卿未嘗有書也。時時著書，人又取去。長卿未死時，為一卷書，曰有使來求書，奏之。」其遺札書言封禪事，所忠奏焉，天子異之。其辭曰：

……軒轅之前，遐哉邈乎，其詳不可得聞已。五三六經載籍之傳，維見可觀也。……陛下仁育群生，義征不譓，諸夏樂貢，百蠻執贄，德牟往初，功無與二，休烈浹洽，符瑞眾變，期應紹至，不特創見。意者太山、梁父設壇場望幸，蓋號以況榮，上帝垂恩儲祉，將以慶成，陛下嗛讓而弗發也。挈三神之歡，缺王道之儀，群臣恧焉。或謂且天為質闇，示珍符固不可辭；若然辭之，是泰山靡記而梁父罔幾也。亦各並時而榮，咸濟厥世而屈，說者尚何稱於後，而云七十二君哉？夫修德以錫符，奉符以行事，不為進越也。故聖王弗替，而修禮地祇，謁款天神，勒功中岳，以章至尊，舒盛德，發號榮，受厚福，以浸黎民，皇皇哉斯事，天下之壯觀，王者之卒業，不可貶也。願陛下全之。

司馬相如的遺札，極力勸武帝封禪，司馬相如以〈子虛賦〉、〈上林賦〉獲得武帝的垂青，他深刻了解武帝好神僊的心意，又寫成〈大人賦〉。《史記．司馬相如列傳》云：

相如見上好僊道，因曰：「上林之事未足美也，尚有靡者。臣嘗為〈大人賦〉，未就，請具而奏之。」相如以為列僊之傳居山澤間，形容甚臞，此非帝王之僊意也，乃遂就〈大人賦〉。

〈大人賦〉言道：「必長生若此而不死兮，雖濟萬世不足以喜。」深獲武帝之心，所以，司馬遷說：「相如既奏〈大人〉之頌，天子大說，飄飄有淩雲之氣，似游天地之閒意。」司馬相如的遺札雖然說「修德以錫符，奉符以行事，不為進越也。」鼓勵武帝「勒功中岳」而封禪。但他遺札中的「獲周餘放龜於岐，招翠黃乘龍於沼」，卻解決了懸在武帝心中很久的問題，所謂「招翠黃乘龍於沼」，《集解》引《漢書音義》曰：「翠黃，乘黃也，龍翼馬身，黃帝乘之而僊。」於是將黃帝登僊與封禪聯繫起來，武帝即位欲封禪，經過二十多年，終於有了兩全其美的辦法，將這兩件事一體化。雖然，最初方士李少君曾上言：「祠竈則致物，致物而丹沙可化為黃金，黃金成以為飲食器則益壽，益壽而海中蓬萊僊者乃可見，見之以封禪則不死，黃帝是也❹。」將黃帝納入方士僊道修煉的系統，而且登僊的過程非常繁複，蓬萊僊者是否可見更是虛無飄渺，不如司馬相如封禪後乘龍登僊那麼直接了當，逗人遐思。

所以，司馬遷說：「司馬相如既卒五歲，天子始祭后土。八年而遂先禮中嶽，封于太山，至梁父，禪肅然。」因為司馬相如的遺札，加速了武帝封禪的進程。元鼎元年（公元前一一六年），得黃帝寶鼎於汾陰，迎至甘泉，武帝親自薦祠，回到長安，群臣贊頌：「黃帝作寶鼎三，象天地人。……周德衰，宋之社亡鼎乃淪沒，伏而不見。……今鼎至甘泉，光潤龍變，承休無疆。合茲中山，有黃白雲降，蓋若獸為符，路弓乘矢，集獲壇下，報祠大享。唯受命而帝者心知其意而合德焉。」

「唯受命而帝者心知其意」，更增強武帝封禪的信心和決心。於是，改元元鼎，就在這個時候方士公孫卿出現，援申公之說：「漢之聖者在高祖之孫且曾孫也。寶鼎出而與神通，封

❹〈封禪書〉，《史記》卷二十八。

禪。」並且說「漢主亦當上封，上封則能僊登天矣。」同時又說了個黃帝乘龍登僊的神話故事，《史記．封禪書》云：

黃帝時萬諸侯，而神靈之封居七千。天下名山八，而三在蠻夷，五在中國。中國華山、首山、太室、泰山、東萊，此五山黃帝之所常游，與神會。黃帝且戰且學僊。患百姓非其道者，乃斷斬非鬼神者。百餘歲然後得與神通。黃帝郊雍上帝，宿三月。……其後黃帝接萬靈明廷。明廷者，甘泉也。……黃帝采首山銅，鑄鼎於荊山下。鼎既成，有龍垂胡髯，下迎黃帝。黃帝上騎，群臣後宮從上者七十餘人，龍乃上去。餘小臣不得上，乃悉持龍髯，龍髯拔，墮，墮黃帝之弓。百姓仰望黃帝既上天，乃抱其弓與胡髯號，故後世因名其處曰鼎湖，其弓曰烏號。

武帝聽罷，喟然而嘆曰：「嗟乎！吾誠得如黃帝，吾視去妻子如脫躧耳。」然後於元鼎五年十月，郊雍，至隴西，西登崆峒幸甘泉，令祠官寬舒等具太一祠壇，十一月，始郊太一，其贊饗曰：「天始以寶鼎神策授皇帝」云云。元封元年（公元前一一〇年）冬十月，武帝議曰：「古者先振兵澤旅，然後封禪。」於是勒兵十餘萬，北巡朔方，還祭黃帝冢於橋山，至甘泉，為用事泰山，先祠太一。春正月，東幸緱氏，親登嵩高，東巡海上。夏四月，還，登泰山封禪。

二、「盡罷諸儒不用」與太史公談「留滯周南」

上述武帝一系列行動，其目的都是為了封禪泰山，然後學黃帝登僊而去。所以，武帝一方面在外巡狩與祠祀，另一方面則令諸儒積極討論封禪的典儀問題。《漢書．藝文志．六藝略．禮》有《封禪議對》十九篇，班固注曰：「武帝時也。」即牛弘所謂的《泰山通議》，記錄當時諸臣儒者關於封禪的議論。上述〈兒寬傳〉載議封禪事，諸儒對者五十餘人的議論，應在其中。《封禪議對》討論封禪典儀的問題，當然不止儒者五十多人。關於這個問題在武帝即位之初，就開始進行討論，武帝最初希望以儒術文飾鬼神之祠，而進行封禪儀典的制定。馬端臨說：「秦始皇、漢武帝之封禪也，皆黜當時諸儒之議，而自定其禮儀。」又說：「秦漢二主之事，則誇誦功德，希求福壽……又安能考《詩》《書》之說？」❺案《史記．封禪書》說秦始皇：

❺ 馬端臨，〈郊社十七〉，《文獻通考》卷八十四，見《十通》（臺北：新興，一九六五）。

即帝位三年，東巡郡縣，祠騶嶧山，頌秦功業。於是徵從齊魯之儒生博士七十人，至乎泰山下。諸儒生或議曰：「古者封禪為蒲車，惡傷山之土石草木；埽地而祭，席用葅稭，言其易遵也。」始皇聞此議各乖異，難施用，由此絀儒生。

同樣地，最初武帝也想透過儒者制定封禪的典儀，〈兒寬傳〉就說「及議欲放古巡狩封禪之事，諸儒對者五十餘人，未能有所定。」所以「未能有所定」，兒寬說因為「享薦之義，不著於經」。這個問題在得寶鼎，尤其公孫卿敘述黃帝乘龍登僊之後，武帝與公卿諸生及方士，更積極議論封禪典儀之事，《史記．封禪書》稱：

自得寶鼎，上與公卿諸生議封禪，封禪用希曠絕，莫知其儀禮，而群儒采封禪《尚書》、《周官》、〈王制〉之望祀射牛事。齊人丁公年九十餘，曰：「封禪者，合不死之名也。秦皇帝不得上封。陛下必欲上，稍上即無風雨，遂上封矣。」上於是乃令諸儒習射牛，草封禪儀。數年，至且行。天子既聞公孫卿及方士之言，黃帝以上封禪，皆致怪物與神通，欲放黃帝以上接神僊人蓬萊士，高世比德於九皇，而頗采儒術以文之。群儒既已不能辨明封禪事，又牽拘於《詩》《書》古文而不能騁。上為封禪祠器示群儒，群儒或曰「不與古同」，徐偃又曰「太常諸生行禮不如魯善」，周霸屬圖封禪事，於是上絀偃、霸，而盡罷諸儒不用。

徐偃，以博士為膠西中尉，傳申公《詩》，事見《史記．儒林列傳》。〈儒林列傳〉又稱：「魯周霸、孔安國，雒陽賈嘉，頗能言《尚書》事。」又稱周霸傳楊何《易》，與主父偃皆以《易》至二千石。上引材料可以了解，武帝一方面和公卿儒生議論封禪典儀禮，一方面又和方士丁公、公孫卿等進行封禪儀禮的制定。由於封禪用希，儒生們莫知其儀禮，因此援用儒家典籍《尚書》、《周官》、〈王制〉來討論封禪儀禮的問題。事實上，武帝和以往一樣，他理想的封禪儀禮，只不過是援儒術文飾「致怪物與神通」而已，所以在諸儒草封禪儀習其禮的時候，武帝卻以方士所製的封禪祠器示諸儒，包括徐偃、周霸在內的諸儒，竟認為「不與古同」，武帝認為諸儒既不能辨明封禪事，又拘於古詩文不知變通，於是「盡罷諸儒不用」，所謂盡罷諸儒而不用，也就是完全放棄儒術的文飾，直接採用方士之言。

從開始武帝就沒有盡用純粹儒術的意願，招賢良方正董仲舒、公孫弘對策皆以儒學顯，董仲舒治《春秋》，以《春秋》災異之變推陰陽所以錯行，著有《災異之記》，其對策所謂「天之所大奉使之王者，必有非人物所能致而自至者，此受命之符也。」已完全將陰陽災異之變，滲於儒術之中。至於公孫弘，〈儒林列傳〉稱其「齊之言《春秋》者多受胡毋生，公孫弘亦頗受焉。」或謂其嘗集比其義著《春秋雜說》❻。司馬遷說公孫弘「習文法吏事，而又緣飾儒術，上大悅之。」董仲舒、公孫弘都不是純儒❼，而且受齊陰陽五行災異之變的感染，這正是武帝所喜愛的。至於將神僊之說引進文學著作的司馬相如，《史記．司馬相如列傳》稱：「景帝不好辭賦，是時梁孝王來朝，從游說之士齊人鄒陽、淮陰枚乘、吳莊忌夫子之徒，相如見而說之，因病免，客游梁。梁孝王令與諸生同舍，相如得與諸生游士居數歲，乃著〈子虛〉之賦。」司馬相如居梁數歲，與鄒陽等游，然後著〈子虛〉、〈大人〉等賦，才得到武帝的喜愛。

所以，武帝好儒，不過是文飾而已，尤其到後來積極籌辦封禪，完全依信方士，對於儒術已不屑一顧了。徐偃、周霸據儒學典籍提出的議論，更引起他的反感，一怒之下，「盡罷諸儒不用」。在盡罷諸儒之中可能包括太史公司馬談，而被滯留周南，不得參加泰山的封禪大

---

❻金建德，〈公孫弘的著書春秋雜說〉條下，《司馬遷所見書考》十七（上海：上海人民出版社，一九六三）。

❼沈剛伯師，〈秦漢的儒〉，見《沈剛伯先生文集》（臺北：中央日報，一九八二）。

典，的確是非常意外的。出身世掌鬼神之事家族的司馬談，學天官於唐都，受《易》於楊何，習道論於黃子，就他論六家要指而言，突出道德家的功能與作用，顯然不屬於儒家，他於建元元封間任職太史，這段期間正是武帝由好鬼神之祠，進而封禪泰山的期間，司馬談無役不與。雖然他不能像公孫弘那樣，「倍其約順上意」，或像兒寬那樣，「以和良承意從容得久」，最後隨武帝封禪泰山。但卻恭順承旨，儘量配合武帝封禪登僊的意圖。自得寶鼎後，表現得更積極，《史記．封禪書》稱：

> 其明年冬，天子郊雍，議曰：「今上帝朕親郊，而后土無祀，則禮不答也。」有司與太史公，祠官寬舒議：「天地牲角繭栗。今陛下親祠后土，后土宜於澤中圜丘為五壇，壇一黃犢太牢具，已祠盡瘞，而從祠衣上黃。」於是天子遂東，始立后土祠汾陰脽丘，如寬舒等議。

其明年，為元鼎四年。又次年，武帝郊雍，至隴西，西登崆峒，幸甘泉，令祠官寬舒等具太一祠壇，祠壇放簿忌太一壇、壇三垓。這次令祠官寬舒等具太一壇，司馬談也參與其事。案《史記．封禪書》稱：

十一月辛巳朔旦冬至，昧爽，天子始郊拜太一。……而見太一如雍郊禮。其贊饗曰：「天始以寶鼎神策授皇帝，朔而又朔，終而復始，皇帝敬拜見焉。」而衣上黃。其祠列火滿壇，壇旁亨炊具。有司云「祠上有光焉」。……「是夜有美光，及晝，黃氣上屬天」。太史公、祠官寬舒等曰：「神靈之休，祐福兆祥，宜因此地光域立太畤壇以明應。令太祝領，秋與臘閒祠。三歲天子一郊見。」

自得寶鼎以後，武帝積極進行封禪，司馬談與祠官寬舒參與其事，上立后土議，籌太一壇祠祀的工作，並於祠祀後，建議立太畤壇，並天子三歲一郊見，以為定制。祠官寬舒曾從李少君學方，是個方士，司馬談儘量和他配合，以符合武帝進行封禪計劃的要求。最後武帝「盡罷諸儒不用」之時，司馬談竟遭牽連，被留滯周南。這是司馬遷對他父親的死，書以「發憤且卒」。就當時的實際情形而言，司馬談的確有憤的。

就在司馬談被留滯周南，不得從事封禪，憤而尚未絕之時，司馬遷出使歸來，見父於河洛之間。司馬遷記載他們父子最後一面的情形。《史記．太史公自序》說：

太史公執遷手而泣曰：「……今天子接千歲之統，封泰山，而余不得從行，是命也夫，命也夫！余死，汝必為太史；為太史，無忘吾所欲論著矣。且夫孝始於事親，中於事君，終於立身。揚名於後世，以顯父母，此孝之大者。」……遷俯首流涕曰：「小子不敏，請悉論先人所次舊聞，弗敢闕。」

司馬遷所謂「悉論先人所次舊聞」，也就是根據他父親所蒐集的材料，完成他父親「余為太史而弗論載，廢天下之史文，余甚懼焉，汝其念哉」的遺意，而撰寫《史記》。另一方面，司馬談所說「封泰山，而余不得從行，是命也夫，命也夫！」充滿了憤怨。所謂「無忘吾所欲論著矣」，在當時的情況下，司馬談所欲論著的，除了所廢的天下之文史外，可能還有司馬談近三十年間，扈從武帝從事封禪的紀錄，更應該保存下來。所以，三年後，司馬遷接任他父親的遺缺，於是著手編纂「受命而王，封禪之符罕用，用則萬靈罔不禋祀，追本諸神名山川禮」的〈封禪書〉的工作。〈封禪書〉太史公曰：

余從巡祭天地諸神名山川而封禪焉。入壽宮侍祠神語，究觀方士祠官之意，於是退而論次自古以來用事於鬼神者，具見其表裏。

「論次自古以來用事於鬼神者，具見其表裏」，是司馬遷撰寫〈封禪書〉的目的，所謂「見其表裏」也就是敘述事實的真象，並討論事實真象發生的原因。但這兩個問題對當時的司馬遷而言，都是非常困難的。雖然他父子二人前後經歷了這個歷史事件的發生、進展、結果，及後來演變的全部過程。對個人參與的歷史事件，對事件的觀察與敘述，很難避免個人主觀的因素。尤其他父親兢兢業業，委曲求全地參與這件工作，竟因「盡罷諸儒不用」的株連，被留滯周南，不得從事司馬談個人認為的偉大歷史工作，最後因此含恨以終。為人子者的內心，不可能完全沒有感應。所以，司馬遷對他父親的死，書以非常情緒化的「憤」。

三、〈封禪書〉與對封禪材料的處理

後世對於〈封禪書〉，尤其《史記．今上本紀》後來佚散，褚少孫以〈封禪書〉全篇補〈孝武本紀〉，因此認為司馬遷寫〈封禪書〉，是對武帝的微言譏諷，《史記》被視為謗書也由此而起[8]。《史記．今上本紀》雖然佚散，但司馬遷寫〈今上本紀〉的意旨，仍然存在的。

[8] 逯耀東，〈經史分途與史學評論的萌芽〉，《魏晉史學的思想與社會基礎》。又葉適，《習學紀言序目》

〈太史公自序〉說：「漢興五世，隆在建元，外攘夷狄，內脩法度，封禪，改正朔，易服色。」而撰〈今上本紀〉。「外攘夷狄」，指伐匈奴而言。自高祖困於白登，與冒頓單于簽訂城下之盟，一直是漢帝國朝野上下感到屈辱，而賈誼要痛哭流涕的事。後來終於在武帝手中復仇雪恥，大舉伐撻匈奴。但武帝大舉伐撻匈奴，仍然和封禪有關。《史記．封禪書》稱：

其來年冬，上議曰：「古者先振兵澤旅，然後封禪。」乃遂北巡朔方，勒兵十餘萬，

卷十九，〈史記〉，謂：「至秦始封禪，而漢武因之，皆用方士之說，虛引黃帝而推於神僊變詐，是以淫祀黷天地。」（轉引自楊燕起、陳可青、賴長揚編，《歷代名家評史記》，北京：北京師範大學出版社，一九八六）黃震，《黃氏日抄》卷四十六，〈讀史．史記〉：「遷作〈封禪書〉，反覆纖悉，皆以著求神僊之妄，善矣！」（見《四庫全書》珍本二集）郝敬，《史漢愚按》卷二云：「子長為〈封禪書〉，意在諷時……。」（轉引自《歷代名家評史記》）牛運震，《史記評注》卷四謂：「〈封禪書〉一篇譏諷文字……。」（轉引自《歷代名家評史記》）尚鎔，《史記辨證》、朱一新，《無邪堂答問》皆謂〈封禪書〉是謗，自王允謂司馬遷的《史記》為謗書以來，宋元至明清的學者在討論這個問題時，似將司馬遷微文譏諷的焦點，集中在〈封禪書〉。但司馬遷的《史記》是否有微文譏諷的意圖，仍然是一個值得討論的問題。

還祭黃帝冢橋山，釋兵須如。

這一年是元封元年，《漢書．武帝紀》稱：

冬十月，詔曰：「南越、東甌咸伏其辜，西蠻北夷頗未輯睦，朕將巡邊垂，擇兵振旅，躬秉武節，置十二部將軍，親帥師焉。」行自雲陽，北歷上郡、西河、五原，出長城，北登單于臺，至朔方，臨北河。勒兵十八萬騎，旌旗徑千餘里，威震匈奴。……還，祠黃帝於橋山，乃歸甘泉。

不僅伐匈奴、伐朝鮮、伐南越，甚至太初元年伐大宛，「丁夫人、雒陽虞初等以方祠詛匈奴、大宛焉」，〈封禪書〉都有記載。司馬遷似乎要說明武帝「外攘夷狄」和封禪的關係。至於「內脩法度，封禪，改正朔」。內脩法度包括封禪與改正朔兩件大事。案《史記》卷二十三〈禮書〉稱：

今上即位，招致儒術之士，令共定儀，十餘年不就。或言古者太平，萬民和喜，瑞應辨至，乃采風俗，定制作。上聞之，制詔御史曰：「蓋受命而王，各有所由興，殊路而同歸，謂因民而作，追俗為制也。議者咸稱太古，百姓何望？漢亦一家之事，典法不傳，謂子孫何？化隆者閎博，治淺者褊狹，可不勉與！」乃以太初之元改正朔，易服色，封泰山，定宗廟百官之儀，以為典常，垂之於後云。

太初元年（公元前一〇四年）改正朔、易服色，案《漢書．武帝紀》云：「（太初元年）夏五月，正曆，以正月為歲首。色上黃，數用五，定官名，協音律。」又案《漢書．律曆志》稱：「漢興，方綱紀大基，庶事草創，……至武帝元封七年，漢興百二歲矣，大中大夫公孫卿、壺遂、太史令司馬遷等言『曆紀壞廢，宜改正朔』。」司馬遷與方士公孫卿都參加改曆的工作。〈律曆志〉並且說：「是時御史大夫兒寬明經術，上乃詔寬曰：『與博士共議，今宜何以為正朔？服色何上？』」改正朔、易服色與修《太初曆》，在封禪泰山後七年同時進行，是由於封禪泰山衍生出來的❾。但自從王允認為司馬遷的《史記》是謗書，所謂謗書由於司馬遷對武帝的微文譏諷引起的。而微文譏諷又集中於〈封禪書〉。〈封禪書〉對武帝求神僊狂侈

❾牛弘震，《史記評注》卷四，轉引自《歷代名家評史記》。

之心的記載，是一個很好的說明。不過，武帝封禪在世掌天官的司馬遷父子看來，是件創時代的歷史大事。司馬遷認為元狩、元鼎、元封直到太初改定新曆，是一個完整的時代，其間經歷獲麟、得寶鼎、封禪、改正朔、易服色、受命於清穆之言，這個時代以得寶鼎為受命的關鍵，封泰山禪梁父是受命的高峰，改正朔易服色是受命的終極。司馬談對於自己不能參與這個「接千歲之統」的封禪大典發憤抱憾而卒。古代國之大事在祀與戎。關於「聖人所以討彊暴，平亂事，夷險阻」的兵戎之事，已載於〈律書〉。關於國家大祀的典儀，也應有專書記載，雖然武帝的封禪，雜以方士的鬼神之事迂誕不經，但「雖事屬荒唐，業已主信國從，明著令典，職司載筆，若闕一不紀，何足為信史！」❿

所以，司馬遷寫〈封禪書〉，應與微文譏諷或諫言無關，只是將這個在當時與以後都發生重大影響的歷史事件，客觀地記錄下來，詳實地保存這批重要的史料，如〈封禪書〉的「太史公曰」所言：「後有君子，得以覽焉。」是司馬遷保存材料的方法之一，是他在《史記》中常用的。〈六國年表〉的序就說：「著諸所聞興壞之端。後有君子，得覽觀焉。」〈高祖功臣侯者年表〉的「太史公曰」也說：「於是謹其終始，表其文，頗有所不盡本末；著其明，

---

❿ 李晚芳，〈封禪書〉，《讀史管見》卷一，轉引自《歷代名家評史記》。

疑者闕之。後有君子，欲推而列之，得以覽焉。」

關於〈封禪書〉材料的來源，可以從兩方面來討論，錢大昕說：「案〈封禪書〉兩稱太史公，與祠官寬舒文連而不著名，為其父諱也。是年郊雍，為元鼎四年，其明年冬至，郊拜泰一，皆談為太史公時事。談以元封元年卒，卒後，遷始繼之。」⓫司馬談自建元至元封三十年間，扈從武帝巡祠天地與封禪，並參加討論封禪的禮儀，和實際的策劃工作，如上所述。死後留下了一批他「所欲論次」的「舊聞」。在這批「舊聞」中，應包括關於武帝封禪的材料。司馬談卒後，司馬遷繼任太史令。〈封禪書〉說：「今上封禪，其後十二歲而還，遍於五岳、四瀆矣。」在這十二年間，司馬遷則扈從在側。也就是〈封禪書〉「太史公曰」所謂的「余從巡祭天地諸神名山川而封禪焉。」除扈次巡祭與封禪，並觀察與研究「方士祠官之意」，然後「退而論次」，他父親所欲論次的「舊聞」，與司馬遷個人每次巡祭與封禪的紀錄，是〈封禪書〉材料的主要來源。在整部《史記》的著作之中，沒有一篇像〈封禪書〉那樣，將他父子二人共同親身經歷與經驗，融於這個歷史事件的寫作之中。

除此之外，當時方士的記錄也是〈封禪書〉材料的另一個來源，上述《漢書．藝文志》

⓫ 錢大昕，〈孝武本紀〉，「有司與太史公祠官寬舒等議」條下，《廿二史考異》卷一。

著錄的《古封禪群祀》二十二篇，和《封禪議對》十九篇外，還有《漢封禪群祀》三十六篇，這三部書在班固時俱已亡佚。前兩書已如上論，至於《漢封禪群祀》，案姚振宗《漢書藝文志條理》稱：「《後書．張純傳》：『純案孝武太山明堂制度，欲具奏之。』太山明堂制度，似即在《漢封禪群祀》三十六篇中。」如是，《封禪群祀》所載的，則是封禪的典制與祠祀的儀式，其中或有方士之言。方士之言大批存在於「方說」之中，〈封禪書〉說「海上燕齊之間，莫不搤捥而自言有禁方，能神僊矣。」又說：「齊人之上疏言神怪奇方者以萬數。」案楊樹達《漢書窺管》稱：「方說者，《史記．封禪書》記李少君以祀灶、穀道、卻老方見上，亳人謬忌奏祠太一方，齊人少翁以鬼神方見上，膠東宮人欒大求見言方之類也。」《漢書．藝文志．諸子．小說家〉有《封禪方說》十篇，記載可能就是方士關於封禪的方說。武帝封禪和求神僊長生不老，是一體的兩面，《漢書．藝文志》小說家類更著錄了一些武帝時方士所著的小說。

《漢書．藝文志》小說家類著錄了自上古以來至西漢的小說十五家。若以時代區分，自《伊尹》至《黃帝》九家，屬於先秦以前的作品，自《封禪說》以下六家，則是漢代，尤其是武帝時期的著作。⓬對於先秦的小說，其中《青史子》、《周考》、《天乙》等三種，班固自注或稱其「古史官之記事也」，或「考周事」，「殷時事」，其性質近乎史。至於《伊尹說》、

《鬻子說》、《務成子》、《詩曠》及《黃帝說》，其性質則近乎子，但不論其性質近乎史或近似子，班固於每條下都以「淺薄依託」或「迂誕依託」評之。對於這些先秦小說，胡應麟說：「《漢書．藝文志》所謂小說，雖為街談巷說，實與後世博物志、志怪等書迥異，蓋雜家者流，稍錯以事耳。」說的是先秦小說的性質，這些小說為後人依託，雜以迂誕怪異之說，真偽莫測。

《漢書．藝文志》除了先秦的小說外，又著錄了《侍詔臣饒心術》、《封禪方說》、《虞初周說》、《侍詔臣安成未央術》等，這些小說已與先秦小說的性質完全不同。《四庫總目提要．小說家》條下引張衡〈西京賦〉稱：「小說九百，本自虞初。」案《虞初周說》九百四十三篇，班固注「虞初，漢武帝時方士。」而認為「小說興於漢武帝時矣。」這些小說興於武帝之時，皆出於方士之手。

《虞初周說》的作者虞初，班固注曰：「河南人，漢武帝時以方士侍郎，號黃車使者。」虞初的名字也見於〈封禪書〉，即武帝伐大宛，與丁夫人以方詛匈奴、大宛的那個方士。至於「黃車使者」，案〈封禪書〉稱：「予方士傳車，及閒使求僊人以數千。」武帝為了求神僊，

⑫ 逯耀東，〈志異小說與魏晉史學〉，《魏晉史學的思想與社會基礎》（臺北：東大圖書，二〇〇〇）。

除自己親往，並派出數千方士到各地探訪，張衡〈西京賦〉說「千乘雷動，萬騎龍趨，屬車之簉，載獫猲獢。」張衡的〈西京賦〉，追述武帝時西京的盛事。以上所述，可能是數千方士的傳車，出發到各地尋求神僊的情景。這些乘車尋僊的方士，即所謂的黃車使者，虞初是當時著名的方士，或也是其中之一。所以，張衡接著說：「匪為好玩，乃有祕書，小說九百，本自虞初。」小說又稱祕書。薛綜注祕書，即醫巫卜祝之術。又解釋：「持此祕術，儲以自隨，侍上求問，皆常俱也。」《漢書．藝文志》還有《侍詔臣饒心術》，班固注稱：「武帝時」，顏師古引劉向《別錄》進一步解釋：「饒，齊人也，不知其姓，武帝時侍詔，作書名曰『心術』也。」又《侍詔臣安成未央術》，應劭注曰：「道家也，好養生事，為未央之術。」這些小說的作者皆稱之為「臣」或「侍詔臣」，這些可能都是各懷祕書祕術，隨侍在武帝四周的方士，他們的祕書祕術後來編輯成冊，被稱之為小說。所以，漢代小說出於方士之手，其內容則迂怪妄誕。但這些材料是非常豐富，是司馬遷撰寫〈封禪書〉，另一個重要的材料來源。

《史記．大宛列傳》太史公曰：「至〈禹本紀〉、《山海經》所有怪物，余不敢言之也。」但上述〈封禪書〉兩種主要的材料來源，不論司馬談所遺留的「舊聞」，或司馬遷扈從武帝巡行天地，退而論次的材料，雖然這些材料都是他們親身經歷或親眼目睹的，而且又是曾經發生，而真實存在的歷史事實。但這些無可否認的歷史事實，卻都是縉紳先生難言又無法考證的材料。至於方士之言更充滿神僊家的虛無飄渺，迂誕妄怪，不是現實世界應有的現象，更是難以考證的。這是司馬遷撰寫〈封禪書〉所遇到的問題，如何處理這些無法考證的材料，是司馬遷首先要解決的問題。

洪邁說：「漢武帝獲白麟，司馬、班固書曰，獲一角獸，蓋麟云。蓋之為言，疑之也。余觀《史》《漢》所記事，或曰若，或曰云，或曰焉，或曰蓋，其語舒緩，含深意。」班固所言獲麟事，見《漢書．郊祀志》。〈郊祀志〉全取《史記．封禪書》。案《史記．封禪書》：「其明年，郊雍，獲一角獸，若麃然。有司曰：『陛下肅祗郊祀，上帝報享，錫一角獸，蓋麟云。』」「若麃然」、「蓋麟云」，若、然、蓋、云都是無法肯定的疑問詞。後來鍾惺也說〈封禪書〉「累累萬餘言，無一著實語，每用虛字誕語翻弄。」⓭「每用虛字誕語翻弄」，是司馬遷處理無法肯定又無法證實的材料，「疑則傳疑，蓋其慎也」的方法。他處理老子問題就採用這種方法。《史記》卷六十三〈老子韓非列傳〉云：

⓭ 鍾惺，《鍾伯敬評史記》，明天啟五年刊本，轉錄自葛鼎、金蟠，《史記》卷二十八，明崇禎十年刻本。見《歷代名家評史記》。

老子者，楚苦縣厲鄉曲仁里人也，姓李氏，名耳，字聃，周守藏室之史也。……或曰：老萊子亦楚人也，著書十五篇，言道家之用，與孔子同時云。蓋老子百有六十餘歲，或言二百餘歲，以其脩道而養壽也。……或曰儋即老子，或曰非也，世莫知其然否。

《史記》沒有一篇列傳記載傳主的籍貫，像老子那樣連鄉里都敘述出來，傳後並詳述老子後代的世系。但是當時對於老子有不同的傳說，司馬遷以或與蓋的形式，將這些材料保存下來。他以同樣的手法，處理墨子的時代問題。《史記》卷七十四〈孟子荀卿列傳〉：

蓋墨翟，宋之大夫，善守禦，為節用，或曰並孔子時，或曰在其後。

不僅對於無法肯定的材料這樣處理，就是他個人親見但又無法證實的事實，也應用這種手法。《史記》卷六十一〈伯夷列傳〉云：

太史公曰：「余登箕山，其上蓋有許由冢云。」

司馬遷登箕山，親眼見到山上有許由冢。但卻說「其上蓋有許由冢云」，也就是說俗言相傳是許由冢，但冢內所葬是否是許由的屍骨，卻無法肯定，也無法證實，因此，用蓋與云記載這件無法肯定的事實，這是相信事實的存在，卻無法肯定傳說的真實，是司馬遷處理材料「疑則傳疑，蓋其慎也」的方法最典型的例子。司馬遷就用這種方法，處理〈封禪書〉有關的材料。除上述獲麟的記載外，〈封禪書〉還有其他的記載：

齊人少翁以鬼神方見上。上有所幸王夫人，夫人卒，少翁以方蓋夜致王夫人及竈鬼之貌云，天子自帷中望見焉。

自威、宣、燕昭使人入海求蓬萊、方丈、瀛洲。此三神山者，其傳在勃海中，去人不遠；患且至，則船風引而去。蓋嘗有至者，諸僊人及不死之藥皆在焉。

自古以雍州積高，神明之隩，故立畤郊上帝，諸神祠皆聚云。蓋黃帝時嘗用事，雖晚周亦郊焉。

其神或歲不至，或歲數來，來也常以夜，光輝若流星，從東南來集于祠城，則若雄雞，其聲殷云。

此外，還有「上乃遣望氣佐候其氣云」、「其詳不可得而紀聞云」、「其牲用騂駒、黃牛、羝羊各一云」、「聞其聲言不見其人云」、「聞若有聲言萬歲云」、「東入海求其師云」、「因以祭云」、「食群神從者及北斗云」、「見大人跡云」、「見其跡甚大，類禽獸云」等等。在〈封禪書〉裡云云特別多，所謂云云，也就是人云亦云，司馬遷將這些人云亦云而無法考證的材料，保持原來的形式敘述出來，有姑妄言之、姑妄聽之的意思，至於其真偽是非，就待後有君子自己判斷了。

累累萬餘言的〈封禪書〉，就用蓋、若、焉及云云結構而成，用這些無法考證的材料，支持了武帝的封禪與求神僊。但司馬遷對武帝求神僊採取保留的態度，也就是〈封禪書〉所謂「天子益怠厭方士之怪迂語矣，然羈縻不絕，冀遇其真。自此之後，方士言神祠彌眾，然其效可睹矣」。不過，「冀遇其真」卻是武帝求神僊所堅持的態度。司馬遷便以「冀遇其真」，結合了蓋、焉、若及云云的材料，記載武帝封禪的過程。司馬遷的記載，從「今天子初即位，尤敬鬼神之祀」開始，然後「海上燕齊怪迂之方士多更言神事矣」。「上遂東巡海上，行禮祠八神。齊人之上疏言神怪方者以萬數，然終無驗者。乃益發船，令言海中神山者數千人求蓬萊神人」。「天子既已封泰山，無風雨災而方士更言蓬萊諸神若將可得，於是上欣然庶幾遇之，乃復東至海上望，冀遇蓬萊焉」。「東至海上，考入海及方士求神者，莫驗，然益遣，冀遇之。」最後〈封禪書〉說：

今上封禪，其後十二歲而還，遍於五岳、四瀆矣。而方士之候祠神人，入海求蓬萊，終無有驗。而公孫卿之候神者，亦以大人之跡為解，無有效。天子益怠厭方士之怪迂語矣，然羈縻不絕，冀遇其真。自此之後，方士言神祠者彌眾，然其效可睹矣。

雖然，武帝求神僊冀遇其真，但終無有驗。但卻意外地創造了另一個神僊，那就是黃帝。文廷式《純常枝子語》卷十八云：「李少君以前言神僊者，不特不託老子，並未嘗託黃帝也。」的確，李少君將方士之術與黃帝扯在一起，於是黃帝進入了神僊系統，自得寶鼎以後，黃帝又和封禪結合起來，公孫卿又編製出黃帝乘龍的神話，黃帝既封禪又登僊，深合武帝的心意。所以，〈封禪書〉說：

天子既聞公孫卿及方士之言，黃帝以上封禪，皆致怪物與神通，欲放黃帝以上接神僊人蓬萊士，高世比德於九皇，而頗采儒術以文之。

因此，黃帝在方士的粉飾渲染下，變成了神僊家的箭垛式的人物。《漢書．藝文志．諸子．小說家》有《黃帝說》四十篇，班固注曰：「迂誕依託。」這部小說家的《黃帝說》，可能就是武帝時方士的依託之作，其中充滿迂誕怪妄。同時在〈諸子略．道家〉之外，又出現了許多其他以黃帝為名的著作。這些著作包括《黃帝雜子氣》、《黃帝柳占夢》、《黃帝內經》、《黃帝秦始扁鵲附方》、《黃帝三陽養湯》、《黃帝雜子步引》、《黃帝雜子芝菌》、《黃帝伯岐按摩》、《黃帝雜子十九家方》等等，這些託名黃帝的書，可能都出於方士之手，配合了武帝的封禪與求僊的需要而產生的。

出於戰國時期傳說中的黃帝，到這個時候突然變成神僊的黃帝，不僅神僊，而且是神僊家的始祖，於是許多迂怪不經的神話，就環繞著黃帝而產生了。不過，神話和傳說還是有區別的，神話是想像的產物，雖然怪誕荒唐，而且是非理性的，但講者和聽者卻信以為真，絕不認為其虛妄。至於傳說必須有某種事實作為依據，雖然這些事實往往因穿鑿附會流於怪誕不經，但傳說所敘述的是一個民族的英雄，不是超越現實世界的神僊。牛運震說司馬遷寫〈封禪書〉「設詞於疑信之際，用筆在離合之間，摹擬處無一實境，論斷處無一直筆。」這正是司馬遷處理材料寫〈封禪書〉的方法。他將包括黃帝在內的許多神話材料，採取保留的態度，每每借方士之口道出，卻不加任何的論斷，將這一份材料固定〈封禪書〉中，「後有君子，得以覽焉」。然後進一步再從傳說中提煉可信的材料，塑造另一個歷史的黃帝。所以，司馬遷的《史記》中有兩個黃帝，一個在〈封禪書〉，另一個在〈五帝本紀〉，前者是神僊的黃帝，後者是歷史的黃帝。司馬遷將神僊的黃帝固定在〈封禪書〉中，然後再考論包括傳說在內的其他材料，撰寫〈五帝本紀〉之首的另一個中國歷史開端的黃帝。所以《史記》中有兩個黃帝，一為歷史的黃帝，一為武帝時的神僊黃帝，前者為古，後者為今。

〈匈奴列傳〉的次第問題

一、〈匈奴列傳〉的次第

趙翼《廿二史箚記》云：「《史記》列傳次序，蓋成一篇，即編入一篇，不待撰成全書後，重為排比。故李廣傳後，忽列匈奴傳，下又列衛青、霍去病傳，朝臣與外夷相次，已屬不倫。然比猶曰諸臣事皆與匈奴相涉也。」因而趙氏認為《史記》「其次第皆無意義，可知其隨得隨編也。」❶

趙氏之論提出兩個問題，一是〈匈奴列傳〉編次於李廣、衛霍列傳之間，「朝臣與外夷相

❶ 趙翼，《廿二史箚記》卷一，「《史記》編次」條。

次」，不倫不類。二由此推論，《史記》次第「皆無意義，隨得隨編」。關於〈匈奴列傳〉次第問題，最早為張晏提出，其謂〈匈奴列傳〉「本次於〈平津列傳〉後第五十二，今本第五十者，先生本如此。」並云：「若先諸傳而次四夷，則司馬、汲鄭不合在後也。」❷張晏之說則緣於班固，《漢書．司馬遷傳》敘《史記》列傳次第，為〈衛將軍驃騎列傳〉第五十，〈平津主父偃列傳〉第五十一，〈匈奴列傳〉第五十二。與司馬遷〈自序〉所敘〈匈奴列傳〉次第不同。《漢書》則次〈匈奴傳〉於諸雜傳之後，與四夷傳同列，如此則免於朝臣與外夷相次，而有華夏夷狄之別。自此以後，正史列傳次第皆以此為準繩。

不過，司馬遷撰《史記》似無中國四夷之分，故〈匈奴列傳〉編次於李將軍、衛霍列傳之間。其自序云：「自三代以來，匈奴常為中國患害，欲知彊弱之時，設備征討，作〈匈奴列傳〉第五十。」匈奴強弱，事關漢匈之間和戰關係，為司馬遷撰〈匈奴列傳〉之意旨所在。劉咸炘云：「自李廣至大宛，武帝時事數大端也，皆〈今上本紀〉之緯也。」❸現〈今上本紀〉已軼，然司馬遷敘武帝時代歷史發展之主要趨勢，仍有跡可尋。〈自序〉云：「漢興五

❷《史記．匈奴列傳》正義。
❸劉咸炘，《太史公書知意》卷六。

世，隆在建元，外攘夷狄，內脩法度，封禪，改正朔，易服色。作〈今上本紀〉第十二。」此為司馬遷〈今上本紀〉的意旨所在。

「內脩法度」與「外攘夷狄」是武帝時代兩大重要的歷史事件，也是構成〈今上本紀〉的主要內容。所謂「內脩法度」，即統治體制的轉變，由王國郡縣的地方分權，轉變為「德歸京師」的中央集權，最後形成「天子之德，一人有慶，天下賴之」的君主絕對權威的樹立❹。至於「外攘夷狄」，〈建元以來侯者年表〉云：「中國一統，明天子在上，兼文武，席卷四海，內輯億萬之眾，豈以晏然不為邊境征伐哉！」〈建元以來侯者年表〉之所以作，〈自序〉云：「北討彊胡，南誅勁越，征伐夷蠻，武功爰列，作〈建元以來侯者年表〉第八。」司馬遷作此表，以伐四夷為主，與司馬遷撰〈今上本紀〉的「外攘夷狄」的本旨同。汪越〈讀建元以來侯者年表〉所謂「建元至太初以後侯者，蓋主軍功。而擊匈奴則軍功大者，越南、東甌、朝鮮軍功又次之。」❺所以，武帝時「外攘夷狄」，雖然包括匈奴、南越、東甌、朝鮮，但對匈奴的征伐，卻又是漢武帝「外攘夷狄」的主要問題。

❹ 參見本書〈「通古今之變」的「今」之開端〉。
❺ 汪越，〈讀建元以來侯者年表〉，《讀史記十表》之八。

征伐匈奴不僅是漢武帝「外攘夷狄」的主要問題，也是漢武帝時代的兩個重要歷史問題之一。劉知幾以經典的經傳關係，解釋本紀與列傳間的關係，即所謂傳以釋紀。所謂傳以釋紀的經傳關係，也就是《史記》諸本紀僅記載歷史事件的大端；列傳則對其歷史事件的大端，作進一步的敘述與分析。一如經典的傳注，對經義所作的闡釋。既然本紀與列傳之間，存在著經傳闡釋的關係，則列傳與列傳之間也存在著一種無形的邏輯關聯。所以，《史記》諸列傳貌似各自獨立，而彼此間實際上有著一種內在的邏輯關聯性存在。

因此，司馬遷《史記》的篇目次第，就不可能如趙翼所言，隨得隨編，「皆無意義」可言。所以，朱東潤云：「曲解篇次，誠為不可，然遽謂其隨得隨編，亦未盡當。」朱氏認為「史遷作傳，共分五組」，即先秦以上、秦、楚漢、高惠文景、今上等五個單元❻。其中有關今上的單元，朱東潤說：「〈魏其武安侯列傳〉第四十七，〈韓長孺列傳〉第四十八，〈李將軍列傳〉第四十九，凡三篇，皆武帝時人。」不過，他又說：「自〈匈奴列傳〉五十以下，目次始不可解❼。」所以「不可解」，朱氏認為自〈匈奴列傳〉之後，其間或有「竄亂」。但「竄

❻ 朱東潤，《史記考索．史記紀表世家傳說例》。
❼ 朱東潤，《史記考索．史記紀表世家傳說例》。

亂」並非朱氏對此後編次不可解的癥結所在，或朱氏與趙翼意見相似，即朝臣不該與外夷參次。事實上，自〈魏其武安侯列傳〉第四十七，至〈汲鄭列傳〉第五十九，以及其後的〈儒林〉〈酷吏〉等至〈貨殖列傳〉第六十九，甚至〈太史公自序〉第七十，都包括在「今上」的範圍之內，這也就是司馬遷「欲以通古今之變」的「今」，即當代或現代之史。

自〈魏其武安侯列傳〉第四十九，至〈太史公自序〉第七十，雖然各自獨立成傳，若以〈建元已來王子侯者年表〉及〈建元以來侯者年表〉貫穿，則〈今上本紀〉的「內脩法度」與「外攘夷狄」兩重要的歷史問題，皆在其中，形成一個「今上」的獨立單元。

在「今上」的單元之中，對匈奴的征討，則自〈韓長孺列傳〉第四十八，〈李將軍列傳〉第四十九，〈匈奴列傳〉第五十，〈衛將軍驃騎列傳〉第五十一，〈平津侯主父列傳〉第五十二，更以〈建元以來侯者年表〉貫穿，則成為「今上」單元中的另一個小的單元。不僅可以對武帝時代的討伐匈奴政策，有進一步的了解，並且可以發現《史記》列傳與列傳之間，的確存在著一種內在的邏輯關聯性。如此就不會發生《史記》目次了無次第的問題了。

二、〈韓長孺列傳〉與馬邑之戰

《史記．匈奴列傳》敘述漢武帝時的漢匈關係，自「今帝即位，……匈奴自單于以下皆親漢，往來長城下」始，迄於太初四年：

> 漢既誅大宛，威震外國。天子意欲遂困胡，乃下詔曰：「高皇帝遺朕平城之憂，高后時單于書絕悖逆。昔齊襄公復九世之讎，《春秋》大之。」

〈匈奴列傳〉於此詔之後，雖尚有天漢二年、征和三年李陵、李廣利先後降匈奴的兩則記事。這兩則記事為征和三年，司馬遷因巫蠱之禍，刪削甫定稿的《史記》時所增補❽。〈匈奴列傳〉與其相關的〈建元以來侯者年表〉〈大宛列傳〉皆以太初為終。終於太初是《史記》三個斷限之一。所以武帝的這份詔書，則是司馬遷撰寫〈匈奴列傳〉的總結。

---

❽ 參見本書〈「巫蠱之禍」與《史記》的成書〉。

雖然，〈建元以來侯者年表〉序所謂：「中國一統，明天子在上，兼文武，席卷四海，內輯億萬之眾，豈以晏然不為邊境征伐哉！」是武帝出師北討匈奴的原因。但作為〈匈奴列傳〉總結的漢武帝太初四年詔書，卻道出漢武帝北伐匈奴的真正原因。所謂「高皇帝遺朕平城之憂」，即高祖七年的平城之役。高祖被冒頓單于困平城七日，最後「所以得脫者，世莫得而言」，蓋高祖與單于訂下城下之約。此後與匈奴維持屈辱的和親，舉國上下視此役為國恥，隱忍百年而不言。司馬遷撰《史記》言及此役，亦諱莫如深❾。至於「高后時單于書絕悖逆」，冒頓來書，《史記》亦未載。《漢書．匈奴傳》云：

> 孝惠、高后時，冒頓寖驕，乃為書，使使遺高后曰：「孤僨之君，生於沮澤之中，長於平野牛馬之域，數至邊境，願遊中國。陛下獨立，孤僨獨居。兩主不樂，無以自虞，願以所有，易其所無。」

書至，高后大怒，下議。樊噲欲以十萬眾橫行匈奴中，季布以高祖平城之圍而斥止。高后乃

❾參見本書〈對匈奴問題處理的限制〉。

報書單于，書曰：「單于不忘弊邑，賜之以書，弊邑恐懼。退日自圖，年老氣衰，髮齒墮落，行步失度，單于過聽，不足以自汙，弊邑無罪，宜在見赦。竊有御車二乘，馬二駟，以奉常駕。」

此二事，武帝常縈在心，立志復仇雪恥，至北逐匈奴，絕於漠南，西服大宛，乃下此詔，而道出其討伐匈奴的真正原因。詔書所謂「齊襄公復九世之讎，《春秋》大之」。師古曰：「莊四年春，齊襄公滅紀，復讎也。襄公九世祖昔為紀侯所譖，而亨殺于周，故襄公滅紀也。九世猶可以復讎乎？曰：雖百世可也。」詔書引此，知武帝伐匈奴為雪恥復仇，其所復者為高祖平城辱。所以，司馬遷撰〈匈奴列傳〉以此作結，突顯出漢武帝勞師動眾討伐匈奴的原因在此。

不過，武帝對匈奴的征討，卻以馬邑之戰為開端。馬邑之戰是武帝時代對匈奴政策由和到戰重要的轉變，《漢書．五行志》云：「先是二年，遣五將軍三十萬眾伏馬邑下，欲襲單于，單于覺之而去。自是始征伐四夷，師出三十餘年，天下戶口減半。」馬邑之戰不僅是討伐匈奴的開端，也是自平城之役近百年來漢匈關係巨大的轉變。韓安國不僅經歷這個巨大的轉變，而且親予其事，更是馬邑之戰前後重要的關鍵人物。司馬遷即以韓安國「智足以應近世之變」，而撰寫〈韓長孺列傳〉。〈太史公自序〉：「智足以應近世之變，寬足以用得人，作

〈韓長孺列傳〉第四十八。」這不僅是司馬遷對韓安國的評價，也是他撰寫〈韓長孺列傳〉的意旨所在。所謂「寬足以用得人」，案〈韓長孺列傳〉太史公曰：「余與壺遂定律歷，觀韓長孺之義，壺遂之深中隱厚。世之言梁多長者，不虛哉！」壺遂與司馬遷共訂《太初曆》。司馬遷藉韓安國附敘壺遂，並謂「壺遂官至詹事，天子方倚以為漢相，會遂卒。不然，壺遂之內廉行脩，斯鞠躬君子也。」這是《史記》的「太史公曰」體例中，補敘軼事的一例❿。司馬遷因與壺遂共事，對其知之甚深，並予很高的評價。司馬遷所以將壺遂附敘於〈韓長孺列傳〉，因為壺遂是韓安國薦舉的。〈韓長孺列傳〉謂安國曰：

為人多大略，智足以當世取合，而出於忠厚焉。貪嗜於財。所推舉皆廉士，賢於己者也。於梁舉壺遂、臧固、郅他，皆天下名士，士亦以此稱慕之。

所謂「所推舉皆廉士，賢於己者也」，與〈太史公自序〉中對韓安國的評價寬厚吻合。壺遂等人之舉，皆在韓安國事梁孝王之時。韓安國事梁孝王在景帝時。所以，司馬遷撰寫〈韓

❿ 參見本書〈史傳論贊與「太史公曰」〉。

長孺列傳〉，可以時間分劃為前後兩個部份。其一為於景帝時，事梁孝王並力諫梁孝王改善與中央的關係，深獲竇太后之心。同時向中央舉薦壺遂等，這是韓安國「出於忠厚」與「寬於用人」時期。其二韓安國在武帝即位之初，由地方轉入中央，正是新舊權力交替之際，韓安國浮沈其間，頗能「以當世取合」，其後參與對匈奴和戰問題廷議的論辯，並於馬邑之戰中扮演重要的角色，這是韓安國「以應近世之變」時期。《史記．韓長孺列傳》即以這兩部份組合而成，如果沒有後一個部份，韓安國是很難進入歷史的。

韓安國由地方轉任中央，因以金賂武安侯田蚡，由田蚡向其姊王太后推薦。〈韓長孺列傳〉云：

> 建元中，武安侯田蚡為漢太尉，親貴用事，安國以五百金物遺蚡。蚡言安國太后，天子亦素聞其賢，即召以為北地都尉，遷為大司農。

此後，韓安國成為田蚡的追隨者，政治上的左右手。建元六年五月，母儀三朝並實際掌控中央權力的竇太后崩，田蚡立即復出任丞相。前此，田蚡為首的武帝母氏王太后外戚集團，欲在權力交替之際，奪取竇氏外戚集團的權力，遭到竇皇太后的鎮壓。田蚡因此退出政治權力中心，諸所興革盡廢，其中也包括漢對匈奴的政策在內。竇皇太后對匈奴的政策，仍繼續文景之世的和親政策。竇皇太后崩，田蚡復出。〈魏其武安侯列傳〉云：

建元六年，竇太后崩，丞相昌、御史大夫青翟坐喪事不辦，免。以武安侯蚡為丞相，以大司農韓安國為御史大夫。

〈韓長孺列傳〉亦云：「建元六年，武安侯為丞相，安國為御史大夫。」田蚡取得權力後，立即恢復被竇太后廢置的若干改革的設施。當是時，武帝已由即位時的少年，成長為一個有為的青年。因其母親王太后的關係，雖然在政治權力方面，對田蚡作若干妥協與讓步，但卻欲利用其祖母竇皇太后逝世的機會，澈底改變自平城之圍後百年來的漢匈關係。所以，當時若干政治事務與人事的任用，由田蚡負責。但對匈奴的政策卻完全由武帝主導。司馬遷在〈韓長孺列傳〉中，詳細敘述了當時漢對匈奴由和到戰的轉變過程。〈韓長孺列傳〉云：

匈奴來請和親，天子下議。大行王恢，燕人也，數為邊吏，習知胡事。議曰：「漢與匈奴和親，率不過數歲即復倍約。不如勿許，興兵擊之。」安國曰：「千里而戰，兵不獲利。今匈奴負戎馬之足，懷禽獸之心，遷徙鳥舉，難得而制也。得其地不足以為廣，有其眾不足以為彊，自上古不屬為人。漢數千里爭利，則人馬罷，虜以全制其敝。且彊弩之極，矢不能穿魯縞，衝風之末，力不能漂鴻毛。非初不勁，末力衰也。擊之不便，不如和親。」

在這次廷議論辯中，王恢主戰，韓安國主和，但群臣多附安國。於是，武帝祇得許和親。韓安國在廷議中，分析敵我情勢之後，認為「擊之不便，不如和親。」韓安國的意見，實際上代表田蚡的主張。這次的廷議在元光元年初，當時竇太后大喪未久，田蚡初取得中央權力之際，內部政治情勢未穩，而不欲開邊，遂然改變行之已久的和親政策，因而發動群臣附和韓安國繼續和親的意見。不過，武帝欲討伐匈奴的決心是堅定的。《史記．酷吏列傳》云：

匈奴來請和親，群臣議上前。博士狄山曰：「和親便。」上問其便，山曰：「兵者凶器，未易數動。高祖欲伐匈奴，大困平城，乃遂結和親。孝惠、高后時，天下安樂。及孝文帝欲事匈奴，北邊蕭然苦兵矣。孝景時，吳楚七國反，景帝往來兩宮間，寒心者數月。吳楚已破，竟景帝不言兵，天下富實。今自陛下舉兵擊匈奴，中國以空虛，邊民大困貧。由此觀之，不如和親。」上問（張）湯，湯曰：「此愚儒，無知。」狄山曰：「臣固愚忠，若御史大夫湯乃詐忠。……」於是上作色曰：「吾使生居一郡，能無使虜入盜乎？」曰：「不能。」曰：「居一縣？」對曰：「不能。」復曰：「居一障間？」山自度辯窮且下吏，曰：「能。」於是上遣山乘鄣。至月餘，匈奴斬山頭而去。自是以後，群臣震慴。

此次廷議未載年月，是時張湯已為御史大夫。案《史記．漢興以來將相名臣年表》張湯元狩二年為御史大夫。由衛青、霍去病率領大舉討伐匈奴的戰爭已經展開，但和戰的爭議仍未停止。由武帝最後對狄山的處置，也反映他對討伐匈奴態度的堅決。所以在元光元年第一次廷議討論對匈奴的和戰問題，他主張討伐匈奴的主張，由於田蚡作梗沒有獲得大多數朝臣的支持。次年又下詔重申其討伐匈奴的決心並徵詢群臣的意見。《漢書．武帝紀》云：

（元光二年）春，詔問公卿曰：「朕飾子女以配單于，金幣文繡賂之甚厚，單于待命加嫚，侵盜亡已。邊境被害，朕甚閔之。今欲舉兵攻之，何如？」

此詔不見載《史記》。《漢書．韓安國傳》云：「明年，雁門馬邑豪聶壹因大行王恢言：匈奴初和親，親信邊，可誘以利致之，伏兵襲擊，必破之道也。」下亦載此詔。於是開始第二次關於漢匈和戰問題的廷議。論辯雙方仍然是主戰的王恢，與主和的韓安國。往復辯難五六次，皆詳載於《漢書．韓安國傳》。此次廷議雙方持論雖仍如前，然事關漢匈和戰問題，其影響至鉅，司馬遷竟然未載。這次廷議武帝最後決擇，選用了王恢的「以為擊之便」。《漢書．韓安國傳》云：

恢曰：「……今臣言擊之者，固非發而深入也，將順因單于之欲，誘而致之邊，吾選梟騎壯士陰伏而處以為之備，審遮險阻以為其戒。吾勢已定，或營其左，或營其右，或當其前，或絕其後，單于可禽，百全必取。」上曰：「善。」乃從恢議。

然後，乃有馬邑之役。《史記．韓長孺列傳》詳述此次戰爭的過程：

其明年，則元光元年，鴈門馬邑豪聶翁壹因大行王恢言上曰：「匈奴初和親，親信邊，可誘以利。」陰使聶翁壹為閒，亡入匈奴，謂單于曰：「吾能斬馬邑令丞吏，以城降，財物可盡得。」單于愛信之，以為然，許聶翁壹。聶翁壹乃還，詐斬死罪囚，縣其頭馬邑城，示單于使者為信。曰：「馬邑長吏已死，可急來。」於是單于穿塞將十餘萬騎，入武州塞。當是時，漢伏兵車騎材官二十餘萬，匿馬邑旁谷中。衛尉李廣為驍騎將軍，太僕公孫賀為輕車將軍，大行王恢為將屯將軍，太中大夫李息為材官將軍。御史大夫韓安國為護軍將軍，諸將皆屬護軍。約單于入馬邑而漢兵縱發。王恢、李息、李廣別從代主擊其輜重。於是單于入漢長城武州塞。未至馬邑百餘里，行掠鹵，徒見畜牧於野，不見一人。單于怪之，攻烽燧，得武州尉史。欲刺問尉史。尉史曰：「漢兵數十萬伏馬邑下。」單于顧謂左右曰：「幾為漢所賣！」乃引兵還。出塞，曰：「吾得尉史，乃天也。」命尉史為天王。塞下傳言單于已引去。漢兵追至塞，度弗及，即罷。王恢等兵三萬，聞單于不與漢合，度往擊輜重，必與單于精兵戰，漢兵勢必敗，則以便宜罷兵，皆無功。

馬邑之戰的戰鬥部署，完全依王恢之議。案《漢書．武帝紀》云：「夏六月，御史大夫韓安國為護軍將軍，衛尉李廣為驍騎將軍，太僕公孫賀為輕車將軍，大行王恢為將屯將軍，太中大夫李息為材官將軍，將三十萬眾屯馬邑谷中，誘致單于。」然未言主帥何人，或謂此役武帝自將兵前往，因未竟功而諱之。但韓安國於此役中任護軍將軍，《史記．韓長孺列傳》云：「韓安國為護軍將軍，諸將皆屬護軍。」則是韓安國在此次戰役中，協調諸軍事宜，其位僅次於主帥。前後兩次廷議，韓安國皆堅持和親，但在這次戰役中竟轉而擔負重任，真可謂「智足以當世取合」了。

韓安國自元光元年為御史大夫，至元朔二年「歐血死」，前後七年間，正是漢武帝對匈奴政策轉變關鍵時期，司馬遷以馬邑之役，作為武帝對匈奴政策轉變的開端，因其不僅對匈奴，並且其他方面的影響也是深遠的。《史記．平準書》云：

及王恢設謀馬邑，匈奴絕和親，侵擾北邊，兵連而不解，天下苦其勞，而干戈日滋。行者齎，居者送，中外騷擾而相奉，百姓抏獘以巧法，財賂衰耗而不贍。入物者補官，出貨者除罪，選舉陵遲，廉恥相冒，武力進用，法嚴令具。興利之臣自此始也。

所以，馬邑之役不僅是漢武帝對匈奴政策轉變的開端，而且自馬邑之戰後，展開對匈奴的進擊，其影響擴展及政治、軍事、經濟與社會各個層面，的確是近世一大巨變。韓安國處於這個變中，前後兩次廷議，堅決對匈奴和親，馬邑之戰發生之後，又以護軍將軍領軍，俯仰自如，這就是司馬遷說他「智足以當世取合」，而能「應近世之變」的原因。所以，在馬邑之役之前，或馬邑之戰中，韓安國都扮演重要的角色。因此，司馬遷以列傳以人繫事的體例，將這個重要戰役的緣起、經過以及戰後的處理，皆詳載於〈韓長孺列傳〉。

牛運震《讀史糾謬》曰：「王恢設謀馬邑無功自殺事，與安國無連，記之太詳，使人閱之不知為長孺傳。此為客奪主之嫌，此已載于〈匈奴列傳〉，則此處略之。」案王恢之死，〈匈奴列傳〉云：「漢以恢本造兵謀而不進，斬恢。」確不如〈韓長孺列傳〉詳盡。又云武帝怒王恢不出擊單于輜重，並曰：「首為馬邑事者，恢也。故發天下兵數十萬，從其言，為此。且縱單于不可得，恢所部擊其輜重，猶頗可得，以慰士大夫心。今不誅恢，無以謝天下。」於是恢聞之乃自殺。牛氏之言似是，其實不然。因為司馬遷撰《史記》列傳，非僅敘單獨的個人，乃以人繫事。〈匈奴列傳〉敘漢匈和戰關係大事，然事件發展緣起以及過程之背景，載於其他列傳中敘之，〈韓長孺列傳〉敘武帝對匈奴政策轉變開端的馬邑之戰，即是一個顯明的例子。然後以此與〈李將軍列傳〉、〈匈奴列傳〉、〈衛將軍驃騎列傳〉、〈平津侯主父列傳〉並讀，將會發現彼此的邏輯關聯性，由於這種邏輯關聯的存在，更以〈建元以來侯者年表〉貫穿，形成一個武帝處理匈奴問題的單元。如此，就不會發生趙翼所謂司馬遷撰《史記》，朝臣與四夷相參，其目錄了無次第可言的問題了。

馬邑之役後，韓安國的生涯都和對匈奴的征戰有關。最後，《史記．韓長孺列傳》云：

安國始為御史大夫及護軍，後稍斥疏，下遷；而新幸壯將軍衛青等有功，益貴。安國既疏遠，默默也；將屯又為匈奴所欺，失亡多，甚自愧。幸得罷歸，乃益東徙屯，意忽忽不樂。數月，病歐血死。安國以元朔二年中卒。

司馬遷以安國「後稍斥疏」，與「新幸壯將軍衛青等有功，益貴」，將〈韓長孺列傳〉與〈衛將軍驃騎列傳〉聯繫起來，韓安國的「斥疏」與衛青等的「益貴」，象徵著武帝對匈奴的討伐，進入另一個新的發展階段。這是司馬遷撰寫列傳內在邏輯關聯性的具體表現。

韓安國卒於元朔二年。元朔二年是武帝討伐匈奴重要轉變階段。《漢書．武帝紀》元朔二年條下云：

匈奴入上谷、漁陽，殺略吏民千餘人。遣將軍衛青、李息出雲中，至高闕，遂西至符離，獲首虜數千級。收河南地，置朔方、五原郡。

此役由衛青率軍。〈衛將軍驃騎列傳〉云：

> 明年，匈奴入殺遼西太守，虜略漁陽二千餘人，敗韓將軍軍。漢令將軍李息擊之，出代；令車騎將軍青出雲中以西至高闕。遂略河南地，至于隴西，捕首虜數千，畜數十萬，走白羊、樓煩王。遂以河南地為朔方郡。

所謂「韓將軍」即韓安國。〈韓長孺列傳〉亦載此役：

> 明年，匈奴大入邊，殺遼西太守，及入鴈門，所殺略數千人。車騎將軍衛青擊之，出鴈門。衛尉安國為材官將軍，屯於漁陽。安國捕生虜，言匈奴遠去。即上書言方田作時，請且罷軍屯。罷軍屯月餘，匈奴大入上谷、漁陽。安國壁乃有七百餘人，出與戰，不勝，復入壁。匈奴虜略千餘人及畜產而去。天子聞之，怒，使使責讓安國。徙安國益東，屯右北平。

經此役，安國不數月即嘔血死。衛青則以取河南，築朔方城，封長平侯。三年後的元朔五年，

「天子使使者持大將軍印，即軍中拜車騎將軍青為大將軍，諸將皆以兵屬大將軍」。自此之後，衛青成為討伐匈奴的統帥。此即〈韓長孺列傳〉所謂「新幸壯將軍衛青等有功，益貴」。於是，韓安國既沒，衛青、霍去病出焉。

三、〈衛將軍驃騎列傳〉與六郡良家子

〈太史公自序〉云：「直曲塞，廣河南，破祁連，通西國，靡北胡。作〈衛將軍驃騎列傳〉第五十一。」開河南立朔方與通河西置四郡，司馬遷認為是衛青、霍去病討伐匈奴主要的功績，於是乃有斯傳之作。然附驥於〈匈奴列傳〉之後，則有其微意在焉。如果沒有武帝對匈奴的討伐，衛青、霍去病僅得次於〈外戚世家〉或〈佞幸列傳〉之間。《史記・外戚世家》云：

> 衛子夫已立為皇后，先是衛長君死，乃以衛青為將軍，擊胡有功，封為長平侯。青三子在襁褓中，皆封為列侯。及衛皇后所謂姊衛少兒，少兒生子霍去病，以軍功封冠軍侯，號驃騎將軍。青號大將軍。……衛氏枝屬以軍功起家，五人為侯。

衛、霍皆以軍功起家，擊胡有功封侯。武帝為雪高祖平城之恥，欲討伐匈奴。即位後，即著手建立一支精銳，並且絕對忠誠的部隊，故其統帥則於內寵嬖臣或外戚中擢拔。《史記·佞幸列傳》云：

（韓）嫣者，弓高侯孽孫也。今上為膠東王時，嫣與上學書相愛。及上為太子，愈益親嫣。嫣善騎射，善佞。上即位，欲事伐匈奴，而嫣先習胡兵，以故益尊貴，官至上大夫，賞賜擬於鄧通。

後韓嫣被竇太后賜死，此後討伐匈奴將帥皆出於外戚之家，前有衛青、霍去病，後有李廣利。衛青、霍去病由是脫穎而出。事實上，外戚與佞幸很難區劃。《漢書·外戚恩澤侯表》衛青、霍去病即列其中。《史記·佞幸列傳》即云：

內寵嬖臣大底外戚之家，然不足數也。衛青、霍去病亦以外戚貴幸，然頗用材能自進。

衛青、霍去病皆以外戚「貴幸」。《漢書·東方朔傳》云：

建元三年，微行始出。北至池陽，西至黃山，南獵長楊，東游宜春。微行常用飲酎已。……微行以夜漏下十刻乃出，常稱平陽侯。

武帝自建元三年常微服夜出，所率不過十餘人，霍去病即在其中。《漢武故事》云：

與霍去病等十餘人，皆輕服為微行，且以觀戲市里，察民風俗，嘗至勺通中行……時微服行率不過二十人，馬七八疋，更步更騎，衣如凡庶，不可別也⓫。

霍去病寵幸如此。至於衛青，褚少孫補〈外戚世家〉云：

是時平陽主寡居，當用列侯尚主。主與左右議長安中列侯可為夫者，皆言大將軍可。主笑曰：「此出吾家，常使令騎從我出入耳，奈何用為夫乎？」

⓫《資治通鑑》卷十七漢武帝建元三年條下，亦引《漢武故事》。

平陽公主為武帝姊，先尚平陽侯曹壽，後下嫁衛青。其謂衛青「此出吾家，常使令騎從我出入耳」。親倖如此。衛青、霍去病雖以外戚貴幸，然「頗用材能自進」。所謂「用材能自進」，即深識侍君之道。〈衛將軍驃騎列傳〉云：

> 驃騎將軍為人少言不泄，有氣敢任。天子嘗欲教之孫吳兵法，對曰：「顧方略何如耳，不至學古兵法。」天子為治第，令驃騎視之，對曰：「匈奴未滅，無以家為也。」由此上益重愛之。

「少言不泄」乃侍居之要件。所謂「匈奴未滅，無以家為」，深恰武帝討伐匈奴復仇之心。至於衛青，傳稱其「仁善退讓，以和柔自媚於上」。〈衛將軍驃騎列傳〉太史公曰：

> 蘇建語余曰：「吾嘗責大將軍至尊重，而天下之賢大夫毋稱焉，願將軍觀古名將所招選擇賢者，勉之哉。」大將軍謝曰：「自魏其、武安之厚賓客，天子常切齒。彼親附士大夫，招賢絀不肖者，人主之柄也。人臣奉法遵職而已，何與招士！」驃騎亦放此意，其為將如此。

衛青、霍去病既親倖，欲能奉法守職，不招納賓客，對主上絕對輸其忠誠，是武帝討伐匈奴理想的統帥人才。衛青出身羽林，選任車騎將軍而後大將軍。霍去病以侍中選任驃姚將軍，而後為驃騎將軍，二人於元狩六年並為新置的大司馬。衛青、霍去病為當時討伐匈奴東西戰場的統帥。

衛青、霍去病分別由羽林、侍中選任將軍。羽林、侍中皆為郎官，屬郎中令。案《漢書・百官公卿表》云：

郎中令，秦官，掌宮殿掖門戶，有丞。武帝太初元年更名光祿勳。屬官有大夫、郎、謁者，皆秦官。又期門、羽林皆屬焉。

武帝為討伐匈奴，在守戍京師的南北軍之外，又培養一支精銳的禁衛軍，作為出擊匈奴軍事力量的骨幹。於是擴展其近身郎官的組織與功能，將原來的郎中令更名光祿勳。案《漢官解詁》曰：「勳猶閽也。易曰：為閽寺，主殿宮門之職。」武帝改制後的光祿勳：「主更直執戟，出充車馬。」雖仍有古官制的遺意，但職責與組織卻已擴大，在當時既行的正規行政制度外，形成另一個龐大且固定的郎官官僚體系。

郎有議郎、中郎、侍郎、郎中。《續漢書．百官志》云：「凡郎官皆主更直，宿衛諸殿門，出充車騎，唯議郎不在直中。」議郎有中大夫、大中大夫、諫議大夫等，其職掌如汲黯所言「臣願為中郎，出入禁闈，補過拾遺」，負責議論、起草議論等等，無須更直。但其他諸郎皆須更直，東方朔、揚雄皆曾執戟為郎。諸郎官多至千人，其後出征匈奴的將校，皆由其中選擢，邊郡太守也多由郎官中派任。

同時，武帝在諸郎官中、又設立了羽林、期門兩支禁衛軍，並收容從軍戰死者的子孫，教以五兵，號為羽林孤兒，為儲備討伐匈奴的戰鬥力量。《漢書．百官公卿表》云：

> 期門，掌執兵送從，武帝建元三年初置，比郎，無員，多至千人，有僕射，秩比千石。

期門置於建元三年。《漢書．東方朔傳》進一步解釋云：

> 建元三年，……八九月中，與侍中常侍武騎及待詔隴西北地良家子能騎射者期諸殿門，故有「期門」之號自此始。

至於羽林設置則較期門晚。《漢書．百官公卿表》云：

羽林掌送從，次期門，武帝太初元年初置，名曰建章營騎，後更名羽林騎。又取從軍死事之子孫養羽林，官教以五兵，號曰羽林孤兒。羽林有令丞。

羽林、期門皆屬光祿勳，是善於騎射的騎兵禁衛軍，專為討伐匈奴而設置，其成員多來自「隴西北地良家子能騎射者」。《漢舊儀》亦云：

期門騎者，隴西工射獵及能用五兵材力者五百人。行出會期門不從射獵，無員，秩比郎從員，名曰期門騎。

所謂「隴西、北地良家子」，即「六郡良家子」。《漢書．地理志》云：

漢興，六郡良家子選給羽林、期門，以材力為官，名將多出焉。

趙充國、甘延壽、馮奉世皆以六郡良家子選補羽林或期門，後為討伐匈奴或征西羌的名將。《漢書》各本傳云：

趙充國字翁孫，隴西上邽人也，後徙金城令居。始為騎士，以六郡良家子善騎射補羽林。

甘延壽字君況，北地郁郅人也。少以良家子善騎射為羽林，投石拔距絕於等倫，嘗超踰羽林亭樓，由是遷為郎。試弁，為期門。

馮奉世字子明，上黨潞人也，……至武帝末，奉世以良家子選為郎。

趙充國、甘延壽、馮奉世皆以「六郡良家子」或「良家子」從軍，入補羽林或期門。案「良家子」，《史記．李將軍列傳》云：「廣以良家子從軍擊胡。」〈外戚世家〉云：「平陽主求諸良家子女十餘人，飾置家。」《史記．張釋之馮唐列傳》云：「士卒盡家人子，起田中從軍。」《漢書．匈奴列傳》云：「元帝以後宮良家子王牆字昭君賜單于。」所謂「良家子」，如淳曰：「非醫、巫、商賈、百工也。」一般認為良家子為良民、良口、編戶齊民之謂。不過，良家子冠以「六郡」，而稱為「六郡良家子」，則有不同的意義。

所謂六郡，即天水、隴西、安定、北地、上郡、西河。《漢書．地理志》云：

天水、隴西，山多林木，民以板為室屋。及安定、北地、上郡、西河，皆迫近戎狄，修習戰備，高上氣力，以射獵為先。

六郡一帶，地處長城沿邊，與塞外胡羌為鄰，是草原與農業文化的過渡地區。故《史記．貨殖列傳》謂六郡「西有羌中之利，北有戎翟之畜，畜牧為天下饒。」而且人民因「迫近戎狄，修習戰備，高上氣力，以射獵為先。」特殊的地理環境與歷史背景，使這個地區自古以來名將輩出。《漢書．趙充國傳》云：

秦漢已來，山東出相，山西出將。秦將軍白起，郿人；王翦，頻陽人。漢興，郁郅王圍、甘延壽，義渠公孫賀、傅介子，成紀李廣、李蔡，杜陵蘇建、蘇武，上邽上官桀、趙充國，襄武廉褒，狄道辛武賢、慶忌，皆以勇武顯聞。蘇、辛父子著節，此其可稱列者也，其餘不可勝數。何則？山西天水、隴西、安定、北地處勢迫近羌胡，民俗修習戰備，高上勇力鞍馬騎射。故秦詩曰：「王于興師，修我甲兵，與子皆行。」其風聲氣俗自古而然，今之歌謠慷慨，風流猶存耳。

所謂山東與山西是以華山為界⓬。隴西、天水等六郡屬山西的範圍。秦漢時的名將多出於斯，乃特殊地理環境使然，故曰「山西出將」。入漢以後，大批將領出於這個地區，除特殊的地理環境，更有其現實意義。因為平城戰後檢討失敗的原因，發現中原農業地區的步兵，無法適應邊郡的戰爭環境，一方面是天氣酷寒，另一方面無法與匈奴機動性的騎兵抗衡，最嚴重的還是部隊的補給問題。為解決這個問題，首先在邊郡養馬，並訓練一支適應草原作戰的騎射部隊。這支部隊即後來晁錯建議的以降胡與邊郡人民混合組成的騎兵部隊，《漢書．晁錯傳》云：

今降胡義渠蠻夷之屬來歸誼者，其眾數千，飲食長技與匈奴同，可賜之堅甲絮衣，勁弓利矢，益以邊郡之良騎。令明將能知其習俗和輯其心者，以陛下之明約將之。

⓬ 傅樂成，《漢唐史論集．漢代的山東與山西》（臺北：聯經出版公司，一九七七）。

所謂「邊郡之良騎」，即由邊郡良家子組成的騎兵部隊，由郡守統領，《漢舊儀》云：「邊郡太守各得將萬騎行障塞，烽火追虜。」這些良騎是邊郡兵的正卒，又稱騎士，漢簡關於騎士的資料甚多：「昭武騎士樂成里羊田」，「船武騎士市陽里儲壽」，「氐池騎士昌樂里丁竟」，「氐池騎士千秋里王赦之」等等。這些騎士簡皆貫有籍里，皆為六郡在地居民，而且家世清白，出身於六郡良家，漢簡亦有記載：「良家子三十二人，物故四人」，坐從良家子自給車馬為私事論疑也⑬。

這些出身六郡良家子的邊防軍的騎士，和內地遣發邊郡實邊的吏民身份不同。《後漢書·班梁列傳》云：「塞外吏士，本非孝子順孫，皆以罪過徙補邊屯。」這些謫邊的吏民包括「七科謫」中的罪吏、亡命、贅婿、賈人、故有市籍者等等，以及後來的郡國惡少年。所以，所謂「六郡良家子」為籍隸六郡、家世清白的良民或良口，善騎射，或征或募充為邊郡良騎，其中材力出眾或斬虜有爵者，經選擢為羽林、期門。

以六郡良家子為基礎組成的羽林、期門騎，同時也是衛青、霍去病麾下的重要部屬。司馬遷在〈衛將軍驃騎列傳〉最後，總結他們二人討伐匈奴的戰功：

⑬分見《流沙墜簡·戍役類》及《居延漢簡甲乙編》。

最大將軍青，凡七出擊匈奴，斬捕首虜五萬餘級。一與單于戰，收河南地，遂置朔方郡，再益封，凡萬一千八百戶。封三子為侯，侯千三百戶。并之，萬五千七百戶。最驃騎將軍去病，凡六出擊匈奴，其四出以將軍，斬捕首虜十一萬餘級。及渾邪王以眾降數萬，遂開河西酒泉之地，西方益少胡寇。四益封，凡萬五千一百戶。

在總敘衛青、霍去病的功績後，並附錄隨衛青、霍去病出征將校的傳略：「其校尉裨將以從大將軍侯者九人，其裨將及校尉已為將者十四人。」而霍去病，則「其校吏有功為侯者凡六人，而後為將軍二人。」這是司馬遷《史記》諸列傳中，一種比較特殊的寫作形式。以此與〈建元以來侯者年表〉相校，這些隨征將校籍隸六郡的，有公孫賀、李息、公孫敖、李沮、李蔡、蘇建、張騫、趙食其、韓說、郭昌、趙破奴、李廣等。以六郡良家子組成騎射部隊，不僅是武帝討伐匈奴的骨幹，而且衛青、霍去病所有的功績，都是由六郡良家子衝鋒陷陣的血淚取得的。司馬遷似乎要說明，如果沒有這些六郡良家子為骨幹，〈衛將軍驃騎列傳〉是無法形成的。

司馬遷在敘述這些將校的傳略時，特別說「李廣，自有傳」，於是以此將〈李將軍列傳〉與〈衛將軍驃騎列傳〉聯繫在一起。

李廣不僅是六郡良家子從軍典型代表，其子李椒、李敢，孫李陵皆參與討伐匈奴的征戰，形成出身六郡良家子的軍人世家。而且祖孫三代分別與出身外戚的討伐匈奴最高統帥衛青、霍去病、李廣利有恩怨的糾纏。衛青、霍去病、李廣皆與討伐匈奴有關，而置於〈匈奴列傳〉前後。故〈衛將軍驃騎列傳〉應與〈李將軍列傳〉並讀，始知司馬遷處理匈奴問題的微意所在。

後世讀〈李將軍列傳〉，對其終老不封而自刎，多所感嘆。但若將這個問題置於歷史或史學領域，則另有一層意義。〈李將軍列傳〉云：

李將軍廣者，隴西成紀人也。其先曰李信，秦時為將。……廣家世世受射。孝文帝十四年，匈奴大入蕭關，而廣以良家子從軍擊胡，用善騎射，殺首虜多，為漢中郎。

李廣以六郡良家子從軍擊胡。六郡良家子從軍，以善騎射為先。李廣不僅善射而且精於射術，固然與家傳「世世受射」有關，而其自身「為人長，猿臂，其善射亦天性也，雖其子孫他人學者，莫能及廣」。《漢書．藝文志．方技略》著錄《李將軍射法》三篇。師古曰：「李廣」。則李廣不僅精於運用匈奴戰鬥的長技，且有著作傳世，可稱漢代第一射手。司馬遷似有意特別突出李廣在這方面的才能。其撰〈李將軍列傳〉，即以李廣善射貫穿全篇，若射殺匈奴射雕者，奔射匈奴白馬將，射石入鏃，自以大黃射匈奴裨將。傳稱其「訥口少言，與人居則畫地為軍陳，射闊狹以飲，專以射為戲。」至死樂此不疲。至於騎術，〈李將軍列傳〉云：

> 廣以衛尉為將軍，出鴈門擊匈奴。匈奴兵多，破敗廣軍，生得廣。單于素聞廣賢，令曰：「得李廣必生致之。」胡騎得廣，廣時傷病，置廣兩馬間，絡而盛臥廣。行十餘里，廣詳死，睨其旁有一胡兒騎善馬，廣暫騰而上胡兒馬，因推墮兒，取其弓，鞭馬南馳數十里，復得其餘軍，因引而入塞。

李廣的騎術受到匈奴朝野的讚譽，稱其為「漢之飛將軍」。晁錯曰：「匈奴地形、技藝與中國異，上下山阪，出入溪澗，中國之馬弗與也。險道傾仄，且馳且射，中國之騎勿與也。」但李廣既精騎又善於射，是深通匈奴技藝者。李廣不僅深通匈奴的戰鬥技藝，而且前後歷任上郡、隴西、北地、鴈門、代郡、雲中等邊郡太守，精於草原作戰戰術。其率軍，傳稱其「行無部伍行陳，就善水草屯，舍止，人人自便，不擊刁斗以自衛，莫府省約文書籍事，然亦遠斥候，未嘗遇害。」程不識論李廣治軍：「軍極簡易，然虜卒犯之，無以禁也；而其士卒亦佚樂，咸樂為之死。」

李廣既精於騎射，又熟練匈奴作戰技術。當李廣以六郡良家子從軍之日，正是文帝欲大伐匈奴之時。《史記‧孝文本紀》云：「十四年冬，匈奴謀入邊為寇，……上乃遣三將軍……軍渭北，車千乘，騎卒十萬。帝親自勞軍，勒兵申教令，賜軍吏卒。帝欲自將擊匈奴，群臣諫，皆不聽。皇太后固要帝，帝乃止。」當是時，李廣亦從行。〈李將軍列傳〉云：

廣嘗從行，有所衝陷折關及格猛獸，而文帝曰：「惜乎，子不遇時！如令子當高帝時，萬戶侯豈足道哉！」

文帝欲雪高祖平城之恥伐匈奴，因太后所阻，壯志未酬。其所謂李廣若當高祖時，萬戶侯豈足道哉。其意或為如當高祖平城之圍時，若有飛將軍在，冒頓單于豈足懼哉。李廣「不遇時」，蓋文景之世與匈奴和親，無大規模的戰爭，無法展顯其長才。然李廣歷任邊郡太守，每與匈奴力戰，天子亦使中貴人從李廣勒習兵擊匈奴，聲名已立，故世人謂「李廣才氣，天下無雙。」

及武帝即位，積極展開對匈奴的進攻，此後，李廣自謂「廣自結髮與匈奴大小七十餘戰。」若干場大的戰爭，皆發生在武帝時代，理應一展其抱負與長才，其實不然。先是元光元年，李廣為驍騎將軍屯雲中，六月罷。旋於馬邑之戰，廣仍以驍騎將軍，領屬護軍將軍韓安國，無功。馬邑之戰後四歲元光六年，武帝使四將軍各將萬騎，擊胡關市下。傳稱：「廣以衛尉為將軍，出鴈門擊匈奴。匈奴兵多，破敗廣軍，生得廣。」李廣取胡兒馬得還。《漢書．武帝紀》載此役云：「匈奴入上谷，殺略吏民。遣車騎將軍衛青出上谷，騎將軍公孫敖出代，輕車將軍公孫賀出雲中，驍騎將軍李廣出鴈門，青至龍城，獲首虜七百級。廣、敖失師而還。」武帝下詔譴責廣、敖。詔曰：

> 間者匈奴數寇邊境，故遣將撫師。古者治兵振旅，因遭虜之方入，將吏新會，上下未輯，代郡將軍敖、雁門將軍廣所任不肖，校尉又背義妄行，棄軍而北，少吏犯禁。用兵之法，不勤不教，將率之過也；……將軍已下廷尉，使理正之。

這是馬邑之戰後，武帝對匈奴發動的另一次戰爭，衛青始為車騎將軍出擊匈奴。所謂「將軍已下廷尉」，傳稱：「漢下廣吏，吏當廣所失亡多，為虜所生得。當斬，贖為庶人。」廣既為庶人，家居數歲復起，衛青已拜大將軍，為征討匈奴的最高統帥。元朔六年，李廣為後將軍，從大將軍衛青出定襄，擊匈奴。傳稱：「諸將多中首虜率，以功為侯者，而廣軍無功。」斯役諸將封侯者有：護軍將軍公孫敖封合騎侯，都尉韓說封龍侯，騎將軍公孫賀封南窌侯，輕騎將軍李蔡封樂安侯，校尉李朔封涉軹侯，校尉趙不虞封隨成侯，公孫戎奴封從平侯，將軍李息、李沮、校尉豆如意有功，賜爵關內侯。而獨李廣斯役無功，不封。樂安侯李蔡，為廣從弟，「為人在下中，名聲出廣下甚遠」。〈李將軍列傳〉云：

初，廣之從弟李蔡與廣俱事孝文帝。景帝時，蔡積功勞至二千石。孝武帝時，至代相。以元朔五年為輕車將軍，從大將軍擊右賢王，有功中率，封為樂安侯。元狩二年中，代公孫弘為丞相。蔡為人在下中，名聲出廣下甚遠，然廣不得爵邑，官不過九卿，而蔡為列侯，位至三公。諸廣之軍吏及士卒或取封侯。廣嘗與望氣王朔燕語，曰：「自漢擊匈奴而廣未嘗不在其中，而諸部校尉以下，才能不及中人，然以擊胡軍功取侯者數十人，而廣不為後人，然無尺寸之功以得封邑者，何也？豈吾相不當侯邪？且固命也？」

李廣不封，非關於命而與武帝、衛青有關。元狩四年，衛青、霍去病大規模出擊匈奴。

〈衛將軍驃騎列傳〉云：「元狩四年春，上令大將軍青、驃騎將軍去病將各五萬騎，步兵轉者踵軍數十萬」，分別出定襄、代郡，大舉討伐匈奴。李廣自請行，武帝以為李廣年老勿許。數請乃許之，命其為前將軍。李廣於此役自刎身絕。〈李將軍列傳〉云：

> 廣既從大將軍青擊匈奴，既出塞，青捕虜知單于所居，乃自以精兵走之，而令廣并於右將軍軍，出東道。東道少回遠，而大軍行水草少，其勢不屯行。廣自請曰：「臣部為前將軍，今大將軍乃徙令臣出東道，且臣結髮而與匈奴戰，今乃一得當單于，臣願居前，先死單于。」大將軍青亦陰受上誡，以為李廣老，數奇，毋令當單于，恐不得所欲。而是時公孫敖新失侯，為中將軍從大將軍，大將軍亦欲使敖與俱當單于，故徙前將軍廣。廣時知之，固自辭於大將軍。大將軍不聽，令長史封書與廣之莫府，曰：「急詣部，如書。」廣不謝大將軍而起行，意甚慍怒而就部，引兵與右將軍食其合軍出東道。軍亡導，或失道，後大將軍。

李廣以前將軍隨衛青出征，衛青忽併其軍於右將軍，改出東道。其理由是衛青受武帝的告誡，認為李廣年老，而且數次出征皆有敗績，勿令其當單于。武帝知李廣老，然既令其為前將軍於前，豈能陰誡衛青於後，顯係推諉之辭。其真正原因則是「公孫敖新失侯，為中將軍從大將軍，大將軍亦欲使敖與俱當單于，故徙前將軍廣」。〈衛將軍驃騎列傳〉謂衛青姊子夫入宮得幸，有身，大公主妒，乃使人捕青，並云：

青時給事建章，未知名。大長公主執囚青，欲殺之。其友騎郎公孫敖與壯士往篡取之，以故得不死。

公孫敖有厚恩於衛青。其傳略云：「以郎事武帝，武帝立十二歲，為（驃）騎將軍。」武帝立十二年，即元朔元年，是年春，「衛夫人有男，立為皇后。」衛青益貴。先是前一年即元光六年，衛青初以車騎將軍擊匈奴，出上谷。公孫敖為騎將軍出代郡，李廣為驍騎將軍出鴈門，各將萬人。是役，公孫敖亡七千騎，李廣為虜所得，得脫歸，「皆當斬，贖為庶人。」此後，公孫敖、李廣同在衛青麾下出征匈奴。公孫敖於元朔五年，「三從大將軍擊匈奴，常護軍，傅校獲王，以千五百戶封敖為合騎侯。」自此而後，其傳略稱：「後一歲，以中將軍從大將軍，再出定襄，無功。後二歲，以將軍出北地，後驃騎期，當斬，贖為庶人。」案〈衛將軍驃騎列傳〉云：「驃騎將軍出北地，已遂深入，與合騎侯失道，不相得，……合騎侯敖坐行留不與驃騎會，當斬，贖為庶人。」然公孫敖因衛青復起，並欲代李廣為前將軍。李廣、公孫敖皆以六郡良家子從軍，其際遇竟如此不同。衛青既從李廣，而廣亦知其故。既還，見大將軍。傳又稱：

> 大將軍使長史持糒醪遺廣，因問廣，食其失道狀，青欲上書報天子軍曲折。廣未對，大將軍使長史急責廣之幕府對簿。廣曰：「諸校尉無罪，乃我自失道，吾今自上簿。」至莫府，廣謂其麾下曰：「廣結髮與匈奴大小七十餘戰，今幸從大將軍出接單于兵，而大將軍又徙廣部行回遠，而又迷失道，豈非天哉！且廣年六十餘矣，終不能復對刀筆之吏。」遂引刀自剄。

廣以「終不能復對刀筆之吏」而自刎。廣死，傳稱：「廣軍士大夫一軍皆哭，百姓聞之，知與不知，無老壯皆為垂涕。」司馬遷敘老將軍之死，至為悲壯。為其諸列傳少見，然其中曲直自現。

廣有三子，當戶、椒、敢皆為郎。當戶早死，有遺腹子名陵。李廣死軍時，李敢適以校尉從驃騎將軍擊胡左賢王，力戰，奪左賢王鼓旗，賜關內侯，食邑二百戶，代李廣為郎中令。

但李敢怨恨衛青令其父含恨而終。〈李將軍列傳〉云：

（敢）怨大將軍青之恨其父，乃擊傷大將軍，大將軍匿諱之。居無何，敢從上雍，至甘泉宮獵，驃騎將軍去病與青有親，射殺敢。去病時方貴幸，上諱云鹿觸殺之。

李敢因其父故而擊傷衛青，霍去病竟將李敢射死。武帝卻諱以鹿觸死，其心偏袒可知。最後，司馬遷以「李氏陵遲衰微矣」作〈李將軍列傳〉的結論。在這種環境中，豈能不陵遲衰微。司馬遷似有意以李廣一生的際遇，說明以六郡良家子從軍形成的軍人，雖然他們在討伐匈奴戰鬥中，曾作出許多不可磨滅的貢獻，但卻沒有獲得應有的尊敬。相反地，由恩倖出身的衛青、霍去病，他們所有功績，都是由這批六郡良家子之血淚凝成。但武帝對他們寵愛有加，封賜超常，其出征所將皆精兵良騎。〈衛將軍驃騎列傳〉云：「諸宿將所將士馬兵亦不如驃騎。驃騎所將常選，然亦敢深入，常與壯騎先其大軍，軍亦有天幸，未嘗困絕也。然而諸宿將常坐留落不遇。」所謂霍去病「亦有天幸」，李廣自刎時亦呼：「豈非天哉！」二者雖同天，相較卻有天壤之別。所以，武帝雖有討伐匈奴雪恥復仇的決心，然其擇將帥，憑一己之偏，擢自恩倖柔媚之中，是故「建功不深」。故司馬遷於〈匈奴列傳〉之終，而有「唯在擇任將相」的慨嘆，若以此與馮唐「論將帥」並讀，即知司馬遷將〈李將軍列傳〉與〈衛將軍驃騎列傳〉，分置於〈匈奴列傳〉前後的微意了。

四、〈平津侯主父列傳〉與朔方置郡

司馬遷在〈匈奴列傳〉最後感嘆說：「唯在擇任將相哉，唯在擇任將相哉！」當時的將是衛青、霍去病；相則是公孫弘。衛青、霍去病、公孫弘並列於《漢書．外戚恩澤侯表》，皆以恩倖進。衛青、霍去病「以和柔自媚於主上」，公孫弘則「每朝會議，開陳其端，令人主自擇，不肯面折庭爭。」他們都不是司馬遷所認為理想的將相。

〈太史公自序〉曰：「大臣宗室以侈靡相高，唯弘用節衣食為百吏先，作〈平津侯列傳〉第五十二。」這是司馬遷作〈平津侯主父列傳〉意旨所在。所謂「弘用節衣食」，傳稱：「弘為人恢奇多聞，常稱以為人主病不廣大，人臣病不儉節。弘為布被，食不重肉。」但卻被汲黯責斥「弘位在三公，奉祿甚多，然為衣被，此詐也。」所以，司馬遷是不可能以「用節衣食」為主旨，而撰寫公孫弘傳的。

而且公孫弘「用節衣食」與主父偃無涉。或謂主父偃因公孫弘言而死，故而同傳。〈平津侯主父列傳〉謂「主父偃受諸侯金，以故諸侯子弟多以得封者」，並云：

及齊王自殺，上聞大怒，以為主父劫其王令自殺，乃徵下吏治。主父服受諸侯金，實不劫王令自殺。上欲勿誅，是時公孫弘為御史大夫，乃言曰：「齊王自殺無後，國除為郡，入漢，主父偃本首惡，陛下不誅主父偃，無以謝天下。」乃遂族主父偃。

此乃公孫弘與主父偃個人恩怨，並不可能構成同傳的理由。故《漢書》將二人分置，公孫弘入卜式、兒寬傳，主父偃與朱買臣、嚴助等合傳。

至於〈平津侯主父列傳〉與〈匈奴列傳〉的關聯，公孫弘曾出使匈奴。傳稱：「弘年六十，徵以賢良為博士。使匈奴，還報，不合上意，上怒，以為不能，弘迺病免歸。」主父偃或曾於衛青門下，傳稱主父偃「元光元年中，以為諸侯莫足游者，乃西入關見衛將軍，衛將軍數言上，上不召。」似與匈奴無甚關係。至於主父偃事關討匈奴者，則為其上書「諫伐匈奴」其要曰：

「匈奴無城郭之居，委積之守，遷徙鳥舉，難得而制也。輕兵深入，糧道必絕；踵糧以行，重不及事。得其地不足以為利也，遇其民不可役而守也。勝必殺之，非民父母也。靡獘中國，快心匈奴，非長策也。」秦皇帝不聽，遂使蒙恬將兵攻胡，辟地千里，以河為境。地固澤鹵，不生五穀。然後發天下丁男以守北河。暴兵露師十有餘年，死者不可勝數，終不能踰河而北。是豈人眾不足，兵革不備哉？其勢不可也。又使天下蜚芻輓粟，起於黃、腄、琅邪負海之郡，轉輸北河，率三十鍾而致一石。男子疾耕不足於糧饟，女子紡績不足於帷幕。百姓靡敝，孤寡老弱不能相養，道路死者相望，蓋天下始畔秦也。

主父偃的若干論點，與其以前的韓安國，以後的《鹽鐵論》諸文學的意見相似。不過，他提出一個比較實際的問題，即其所謂自東海之濱，轉輸河北的補給問題，由這個問題所滋生許多的經濟和社會問題。司馬遷撰《史記》，甚少引用臣工的策議，於此特引主父偃上書，九事中的「諫伐匈奴」一事，與韓安國與王恢廷議的論辯，前後呼應。以〈韓長孺列傳〉的論對匈奴的和戰，作為討論匈奴問題之始；而以主父偃「諫伐匈奴」作為討論漢匈和戰問題的終結，則可見其終始，由此不僅可見司馬遷個人對匈奴問題的看法，亦可了解此一系列傳記彼此間的關聯性。

不過，主父偃的「諫伐匈奴」策，雖然可以作為討論匈奴問題最後的結論，但此策卻與公孫弘無涉，仍無法解決公孫弘、主父偃合傳的問題。事實上，公孫弘與主父偃合傳，是由於二人曾辯論朔方郡設置的問題。因為朔方郡的設置不僅是軍事的需要，更具有其政治意義。這也是〈平津侯主父列傳〉置於〈衛將軍驃騎列傳〉之後，並和匈奴問題有所關聯。當然，公孫弘所參與的歷史事件不僅於此，但已詳敘於〈儒林列傳〉，此傳衹論其行事及朔方郡的設置問題。〈平津侯主父列傳〉云：

> 元朔三年，張歐免，以弘為御史大夫。是時通西南夷，東置滄海，北築朔方之郡。弘數諫，以為罷敝中國以奉無用之地，願罷之。於是天子乃使朱買臣等難弘置朔方之便。發十策，弘不得一。弘迺謝曰：「山東鄙人，不知其便若是，願罷西南夷、滄海而專奉朔方。」

先是公孫弘往視使西南夷。《史記．西南夷列傳》云：

> 西南夷又數反，發兵興擊，耗費無功。上患之，使公孫弘往視問焉。還對，言其不便。

及弘為御史大夫，是時方築朔方以據河逐胡，弘因數言西南夷害，可且罷，專力事匈奴。

公孫弘請罷西南，置朔方，專力事匈奴。然朔方置郡，此計則出於主父偃。〈平津侯主父列傳〉云：

偃盛言朔方地肥饒，外阻河，蒙恬城之以逐匈奴，內省轉輸戍漕，廣中國，滅胡之本也。上覽其說，下公卿議，皆言不便。公孫弘曰：「秦時常發三十萬眾築北河，終不可就，已而棄之。」主父偃盛言其便，上竟用主父計，立朔方郡。

主父偃言朔方地饒，外阻河，蒙恬築城以逐匈奴。與其前「諫伐匈奴」所言蒙恬將兵攻胡，辟地千里，以河為境，地固澤鹵，不生五穀。且云天下畔秦，亦因蒙恬暴師在外，築城河南而起。前後不可同若斯。且公孫弘前言築城河南之不便，武帝使朱買臣難之，發十策，弘不得一。韋昭曰：「以弘之才，非不能得一也，以為不可，不敢逆上耳。」則是，朔方設置郡與築城，皆出於武帝之意，主父偃揣摩上意，乃發此策。

《漢書．地理志》云：「朔方郡，武帝元朔二年開。」案《漢書．武帝紀》云：

（元朔二年）匈奴入上谷、漁陽，殺略吏民千餘人，遣將軍衛青、李息出雲中，至高闕遂西至符離，獲首虜數千級。數河南地，置朔方、五原郡。

司馬遷則以收河南，置朔方，乃衛青之首功，其總結衛青出征匈奴的功績云：「大將軍，凡七出擊匈奴，一與單于戰，收河南地，遂置朔方。」其撰〈衛將軍驃騎列傳〉，即以衛青「通曲塞，廣河南」為其意旨。〈衛將軍驃騎列傳〉云：

匈奴入殺遼西太守，虜略漁陽二千餘人，敗韓將軍軍。漢令將軍李息擊之，出代；令車騎將軍青出雲中以西至高闕。遂略河南地，至于隴西，捕首虜數千，畜數十萬，走白羊、樓煩王。遂以河南地為朔方郡。

《史記．匈奴列傳》所載略同，傳云：

> 匈奴又入鴈門，殺略千餘人。於是漢使將軍衛青將三萬騎出鴈門，李息出代郡，擊胡。得首虜數千人。其明年，衛青復出雲中以西至隴西，擊胡之樓煩、白羊王於河南，得胡首虜數千，牛羊百餘萬。於是漢遂取河南地，築朔方，復繕故秦時蒙恬所為塞，因河為固。漢亦棄上谷之什辟縣造陽地以予胡。是歲，漢之元朔二年也。

衛青既取河南地，乃命蘇建築朔方城，並提報武帝。武帝接報，欣喜何似，立即下詔。〈衛將軍驃騎列傳〉云：

> 匈奴逆天理，亂人倫，暴長虐老，以盜竊為務，行詐諸蠻夷，造謀藉兵，數為邊害，故興師遣將，以征厥罪。《詩》不云乎：「薄伐玁狁，至于太原」，「出車彭彭，城彼朔方」。今車騎將軍青度西河至高闕，獲首虜二千三百級，車輜畜產畢收為鹵，已封為列侯，遂西定河南地，按榆谿舊塞，絕梓領，梁北河，討蒲泥，破符離，斬輕銳之卒，捕伏聽者三千七十一級，執訊獲醜，驅馬牛羊百有餘萬，全甲兵而還，益封青三千戶。

是役除益封衛青三千戶，隨衛青出征的校尉蘇建、張次公亦封侯，並議開朔方郡。武帝所以如此欣喜，不是沒有原因的。

河南地，舊為匈奴牧地，與戰國時燕、趙、秦三國臨界互相爭奪至秦併六國，始皇命蒙恬將十萬眾擊胡，「悉收河南地」，《史記．匈奴列傳》云：

> 秦滅六國，而始皇帝使蒙恬將十萬之眾北擊胡，悉收河南地。因河為塞，築四十四縣城臨河，徙適戍以充之。而通直道，自九原至雲陽，因邊山險壍谿谷可繕者治之，起臨洮至遼東萬餘里，又度河據陽山北假中。

秦「因邊山險壍谿谷可繕者治之，起臨洮至遼東萬餘里」，此即為長城之築。秦築長城則緣於蒙恬「悉取河南地」，《史記．蒙恬列傳》云：

> 秦已并天下，乃使蒙恬將三十萬眾北逐戎狄，收河南。築長城，因地形，用制險塞，起臨洮，至遼東，延袤萬餘里。於是渡河，據陽山，逶蛇而北，暴師於外十餘年，居上郡。是時蒙恬威振匈奴。

秦既取河南，案《史記．秦始皇本紀》云：

三十二年，……始皇乃使將軍蒙恬發兵三十萬人北擊胡，略取河南地。

三十三年，……西北斥逐匈奴。自榆中並河以東，屬之陰山，以為四十四縣，城河上為塞。又使蒙恬渡河取高闕、陽山、北假中，築亭障以逐戎人。徙謫，實之初縣。

三十五年，除道，道九原抵雲陽，塹山堙谷，直通之。

三十六年，……遷北河榆中三萬家。

從始皇三十二年，蒙恬攻略河南地開始，司馬遷用「攻略」二字，即表明此地原非秦帝國之領土。於是對原為匈奴牧馬故地的河南地，進行一系列的設施，一方面城河上以為塞，並築亭障以逐戎人，防止匈奴再進此地區牧馬。然後此地區劃分為三十四地方行政區，即所謂的「初縣」，「初縣」也就是秦所施行的郡縣制度，最初在此施行。另一方面，修建自九原至雲陽的馳道，直通邊疆，然後遷徙農業人口，充實這個地區。這一系列的設施，顯示秦帝國有意將此地區，永遠納入秦帝國的版圖，所以，這個地區又稱為新秦。所謂新秦，即秦新取得之土地。

但此種情況，至楚漢之際，情勢發生變化。〈匈奴列傳〉云：

> 十餘年而蒙恬死，諸侯畔秦，中國擾亂，諸秦所徙適戍邊者皆復去，於是匈奴得寬，復稍度河南與中國界於故塞。

漢帝國建立承繼這種情況，尤其高祖平城之圍後，這個地區完全掌控在匈奴手中。此一地區為匈奴所控制，漢不僅無法維持一個穩定的邊疆，並且直接威脅京師的安危。《史記．孝文本紀》云：

> 三年五月，匈奴入北地，居河南為寇。帝初幸甘泉。六月，帝曰：「漢與匈奴約為昆弟，毋使害邊境，所以輸遺匈奴甚厚。……令不得居其故，陵轢邊吏，入盜，甚敖無道，非約也。其發邊吏騎八萬五千詣高奴，遣丞相潁陰侯灌嬰擊匈奴。」匈奴去，發中尉材官屬衛將軍軍長安。

匈奴右賢王居河南入寇，雖去，仍發衛將軍率兵軍長安，以戍守京師。又〈孝文本紀〉云：

後六年冬，匈奴三萬人入上郡，三萬人入雲中。以中大夫令勉為車騎將軍，軍飛狐；故楚相蘇意為將軍，軍句注；將軍張武屯北地；河內守周亞夫為將軍，居細柳；宗正劉禮為將軍，居霸上；祝茲侯軍棘門：以備胡。數月，胡人去，亦罷。

〈匈奴列傳〉亦載此役：

軍臣單于立四歲，匈奴復絕和親，大入上郡、雲中各三萬騎，所殺略甚眾而去。於是漢使三將軍軍屯北地，代屯句注，趙屯飛狐口，緣邊亦各堅守以備胡寇。又置三將軍，軍長安西細柳、渭北棘門、霸上以備胡。胡騎入代句注邊，烽火通於甘泉、長安。

匈奴據河南入寇，有馳道直通關中，京畿屯軍，京師告警，這是使文帝寢食難安的。《漢書．文帝紀》載其後元元年詔書：

匈奴並暴邊境，多殺吏民，邊臣兵吏又不能諭其內志，以重吾不德。夫久結難連兵，中外之國將何以自寧？今朕夙興夜寐，勤勞天下，憂苦萬民，為之惻怛不安，未嘗一日忘於心。

所以，河南地既失，屏障無存，不僅無法阻止匈奴入侵，並危及京師的安全。所以，衛青攻取河南，此地區的控制權失去百年後復得，捷報傳來，武帝喜不自禁，立即開置朔方郡。案《漢書．武帝紀》云：

（元朔二年）春，……收河南地，置朔方、五原郡。……夏，募民徙朔方十萬口。

朔方置郡與內地徙民同時進行，武帝為復高祖平城之辱而伐匈奴，收取河南地，不僅可以建立一個穩定的邊疆，並且也是深入匈奴的前進基地。此後衛青得以率軍深入大漠，追擊單于。《漢書．武帝紀》云：「（元朔）六年春二月，大將軍衛青將六將軍兵十餘萬騎出定襄，斬首三千餘級。還，休士馬于定襄、雲中、鴈門。赦天下。夏四月，衛青復將六將軍絕幕，大克獲。」武帝頒詔曰：

今中國一統而北邊未安，朕甚悼之。日者大將軍巡朔方，征匈奴，斬首虜萬八千級，諸禁錮及有過者，咸蒙厚賞，得免減罪。今大將軍仍復克獲，斬首虜萬九千級，受爵賞而欲移賣者，無所流貤。

雖然，朔方置郡與築城，而出現經濟的窘困。《史記．平準書》云：

其後漢將歲以數萬騎出擊胡，及車騎將軍衛青取匈奴河南地，築朔方……又興十萬餘人築衛朔方，轉漕甚遼遠，自山東咸被其勞，費數十百巨萬，府庫益虛。乃募民能入奴婢得以終身復，為郎增秩，及入羊為郎，始於此。

武帝卻猶不自省，最後，終於為封禪而出巡朔方，〈封禪書〉云：「上議曰：『古者先振兵澤旅，然後封禪。』乃北遂巡朔方，勒兵十餘萬，還祭黃帝冢橋山，澤兵須如。」《漢書．武帝紀》云：

元封元年冬十月，詔曰：「……朕將巡邊垂，擇兵振旅，躬秉武節，置十二部將軍，親帥師焉。」行自雲陽，北歷上郡、西河、五原，出長城，北登單于臺，至朔方，臨北河。勒兵十八萬騎，旌旗徑千餘里，威震匈奴。遣使者告單于曰：「南越王頭已縣於漢北闕矣。單于能戰，天子自將待邊；不能，亟來臣服。何但亡匿幕北寒苦之地為！」匈奴讋焉。

雖然，武帝為封禪北巡朔方，但至此，終於完成其為雪平城之恥而討伐匈奴的心願。所以，收河南地，置朔方郡，是武帝討伐匈奴過程中，重要的轉變關鍵。此次武帝巡朔方，司馬遷隨侍，親見其軍旅的壯大，所費的靡鉅，武帝下詔時的躊躇志滿，因此，他以〈韓長孺列傳〉的馬邑之戰始，而以〈平津侯主父列傳〉的公孫弘與主父偃議朔方置郡為終，敘述武帝為復仇雪恥而討伐匈奴的過程，因為不論馬邑之戰或朔方之置郡，皆取決於武帝個人的獨斷。至於其他的議論則微不足道，祇看是否能體察聖意。司馬遷以前後幾次廷議與上書作終始，有其深意在焉。

五、餘　論

司馬遷在〈匈奴列傳〉的「太史公曰」，開始就說：「孔氏著《春秋》，隱桓之間則章，至定哀之際則微。為其切當世之文而罔褒，忌諱之辭也。」明言撰寫當代之史，為避免觸及現實政治的忌諱，不得不有所迴避。即使孔子著《春秋》，也在所難免。這暗示司馬遷個人，在撰寫當代之史時，也遭遇同樣的困境。同時也暗示他在處理匈奴問題時，就受到某種程度的限制。

武帝為復仇雪恥，而討伐匈奴。所欲雪的是高祖遺留下的平城之恥。高祖在平城之圍所訂定城下之盟，始得脫圍而出。此後漢匈關係一直以屈辱的和親政策維繫。朝野上下視此為國恥，隱忍不言者百年。至武帝大舉討伐匈奴，終於轉變了這種不平等的漢匈關係，但其間仍然存在著歷史或現實的忌諱，使司馬遷在處理匈奴問題時，對某些問題無法暢所欲言。

除了現實政治的限制外，另一方面，司馬遷因為李陵游說而沮貳師，觸怒了武帝而獲罪，最後下蠶室，其身心和個人的尊嚴，都受到嚴重的摧殘，使其個人也陷入匈奴問題的是非之中。後世學者多認為司馬遷因受刑而幽憤，微文刺譏撰《史記》，甚至視其為謗書。

但個人的幽憤和客觀的歷史事實，不能混為一談。如何避免將其幽憤情懷，傾洩於其所撰的當代史之中，是司馬遷處理匈奴材料時，所遭遇的另一個困境。在現實政治與個人際遇雙重限制下，如何突破這種困境，是司馬遷頗費思量的問題[14]。最後，司馬遷終於發現解決這個問題的方法。即其〈自序〉所謂「夫詩書隱約者，欲遂其志之思也。」所謂隱略，《索隱》解釋說：「詩書隱微而約省者，遷深惟欲依其隱約而成其志意也。」因此司馬遷深切體會到不僅其個人，任何時代的史學家，也同樣遭遇到這個問題。於是，司馬遷就應用這種方法，處理其所撰述的當代重大歷史問題，特別突顯在對於匈奴問題的處理。

由於司馬遷處理匈奴問題的隱略，引起後世對這個問題的不同看法。尤其是關於〈匈奴列傳〉在諸列傳中的編次問題，事實上，從本文的討論與分析，可以了解從〈韓長孺列傳〉到〈平津侯主父列傳〉，是司馬遷討論匈奴問題的一個單元。《史記》的列傳不是為單獨的個人寫傳，而是以人繫事，一如編年以時繫事，而且這些列傳不是分離和孤立的。列傳與列傳之間，存在著一種邏輯的關聯，從〈韓長孺列傳〉到〈平津侯主父列傳〉，旨在說明從馬邑之戰到朔方置郡，都取決於武帝個人的獨斷。其目的祇有一個，為了釋開自少年就積鬱在他胸中的心結，即所謂「高皇帝遺朕平城之憂，高后時單于書絕悖逆。」

⓮ 參見本書〈對匈奴問題處理的限制〉。

對匈奴問題處理的限制

雖然《史記．今上本紀》已軼，但司馬遷敘述漢武帝時代的歷史發展的主要趨勢，仍有跡可尋。《史記．太史公自序》云：「漢興五世，隆在建元，外攘夷狄，內脩法度，封禪，改正朔，易服色。作〈今上本紀〉第十二。」這是司馬遷撰〈今上本紀〉的意旨所在。

所謂「內脩法度」，即統治體制的轉變，由王國郡縣的地方分權，轉變為「德歸京師」的中央集權，最後形成「天子之德，一人有慶，天下賴之」君王絕對權威的樹立。

所謂「外攘夷狄」，〈建元以來侯者年表〉序云：「中國一統，明天子在上，兼文武，席卷四海，內輯億萬之眾，豈以晏然不為邊境征伐哉！」〈建元以來侯者年表〉所以作，〈自序〉云：「北討強胡，南誅勁越，征伐夷蠻，武功爰列，作〈建元以來侯者年表〉。」司馬遷撰此表，汪越云：「以伐四夷為主。」❶「以伐四夷為主」，與司馬遷撰〈今上本紀〉的「外攘夷狄」的本旨同。汪越又謂〈建元以來侯者年表〉所表「建元至太初以後侯者，蓋主軍功，而擊匈奴則軍功大者，南越、東甌、朝鮮軍功又次之。」❷則是，武帝時的「外攘夷狄」，包括匈奴、南越、東甌、朝鮮，但對匈奴的討伐，卻是漢武帝時代「外攘夷狄」的主要問題。

雖然，討伐匈奴是漢武帝時代重要的問題，但司馬遷在處理這個問題時，卻受到某種程度的限制。即其〈匈奴列傳〉「太史公曰」所謂「孔氏著《春秋》，隱桓之間則章，至定哀之際則微，為其切當世之文而罔褒，忌諱之辭也」。觸及當代現實政治的忌諱，即使孔子也難避免，司馬遷在處理匈奴問題時，也遭遇同樣的困境。問題是武帝對匈奴的征討，並非單純的「邊境征伐」，其中尚有雪恥復仇因素在內，即漢武帝太初四年詔書所謂「高皇帝遺朕平城之憂，高后時單于書絕悖逆。昔齊襄公復九世之讎，《春秋》大之」。高祖七年的平城之役，何以得出？世莫能言之。朝野上下視此役為國恥，隱忍百年不言，至武帝大伐匈奴，終於轉變以往的屈辱關係。因此，司馬遷在處理這個問題時，仍受到現實政治的限制，不得不有所迴避，以免觸及忌諱。

另一方面，司馬遷曾隨武帝出巡西北邊疆，親歷漢匈衝突的征戰地，並且直接或間接從

❶汪越，〈讀建元以來王子侯者年表〉，《史記漢書諸表訂補十種》（北京：中華書局，一九八二）。

❷汪越，〈讀建元以來王子侯者年表〉，《史記漢書諸表訂補十種》。

當時參加戰爭的將帥，獲得有關漢匈衝突的資料，這些材料部份已滲入個人主觀的成份。尤其天漢二年，李陵降匈奴，司馬遷為其游說，因而沮貳師，誣上，獲罪受腐刑，其個人也被捲入匈奴問題的是非之中。因此，在處理這個問題時，往往也會受到個人心理的限制。所以，由平城之圍遺留的漢匈的關係與衝突，是一個和現實政治相關的歷史問題。司馬遷在處理這個問題時，受到政治與其個人的雙重限制。作為一個史學家，司馬遷如何突破這雙重限制，是一個值得探討的問題。

一、「高皇帝遺朕平城之憂」

司馬遷的《史記．匈奴列傳》，敘述漢武帝時的漢匈關係，自「今帝即位，明和親約束，厚遇，通關市，饒給之。匈奴自單于以下皆親漢，往來長城下」始，迄於太初四年：

漢既誅大宛，威震外國。天子意欲遂困胡，乃下詔曰：「高皇帝遺朕平城之憂，高后時單于書絕悖逆。昔齊襄公復九世之讎，《春秋》大之。」是歲太初四年也。

此詔之後，雖尚有天漢二年、征和三年，李陵、李廣利先後降匈奴的兩則記事，此為司馬遷征和三年，因巫蠱之禍刪削《史記》時所增補❸。〈匈奴列傳〉與相關的〈建元以來侯者年表〉、〈大宛列傳〉都以太初為終，太初是司馬遷在其〈自序〉所述《史記》三個斷限之一❹。所以，漢武帝的這份詔書，則是司馬遷撰寫〈匈奴列傳〉最後的總結。

雖然，〈建元以來侯者年表〉說：「中國一統，明天子在上，兼文武，席卷四海，內輯億萬之眾，豈以晏然不為邊境征伐哉！」是出師北伐匈奴的原因。但作〈匈奴列傳〉總結的漢武帝太初四年的詔書，卻道出漢武帝討伐匈奴的真正原因。詔書所謂「齊襄公復九世之讎，《春秋》大之」，顏師古曰：「莊公四年春，齊襄公滅紀，復仇也。襄公九世祖昔為紀侯所譖，而烹殺於周，故襄公滅紀也。九世猶可以復仇乎？曰：雖百世可也。」詔書引此，可知漢武帝伐匈奴為了雪恥復仇，所復者即為高帝所遺的「平城之憂」。所以，〈匈奴列傳〉以此作結，突顯出漢武帝時期的勞師動眾，討伐匈奴真正的原因在此。

所謂「平城之憂」，也就是高祖七年，韓王信叛降匈奴，高祖親率軍前往征討而引發的平

---

❸ 參見本書〈「通古今之變」的「今」之開端〉。

❹ 參見本書〈「巫蠱之禍」與司馬遷絕筆〉。

城之役。案《史記．高祖本紀》云：

七年，匈奴攻韓王信馬邑，信因與謀反太原。白土曼丘臣、王黃立故趙將趙利為王以反，高祖自往擊之。會天寒，士卒墮指者什二三，遂至平城。匈奴圍我平城，七日而後罷去。

匈奴圍高祖七日後而罷去。《史記．匈奴列傳》對這次戰役的緣由、經過有較詳盡的記載：

是時漢初定中國，徙韓王信於代，都馬邑。匈奴大攻圍馬邑，韓王信降匈奴。匈奴得信，因引兵南踰句注，攻太原，至晉陽下。高帝自將兵往擊之。會冬大寒雨雪，卒之墮指者十二三，於是冒頓詳敗走，誘漢兵。漢兵逐擊冒頓，冒頓匿其精兵，見其羸弱，於是漢悉兵，多步兵，三十二萬，北逐之。高帝先至平城，步兵未盡到，冒頓縱精兵四十萬騎圍高帝於白登，七日，漢兵中外不得相救餉。匈奴騎，其西方盡白馬，東方盡青駹馬，北方盡烏驪馬，南方盡騂馬。高帝乃使使閒厚遺閼氏，閼氏乃謂冒頓曰：「兩主不相困。今得漢地，而單于終非能居之也。且漢王亦有神，單于察之。」冒頓與韓王信之將王黃、趙利期，而黃、利兵又不來，疑其與漢有謀，亦取閼氏之言，乃解圍之一角。於是高帝令士皆持滿傅矢外鄉，從解角直出，竟與大軍合。而冒頓遂引兵而去。漢亦引兵而罷。

平城之戰是當時亞洲兩個不同文化類型的帝國，一個由漢高祖領導，剛統一中原的漢帝國；一個由冒頓單于統率，新統一草原的匈奴帝國；以長城為基線，發生的第一次正式衝突❺。雙方皆舉全國的兵力，衝突的結果從上述材料可知，漢帝國不僅失敗，而且敗得很慘。問題是漢高祖如何能突破匈奴精銳騎兵，脫險而歸？因為高祖這次脫險，對後來的漢匈關係影響至鉅，但是司馬遷對這個問題，卻沒留下一個明確的答案，使其真象如謎。所以，到西漢末年，揚雄討論這個問題時仍說：

漢初興，以高祖之威靈，三十萬眾困於平城，士或七日不食。時奇譎之士石畫之臣甚眾，卒其所以脫者，世莫得而言也。❻

❺ 逯耀東，〈勒馬長城〉，《魏晉史學及其他》（臺北：東大圖書，一九九八）。

「世莫得而言」，師古曰：「莫得而言，謂自免之計，其事醜惡，故不傳。」或云此計出於陳平，《漢書．高祖紀》云：

上從晉陽連戰，乘勝逐北，至樓煩，會大寒，士卒墮指者什二三。遂至平城，為匈奴所圍，七日，用陳平祕計得出。

所謂「用陳平祕計得出」，《史記．陳丞相世家》云：

以護軍中尉從攻反者韓王信於代。卒至平城，為匈奴所圍，七日不得食。高帝用陳平奇計，使單于閼氏，圍以得開。高帝既出，其計祕，世莫得聞。

傳稱「自陳平初從高祖，至平定天下，凡六出奇計，然奇計或頗祕，世莫得聞也。」高祖自平城脫圍之計，當在陳平六個奇計之中，雖然「世莫得聞」，似仍有線索可尋。即〈匈奴列

❻《漢書．匈奴傳》。

傳〉所謂「高祖乃使使厚遺閼氏」。

「使使厚遺閼氏」，似乎是司馬遷對高祖平城脫圍的唯一解釋。《史記．韓信盧綰列傳》云：

> 上遂至平城。上出白登，匈奴騎圍上，上乃使人厚遺閼氏。閼氏乃說冒頓曰：「今得漢地，猶不能居；且兩主不相戹。」居七日，胡騎稍引去。

所載與〈匈奴列傳〉略同。又《史記．樊酈滕灌列傳》云：

> 因從擊韓（王）信軍胡騎晉陽旁，大破之。追北至平城，為胡所圍，七日不得通。高帝使使厚遺閼氏，冒頓開圍一角。高帝出欲馳，（夏侯）嬰固徐行，弩皆持滿外向，卒得脫。

〈韓信盧綰列傳〉亦如是云，而且在這次突圍中，冒頓的閼氏似扮演了關鍵的角色。至於真實的內容，仍然是「世莫得聞」的。因而後來出現了許多傳說。應劭曰：

陳平使畫工圖美女，間遣人遺閼氏，云漢有美女如此，今皇帝困厄，欲獻之。閼氏畏其奪己寵，因謂單于曰：「漢天子亦有神靈，得其土地，非能有也。」於是匈奴開其一角，得突出。

應劭畫工圖美女的說法與桓譚的《新論》略同：

或云：「陳平為高帝解平城之圍，則言其事祕，世莫得而聞也，此以工妙踔善，故藏隱不傳焉。子能權知斯事否？」吾應之曰：「此策乃反薄陋拙惡，故隱而不泄。高帝見圍七日，而陳平往說閼氏，閼氏言於單于而出之，以是知其所用說之事矣。彼陳平必言漢有好麗美女，為道其容貌天下無有，今困急，已馳使歸迎取，欲進與單于，單于見此人必大好愛之，愛之則閼氏日以遠疏，不如及其未到，令漢得脫去，去，亦不持女來矣。閼氏婦女，有妒媢之性，必憎惡而事去之。此說簡而要，及得其用，則欲使神怪，故隱匿不泄也。」

這種說法後世似不能盡信，《集解》就說：「《漢書音義》應劭說此事，大旨與桓論略同，不知是應全取桓論，或別有所聞乎？今觀桓論似本無說。」顏師古也說：「應氏之說出於桓譚《新論》，蓋譚以意測之，事當然耳，非紀傳所說也。」案《史記．匈奴列傳》云：

冒頓乃作為鳴鏑，習勒其騎射，令曰：「鳴鏑所射而不悉射者，斬之。」……已而冒頓以鳴鏑自射其善馬，左右或不敢射者，冒頓立斬不射善馬者。居頃之，復以鳴鏑自射其愛妻，左右或頗恐，不敢射，冒頓又復斬之。

冒頓單于不僅以其愛妻作為訓練騎射的靶的，而且又將其閼氏贈予東胡。《史記．匈奴列傳》云：

是時東胡彊盛，聞冒頓殺父自立，乃使使謂冒頓，欲得頭曼時有千里馬。……遂與之千里馬。居頃之，東胡以為冒頓畏之，乃使使謂冒頓，欲得單于一閼氏。冒頓復問左右，左右皆怒曰：「東胡無道，乃求閼氏！請擊之。」冒頓曰：「奈何與人鄰國愛一女子乎？」遂取所愛閼氏予東胡。

由以上兩段材料可知，冒頓單于崛起草原，統一塞北，一代雄主，視女子如敝履，豈能在漢高祖被圍七日，平城旦夕可破之際，為一小女子解圍而去，放棄其欲遊中國之願。其中定有委曲，高祖罷歸，君臣認為奇恥大辱，朝野上下隱忍不言，以致「世莫得聞」，後世才有美女畫圖與閼氏從中說合的傳說出現。這種傳說的形成流傳，與後來劉敬建議翁主下嫁單于為閼氏的和親政策似有關係。《太平御覽．奉使部》引《三輔故事》云：

> 婁（劉）敬曰：「臣願為高車使者，持節至匈奴廷，與其分土定界。」敬至曰：「汝處北海之濱，秦亂，汝侵其界，居中國地。今婚姻已定，當還本牧，還我中國地。」作丹書鐵券曰：「自海之南，冠蓋之士處焉；自海之北，控絃之士處焉，割土盟折，然後求還。」

劉敬於平城之役前，曾出使匈奴探其虛實。《史記．劉敬叔孫通列傳》云：

> 使人使匈奴。匈奴匿其壯士肥牛馬，但見老弱及羸畜。使者十輩來，皆言匈奴可擊。上使劉敬復往使匈奴，還報曰：「兩國相擊，此宜夸矜見所長。今臣往，徒見羸瘠老

弱，此必欲見短，伏奇兵以爭利。愚以為匈奴不可擊也。」是時漢兵已踰句注，二十餘萬兵已業行。上怒，罵劉敬曰：「齊虜！以口舌得官，今迺妄言沮吾軍。」械繫敬廣武。遂往，至平城，匈奴果出奇兵圍高帝白登，七日然後得解。高帝至廣武，赦敬，曰：「吾不用公言，以困平城。吾皆已斬前使十輩言可擊者矣。」

高帝悔不聽信劉敬之言，一敗至此。倉皇歸來，赦敬，並問計於劉敬，於是劉敬提出了和親之議。〈劉敬叔孫通列傳〉又云：

高帝罷平城歸，韓王信亡入胡。當是時，冒頓為單于，兵彊，控弦三十萬，數苦北邊。上患之，問劉敬。劉敬曰：「天下初定，士卒罷於兵，未可以武服也。冒頓殺父代立，妻群母，以力為威，未可以仁義說也。獨可以計久遠子孫為臣耳，然恐陛下不能為。」上曰：「誠可，何為不能！顧為奈何？」劉敬對曰：「陛下誠能以適長公主妻之，厚奉遺之，彼知漢適女送厚，蠻夷必慕以為閼氏，生子必為太子，代單于。何者？貪漢重幣。陛下以歲時漢所餘彼所鮮數問遺，因使辯士風諭以禮節。冒頓在，固為子婿；死，則外孫為單于。豈嘗聞外孫敢與大父抗禮者哉？兵可無戰以漸臣也。」

這就是劉敬所提出和親政策的內容和理想。由於呂后堅決反對其獨生女魯元公主下嫁，傳稱：「上竟不能遣長公主，而取家人子名為長公主，妻單于。使劉敬往結和親約。」〈匈奴列傳〉亦云：

高帝乃使劉敬奉宗室女公主為單于閼氏，歲奉匈奴絮繒酒米食物各有數，約為昆弟以和親，冒頓乃少止。

所謂「約為昆弟以和親」的漢匈關係，一直到武帝即位之初，仍「明和親約束，厚遇，通關市，饒給之」，斷續維持，直到元光二年的馬邑之戰，才完全斷絕。此後，「匈奴絕和親，攻當路塞，往往入盜於漢邊，不可勝數。」和親之約的主要內容，即上述「奉宗室女公主為單于閼氏。」及「歲奉匈奴絮繒酒米食物各有數。」以維持漢匈邊界的安寧，也就是劉敬持丹書鐵券前往匈奴的「割土盟誓」。所謂「割土盟誓」，即文帝後二年，使使遺匈奴書所言：

先帝制；長城以北，引弓之國，受命單于；長城以內，冠帶之室，朕亦制之。使萬民耕織射獵衣食，父子無離，臣主相安，俱無暴逆。

條約內容非常明顯，問題是所謂「約為昆弟」，到底誰為兄誰為弟？案《史記．匈奴列傳》云：

漢遺單于書，牘以尺一寸，辭曰「皇帝敬問匈奴大單于無恙」，所遺物及言語云云。中行說令單于遺漢書以尺二寸牘，及印封皆令廣大長，倨傲其辭曰「天地所生日月所置匈奴大單于敬問漢皇帝無恙」，所以遺物言語亦云云。

從簡牘長短、印封大小，以及內容的措辭，都明顯看出當時漢匈的「約為昆弟」，不是對等的關係。這種不對等的關係，具體表現在高祖死後，冒頓單于遺呂后書中。《史記．匈奴列傳》云：

高祖崩，孝惠、呂太后時，漢初定，故匈奴以驕。冒頓乃為書遺高后，妄言。高后欲擊之，諸將曰：「以高帝賢武，然尚困於平城。」於是高后乃止，復與匈奴和親。

所謂「諸將曰：以高帝賢武，然尚困於平城」，此語出於季布。案《史記．季布欒布列傳》云：

單于嘗為書嫚呂后，不遜，呂后大怒，召諸將議之。上將軍樊噲曰：「臣願得十萬眾，

> 橫行匈奴中。」諸將皆阿呂后意，曰：「然。」季布曰：「樊噲可斬也！夫高帝將兵四十餘萬眾，困於平城，今噲奈何以十萬眾橫行匈奴中，面欺！且秦以事於胡，陳勝等起。于今創痍未瘳，噲又面諛，欲搖動天下。」是時殿上皆恐，太后罷朝，遂不復議擊匈奴事。

傳稱「冒頓乃為書遺高后」，或曰「單于嘗為書嫚呂后，不遜。」然冒頓致呂后書不見載於兩傳，則不知其如何妄言或不遜。《漢書．匈奴傳》則全載冒頓致呂后書，並錄呂后報冒頓單于書，傳稱：

> 孝惠、高后時，冒頓寖驕，迺為書，使使遺高后曰：「孤僨之君，生於沮澤之中，長於平野牛馬之域，數至邊境，願遊中國。陛下獨立，孤僨獨居。兩主不樂，無以自虞，願以所有，易其所無。」

呂后接書大怒，召丞相陳平及樊噲、季布廷議，欲發兵擊之，樊欲以十萬眾橫行匈奴中，季布斥噲欲搖動天下，是為面謾。於是，呂后命大謁者張澤報冒頓單于，書曰：

單于不忘弊邑，賜之以書，弊邑恐懼。退日自圖，年老氣衰，髮齒墮落，行步失度，單于過聽，不足以自汙。弊邑無罪，宜在見赦。竊有御車二乘、馬二駟，以奉常駕。

兩書相較，冒頓書狂傲無禮，呂后報書則卑躬委曲。顯見當時漢匈不僅不是對等關係，甚至於是一種臣屬關係。這也是後來使賈誼欲流涕的屈辱關係。賈誼陳天下治亂事勢，以其急緩輕重，分為可為痛哭者一，可為流涕者二，可太息者六。其中可為流涕者都是討論漢匈關係。《漢書．賈誼傳》云：

天下之勢方倒縣。凡天子者，天下之首，何也？上也。蠻夷者，天下之足，何也？下也。今匈奴嫚娒侵掠，至不敬也，為天下患，至亡已也，而漢歲致金絮采繒以奉之。夷狄徵令，是主上之操也；天子共貢，是臣下之禮也。足反居上，首顧居下，倒縣如此，莫之能解……可為流涕者此也。

在這種情況下，《漢書．賈誼傳》又云：

陛下何忍以帝皇之號，為戎人諸侯，勢既卑辱，而禍不息，長此安窮……可為流涕者此也。

賈誼可為流涕者二，亦見其所著《新書》。《新書》卷三〈不威信〉云：「天子共（供）貢，是臣下之禮，足反居上，首顯下，是倒植之勢也。天子之勢倒植矣，莫之能理，猶謂國有人乎！」又卷四〈卑勢〉又云：

匈奴侵甚侮甚，遇天子至不敬也，為天下患至無已也。以漢歲致金絮繒綵，是入貢職於蠻夷也。顧為戎人諸侯也，勢既卑而禍不息，長此何窮，陛下胡忍以皇帝之號居此！

「陛下胡忍以皇帝之號居此」，即所謂入貢職於蠻夷，「顧為戎人諸侯」，這種首足倒懸的漢匈關係，是賈誼一再流涕的原因。據賈誼之論，當時漢匈間不僅是一種不對等的關係，而且是一種隸屬的關係。而且由賈誼之論，也透露了高祖平城之圍，何以得出的消息。

賈誼所謂「天子共貢，是臣下之禮」，或「以皇帝之號為戎人諸侯」，由是可知，當時的漢對匈奴是一種臣服的關係。這種臣服的關係，是高祖平城之圍所遺留下來。高祖平城被圍七日，最後被迫簽訂城下盟，甚至可能遞了降表，倉促歸後，再命劉敬前往匈奴處理善後，簽訂下「通關市，給遺匈奴，遣公主」不平等的和親之約。此後，歷經呂后、文、景及武帝初年，就在這種不平等條約的陰影籠罩下，維繫著屈辱的漢匈關係。因此對平城之圍視為國恥，朝野上下忍隱不言，才有平城之圍高祖何以得出，「世莫能知」，以及陳平用奇計厚遺閼氏，並獻美女的傳說出現，對於這段難言的創傷，有意留下歷史的空白，但這段歷史的空白，不僅是漢帝國，也是中國歷史重大的轉折，由一個內部自我凝聚形成的大帝國，終於遇到外在勢力的對立與抗衡。此後這兩種不同力量，以長城為基線所作的抗爭，直至近代以前，一直相互激盪著❼。

當然，這種相互的激盪，對漢帝國而言，更有切膚銘心之痛。如何突破這種漢匈屈辱的臣屬關係，似乎是漢帝國統治者內心強烈的意願。文帝即位以後，一方面委曲求全維持漢匈間的「故約」，一方面「赫然發憤」想突破這種匈奴「羽檄不行於中國」的關係。《漢書．匈奴傳》云：

---

❼ 逯耀東，〈勒馬長城〉，《魏晉史學及其他》。

文帝中年，赫然發憤，遂躬戎服，親御鞍馬，從六郡良家材力之士，馳射上林，講習戰陳，聚天下精兵，軍於廣武，顧問馮唐，與論將帥，喟然歎息，思古名臣。

所謂「喟然歎息，思古名臣」，案《史記．張釋之馮唐列傳》謂文帝與馮唐論將帥，談到廉頗、李牧，傳稱：「上既聞廉頗、李牧為人，良說，而搏髀曰：『嗟乎！吾獨不得廉頗、李牧時為吾將，吾豈憂匈奴哉！』」欽慕之情溢於言表。《史記．孝文本紀》云：

十四年冬，匈奴謀入邊為寇，攻朝那塞，殺北地都尉卬。上乃遣三將軍軍隴西、北地、上郡，中尉周舍為衛將軍，郎中令張武為車騎將軍，軍渭北，車千乘，騎卒十萬。帝親自勞軍，勒兵申教令，賜軍吏卒。帝欲自將擊匈奴，群臣諫，皆不聽。皇太后固要帝，帝乃止。

文帝欲親自將兵征伐匈奴，意在復仇雪恥，但由於群臣與太后的勸阻，壯志未酬。景帝之世，內有吳楚七國之亂，無暇外顧，所以，「景帝復與匈奴和親，通關市，……遣翁主，如故約。」維持著這種屈辱的關係。不過，武帝為太子之時，即有雪恥之志，即位後更積極準備討伐匈奴。《史記．佞幸列傳》云：

上即位，欲事伐匈奴，而嫣先習胡兵，以故益尊貴，官至上大夫，賞賜擬於鄧通。

又《漢書．武帝紀》云：

（元光二年）春，詔問公卿曰：「朕飾子女以配單于，金幣文繡賂之甚厚，單于待命加嫚，侵盜亡已，邊境被害，朕甚閔之。今欲舉兵攻之，何如？」

於是，進行廷議，然後展開馬邑之戰。在這次廷議之前，在建元五年，〈韓長孺列傳〉云：「匈奴來請和親，上下其議。」舉行過一次討論和戰的御前會議，王恢主戰，群臣與韓安國主和，武帝因而允許和親。武帝允和親可能由於竇太后的關係，因為自建元初的政爭以後，實際掌握政治權力的是竇太后。所以，在竇太后逝世後，武帝在其舅氏田蚡的協助下，恢復了竇太后所阻斷的許多改革❽。另一方面積極進行改變自平城之後的漢匈關係，然後才有馬邑之戰。所以，武帝洗雪平城之恥的決心是非常急切與堅定的。或曰武帝親自將兵參與馬邑之役❾，如果以復仇雪恥而言，是非常可能的，前述文帝就曾欲親自將兵，討伐匈奴。不過，這次戰役雖興師動眾，但卻徒勞無功。然武帝雪恥復仇之心非常堅決。武帝於元封元年即「擇兵振旅，躬秉武節」，親率十二郎將軍，勒兵十八萬騎，巡北邊，準備與匈奴作一決戰。

不過，馬邑之戰雖未竟功，但卻轉變了自平城之戰後的倒懸關係。自此之後，「大興師數十萬，使衛青、霍去病操兵，前後十餘年。於是浮西河，絕大幕，破寘顏，襲王庭，窮極其地，追奔逐北，封狼居胥山，禪於姑衍，以臨翰海，虜名王貴人以百數。自是之後，匈奴震怖。」至太初四年，李廣利伐大宛得千里馬歸來，武帝作〈天馬之歌〉。歌詩曰：「天馬來兮從西極，經萬里兮歸有德，承靈威兮降外國，涉流沙兮四夷服。」所謂「降外國」與「四夷服」，應包括匈奴在內。於是，武帝得意之餘，終於吐露出平城之圍後，朝野上下隱忍百年，所不欲言、不能言的言語：「高皇帝遺朕平城之憂，高后時單于書絕悖逆，昔齊襄公復九世之讎，《春秋》大之。」

---

❽ 參見本書〈「通古今之變」的「今」之開端〉。

❾ 邢義田，〈漢武帝在馬邑之役中的角色〉，《史語所集刊》六十三本第一份（一九九二）。

二、「唯在擇任將相哉」

至此，匈奴雖未稱臣，但漢匈倒懸之勢已解，平城之恥的陰霾似已一掃而去。但是，平城之辱所造成創傷，而形成的漢匈倒懸關係，卻是高祖至武帝百年間，朝野上下視為國恥，隱忍避而不談的問題。這個問題卻是司馬遷敘述〈匈奴列傳〉的主軸，漢對匈奴的和親或戰爭，都由這個問題引發。但司馬遷在處理這個問題的材料時，就會因避免觸及現實政治的忌諱，受到一定程度的限制。這種因現實政治忌諱，在處理匈奴問題材料受到的限制，綜合以上材料可以發現。司馬遷對平城之役的起因，戰爭前的準備及戰爭過程，甚至於戰爭失敗的原因，都作了詳細的敘述。但是對於關鍵性的戰爭結果，卻語焉不詳，高祖何以得突圍而出，僅以「使使厚遺閼氏」，或「陳平用奇計」，「其計祕，世莫能知」，加飾而一筆帶過，以至後來傳說紛紜。

另一方面，賈誼〈治安策〉兩次流涕討論首足倒懸的漢匈關係，是對平城之圍結果最佳的註腳。而且賈誼的〈治安策〉不僅對匈奴問題，其中關於改制及諸侯王的問題，對武帝一朝的政治發生直接的影響，但司馬遷對於這篇重要的歷史文獻闕而不錄。而將賈誼附於屈原傳之後，以此討論楚辭與漢賦的承傳關係⑩，不知司馬遷是有心還是無意迴避這個問題。同時最足以表現漢匈倒懸關係的，就是冒頓單于致呂后書，司馬遷僅以冒頓遺高后書「妄言」或「不遜」，卻不載原書。《漢書．匈奴傳》則全載冒頓致呂后書，及呂后的復書，兩書相較，一狂妄一卑躬，漢匈倒懸的關係就不言而喻了，更可以與武帝所謂「高后時冒頓書絕悖逆」前後相應。由此可知司馬遷不錄單于與呂后兩書是有意迴避了。在馬邑之戰中，武帝雖親率大軍，希望大舉復仇，但未竟功，徒勞而返，不論怎麼說也不是件體面的事，司馬遷為君者諱，不言武帝親征，也是非常可能的。作為一個史學家，又生活這個時代之中，撰寫的又是當代最敏感的問題，受到現實政治的限制，無法完全敘述歷史的真象，不僅司馬遷，即孔子著《春秋》也難免。所以，《史記．匈奴列傳》「太史公曰」就說：

> 孔氏著《春秋》，隱桓之間則章，至定哀之際則微，為切當世之文而罔褒，忌諱之辭也。

---

⑩ 參見本書〈〈太史公自序〉的「拾遺補藝」〉。

《索隱》曰：「仲尼士於定哀，故其著《春秋》，不切論當世而微其詞也。」並且說「忌諱之辭」，是「謂其無實而褒，忌諱當代故也。」司馬遷似乎為自己處理匈奴問題材料，受到現實政治的限制，給後世留下一個可以討論的空間。

不僅孔子、司馬遷撰史，受到現實政治的限制，對當時若干歷史事實有所忌諱，不能作完整的敘述，後世的史學家在敘當代之史也遭遇同樣的困境。這是客觀的現實環境，也是司馬遷處理匈奴問題時，所面臨的限制。另一方面，作為一個史學家，處理當代的歷史問題，由於其個人也生存在這個時代之中，而且有時個人更牽涉在這個問題之中，所以在處理這個問題時，難免由於個人主觀的影響，而受到某種程度的限制。司馬遷撰寫武帝一朝的歷史，尤其關於匈奴問題，由於個人工作的關係，直接或間接接觸到這方面的人和事，並且更因李陵事件，其個人又捲入這個歷史問題的漩渦。所以，在他遇到這個問題及相關的材料時，很難避免某種程度的個人主觀意識的影響。因此，司馬遷在處理匈奴的問題時，除了現實政治的忌諱，受到某程度的限制，另外還有其在搜集匈奴問題的材料時，因接觸到曾直接或間接參加過征討匈奴的人物，或通過實際考察漢匈戰爭的遺跡，以致在其處理漢匈關係時，反映在處理匈奴問題材料，難免出現史學家個人意識，對其所敘述的歷史問題產生了主觀的限制，這也是司馬遷處理匈奴問題時，遇到的另一個困境。

司馬遷為郎中時，即扈從武帝巡幸天下，曾至漢匈接觸頻繁的西北邊疆。案《史記．五帝本紀》太史公曰：

余嘗西至空桐。

又〈河渠書〉「太史公曰」：

北自龍門至于朔方。

又〈蒙恬列傳〉「太史公曰」：

吾適北邊，自直道歸。行觀蒙恬所為秦築長城亭障，塹山堙谷，通直道。

或謂司馬遷的北遊，不知在何時。案《史記．封禪書》云：「其來年冬，上議曰：『古者先振兵澤旅，然後封禪。』乃遂北巡朔方，勒兵十餘萬，還祭黃帝冢橋山，澤兵須如。」所謂

「其年冬」，即元封元年冬十月。案《漢書．武帝紀》云：

> 元封元年冬十月，詔曰：「南越、東甌咸伏其辜，西蠻北夷頗未輯睦，朕將巡邊垂，擇兵振旅，躬秉武節，置十二部將軍，親帥師焉。」行自雲陽，北歷上郡、西河、五原，出長城，北登單于臺，至朔方，臨北河。勒兵十八萬騎，旌旗徑千餘里，威震匈奴。遣使者告單于曰：「南越王頭已縣於漢北闕矣。單于能戰，天子自將待邊；不能，亟來臣服。何但亡匿幕北寒苦之地為？」匈奴讋焉。還，祠黃帝於橋山，乃歸甘泉。

《史記．匈奴列傳》亦云：

> 是時天子巡邊，至朔方，勒兵十八萬騎以見武節。而使郭吉風告單于。郭吉既至匈奴，匈奴主客問所使，郭吉禮卑言好，曰：「吾見單于而口言。」單于見吉，吉曰：「南越王頭已縣於漢北闕。今單于能前即與漢戰，天子自將兵待邊；單于即不能，即南面而臣於漢。何徒遠走，亡匿於幕北寒苦無水草之地，毋為也。」語卒而單于大怒，立斬主客見者，而留郭吉不歸，遷之北海上。

當是時，司馬遷奉使巴蜀滇中還，見父於河洛，司馬談病篤，臨終遺言種切，即「發憤且卒」，司馬遷旋即從駕北巡。後於元封三年，繼其父職續為太史令。四年又扈從封禪，北過涿鹿。〈五帝本紀〉云：「余北過涿鹿。」又案《漢書．武帝紀》云：

（元封）四年冬十月，行幸雍，祠五畤。通回中道，遂北出蕭關，歷獨鹿、鳴澤，自代而還。

後三年的太初元年，司馬遷開始撰寫《史記》。這次北遊的經歷與感受，直接反映在他的《史記》之中。〈河渠書〉「太史公曰」：

北自龍門至于朔方，曰：甚哉，水之為利害也！

又〈蒙恬列傳〉「太史公曰」其適北邊，云：

夫秦之初滅諸侯，天下之心未定，痍傷者未瘳，而恬為名將，不以此時彊諫，振百姓之急，養老存孤，務脩眾庶之和，而阿意興功，此其兄弟遇誅，不亦宜乎！

司馬遷所謂「甚哉，水之為利害也！」以及批評蒙恬不能強諫，振百姓之急，反而「阿意興功」，是對歷史場景觀察後的反應。《史記》「太史公曰」中對歷史事件所發的議論，及其對歷史人物所作的評論，後來形成中國傳統歷史寫作論贊形式。史學與文學有客觀與主觀的差別，所以，史傳論贊最能表現史學家個人意識的寫作形式。上述的「太史公曰」中，已清晰地反映出，兩次隨駕北巡，對於漢匈衝突歷史遺跡的觀察，對其後來對匈奴問題的考察與處理，或發生某種程度的影響。

司馬遷對歷史遺跡的直接考察所產生的反應，在其處理匈奴問題時，可能產生某種程度的影響，同時他與參與漢匈戰鬥的人物直接的接觸，或間接的採訪，他們對戰爭的敘述或參加戰爭的感受，也可能反映在他所處理的匈奴問題之中。《史記．衛將軍驃騎列傳》「太史公曰」：

> 蘇建語余曰：「吾嘗責大將軍至尊重，而天下之賢大夫毋稱焉，願將軍觀古名將所招選擇賢者，勉之哉。大將軍謝曰：『自魏其、武安之厚賓客，天子常切齒。彼親附士

大夫，招賢絀不肖者，人主之柄也。人臣奉法遵職而已，何與招士！』」

蘇建乃蘇武之父。《漢書》別有傳。司馬遷則將事略附於〈衛將軍驃騎列傳〉，云：

將軍蘇建，杜陵人。以校尉從衛將軍青，有功，為平陵侯，以將軍築朔方。後四歲，為游擊將軍，從大將軍出朔方。後一歲，以右將軍再從大將軍出定襄，亡翕侯，失軍，當斬，贖為庶人，其後為代郡太守。

蘇建從衛青數出伐匈奴有功，為平陵侯，並築朔方城，是衛青的親信。既與司馬遷善，則其所言不僅大將軍的軼聞而已，或有對匈奴的征伐之事在內。司馬遷的知友田仁和任安同為衛青的舍人。田仁是田叔的少子。《史記‧田叔列傳》「太史公曰」：「仁與余善，余故並論之」：

仁以壯健為衛將軍舍人，數從擊匈奴。衛將軍進言仁，仁為郎中。數歲，為二千石丞相長史，失官。其後使刺舉三河。

褚先生補曰：「臣為郎時，聞之田仁故與任安善。」並謂任安「乃為衛將軍舍人，與田仁會，俱為舍人，居門下，同心相愛。」其後武帝召見衛將軍舍人，詔問能略推第。褚先生曰：

> 田仁對曰：「提桴鼓立軍門，使士大夫樂死戰鬥，仁不及任安。」任安對曰：「夫決嫌疑，定是非，辯治官，使百姓無怨心，安不及仁也。」武帝大笑曰：「善。」使任安護北軍，使田仁護邊田穀於河上。此二人立名天下。

田仁與任安後皆死於巫蠱之禍。司馬遷或因與田仁善，因而結識任安。傳中雖未言任安從衛將軍出征匈奴，但田仁與任安皆為衛青舍人，且田仁稱任安「提桴鼓立軍門，使士大夫樂死戰鬥」，則任安亦當從征。所以，某些有關匈奴征戰的材料，或得自田仁與任安。

除了個人直接的接觸，司馬談在漢匈關係轉變的三十年間，也曾接觸這方面的人和事。也就是司馬遷後來，「悉論先人所次舊聞，弗敢闕」的一批材料，對司馬遷處理匈奴問題，可能也發生影響。〈匈奴列傳〉「太史公曰」最後曰：

> 欲興聖統，唯在擇任將相哉！唯在擇任將相哉！

案〈張釋之馮唐列傳〉「太史公曰」：「馮公之論將率，有味哉！有味哉！」馮唐趙人，父徙代，頗知廉頗、李牧之事。因向文帝說廉頗、李牧為將。〈張釋之馮唐列傳〉稱：

> 上既聞廉頗、李牧為人，良說，而搏髀曰：「嗟乎！吾獨不得廉頗、李牧時為吾將，吾豈憂匈奴哉！」唐曰：「主臣！陛下雖得廉頗、李牧，弗能用也。」上怒，起入禁中。

所以不能用，馮唐續稱：

> 夫士卒盡家人子，起田中從軍，安知尺籍伍符。終日力戰，斬首捕虜，上功莫府，一言不相應，文吏以法繩之，其賞不行而吏奉法必用。臣愚，以陛下法太明，賞太輕，罰太重。

司馬遷〈自序〉謂其撰〈張釋之馮唐列傳〉，因馮唐「言古賢人，增主之明」。所謂「言古賢人」，即所言廉頗、李牧之為將帥。其所論將帥，與司馬遷〈匈奴列傳〉所感嘆「唯在擇任將相」略合。又案〈張釋之馮唐列傳〉稱：「武帝立，求賢良，舉馮唐，唐時年九十餘，不能復為官，乃以唐子馮遂為郎。遂字王孫，亦奇士，與余善。」當為司馬談，而非司馬遷，所以有匈奴問題若干資料，司馬遷得其父的「所次舊聞」。

三、「僕與李陵俱居門下」

馮唐所謂「文吏以法繩之，其賞不行而吏奉法必用」，李廣即因此而自殺。案《史記．李將軍列傳》云：「廣年六十餘矣，終不能復對刀筆之吏，遂引刀自剄。」李廣生前，司馬遷曾親見這位奮戰匈奴的老英雄，並留下深刻的印象：「余睹李將軍悛悛如鄙人，口不能道辭。」而且與李廣之孫李陵，「俱居門下」，後因李陵降匈奴，竟被捲入匈奴事件之中。司馬遷與李陵的關係，以及後來李陵降匈奴，他為李陵游說，因而觸怒武帝，繫獄，最後下蠶室。在他的〈報任安書〉中，敘之甚詳。《漢書．司馬遷傳》載〈報任安書〉云：

> 夫僕與李陵俱居門下，素非相善也，趣舍異路，未嘗銜盃酒接殷勤之歡。然僕觀其為人自奇士，事親孝，與士信，臨財廉，取予義，分別有讓，恭儉下人，常思奮不顧身

以徇國家之急。其素所畜積也，僕以為有國士之風。

司馬遷與李陵雖非深交，但深儀其為人。其後，「李陵提步卒不滿五千，深踐戎馬之地。」其後「陵敗書聞」，〈報任安書〉云：

主上為之食不甘味，聽朝不怡。大臣憂懼，不知所出。僕竊不自料其卑賤，見主上慘悽怛悼，誠欲效其款款之愚。以為李陵素與士大夫絕甘分少，能得人之死力，雖古名將不過也。身雖陷敗，彼觀其意，且欲得其當而報漢。事已無可奈何，其所摧敗，功亦足以暴於天下。僕懷欲陳之，而未有路。適會召問，即以此指推言陵功，欲以廣主上之意，塞睚眦之辭。未能盡明，明主不深曉，以為僕沮貳師，而為李陵游說，遂下於理。拳拳之忠，終不能自列，因為誣上，卒從吏議。……獨與法吏為伍，深幽囹圄之中，誰可告愬者。……李陵既生降，隤其家聲，而僕又茸以蠶室，重為天下觀笑。

這是司馬遷自敘其與李陵交往，為李陵游說，及其個人得罪之原委。此即《漢書．李陵傳》所云：

後聞陵降，上怒甚，責問陳步樂，步樂自殺。群臣皆罪陵，上以問太史令司馬遷，遷盛言：「陵事親孝，與士信，常奮不顧身以殉國家之急。其素所畜積也，有國士之風。今舉事一不幸，全軀保妻子之臣隨而媒糵其短，誠可痛也！且陵提步卒不滿五千，深輮戎馬之地，抑數萬之師，虜救死扶傷不暇，悉舉引弓之民共攻圍之。轉鬥千里，矢盡道窮，士張空拳，冒白刃，北首爭死敵，得人之死力，雖古名將不過也。身雖陷敗，然其所摧敗亦足暴於天下。彼之不死，宜欲得當以報漢也。」初，上遣貳師大軍出，財令陵為助兵，及陵與單于相值，而貳師功少，上以遷誣罔，欲沮貳師，為陵游說，下遷腐刑。

《漢書．李陵傳》與《史記》同，亦附於李廣之後，然《漢書》悉其原委，敘之較詳。而其若干材料取自〈報任安書〉，上述司馬遷對武帝所謂，則全錄該書。反觀《史記》司馬遷親歷其事，且牽連在內而受腐刑。然其所載遠較班書簡略，且不言其為李陵游說事。楊慎《史記題評》云：「太史公以李陵被禍，至陵傳匆匆如此，正亦得體。」所以司馬遷在處理李陵材料時，似有所避諱的。

《史記》關於李陵的敘述有三處，其一附於〈李將軍列傳〉之後：

天漢二年秋，貳師將軍李廣利將三萬騎，擊匈奴右賢王於祁連天山，而使陵將其射士步兵五千人，出居延北可千餘里，欲以分匈奴兵，毋令專走貳師也。陵既至期還，而單于以兵八萬圍擊陵軍。陵軍五千人，兵矢既盡，士死者過半，而所殺傷匈奴亦萬餘人，且引且戰，連鬥八日，還未到居延百餘里，匈奴遮狹絕道，陵食乏而救兵不到，虜急擊招降陵。陵曰：「無面目報陛下。」遂降匈奴。其兵盡沒，餘亡散得歸漢者四百餘人。單于既得陵，素聞其家聲，及戰又壯，乃以其女妻陵而貴之。漢聞，族陵母妻子。

其二見於〈匈奴列傳〉：

其明年，漢使貳師將軍廣利以三萬騎出酒泉，擊右賢王於天山，得胡首虜萬餘級而還。匈奴大圍貳師將軍，幾不脫，漢兵物故什六七。……又使騎都尉李陵將步騎五千人，出居延北千餘里，與單于會，合戰，陵所殺傷萬餘人，兵及食盡，欲解歸，匈奴圍陵，陵降匈奴，其兵遂沒，得還者四百人。單于乃貴陵，以其女妻之。

所謂「其明年」，即天漢二年。案《漢書．武帝紀》云：「（天漢）二年夏五月，貳師將軍三萬騎出酒泉，與右賢王戰於天山，斬首虜萬餘級。又遣因杅將軍出西河，騎都尉李陵將步兵五千人出居延北，與單于戰，斬首虜萬餘級，陵兵敗，降匈奴。」與《史記．匈奴列傳》略同。或謂司馬遷撰《史記》斷於太初，故梁玉繩《史記志疑》認為〈李將軍列傳〉所附李陵事為後「妄續」。梁氏謂「李陵既壯以下，皆後人妄續。無天漢間事，史所不載，而史公因陵事被禍，必不書之，其詳別見于〈報任安書〉，有深意焉。」梁玉繩以同樣理由，認為〈匈奴列傳〉所載李陵事，亦為後人「所續」。他認為自「且鞮侯單于既立，盡歸漢使不降者」以下，「乃後人所續，非史公本書。《史記》訖太初，不及天漢。」梁玉繩之論緣於張晏，《索隱》張晏曰：「自狐鹿姑單于已下，皆劉向、褚先生所錄，班彪又撰而次之，所以《漢書．匈奴傳》有上下兩卷。」《漢書．匈奴傳》上下兩卷，即以太初、天漢為界。

梁玉繩所持論，《史記》以太初為斷，天漢以後事，不應載入。然〈太史公自序〉敘《史記》斷限有三，一為「卒述陶唐以來，至於麟止」。此為司馬談始撰《史記》之時，並以此為斷。二為「述歷黃帝以來，至太初而訖。」此為司馬遷開始撰寫《史記》之日，而以太初為斷。三為「略推三代，錄秦漢，上記軒轅，下至于茲。」所謂「下至于茲」，即征和三年《史記》最後定稿之時。案趙翼《廿二史箚記》「司馬遷作史年月」條下，認為司馬遷「為太史令，當太初元年改正朔，正值孔子《春秋》後五百年之期，於是論次其文。」並且說《史記》成書與其〈報任安書〉同時，「征和二年間事也」，而「安死後遷尚未亡，必更有刪訂改削之功。」所謂「刪定改削之功」，即王國維〈太史公繫年考略〉云：「今觀《史記》中最後之記事，信得出自太史公手筆者，唯〈匈奴傳〉李廣利降匈奴事，餘皆出後人續補者。」《史記．匈奴列傳》載李廣利降匈奴曰：

> 後二歲，復使貳師將軍將六萬騎，步兵十萬，出朔方。彊弩都尉路博德將萬餘人，與貳師會。游擊將軍說將步騎三萬人，出五原。因杅將軍敖將萬騎步兵三萬人，出鴈門。匈奴聞，悉遠其累重於余吾水北，而單于以十萬騎待水南，與貳師將軍接戰。貳師乃解而引歸，與單于連戰十餘日。貳師聞其家以巫蠱族滅，因并眾降匈奴，得來還千人一兩人耳。

「後二年」即征和三年，司馬遷以李廣利降匈奴為絕筆，有深意在焉。司馬遷自太初元年開始撰寫《史記》，歷天漢，最後至征和二年成書，其間經歷了許多重大的變遷，及其個人切身之痛的遭遇。而征和二年正是「巫蠱之禍」鬥爭最激烈的時刻。「巫蠱之禍」是漢武帝晚年，發生的一次骨肉相殘倫常巨變的政治鬥爭，涉及甚眾。司馬遷兩個最親近的朋友田仁和任安，也被株連在內。這是司馬遷自李陵之禍後，所遭遇的又一次嚴峻的政治危機。為了使剛完稿的《史記》免受波及，不得不作一次澈底的檢點與刪削，在刪削過程中，倉促之間，〈武帝本紀〉可能也被削除了。

至於以李廣利降匈奴，作為其最終的記事，不是沒有原因的。雖然司馬遷因為李陵游說被罪，實際上司馬遷獲罪，如上引《漢書．李陵傳》所言「陵與單于相值，而貳師功少。上以遷誣罔，欲沮貳師，為陵游說，下遷腐刑。」所以，司馬遷因誣上及「欲沮貳師」而得罪，其得罪與李廣利有直接的關係。司馬遷自天漢二年被刑，此後，如司馬遷自謂「草創未就，適會此禍，惜其不成，是以就極刑而無慍色。」至此，書已定稿正在刪削之際，忽聞李廣利亦降匈奴。自天漢二年李陵降匈奴，至九年之後的征和三年，李廣利又降匈奴，對司馬遷個人而言，真是一個無法解釋的「循環」。思前想後，豈僅感慨而已，於是在〈匈奴列傳〉之終，增補了李陵、李廣利分別降匈奴的記載，同時在〈李將軍列傳〉後，也添加了李陵的記載是非常可能的。

不過，在李陵的資料中，司馬遷並沒有將其個人的遭遇摻於其中。僅最後在其〈自序〉略略敘及：

於是論次其文。七年而太史公遭李陵之禍，幽於縲紲。乃喟然而嘆曰：「是余之罪也夫！是余之罪也夫！身毀不用矣。」

其後所論「昔西伯拘羑里，演《周易》，孔子戹陳蔡，作《春秋》」，並謂「此人皆意有鬱結，不得通其道也」云云，與〈報任安書〉略同。〈自序〉與〈報任安書〉，在同一時間先後完成，所以，在某些辭句相同。不過，關於李陵之禍，〈自序〉僅寥寥二三十字，喟然而嘆，未見幽憤。然而在〈報任安書〉中，全篇環繞李陵事件反復陳訴，語多憤激，以致後世將司馬遷撰《史記》，和李陵事件糾纏在一起，而認為司馬遷「以身陷刑之故，反微文刺譏，貶損當世。」以致將《史記》視為謗書。

由於李陵事件，司馬遷個人也陷於匈奴問題的是非之中，使他在處理匈奴問題時，變得格外複雜了。不過，司馬遷作為一個史學家，不會因個人的遭遇，影響其對歷史的敘述。所以，司馬遷撰《史記》是一回事，李陵事件是另一回事，二者不可混為一談。不過，事實上，司馬遷在處理匈奴問題時，的確受到某些限制。這些限制一方面來自現實政治的壓力，如在敘述被視為國恥的平城之圍時，由於武帝正積極準備雪恥復仇，所以對若干問題因為遷就政治現實，無法作進一步討論有所隱略。關於這個問題他在〈匈奴列傳〉的「太史公曰」中已經說明了。即所謂「孔氏著《春秋》，隱桓之間則章，至定哀之際則微，為其切當世之文而罔褒，忌諱之辭也。」避免觸及現實的忌諱，是司馬遷處理匈奴問題時所遭遇的第一種限制。另一方面，司馬遷在搜集匈奴材料時，或親自對漢匈戰爭場所的考察，或對參與漢匈戰爭人物的採訪，因而對匈奴問題的探討，摻入某些個人主觀意識。尤其經李陵事件後，司馬遷個人也捲入匈奴問題的是非之中。這是司馬遷在處理匈奴問題時，因其個人的關係，形成的另一種限制。

現實政治與個人因素形成的雙層限制，是司馬遷處理匈奴問題時所遭遇的困境。如何突破這種困境，是司馬遷要解決的問題。最後經過思量後，終於尋找到一個解決的方法。就是其〈自序〉所謂「《詩》《書》隱約者，欲遂其志之思也。」《索隱》曰：「謂其意隱，微而言約也。」又《正義》的解釋是「《詩》《書》隱微而約省者，遷深惟欲依其隱約而成志意也。」也唯有在「隱約」的前提下，才能避免現實政治的限制，委婉地「述故事，整齊世傳。」尤其在天漢二年受腐刑之後，司馬遷格外謹慎了，不僅處理匈奴問題，同時在處理其他當代的問題，都用這種「隱約欲遂其志之思」的方法。這又是另一個值得探索的問題。

列傳與本紀的關係

劉知幾將編年與紀傳並稱二體。所謂編年，始於《春秋》，其寫作形式是「繫日月而為次，列歲時以相續」。至於紀傳，則肇於司馬遷的《史記》，寫作的形式則是「紀以包舉大端，傳以委曲細事，表以譜列年爵，志以總括遺漏」❶。編年和紀傳兩種史學寫作形式，在魏晉時期同等重要，這兩種體裁「角力爭先，欲廢其一，固有難矣」❷。阮孝緒《七錄》首立〈紀傳錄〉，編年與紀傳並列正史，劉知幾的〈古今正史〉也兼蓄編年、紀傳二體。

但以阮孝緒〈紀傳錄〉為藍圖的《隋書．經籍志．史部》，卻將編年與紀傳一分為二，列紀傳為正史，次編年為古史。自此以後，司馬遷所創包括紀、傳、表、志的紀傳體，鑄成中

❶ 劉知幾，《史通．二體》。
❷ 劉知幾，《史通．二體》。

國傳統正史寫作的版型。

中國傳統正史紀傳體中的傳，是續承《史記》的列傳發展而形成的。《史記》列傳所以作，司馬遷在其〈自序〉中說：「扶義俶儻，不令己失時，立功名於天下，作七十列傳。」所謂「扶義俶儻」，司馬遷〈報任安書〉說：「古者富貴而名摩滅，不可勝記，唯俶儻非常之人稱焉。」由「俶儻非常之人」引申，因而《索隱》云：「列傳者，謂敘列人臣之事跡，令可傳於後世，故曰列傳。」《正義》亦云：「其人行跡可序列，故云列傳。」而且《史記》列傳篇目，多以人名、爵稱或官職命篇。因此，後世認為司馬遷所創立的列傳，是以敘人為主的人物個人傳記。《史記》列傳有以個人為主的獨立個傳，如〈淮陰侯列傳〉、〈李將軍列傳〉，有二人的合傳，如〈魯仲連鄒陽列傳〉、〈屈原賈生列傳〉，以及以類相從的類傳，如〈刺客列傳〉、〈仲尼弟子列傳〉以及〈酷吏〉、〈儒林〉等列傳。如果單純從列傳敘人而論，即從若干合傳考察，某些合傳在分合之際，不僅年月相去甚遠，事跡亦不相類。因此，司馬貞甚至將某些合傳作適當的調整，將韓非附於商鞅，魯仲連附於田單，宋玉附於屈原，鄒陽附於賈生❸。司馬貞欲調整的《史記》列傳，包括〈老子韓非列傳〉、〈魯仲連鄒陽列傳〉、〈屈原賈

❸羅以智，〈史記合傳論〉，《恬養齋文鈔》卷一。引自《歷代名家評史記》。

生列傳〉。這幾篇合傳，如果單從「敘列人臣之事跡」考察，的確很難得一個合理的解釋。此外〈扁鵲倉公列傳〉所錄的醫方，〈龜策列傳〉所述的卜筮，〈貨殖列傳〉兼敘風土物產，都與列傳敘人物的體例不合。

一、《史記》列傳與「拾遺補藝」

所以，司馬遷最初立列傳，其意為何，的確是一個值得討論的問題。關於這個問題，先從《史記》本身考察。《史記》列傳第一的〈伯夷列傳〉，敘伯夷、叔齊的事跡，以「傳曰」開始。所謂「傳曰」，說明其材取自他書。又〈仲尼弟子列傳〉云：

> 自子石已右三十五人，顯有年名及受業聞見於書傳。其四十有二人，無年及不見書傳。

所謂「書傳」，〈仲尼弟子列傳〉「太史公曰」：「弟子籍出孔氏古文。近是，余以弟子名姓文字，悉取《論語》弟子問，并次為篇。」則「書傳」是指《論語》而言。至於其未見於「書傳」者，則取自《孔子家語》。所以，司馬遷所謂「傳」，或「書傳」，似仍有跡可尋。至於

〈禮書〉云：「傳曰：威厲而不試，刑措而不用。」〈樂書〉云：「傳曰：治定功成，禮樂乃興。」〈封禪書〉云：「傳曰：三年不為禮，禮必廢；三年不為樂，樂必壞。」〈三王世家〉云：「傳曰：青采出於藍，而質青於藍。」〈滑稽列傳〉云：「傳曰：天下無害菑，雖有聖人，無所施其才；上下和同，雖有賢者，無所立功。」〈李將軍列傳〉：「傳曰：其身正，不令而行；其身不正，雖令不從。」這些所謂的「傳曰」，則不知所自。

不過，褚少孫補《史記》前後曾引用「傳曰」十餘處。〈三王世家〉云：「褚先生曰：臣幸得以文學為侍郎，好覽觀太史公之列傳。傳中稱〈三王世家〉文辭可觀」云云。所謂太史公之列傳，即《史記》中的列傳。其後於其所補的〈三代世表〉云：

張夫子問褚先生曰：「《詩》言契、后稷皆無父而生，今案諸傳記咸言有父，得無與《詩》謬乎？」

所謂謬於《詩》的「諸傳記」，案〈滑稽列傳〉云：「褚先生曰：臣幸得以經術為郎，而好讀外家傳語。」《索隱》云：「東方朔亦多博觀外家之語。」朔本傳稱其「以好古傳書，愛經術，多所博觀外家之語。」「外家之語」，《索隱》云：「外家非正經，即史傳雜說之書也。」

「外家傳語」與「外家之語」同，即非正經的史傳雜說。〈滑稽列傳〉又云：

傳曰：「子產治鄭，民不能欺，子賤治單父，民不忍欺，西門豹治鄴，民不敢欺。」

三子之才能，誰最賢哉？辨治者當能別之。

此即世傳為政的「三不欺」。《索隱》曰：「此三不欺，自古傳記先達共所稱述，今褚先生因記西門豹而稱之，以成說也。」又褚少孫補〈三代世表〉云：「《黃帝終始傳》曰：『漢興百有餘年，有人不短不長。』」《索隱》云：「蓋謂五行讖緯之說，若今之童謠言。」綜合以上褚少孫所謂的「傳」，包括非正經外家語的史傳雜說、先達所稱述的傳記，以及時下流傳的童謠俗說，都以「傳曰」的形式出現。所以，這些「傳曰」往往又稱為「故曰」。〈魏世家〉云：

惠王之所以身不死，國不分者，二家謀不和也。若從一家之謀，則魏必分矣。故曰：

「君終無適子，其國可破也。」

「故曰」，《索隱》云：「此蓋古人之言及俗說，故云『故曰』。」所以，包括司馬遷在內的漢代學者，對六藝以外的史傳雜說、古人之言或時下流行的俗說諺語，統稱之為傳。因此，東方朔與褚少孫好觀的「外家之語」或「外家傳語」，與〈太史公自序〉所謂的「六經異傳」是相同的。〈自序〉謂其所撰的《史記》：

凡百三十篇，五十二萬六千五百字，為《太史公書》。序略，以拾遺補蓺，成一家之言，厥協六經異傳，整齊百家雜語。

案「六經異傳」，《索隱》曰：「遷言以所撰，取協於六經異傳諸家之說耳，謙不敢比經蓺也。異傳者，如子夏《易傳》、毛公《詩》及韓嬰《外傳》、伏生《尚書大傳》之流者也。」《正義》言「異傳」，亦略同《索隱》。《正義》云：「太史公撰《史記》，言其協于六經異文，整齊諸子百家雜說之語，謙不敢比經藝也。異傳，謂如丘明《春秋外傳》、《國語》、子夏《易傳》、毛公《詩傳》、《韓詩外傳》、伏生《尚書大傳》之流也」。所以，就《索隱》與《正義》而言，司馬遷所謂的「六經異傳」，指先秦或漢代對六藝經籍解釋的著作而言。

不過，「厥協六經異傳，整齊百家雜語」，卻有更深的意義。司馬遷撰寫《史記》的最終目的，為了「成一家之言」。但在司馬遷的著作之中，存在著兩個「成一家之言」，一是其〈報任安書〉中的「欲以究天人之際，通古今之變，成一家之言。」一是作為〈自序〉總結，也是《史記》最後總結的「以拾遺補蓺，成一家之言，厥協六經異傳，整齊百家雜語。」「拾遺補藝」是對圖書文獻的整理，這種工作必須經過「厥協六經異傳，整齊百家雜語」的過程，最後才能完成，這是對先秦以來的學術再作一次系統的整理❹。

所謂「拾遺補藝」，是對圖書校整工作，《史記》列傳或即由此而出。鏡考源流，部次流別是中國傳統目錄學的精神。自來討論中國傳統目錄學，都集中劉向、歆父子在這方面的成就，完全忽略了司馬氏父子拓創的貢獻。事實上，武帝時進行的圖書徵集與整理工作，不僅規模較成帝時大得多，而且也是自孔子刪《詩》《書》、訂禮樂，對中國文獻第一次系統整理後的五百年，所進行的第二次圖書文獻的校整工作❺。司馬談、遷父子由於工作職掌的關係，相繼負責校書祕閣的工作。〈自序〉所謂「先人有言：『自周公卒五百歲而有孔子，孔子卒後至於今五百歲，有能紹明世，正《易傳》，繼《春秋》，本《詩》《書》《禮》《樂》之際？』意在斯乎！意在斯乎！小子何敢讓焉。」其意在此。但司馬氏父子在整理圖書過程中，由於政

---

❹參見本書〈〈太史公自序〉的「拾遺補藝」〉。

❺參見本書〈〈太史公自序〉的「拾遺補藝」〉。

治學術環境的變遷，司馬談以黃老思想為主導，提出他的〈論六家要指〉，規劃出陰陽、儒、墨、名、法、道德諸家輪廓，形成中國傳統目錄學最早的序錄。後來劉向、歆父子校書祕閣的《七略》，最後班固《漢書．藝文志．諸子略》即在這個基礎上形成的。司馬遷處於罷黜百家之後，在不違背當時現實政治情勢，又不阿附俗儒分裂六藝之論，以孔子所成的六藝置於諸家之上，將學術承傳與現實政治作清晰的分劃，此即其〈孔子世家〉「太史公曰」所謂「天下君王至于賢人眾矣，當時則榮，沒則已焉。孔子布衣，傳十餘世，學者宗之。自天子王侯，中國言六藝者折中於夫子，可謂至聖矣！」後來《漢書．藝文志．六藝略》即由此而出❻。

司馬氏父子不僅校書祕閣，並可能將其校整成果輯成簿錄，傳於後世。案《漢書．藝文志》云：

> 漢興，改秦之敗，大收篇籍，廣開獻書之路。迄孝武世，書缺簡脫，禮壞樂崩，聖上喟然而稱曰：「朕甚閔焉！」

❻ 參見本書〈〈太史公自序〉的「拾遺補藝」〉。

「朕甚閔焉」，《漢書．武帝紀》云：「(元朔五年）夏六月詔曰：『蓋聞導民以禮，風之以樂，今禮壞樂崩，朕甚憫焉。』故詳延天下方聞之士，咸薦諸朝。」〈藝文志〉所謂「聖上」即武帝，周壽昌《漢書注校補》云：「聖上，稱孝武也。玩語氣似當時語。竊疑漢求遺書，始自漢武，當時必有記錄，班采其書入文中耶。」周氏所疑甚是。〈藝文志．詩賦略〉屈賦之類條下有〈上所自造賦〉兩篇。師古曰：「漢武帝也。」劉氏父子與班固去武帝世已遠，無由稱武帝為「上」。章實齋云：「臣恭稱當代之君曰上，劉向為成帝時人，其去孝武之世已遠矣，此必武帝時人標目，劉向從而標之。」所謂「武帝時人標目」，或即司馬氏父子校整圖書所編的簿錄。《史記》對漢武帝習稱「上」或「今上」，武帝本紀即稱〈今上本紀〉，〈自序〉云：「漢興五世，隆在建元，外攘夷狄，內脩法度，封禪，改正朔，易服色，作〈今上本紀〉」。〈今上本紀〉即〈孝武本紀〉。

《漢書．藝文志》每著錄一書，班固於其下往往加一小注，簡述作者之時代或其書之內容。如〈諸子略．法家〉條下，《李子》三十二篇，注曰「名悝，相魏文侯，富國強兵。」又〈道家〉條有《列子》八篇，注曰：「名圄寇，先莊子，莊子稱之。」〈小說家〉條有《詩曠》六篇，注曰：「見《春秋》，其言淺薄，本與此同，似因託之。」其中有某些小注往往稱著者「有列傳」，計有：

《晏子》八篇：「名嬰，謚平仲，相齊景公，孔子稱善與人交，有列傳。」
《孟子》十一篇：「名軻，鄒人，子思弟子，有列傳。」
《孫卿子》三十三篇：「名況，趙人，為齊稷下祭酒，有列傳。」
《魯仲連子》十四篇：「有列傳。」
《筦子》八十六篇：「名夷吾，相齊桓公，九合諸侯，不以兵車也，有列傳。」
《商君》二十九篇：「名鞅，姬姓，衛後也，相秦孝公，有列傳。」
《蘇子》三十一篇：「名秦，有列傳。」
《張子》十篇：「名儀，有列傳。」
《屈原賦》二十五篇：「楚懷王大夫，有列傳。」
《吳起》四十八篇：「有列傳。」
《魏公子》二十一篇：「圖十卷。名無忌，有列傳。」

上述各書分別著錄於〈諸子略〉的〈儒家〉、〈道家〉、〈法家〉、〈縱橫家〉以及〈詩賦略〉和〈兵書略〉。所謂「有列傳」，師古曰：「有列傳者，謂《太史公書》。」但班固並未注明。可能如上述稱「聖上」或「今上」，於抄錄時未及刪改。所以，劉氏父子校讎祕閣原有底本，淵源於武帝時所編輯簿錄。這部簿錄可能是司馬氏父子校書祕閣時編輯而成，但沒有成書，後為劉氏父子所依據，將這部未成書的簿錄稿本，納入其書中，然而有某些地方因循未及刪改，因而有跡可尋。

司馬氏父子所輯的簿錄雖未成書，然上述「有列傳」的各類著作，其著述的意旨與學術的流變，已分別散見於《史記》各列傳之中。〈自序〉云：「獵儒墨之遺文，明禮義之統紀，絕惠王利端，列往世興衰，作〈孟子荀卿列傳〉。」孟子列傳則據《孟子》一書的材料撰成。〈孟子荀卿列傳〉「太史公曰」：「余讀孟子書，至梁惠王問『何以利吾國』，未嘗不廢書而歎也。曰：嗟乎，利誠亂之始也！夫子罕言利者，常防其原也。」至於《孟子》一書的撰成，〈孟子荀卿列傳〉云：

> 孟軻，騶人也。受業子思之門人。道既通，游事齊宣王，宣王不能用。適梁，梁惠王不果所言，則見以為迂遠而闊於事情，當是之時，……天下方務於合從連衡，以攻伐為賢。而孟軻乃述唐、虞、三代之德，是以所如者不合，退而與萬章之徒序《詩》《書》，述仲尼之意，作《孟子》七篇。

本傳云《孟子》七篇，〈藝文志〉作十一篇。傳敘孟子之學所自，及其作書之時代背景和著述的本旨。荀卿，《漢書．藝文志》作孫卿。傳敘荀卿著作的經過：

荀卿，趙人。年五十始來游學於齊。……齊襄王時，而荀卿最為老師，齊尚脩列大夫之缺，而荀卿三為祭酒焉。齊人或讒荀卿，荀卿乃適楚，而春申君以為蘭陵令。春申君死而荀卿廢，因家蘭陵。李斯嘗為弟子，已而相秦。荀卿嫉濁世之政，亡國亂君相屬，不遂大道而營於巫祝，信禨祥，鄙儒小拘。如莊周等又猾稽亂俗，於是推儒、墨、道德之行事興壞，序列著數萬言而卒。

傳不僅敘荀卿的經歷，更述荀卿著述之原由。傳雖名為〈孟子荀卿列傳〉，然於孟子、荀卿之間，尚列敘鄒衍與稷下諸先生之學。傳稱「齊有三騶子，其前騶忌，……先孟子。其次騶衍，後孟子。」〈藝文志〉有《鄒子》四十九篇。又有《鄒子終始》五十六篇。傳稱：「自騶衍，與齊之稷下先生如淳于髡、慎到、環淵、接子、田駢、騶奭之徒，各著書言治亂之事，以干世主，豈可勝道哉！」鄒衍等皆後於孟子。至於鄒衍所著書，傳稱：

騶衍，後孟子。騶衍睹有國者益淫侈，不能尚德，若〈大雅〉整之於身，施及黎庶矣，乃深觀陰陽消息而作怪迂之變，〈終始〉、〈大聖〉之篇十餘萬言。

至於其著書要旨，則「必先驗小物，推而大之。」傳稱其學，則云：

必先驗小物，推而大之，至於無垠。先序今以上至黃帝，學者所共術，大並世盛衰，因載其禨祥度制，推而遠之。至天地未生，窈冥不可考而原也。先列中國名山大川，通谷禽獸，水土所殖，物類所珍，因而推之，及海外人之所不能睹。稱引天地剖判以來，五德轉移，治各有宜，而符應若茲。以為儒者所謂中國者，於天下乃八十一分居其一分耳。……其術皆此類也，然要其歸，必止乎仁義節儉。臣君上下六親之施，始也濫耳。

鄒衍之學乃陰陽家之所出。司馬談〈論六家要指〉稱陰陽家之學，〈自序〉云：「夫陰陽四時、八位、十二度、二十四節，各有教令。順之者昌，逆之者不死則亡，未必然也。故曰『使人拘而多畏』。夫春生夏長，秋收冬藏，此天道之大經也。弗順則無以為天下綱紀，故曰『四時之大順，不可失也』。」《漢書．藝文志》論〈陰陽家〉所謂「敬順昊天，歷象日月星辰，敬授民時，此其所長也。及拘者為之，則牽於禁忌，泥於小數，舍人事而任鬼神。」即由此而出。稷下先生所著書，除鄒衍的著作著錄於〈陰陽家〉，尚有《鄒奭子》十二篇，注曰：「齊人，號曰雕龍奭。」《七略》云：「鄒衍之所言，五德終始，天地廣大，盡言天事，故曰談天。鄒奭修衍之文，飾若雕鏤龍文，故曰雕龍。」其後稷下之學又與道家合，其著述「皆學黃老道德之術。」傳云：

> 慎到，趙人。田駢、接子，齊人。環淵，楚人。皆學黃老道德之術。因發明序其指意。故慎到著十二論，環淵著上下篇，而田駢、接子皆有所論焉。

〈藝文志〉有《慎子》四十二篇，在法家。注曰：「名到，先申、韓，申、韓稱之。」又《田子》二十五篇，在道家。注曰：「名駢，齊人。游稷下，號天口駢。」《捷子》二篇，在道家，道家又有《蜎子》十三篇。注曰：「名淵，楚人，老子弟子。」[7]這些稷下先生的著作，

---

[7] 錢大昭《漢書辨疑》稱接、捷古字通，捷子即接子；又《蜎子》，師古曰：「姓也。」蜎為環之借字，

〈藝文志〉分別著錄於法家、名家、道家類中。除稷下諸先生著作外，其他諸家著作，傳云：

> 趙亦有公孫龍為堅白異同之辯，劇子之言；魏有李悝，盡地力之教；楚有尸子，長盧；阿之吁子焉。

〈藝文志〉有《公孫龍子》十四篇，在名家。注曰：「趙人。」《李子》三十二篇，在法家。又有《尸子》二十篇，在雜家。注曰：「名佼，魯人，秦相商君師之。鞅死，佼逃入蜀。」《處子》九篇，在法家。《芈子》十八篇，注曰：「名嬰，齊人，七十子之後。」在〈孟子荀卿列傳〉之末，並附墨子：「蓋墨翟，宋之大夫，善守禦，為節用。或曰並孔子時，或曰在其後。」〈藝文志〉有《墨子》七十一篇，注曰：「名翟，為宋大夫，在孔子後。」從以上所述，可以了解〈孟子荀卿列傳〉，雖以孟軻、荀卿為名，並非單純為孟軻、荀卿立傳，並兼敘孟軻至荀卿之間，稷下之學的著作，以及其他各家的著作，事實上所敘稷下諸家著作的材料

案應劭《風俗通．姓氏篇》云「環氏出楚環列之尹，復以為氏」。張澍《風俗通輯注》稱：「環淵即蜎淵。」

非常豐富，超過孟荀的材料。所述各家的著作分別著錄於《漢書．藝文志．諸子略》的儒家、道家、陰陽家、名家、墨家之中。

稷下先生的著述，後來「皆學黃老道德之術」，至漢初形成黃老之學，對當時的政治發生很大作用。〈自序〉云：「李耳無為自化，清淨自正；韓非揣事情，循埶理，作〈老子韓非列傳〉第三。」老子、韓非合傳，後世多所非議。然而司馬遷以目錄學鏡考學術源流的觀點立傳，卻被忽略了。〈老子韓非列傳〉敘老子著書云：

老子脩道德，其學以自隱無名為務。居周久之，見周之衰，迺遂去。至關，關令尹喜曰：「子將隱矣，彊為我著書。」於是老子迺著書上下篇，言道德之意五千餘言而去，莫知其所終。

傳稱老子之學「無為自化，清淨自正。」《漢書．藝文志》有《老子鄰氏經傳》四篇，注曰：「姓李，名耳，鄰氏傳其學。」又有《老子傅氏經說》三十七篇、《老子徐氏經說》六篇，同在道家。後來傳老子學者不止一家。道家又有《莊子》五十二篇。〈老子韓非列傳〉謂莊子之學，「其要本歸於老子之言。」傳稱莊子著書云：

蒙人也，名周。周嘗為蒙漆園吏，與梁惠王、齊宣王同時。其學無所不闚，然其要本歸於老子之言。故其著書十餘萬言，大抵率寓言也。作〈漁父〉、〈盜跖〉、〈胠篋〉，以詆訿孔子之徒，以明老子之術。〈畏累虛〉、〈亢桑子〉之屬，皆空語無事實。然善屬書離辭，指事類情，用剽剝儒、墨，雖當世宿學不能自解免也。其言洸洋自恣以適己，故自王公大人不能器之。

至於韓非之學，「喜刑名法術之學，歸本黃老。」傳敘其著書與著作之意旨云：

韓非者，韓之諸公子也。喜刑名法術之學，而其歸本於黃老。非為人口吃，不能道說，而善著書。與李斯俱事荀卿，斯自以為不如非。非見韓之削弱，數以書諫韓王，韓王不能用。於是韓非疾治國不務脩明其法制，執勢以御其臣下，富國彊兵而以求人任賢，反舉浮淫之蠹而加之於功實之上，以為儒者用文亂法，而俠者以武犯禁。寬則寵名譽之人，急則用介胄之士。今者所養非所用，所用非所養。悲廉直不容於邪枉之臣，觀往者得失之變，故作〈孤憤〉、〈五蠹〉、〈內外儲〉、〈說林〉、〈說難〉十餘萬言。……人或傳其書至秦，秦王見〈孤憤〉、〈五蠹〉之書，曰：「嗟乎，寡人得見此人與之游，死不恨矣！」

傳敘韓非之學之所自及其著書的原由、著作的意旨及篇章與其書的流傳。〈藝文志〉有《韓子》五十五篇，在法家。注曰：「名非，韓諸公子，使秦，李斯害而殺之。」法家另有《申子》六篇。注曰：「名不害，京人。相韓昭侯，終其身諸侯不敢侵韓。」申子與韓非同傳。傳稱：「申不害者，京人也。故鄭之賤臣，學術以干韓昭侯，昭侯用為相，內脩政教，外應諸侯，十五年。終申子之身，國治兵彊，無侵韓者，申子之學本於黃老而主刑名。著書二篇，號曰《申子》。」傳又云：「申子、韓子皆著書，傳於後世，學者多有。」〈老子韓非列傳〉雖以老子、韓非為名，然而卻兼敘莊子、申子著書。最後的「太史公曰」，總論四家之學，並謂「皆源於道德之意」：

老子所貴道，虛無，因應變化於無為，故著書辭稱微妙難識。莊子散道德，放論，要亦歸之自然。申子卑卑，施之於名實。韓子引繩墨，切事情，明是非，其極慘礉少恩。皆原於道德之意，而老子深遠矣。

〈老子韓非列傳〉與〈孟子荀卿列傳〉所敘諸家著述，同時也見於《漢書．藝文志》。然而兩傳並非單純為老子與韓非，或孟子與荀卿立傳，而敘述這個期間諸家的著述，並鏡考其源流，部次其流別。這正是中國傳統史部目錄學的精神所在，即章學誠所謂「部次流別，申明大道；敘九流百氏之學，使之繩貫珠聯，無少缺遺，欲人即類求書，因書究學。」從司馬遷於傳中敘列一家之書，正如章學誠所言「凡有涉此一家之學者，無不窮源至尾，竟其流別。」中國傳統目錄學的寫作體制，歸納起來有三種，一是考證一書源流的篇目；二是考證一人學術源流的敘錄，三是考證一家源流的小序❽。司馬遷〈老子韓非列傳〉與〈孟子荀卿列傳〉的寫作形式，或即司馬遷歸納其父子校整圖書而撰寫的序錄或小序而成。章學誠云：

〈藝文〉雖始於班固，而司馬遷之列傳，實討論之。觀其敘述，戰國秦漢之間，著書諸人之列傳，未嘗不於學術淵源，文詞流別，反覆而論次焉。劉向、劉歆蓋知其意矣。故其校書諸敘論，既審定其編次，又推論其生平；以書而言，謂之敘錄可也；以人而言，謂之列傳可也。史家存其部目於藝文，載其行事於列傳，所以為詳略互見之例也。

❽ 余嘉錫，《目錄學發微》。

是以〈諸子〉〈詩賦〉〈兵書〉諸略，凡遇史有列傳者，必注有列傳於其下，所以使人參互而觀也[9]。

章氏認為劉氏父子校書的敘錄，既審定著作的編次，又推論作者的生平，是受司馬遷列傳的影響。因為司馬遷敘戰國至秦漢間著作諸人的列傳，反覆論述著作的源流，與文詞的流別，就是傳統目錄學敘錄的寫作形式。

二、列傳與魏晉別傳

〈太史公自序〉云：元封三年，「天子始建漢家之封，而太史公留滯周南，不得與從事，故發憤且卒。」司馬談自建元元年任太史，至此將近三十年。這段期間司馬談除校整圖書外，當然還負責天官的業務。而且由於武帝封禪與求神僊，這一方面的業務更繁重，然司馬談卻始終恭謹從事。但臨「天子接千萬之統」的封禪泰山，竟被摒留滯周南，因而發憤且卒[10]。

[9] 章學誠，《章氏遺書》卷十三《校讎通義》〈《漢書．藝文志》三四〈諸子略〉〉。

臨終前，司馬遷適西使歸來，見父於河洛間。司馬談執遷手而泣曰：『余死，汝必為太史。為太史，無忘吾所欲論著矣。』……遷俯首流涕曰：『小子不敏，請悉論先人所次舊聞，弗敢闕。』」但司馬談「所欲論著」的是什麼？〈自序〉云：

孔子脩舊起廢，論《詩》《書》，作《春秋》，則學者至今則之。自獲麟以來四百有餘歲，而諸侯相兼，史記放絕。今漢興，海內一統，明主賢君忠臣死義之士，余為太史而弗論載，廢天下之史文，余甚懼焉。

司馬談所欲論著的，從以上材料了解，可分為兩個部份，即論《詩》、《書》與作《春秋》。前者是司馬遷所謂「先人有言：自周公卒五百歲而有孔子。孔子卒後至於今五百歲，有能紹明世，正《易傳》，繼《春秋》，本《詩》《書》《禮》《樂》之際。」「正《易傳》」，與「本《詩》、《書》、《禮》、《樂》之際」則是對自孔子正《易傳》，刪《詩》《書》，訂禮樂，對上古以來的圖冊文獻，作第一次系統整理以後，司馬氏父子對戰國至秦漢以來的圖書文獻資料再

---

❿ 參見本書〈武帝封禪與〈封禪書〉〉。

作一次系統的整理。這個工作基本上從元朔五年六月前，已經開始，至此其繼承荀子的〈非十二子〉與莊子〈天下〉，對先秦諸家著書區分流別的〈論六家要指〉已經完成，並以此作為校書祕閣圖書分類的指標。這個工作至司馬談死時，或已接近完成。

司馬談卒後三年的元封三年，司馬遷續為太史令，立即「紬史記石室金匱之書」，繼續進行司馬談校整圖書的未竟之業，並完成六藝承傳著作的整理工作。司馬氏父子校整圖書的工作，至太初元年大致告一個段落，然後司馬遷應用這批經過系統整理的文獻資料，及「先人所次舊聞」，重新開始其父「所欲論著」的《史記》。其中有關戰國至秦漢著書諸人的列傳，或即應用司馬談既審定編次，又討論其生平的敘錄，連綴成篇。所以，這一部份著書諸人的列傳，與校整圖書的敘錄，可為一體的兩面。這一系列著書諸人的列傳，僅就篇名而論，在《史記》中有〈管晏〉、〈司馬穰苴〉、〈孫子吳起〉、〈仲尼弟子〉、〈商君〉、〈張儀〉、〈蘇秦〉、〈孟子荀卿〉、〈魯仲連鄒陽〉、〈屈原賈生〉、〈呂不韋〉、〈扁鵲倉公〉、〈儒林〉、〈日者〉、〈龜策〉等。幾占《史記》七十列傳四分之一強。而且他們的著作都著錄於《漢書．藝文志》中。所以，讀《漢書．藝文志》，必須同時參閱《史記》某些列傳：

> 讀〈六藝略〉者，必參觀於〈儒林列傳〉；猶之讀〈諸子略〉，必參觀於〈孟荀〉、〈管

晏〉、〈老莊申韓列傳〉也。(〈詩賦略〉之〈鄒陽〉、〈枚乘〉、〈相如〉、〈揚雄〉等傳,〈兵書略〉之〈孫吳〉、〈穰苴〉等傳,〈數術略〉之〈龜策〉、〈日者〉等傳,〈方技略〉之〈扁鵲倉公〉等傳,無不皆然。)孟子曰:「頌其詩,讀其書,不知其人,可乎?」讀其書,當知其人,在書為敘錄,在人為列傳,《史記》這一系列著書諸人的列傳,不僅在材料方面,即使著作的形式也都取自校整圖書的敘錄。所以,校整圖書的敘錄是《史記》列傳來源之一,或許是可以確定的。

這些著書諸人的列傳,往往以合傳或類傳的形式出現。然而其中〈魯仲連鄒陽列傳〉、〈屈原賈生列傳〉不僅年月相去甚遠,行事亦不相類,最受後人議論。然而若從簿錄之敘錄方面考察,則司馬遷將屈原賈生或魯仲連鄒陽合傳的微意即現。〈屈原賈生列傳〉「太史公曰」:「余讀〈離騷〉、〈天問〉、〈招魂〉、〈哀郢〉,悲其志。適長沙,觀屈原所自沉淵,未嘗不垂涕,想見其為人。及見賈生弔之,又怪屈原以彼其材,游諸侯,何國不容,而自令若是。讀〈服鳥賦〉,同死生,輕去就,又爽然自失矣。」司馬遷對屈原的際遇非常同情,他讀古人書及探考遺跡,很少「垂涕」的。後來學者討論〈屈原賈生列傳〉,多從屈原賈誼的際遇方面考量。很少說到「賈生以為漢興至孝文二十餘年,天下和洽,而固當改正朔,易服色,法制度，定官名，興禮樂，乃悉草具其事儀法，色尚黃，數用五，為官名，悉更秦之法」。

雖然文帝不能用賈誼之策，但對後來漢武帝卻發生了影響。班固注意到賈誼這方面的貢獻，案《漢書．賈誼傳》班固贊曰：「劉向稱『賈誼言三代與秦治亂之意，其論甚美，通達國體，雖古之伊、管未能遠過也。』」所謂賈誼「言三代與秦治亂之意」，即《漢書》本傳所載「凡所著述五十八篇」，《漢書．藝文志》有《賈誼》五十八篇，在〈儒家〉，與本傳同。《隋書．經籍志》稱《賈子》，《新唐書．藝文志》則稱賈誼《新書》，其重要政論〈過秦論〉、〈治安策〉皆在其中。賈誼〈過秦論〉，司馬遷錄其部份為〈秦始皇本紀〉的論贊，另一部份則由褚少孫載入〈陳涉世家〉。至於對漢武帝影響至鉅的〈治安策〉則不見載於〈屈原賈生列傳〉，反而全篇錄載賈誼的〈服鳥賦〉，的確值得玩味。

〈屈原賈生列傳〉云：「屈原既死之後，楚有宋玉、唐勒、景差之徒者，皆好辭而以賦見稱；然皆祖屈原之從容辭令，終莫敢直諫。……自屈原沉汨羅後百有餘年，漢有賈生，為長沙王太傅，過湘水，投書以弔屈原。賈生名誼，……」以此銜接屈原與賈誼列傳。自楚屈原死後，楚有宋玉、唐勒、景差等，皆祖屈原之從容辭令，百餘年後賈誼出，似在說明楚辭漢賦的承傳關係。《漢書．藝文志．詩賦略》關於賦的部份，有「屈賦」之屬，「陸賈賦」之屬，「荀卿賦」之屬及「雜賦」等四類。其中「屈賦」又是賦的主流，有屈原、唐勒、宋玉等外，漢代則有賈誼、枚乘、司馬相如、淮南、兒寬、劉向等都屬「屈賦」流派，〈今上所自造賦〉兩篇也在其中。屈賦之屬共二十家，三百六十一篇。〈藝文志．詩賦略〉小序云：

大儒孫卿及楚臣屈原離讒憂國，皆作賦以風，咸有惻隱古詩之義。其後宋玉、唐勒，漢興枚乘、司馬相如，下及揚子雲，競為侈麗閎衍之詞，沒其風諭之義。是以揚子悔之，曰：「詩人之賦麗以則，辭人之賦麗以淫。如孔氏之門人用賦也。則賈誼登堂，相如入室矣，如其不用何！」

揚雄之論見《法言》。雖云賈誼之賦可登堂，相如可以入室，但終無所施用。卻不能否認他們的作品是漢賦的代表。《隋書．經籍志．集部》首列「楚辭」一類，其小序說屈原死後「弟子宋玉，痛惜其師，傷而和之。其後，賈誼、東方朔、劉向、揚雄，嘉其文彩，擬之而作」。楚辭淵源於屈原，發展至漢代則為漢賦。漢賦之作，首推賈誼。司馬遷的〈屈原賈生列傳〉，則有鏡考源流，部次流別的微意，敘述漢賦的淵源與流別。所以，讀《漢書．藝文志．詩賦略》，必參考〈屈原賈生列傳〉。所以，〈自序〉云：「作辭以諷諫，連類以爭義，〈離騷〉有之，作〈屈原賈生列傳〉。」漢賦源楚辭而興，屈原賈誼合傳的微意即在此。

至於〈魯仲連鄒陽列傳〉，《漢書．藝文志》有《魯仲連子》十四篇在儒家。《隋志》作五卷錄一卷。宋以後不再見於著錄。清馬國翰采《太平御覽》、《意林》等書，輯得一卷，並以《史記》所載〈卻秦兵〉、〈說燕將〉等篇，與《國策》相校，文字不同。則知司馬遷直接取魯仲連原書，而非轉采自《國策》。輯本序說《魯連子》「意旨在於勢數，未能純粹合聖賢之意。然高才遠致，讀其書想見其人」。司馬遷也說魯仲連書「能設詭說」。所以本傳「太史公曰」：「魯連其指意雖不合大義，然余多其在布衣之位，蕩然肆志，不詘於諸侯，談說於當世，折卿相之權。」所以，《魯仲連子》一書不應在儒家，似應著錄於縱橫家。

案《漢書．藝文志．縱橫家》有《鄒陽》七篇。司馬遷以鄒陽「辭雖不遜，……亦可謂抗直不橈」，而以其附於〈魯仲連鄒陽列傳〉。班固也說鄒陽「遊於危國，然卒免刑戮者，以其言正也」。《漢書．鄒陽傳》說：「鄒陽，齊人也。漢興，諸侯王皆自治民聘賢。吳王濞招致四方游士，陽與吳嚴忌、枚乘等俱仕吳，皆以文辯著名。」鄒陽因上書諫吳王，不能用。去吳歸梁孝王。〈梁孝王世家〉說：「自山以東，游說之士，莫不畢至。齊人羊勝、公孫詭、鄒陽之屬。公孫詭多奇邪計」。則鄒陽是文景間著名的游士，行走於諸王廷之間。其著書《鄒陽》七篇，雖不知其意指如何，但或與漢初另一著名游士蒯通所著書相近。蒯通說韓信叛漢不果，佯狂而去。〈藝文志．縱橫家〉有《蒯子》五篇。《史記．田儋列傳》「太史公曰」：

「蒯通者，善為長短說，論戰國之權變，為八十一首。」《索隱》曰：「欲令此事長，則長說之，欲令此事短，則短說之。故《戰國策》亦名《短長書》是也。」魯仲連、鄒陽雖同為齊人，並無承傳關係，而二人所處的時代環境也不同。一在戰國紛爭之際，一在漢政權統一之時。戰國時期，諸侯紛爭，游說之士蜂起，行走於諸侯之間，魯仲連以一介布衣，說義不帝秦，致書燕將解聊城之危，而堅持「所貴於天下之士者，為人排患釋難解紛亂而無取也」。最後功成飄然而去，隱於海上，游說之士發展至此，可說已達顛峰。至於鄒陽在漢帝國統一之後，雖最初諸王國招士，但說長道短的空間已經不大。吳楚七國亂後，地方分權向中央集中，游說之士更無活動的餘地。鄒陽則象徵戰國形成的游士沒落一代，司馬遷「原始察終，見盛觀衰」，透過他們的著作，敘說游士之興廢，也許是他寫〈魯仲連鄒陽列傳〉的微意所在。

〈魯仲連鄒陽列傳〉雖未言其所著書，然傳中所錄的文字，則采自《魯仲連子》與《鄒陽》書中。司馬遷撰列傳，敘著書諸人，有「其書世多有之，是以不論，論其軼事」之例。〈管晏列傳〉「太史公曰」：

> 吾讀管氏〈牧民〉、〈山高〉、〈乘馬〉、〈輕重〉、〈九府〉，及《晏子春秋》，詳哉其言之也。既見其著書，欲觀其行事，故次其傳，至其書，世多有之，是以不論，論其軼事。

管氏〈牧民〉等篇。《漢書．藝文志》有《管子》八十六篇。入〈道家類〉，其注曰：「名夷吾，相齊桓公，九合諸侯，不以兵車也。」《晏子春秋》八篇，則著錄於〈儒家類〉之首，其注曰：「名嬰，謚仲平，相齊景公，孔子稱善與人交。」太史公撰〈管晏列傳〉，〈自序〉云：「晏子儉矣，夷吾則奢；齊桓以霸，景公以治。」則以行事為主。又〈司馬穰苴列傳〉云：「世既多《司馬兵法》，以故不論，著穰苴之列傳焉。」「著穰苴之列傳」則論其行事。〈自序〉云：「自古王者而有《司馬法》，穰苴能申明之。」此傳之所以作。〈孫子吳起列傳〉云：「世俗所稱師旅，皆道《孫子》十三篇，吳起《兵法》，世多有，故弗論，論其行事所施設者。」〈自序〉謂其作〈孫子吳起列傳〉云：「非信廉仁勇不能傳兵論劍，與道同符，內可以治身，外可以應變，君子比德焉。」至於〈商君列傳〉云：「余嘗讀商君〈開塞〉、〈耕戰〉書，與其人行事相類。」〈開塞〉、〈耕戰〉，見《商君書》，「其人行事」，則〈自序〉云：「鞅去衛適秦，能明其術，彊霸孝公，後世遵其法。」都是其書世多有，論其行事的例子。其中也有於行事中兼敘其所著書。《漢書．藝文志》有《虞氏春秋》十五篇，在儒家類，注曰：「虞卿也。」虞卿附〈平原君虞卿列傳〉云：

虞卿者，游說之士也。躡蹻檐簦說趙孝成王。一見，賜黃金百鎰，白璧一雙；再見，為趙上卿，故號為虞卿。……虞卿既以魏齊之故，不重萬戶侯卿相之印，與魏齊閒行，卒去趙，困於梁。魏齊已死，不得意，乃著書，上採《春秋》，下觀近世，曰〈節義〉、〈稱號〉、〈揣摩〉、〈政謀〉，凡八篇。以刺譏國家得失，世傳之曰《虞氏春秋》。……太史公曰：「……虞卿料事揣情，為趙畫策，何其工也！及不忍魏齊，卒困於大梁，庸夫且知其不可，況賢人乎？然虞卿非窮愁，亦不能著書以自見於後世云。」

此即為《虞氏春秋》的敘錄，而敘錄寓於行事之中。又《漢書．藝文志》有《呂氏春秋》二十六篇，在〈雜家類〉。注曰：「秦相呂不韋輯智略士作。」〈呂不韋列傳〉云：

是時諸侯多辯士，如荀卿之徒，著書布天下。呂不韋乃使其客人人著所聞，集論以為八覽、六論、十二紀，二十餘萬言，以為備天地萬物古今之事，號曰《呂氏春秋》。布咸陽市門，懸千金其上，延諸侯游士賓客有能增損一字者予千金。

傳敘述呂不韋編撰《呂氏春秋》的過程與內容意旨，可以說是《呂氏春秋》的敘錄。將著作的敘錄寓於行事之中，也是《史記》列傳的一種寫作形式。事實上敘錄已包括個人的行事在內，而且也是著述諸人主要的行事部份。所以，論其行事的事，是《史記》列傳形成的主要基礎。創於司馬遷的紀傳體，其列傳並非專為敘人物，而是以人繫事，如編年以時繫事一樣，而且所敘的事不是孤立的，和其生存時代的歷史發展與演變息息相關，和個人獨立的傳記完全不同。《漢書．東方朔傳》云：

朔初來，上書曰：「臣朔少失父母，長養兄嫂。年十三學書，三冬文史足用，十五學擊劍，十六學《詩》、《書》，誦二十二萬言，十九學孫吳兵法，戰陣之具，鉦鼓之教，亦誦二十二萬言。凡臣朔固已誦四十四萬言。又常服子路之言。臣朔年二十二，長九尺三寸，目若懸珠，齒若編貝，勇若孟賁，捷若慶忌，廉若鮑叔，信若尾生。若此，可以為天子大臣矣。」

這是一篇東方朔個人的自傳。這篇個人的自傳，類似兩漢地方察舉的品狀。所謂品狀，是舉主對被舉者個人資料的記載，包括被舉者個人德行、教育、處事，及身體狀況的資料，是兩漢以來地方察舉重要的參考依據。這種品狀到魏晉後形成大小中正評狀，是當時流行的別傳材料重要來源之一⓫。所謂別傳，是一種個人的傳記，其形成與發展的時間，自漢魏之際至兩晉的兩百年間，是一種新興的史學寫作形式⓬。魏晉別傳與紀傳體的列傳不同，湯球《晉諸公別傳輯本》序稱別傳乃云：「別乎正史而名之。」然其性質近似魏晉文學領域裡流行的別集。《隋書．經籍志．別集》小序云：「別集之名，蓋漢東京之所創也。自靈均已降，屬文之士眾矣。然其志尚不同，風流殊別，後之君子欲觀其體勢，而見其心靈，故別聚焉，名之為集。」

所謂別集，是文學作者個人的文集。每一個作者個人的文集都有其個人不同的風格，正如上述所云「意志不同，風流殊別」，可觀其體勢，見其心靈。別集所以稱之為別，以示其與眾不同。同樣地，魏晉別傳敘各個不同的個人，其性格與事跡也各有不同。所以，個人的別傳稱之別，也有別集為別的意味在內。所以，別傳與別集的別，可作「分別」或「區別」解，以示各有自我的性格，與眾不同⓭。所以，魏晉時期興起的各個不同人物的別傳，不僅是一種新興的史學寫作形式，而且數量眾多。就其性質而論，別傳代表了兩種不同的意義，一是

⓫ 逯耀東，〈魏晉雜傳與中正品狀的關係〉，《中國學人》第二期（香港，一九七〇）。
⓬ 逯耀東，〈魏晉別傳的時代性格〉，《魏晉史學的思想與社會基礎》。
⓭ 逯耀東，〈魏晉別傳的時代性格〉，《魏晉史學的思想與社會基礎》。

別傳與正史列傳不同，也就是別於列傳；二是別傳與別傳彼此間不同，各自表現其不同的性格與風格。兩種意義說明了一個事實，即魏晉時期兩漢定於一尊的儒家思想衰退以後，個人突破原有道德規範的約束，因而產生個人意識的醒覺。由於對個人價值的肯定與尊重，形成表現個人性格的獨立別傳⓮。

三、列傳與本紀

別傳與列傳雖同為敘事，但所表現的意義卻不相同。別傳突出個人在其所生存時代的表現，故個性突出。列傳則是說明個人對其生存時代的貢獻，個人已融於事中，很難見其鮮明的性格。當然，這是列傳以人繫事的具體表現。〈自序〉云：「漢既初定，文理未明，蒼為主計，整齊度量，序律曆，作〈張丞相列傳〉。」是在說明張蒼對漢初建國在度量、曆法方面的貢獻。但〈張丞相列傳〉並非單為張蒼立傳。傳中並敘任敖、申屠嘉。張蒼、申屠嘉、任敖等，於文帝時期前後並為御史大夫。張蒼、申屠嘉且前後由御史大夫轉任丞相。案〈漢興以

⓮ 逯耀東，〈魏晉玄學與個人意識醒覺的關係〉，《魏晉史學的思想與社會基礎》。

來將相名臣年表〉，文帝三年十二月，丞相灌嬰卒，四年正月，張蒼以御史大夫為丞相。〈張丞相列傳〉云：「自漢興至孝文二十餘年，會天下初定，將相公卿皆軍吏。」張蒼以御史大夫轉任丞相，始轉變這種情況。張蒼為丞相十五年，免。後元二年，申屠嘉亦以御史大夫為丞相。申屠嘉為相五年，文帝崩，景帝初即位，嘉仍任丞相。本傳「太史公曰」：「張蒼文學律曆，為漢名相。」至於申屠嘉「可謂剛毅守節矣。然無術學，殆與蕭、曹、陳平異矣。」司馬遷對於張蒼、申屠嘉的評價，也以其二人為丞相著眼。而且自申屠嘉卒後，傳稱：

> 景帝時開封侯陶青、桃侯劉舍為丞相。及今上時，柏至侯許昌、平棘侯薛澤、武彊侯莊青翟、高陵侯趙周等為丞相。皆以列侯繼嗣，娖娖廉謹，為丞相備員而已，無所能發明功名有著於當世者。

所敘竟為張蒼、申屠嘉身後事。然彼等皆為丞相。案〈漢興以來將相名臣年表〉稱，元鼎三年丞相翟青自殺，太子少傅高陵侯趙周為丞相。元鼎五年八月，趙周坐酎金自殺，御史大夫石慶為丞相封牧丘侯。趙周、石慶為相，皆張蒼、申屠嘉身後事，不應入其傳，然彼等多由御史大夫轉任丞相，其為相皆「娖娖廉謹，為丞相備員而已。」〈萬石張叔列傳〉謂石慶為相之時亦云：

中國多事……公家用少，桑弘羊等致利，王溫舒之屬峻法，兒寬等推文學至九卿，更進用事，事不關決於丞相，丞相醇謹而已。在位九歲，無能有所匡言。

「事不關決於丞相，丞相醇謹而已。」與〈張丞相列傳〉所謂「娖娖廉謹，為丞相備員而已。」兩相對應，則司馬遷撰張蒼列傳的微意所在。所以，〈張丞相列傳〉非僅為張蒼立傳。不過藉蒼繫事而已，是非常明顯的。

列傳雖以人繫事，但並不是孤立的。其所繫之事，必須與本紀相應。否則便失去列傳以人繫事的意義。所謂紀，裴松之《史目》云：

「天子稱本紀，諸侯曰世家」。本者，繫其本系，故曰本；紀者，理也。統理眾事，繫之年月，名之曰紀。⓯

⓯《史記．五帝本紀》，《正義》引。

《索隱》亦云：「紀者，記也。本其事而記之，故曰本紀。」並且進一步解釋云：「又紀，理也，絲縷有紀，而帝王書稱紀者，言為後代綱紀也。」則是，本紀為統領眾事，繫之以年月，為後世之綱紀。劉知幾以此解釋本紀與列傳的關係云：

> 夫紀傳之興，肇於《史》、《漢》。蓋紀者，編年也；傳者，列事也。編年者，歷帝王之歲月，猶《春秋》之經；列事者，錄人臣之行狀，猶《春秋》之傳。《春秋》則傳以解經，《史》《漢》則傳以釋紀。⓰

劉知幾以《春秋》的經傳關係，解釋本紀和列傳之間的關係。認為《春秋》以傳解經，紀傳則以傳釋紀。其所謂以傳解經的傳，則是《左傳》。〈十二諸侯年表〉敘《春秋》與《左傳》之間的關係云：

> 孔子明王道，干七十餘君，莫能用，故西觀周室，論史記舊聞，興於魯而次《春秋》，

⓰《史通．列傳》。

上記隱，下至哀之獲麟，約其辭文，去其煩重，以制義法，王道備，人事浹。七十子之徒口受其傳指，為有所刺譏褒諱挹損之文辭不可以書見也。魯君子左丘明懼弟子人人異端，各安其意，失其真，故因孔子史記具論其語，成《左氏春秋》。

司馬遷於〈十二諸侯年表〉敘《春秋》之傳承甚詳。左丘明因恐弟子「各安其意，失其真」，因而「因孔子史記具論其語」，而成《春秋左氏傳》。《漢書．藝文志》以此引申謂左丘明「論本事作傳，明夫子不空言說經。」所謂「論本事作傳」，杜預〈春秋左氏傳集解序〉云：

左丘明受經於仲尼，以為經者不刊之書也。……身為國史，躬覽載籍，必廣記而備言之。其文緩，其旨遠，將令學者原始要終，尋其枝葉，究其所窮。

杜預認為左丘明傳《春秋》，「必廣記以備言」，為了使學者據此而原始察要，究其所蘊。至於其為《春秋經傳集解》，其目的也是詳為條理，證明經之條貫必出於傳。而傳之所述，不論先經以始事，後經以終義，或依經以辯理，或錯經以合義。其目的都是為經而作傳，以明孔子不空言說經。所以，劉勰也認為左氏傳《春秋》，「實得微言，乃原始要終，創為傳體。」至於傳，劉勰解釋說，「傳者，轉授經旨，以授於後，誠聖文之羽翮，記載之冠冕也。」《左傳》原始察要而成傳體，其目的為了轉授經旨，以授後來。劉知幾據此引申，論左丘明依經作傳云：

> 《左傳》家者，其先出於左丘明，孔子既著《春秋》，而丘明授經作傳。蓋傳者，轉授經旨，以授後人。或曰傳者，傳也，所以傳示來世。案孔安國注《尚書》，亦謂之傳，斯則傳者，亦訓釋之義乎。觀《左傳》之釋經也，言見經文而事詳傳內，或傳無而經有，或經闕而傳存，其言簡而要，其事詳而博，信聖人之羽翮，而述者之冠冕也[17]。

劉知幾認為《左傳》釋經，不僅「事詳傳內」，而且「事詳而博」。除此之外，並例舉孔安國以「訓釋」傳《尚書》，《漢書．藝文志》有《尚書古文經》四十六卷，在〈六藝略．尚書〉條下。師古曰：「孔安國〈書序〉云：『凡五十九篇，為四十六卷。承詔作傳，引序各冠其篇首。』」所謂「承詔作傳」，孔安國序云：「承詔為五十九篇作傳，於是遂研精覃思，博考

---

[17]《史通．六家》，「左傳家」條下。

經籍，採摭群言，以立訓傳。約文申義，敷暢厥旨，庶幾有補於將來。」孔安國以「博考經籍，採摭群言」，為《尚書》作訓解之書，與《左傳》解經以事為主的「事詳而博」，有所不同。漢儒稱解經書為傳。〈六藝略．尚書〉條下，有傳四十篇，此即《伏生大傳》。鄭玄〈序〉曰：「自伏生也。伏生為秦博士，至孝文時，年且百歲，張生、歐陽生從其學，而受之音聲，猶有訛誤，先後亦有差舛，重以篆隸之殊，不能無失。生終後數子合論所聞，以己意彌縫其闕。又特撰大義，因經屬指名之曰傳。」然後而有《歐陽章句》、《大小夏侯章句》、《大小夏侯解詁》，其名雖殊，皆同為《尚書》的傳。

所以，漢代解經之書有兩種形式，一種是訓釋解經的傳，以孔安國訓釋《尚書》的傳為代表，漢儒解經多採用這種形式。一種是「事詳而博」的傳，《左氏春秋》即採這形式。趙翼云：「古人著書，凡發明義理，或記載故事皆謂之傳。」謂：

> 《孟子》曰：「於傳有之，謂古書也。」左、公、穀作《春秋》傳，所以傳《春秋》之旨也。伏生弟子作《尚書大傳》，孔安國作《尚書傳》，所以傳《尚書》之義也。《大學》分經傳，《韓非子》亦分經傳，皆所以傳經之意也。故孔穎達云，大率秦漢之際，解書者多名為傳。又漢世稱《論語》、《孝經》，并謂之傳……是漢時所謂傳，凡古書及

說經皆名之。非專以敘一人之事也。其專以敘事而人各一傳，則自史遷始。⓲

漢代凡古書及解經之書皆稱之為傳，並非專為敘一人之事，而以人敘事的傳則從司馬遷的《史記》列傳開始。至於司馬遷如何將解經說經的傳，轉變為以人繫事的列傳，則是一個值得討論的問題。〈自序〉云「厥協六經異傳，整齊百家雜語」，如前述是司馬氏父子「拾遺補藝」的圖書文獻校整工作。其所謂的「六經異傳」，包括「訓解經義」與「事詳而博」兩種傳的形式。尤其後者，漢代解經之書稱之為傳，其他非正經外家雜說及先達所稱，以及時下流行的童謠俗說統稱之為傳。而且在司馬遷創立列傳之前，已有敘事之傳存在。《漢書．藝文志》有《高祖傳》十三篇，注曰：「高祖與大臣述古語及詔策也。」又《孝文傳》十一篇，注曰：「文帝所稱及詔策。」著錄於〈諸子略．儒家類〉。司馬遷即採用了敘事之傳，轉而為以人繫事的列傳。章學誠〈亳州志人物表例議〉云：

史之有列傳也，猶《春秋》之有《左氏》也，《左氏》依經而次年月，列傳分人而著標

⓲ 趙翼，〈史記一〉，《陔餘叢考》卷五。

題，其體稍異，而其為用，則皆取足以備經、紀之本末而已矣。

司馬遷採《春秋》之《左氏》，稍予轉變為列傳。〈自序〉載其與上大夫壺遂論《春秋》，雖然，最後司馬遷謙稱：「余所謂述故事，整齊其世傳，非所謂作也。而君比之於《春秋》，謬矣。」然其對孔子著《春秋》衷心仰慕，確有上肇之意。〈孔子世家〉云：

孔子之時，周室微而禮樂廢，《詩》《書》缺，追跡三代之禮，序《書傳》，上紀唐虞之際，下至秦繆，編次其事。曰：「夏禮吾能言之，杞不足徵也。殷禮吾能言之，宋不足徵也。足，則吾能徵之矣。」觀殷夏所損益，曰：「後雖百世可知也，以一文一質。周監二代，郁郁乎文哉，吾從周。」故《書傳》、《禮記》自孔氏。

「《書傳》、《禮記》自孔氏」，由於當時禮樂崩廢，《詩》、《書》殘缺。於是，孔子開始對自周公以來，散佚的文獻資料作一次系統的整理，並賦予其文化意識而成六藝。在整理文獻資料的過程中，「上紀唐虞之際，下至秦繆，編次其事」，然後始有《春秋》之作。同樣地，司馬氏父子則將孔子刪《詩》《書》，訂禮樂，其間又歷秦火，五百年以來散亂的圖書文獻，再作一次系統的整理，然後「述往事，思來者，於是卒述陶唐以來，至於麟止，自黃帝始。」最後撰成《史記》。《史記》之成，即建立在其校整圖書的「編次其事」的基礎上。因此，司馬遷將《左傳》釋《春秋》的經傳關係，稍加轉變，將本紀與列傳聯繫起來，形成以人繫事的列傳。

列傳雖分人以著標題，但仍以敘事為主，其〈貨殖〉、〈龜策〉等列傳就間有記事，記人的諸列傳，也多記事，這是《春秋》比事屬詞的舊法。司馬遷以此為基礎稍作轉變為依人述事的列傳。其本質仍為敘事，所不同的是以人繫事而已。至於本紀，雖然紀之名緣於《呂氏春秋》的十二紀，然而改稱為本紀。本紀在寫作的形式方面，上承《春秋》的編年之法。至其名為本紀，則原本《春秋》經，而其他的表、書、世家、列傳則為經之緯。因此，本紀是統領眾事的綱領，其目的為了敘述一個時代的重大歷史事件，及歷史發展的主要趨向。所以本紀僅記其大端。至於列傳則委曲細事以釋本紀。即所謂列傳「以事命篇，以緯本紀。」所以，劉知幾謂本紀「歷帝王之歲月，猶《春秋》之經。」列傳則「錄人臣之行狀，猶《春秋》之傳，《春秋》則傳以解經，《史》《漢》則傳以釋紀。」司馬氏父子因校書祕閣，選擇了傳以釋經的經傳關係，轉變為本紀和列傳的歷史解釋，並以此為基礎探索古今之變的歷史因果關係。因此，中國上古學術的發展，超越過去經傳解釋「古今之義」的探討，轉變為歷史「古今之變」的尋求。至此，司馬遷終於將其〈自序〉的「拾遺補藝」，與《史記》之外〈報任安書〉的「通古今之變」的兩個「成一家之言」，凝而為一，成個完整的「一家之言」。這不僅是中國上古學術重要的轉變關鍵，更是中國傳統史學形成的重要原因。

史傳論贊與「太史公曰」

史傳論贊是中國傳統史學一種特殊的寫作形式，其內容包括史學家對歷史事件的議論，和歷史人物評價的個人意見。個人主觀的論斷與客觀歷史事實的敘述，正是文學與史學寫作最大的區別之處。但在中國傳統史學寫作之中，都將客觀的敘述和主觀的意見，並存於一卷之中，而不相混淆。這種寫作方法，更突出了中國傳統史學特殊的風格。

史傳論贊原來就存在於中國古代史學寫作之中，後來《左傳》作者將其歸納成「君子曰」的形式，置於《左傳》之中，已初具雛形，司馬遷肇創紀傳體時，更以「太史公曰」的形式發論，為後來史學家所遵循，形成中國傳統史學寫作固定的形式。

蕭統編《文選》，將褒貶是非、記別異同的史學著作，摒棄於文學的範圍之外，劃清了自魏晉以來文史合流的界限，但卻肯定史傳論贊的文學性格，但《文選．史論類》所選的史傳論贊自班固的《漢書》始，竟沒有收錄司馬遷的「太史公曰」，的確是非常有趣，而且也值得探討。

一、史傳論贊的性質與《左傳》「君子曰」

司馬遷以紀志表傳結構成的紀傳體，自《隋書．經籍志》以後，就被認為是中國傳統正史典型的寫作形式❶。司馬遷肇創紀傳體並以「太史公曰」發論以來，就成為一種特殊的寫作方法，那就是為史學家留下一個空間，允許他們在嚴肅而客觀地敘述歷史事實之後，有一個發抒己見的機會：包括對歷史事件的議論，以及對歷史人物的評價。它們或序於傳前，或論於卷後，雖然所敘的是由歷史事實引發，但卻都是史學家個人的看法。這種將客觀事實與個人主觀意見，同時並存於一卷之中，而不混淆的寫作方法，更突出了中國傳統史學的特殊風格。這種寫作形式，後世稱為論贊❷，不僅存在於紀傳體，同時也出現在另一種傳統史學

---

❶《隋書．經籍志．史部》，以阮孝緒《七錄．紀傳錄》為藍圖。《七錄．紀傳錄》中的正史類，包括編年、紀傳二體，劉知幾《史通．古今正史》也兼敘二體，《隋書．經籍志．史部》卻以紀傳體為正史，分編年體為古史。

❷李宗侗，《中國史學史》。

寫作的編年體之內。

雖然，史傳論贊是一種史學寫作形式，但其性質與史傳寫作卻有主觀和客觀的不同。主觀的議論和客觀的敘述，正是文學和史學的區別之處。所以，蕭統編《文選》之時，就將史傳論贊歸納為一類，稱之為「史論」。《文選》卷四十九、五十「史論類」，分別選了班固的《漢書》、范曄的《後漢書》、干寶《晉紀》、沈約《宋書》論贊。《文選》的序文作了這樣的說明：

> 子史若斯之流，又亦繁博，雖傳之簡牘，而事異篇章，今之所集，亦所不取。至於記事之史，繫年之書，所以褒貶是非，紀別異同，方之篇翰，亦已不同。若其贊論之綜輯辭釆，序述之錯比文華，事出於沉思，義歸乎翰藻，故與夫篇什，雜而集之。

蕭統《文選》選輯的純粹是文學作品。他認為以語言載於簡冊的諸子與史傳，不屬於文學的範疇。尤其是褒貶是非，記別異同的史學著作，和文學作品的性質是不同的。因此，他將記事之史，繫年之書的史學著作，摒棄於《文選》之外。但蕭統卻認為「錯比文華，事出沉思」的史傳論贊，表現了作者個人的才思，是具有文學作品性質的。《文選》這種分類方法，不僅劃清了文學與史學的界限，同時也反映了當時學術發展的實際狀況。因為東漢末年以來，文學與史學分別掙脫經學的桎梏，邁向獨立的歷程。就史學而言，其發展與轉變的過程，最初從經學的羽翼下脫穎而出，上升至與經學同等的地位，並稱為「經史」。然後又與逐漸獨立的文學合流，是為「文史」。經過文史合流的過渡期間後，至此文學和史學不論在質和量的兩個方面，都各自具有獨立發展的條件。《文選》的編輯順應了這個發展的趨向，明確地劃分文學和史學獨立的範圍❸。

不過，文學和史學結合的情況，同時也反映在劉勰的《文心雕龍》之中。《文心雕龍》卷十六有〈史傳〉篇，一般認為《文心雕龍》的〈史傳〉篇，是劉知幾的《史通》出現前，最具體的一篇敘述中國史學發展，並提出評論的文章，而且對劉知幾的《史通》發生直接的影響❹。當然，劉勰的《文心雕龍》對劉知幾的《史通》，發生了啟導的作用，這是無容置疑的事實。但文學和史學脫離經學而獨立，卻各自有其不同的發展路線。由於文學和經學的關係，不如史學那麼親密而且有千縷萬絮的牽連。因此，文學脫離經學而獨立的步履，較史學來得

❸ 逯耀東，〈《隋書．經籍志．史部》形成的歷程〉，《魏晉史學的思想與社會基礎》。

❹ 逯耀東，〈劉知幾《史通》與魏晉史學〉，《魏晉史學的思想與社會基礎》。

迅速。系統化文學批評的《文心雕龍》，較系統化史學批評的《史通》，早出現近兩個世紀的原因在此❺。因為任何學科系統的批評出現，象徵著這門學科已具有獨立的條件。也就是只有這門學科具有完全獨立的條件以後，系統的學術評論才會出現。劉勰的《文心雕龍》，劉知幾的《史通》，分別反映了這個事實❻。

《文心雕龍》是一部文學評論的著作，同時也反映了文學在獨立過程中，所經歷的文史合流過渡期間的某些現象。劉勰沒有蕭統那麼決絕，在他看來，史傳、諸子和論說、詔冊、表章、檄移等一樣，同屬於文學寫作形式的一種。但對於史傳的論贊，劉勰卻將其與史傳分別討論。《文心雕龍．論說》在討論論說的形式時，將其分為議者宜言、說者說語、傳者轉師、注者注解、贊者明義、評者評理、序者次事等。雖然區分不同，其為論說則一。劉勰認為史傳的論贊，是論說的一種，就是劉知幾所謂「辨史，則贊評齊行」❼。贊和評就是史傳論贊對歷史人物評價，與歷史事件議論的寫作形式。劉勰更進一步指出：「遷史固說，託贊

❺ 逯耀東，〈經史分途與史學評論的萌芽〉，《魏晉史學的思想與社會基礎》。
❻ 逯耀東，〈劉知幾《史通》與魏晉史學〉，《魏晉史學的思想與社會基礎》。又〈劉知幾的疑古與惑經〉，《魏晉史學及其他》。
❼ 劉知幾，《史通．論贊》。

褒貶。」又說「紀傳復評，亦同其名」。劉勰將史傳與史傳的論贊分別討論，對於史傳論贊的性質，劉勰與蕭統的意見一致，認為這種寫作形式事出沉思，可以觀見其心靈，應該歸於文學領域的。後來劉知幾以史學的觀點，批評魏晉時期的史傳論贊：「私徇筆端，苟衒文彩，嘉辭美句，寄諸簡冊，豈知史書之大體，載削之指歸者哉？」（《史通．論贊》）這種批評更突出了論贊的文學性格。

劉勰在《文心雕龍．頌贊》敘述史傳論贊的由來說：「相如屬辭，始贊荊軻。」似乎意味史傳論贊由此而出。案《漢書．藝文志．諸子略》「雜家」條下，有《荊軻論》五篇，班固自注說：「荊軻為燕刺秦王，不成而死，司馬相如等論之。」《荊軻論》，《文章緣起》作《荊軻贊》。章實齋認為從《荊軻論》的意旨看來，「大抵史贊之作」❽。《漢書．藝文志》說五篇《荊軻論》的作者是司馬相如等，也就是作者不止一人。由此，可以了解在司馬遷之前，漢代已有歷史人物評價的歷史著作存在，而且是非常流行的❾。不過，這種脫離歷史事實，對歷史人物所作的評論，和史學家在敘述一段歷史事實之後，所作的議論與評價，並不相同。

❽ 章學誠，《校讎通義．內篇三》。

❾ 《北堂書鈔》卷一五八引東方朔〈嗟伯夷〉，即是一例。

司馬相如的《荊軻論》，和賈誼的《過秦論》一樣，可能對後來脫離歷史事實敘述的史論與詠史詩，發生啟導作用，但卻不是史傳論贊。因為史傳論贊的形成自有其淵源。

中國是一個重視歷史經驗的民族，往往將過去的經驗轉變成一種教訓，作為後來的鏡鑑，是歷史主要的功能。所以，在先秦的著作中，其寫作的形式常會在敘述一段歷史事實，或講罷一則寓言故事之後，作者以此為依托，發表個人的意見或論斷。透過這些意見或論斷，將過去的經驗與現代的現實生活貫穿起來，成為一種道德規範或行為的準則。這種寫作形式具體地表現在《左傳》之中。《春秋左氏傳》往往在敘事之間，插入一段「君子曰」形式的論斷。所以，《左傳》「文公二年」條下孔疏說：「傳有評論，皆托之君子。」《史通．論贊》也說：「《春秋左氏傳》每有發論，假君子以稱之。」這種論斷的形式，包括了對歷史事件的議論，或對歷史人物的評價，都假君子之口而道出。

《春秋》三傳中，除了《左傳》的「君子曰」，其他二傳，也分別以公羊子或穀梁子的形式發論。雖然三傳同為探索《春秋》的微言大義，但其所表現的意義不同。《公》《穀》二傳是以義傳經，以義傳經的目的在解析經典的微言大義，藉此以孔子代表歷史發言。《左傳》則是以史傳經。以史傳經是不虛托空言，而是以歷史事實為依據發表的論斷⑩。

不過，在討論《左傳》「君子曰」的時候，首先卻遇到一個問題，那就是今古文爭議的問題，爭議的焦點又集中在《左傳》傳經不傳經的問題。由傳經不傳經而引發了《左傳》真偽的問題。這個問題爭議了兩千年，餘波盪漾至今。由於爭議《左傳》的真偽，影響波及到《左傳》的「君子曰」⓫。問題的癥結環繞著君子到底是誰而進行討論，有的人認為「君子曰」是《左傳》作者的論斷，據《北史．魏澹傳》，魏澹認為所謂「君子曰」，都是「左氏自為論斷之詞」。由「君子曰」是「左氏自為論斷之詞」而引申，認為「君子為孔子」，司馬貞採取這種看法，司馬貞在對《史記》卷三十一〈吳太伯世家〉中所作《索隱》中，就認為「君子者，左丘明所為史評仲尼之詞，指仲尼為君子也」，唐人經傳注疏多取這種看法。不過到宋朝又出現了「君子曰」是劉歆之辭的說法。朱熹引用林黃中的看法，認為「君子曰是劉歆之辭。」並且批評《左傳》「君子曰」最無意思，往往與上下文無關⓬。這種論點後來成為今文經學攻擊古文經學的口實，認為《左傳》是劉歆偽造的。所以，清儒張照提出另一種看法，

⓾ 徐復觀先生，《中國經學史的基礎》附錄〈有關《春秋左氏傳》的補充材料〉。

⓫ 楊向奎，〈論《左傳》「君子曰」〉，《文瀾學報》第二卷一期（一九三六）。金建德，〈司馬遷所見書考〉論司馬遷所見《左傳》中有「君子曰」。又，楊明照，〈春秋左氏傳君子曰微辭〉，《文學年報》第三期（一九三七），收入氏著《學不已齋雜著》。以上各家對此一問題，都有爭議。

⓬ 黎靖德編，王星賢點校，《朱子語類》卷八十三（臺北：華世出版社影印本，一九八七）。

他認為「其稱君子曰者，是記當時君子有此言耳」，他並且說：「或以為丘明自謂，或以君子為孔子，皆未達左氏之義。」⓭也就是「君子曰」的君子，是指當時有德位者的嘉言讜論。

由於今古文的爭議，導致對於《左傳》「君子曰」有各種不同的看法。不過，「君子曰」不僅《左傳》獨有，《國語》、《晏子春秋》，以及劉向《新序》也有「君子曰」。尤其《國語》中有多處「君子曰」的論斷形式。如〈晉語〉的「君子曰：善處父子之間矣。」「君子曰：善深謀也。」「君子曰：善以微勸也。」「君子曰：善以勸德。」「君子曰：勇以知禮也。」《國語》往往在一段議論以後，出現「君子曰」的簡短的論斷，而且《國語》有許多記載同時也見於《左傳》⓮。所以，《左傳》與《國語》的「君子曰」，雖然有繁簡的不同，但所表現的意義往往相類似。

⓭《史記·吳太伯世家》，《史記會注考證》引。案：張氏之論，出於杜注。《左傳》「襄公三年」條下稱：「君子謂子重於是役也，所獲不如所亡。」杜預注曰：「當時君子。」陳傅良，《左傳章指》謂：「君子曰者，蓋博采善言。」又，林堯叟，《春秋左傳釋》云：「《左傳》稱君子曰，多采當時君子之言，或斷以己意。」

⓮張以仁，〈論《國語》與《左傳》的關係〉，《中央研究院歷史語言研究所集刊》第三十三本（一九六二）。

案《左傳》文公二年「秋八月丁卯，大事於大廟，躋僖公，逆祀也。於是夏父弗忌為宗伯，尊僖公，且明見曰：『吾見新鬼大，故鬼小，先大後小，順也。躋聖賢，明也。明、順禮也』」條下，記載了一段「君子曰」的意見：

君子以為失禮：禮無不順。祀，國之大事也。而逆之，可謂禮乎？子雖齊聖，不先父食久矣！故禹不先鯀，湯不先契，文武不先不窋，宋祖帝乙，鄭祖厲王，猶上祖也。是以〈魯頌〉曰：「春秋匪解，享祀不忒。皇皇后帝，皇祖后稷。」君子曰：「禮，謂其后稷，親而先帝也。」《詩》曰：「問我諸姑，遂及伯姊。」君子曰：「禮，謂其姊親而先姑也。」

在這段材料中，包括「君子以為」與兩個「君子曰」。孔《疏》的解釋認為同是一個君子的議論。並且說「僖公薨後，始作〈魯頌〉，為傳之時，乃設此辭，非當時君子有此言也」，據孔穎達的解釋，傳中的「君子曰」不是《左傳》編撰時的議論，而是在《左傳》成書時已存在的言論。《左傳》此處的「君子」，即《國語》所謂的魯宗伯有司。案《國語．魯語》：

夏父弗忌為宗，蒸，將躋僖公。宗有司曰：「非昭穆也。」曰：「我為宗伯，明者為昭，其次為穆，何常之有？」有司曰：「夫宗廟之有昭穆也，以次世之長幼、而等冑之親疏也。……自玄王以及主癸，莫若湯，自稷以及王季，莫若文武。商、周之蒸也，未嘗躋湯與文武，為不踰也。魯未若商、周，而改其常，無乃不可乎？」

《左傳》與《國語》的論斷，其意義是相似的。只是《國語》作〈宗伯有司〉，《左傳》變為「君子曰」。又《左傳》襄公三年：

君子謂：祁奚於是能舉善矣。稱其讎，不為諂，立其子，不為比，舉其偏，不為黨。〈商書〉曰：「無偏無黨，王道蕩蕩。」其祁奚之謂矣。解狐得舉，祁午得位，伯華得官，建一官而三物成，能舉善也。夫唯善，故能舉其類。《詩》云：「惟其有之，是以似之。」

祁奚即《呂氏春秋》所稱的祁黃羊。《呂氏春秋．去私》說：

晉平公問於祁黃羊曰：「南陽無令，其誰可而為之？」祁黃羊對曰：「解狐可。」平公曰：「解狐，非子之讎邪？」對曰：「君問可，非問臣之讎也。」平公曰：「善。」遂用之，國人稱善焉。居有間，平公又問祁黃羊曰：「國無尉，其誰可而為之？」對曰：「午可。」平公曰：「午非子之子邪？」曰：「君問可，非問臣之子」。平公曰：「善。」又遂用之，國人稱善焉。孔子聞之曰：「善哉！祁黃羊之論也，外舉不避讎，內舉不避子，祁黃羊可謂公矣。」

《左傳》「君子曰」的論斷，或由孔子對祁奚的稱讚言論形成的。同時《左傳》稱某人的議論，在他處又轉為「君子曰」。《左傳》莊公十一年：

秋，宋大水。公使弔焉。曰：「天作淫雨，害於粢盛。若之何不弔？」對曰：「孤實不敬，天降之災，又以為君憂，拜命之辱。」臧文仲曰：「宋其興乎！禹湯罪己，其興也悖焉，桀紂罪人，其亡也忽焉。且列國有凶，稱孤。禮也。言懼而名禮，其庶乎！」

《說苑》也輯敘了這件事，不過將臧文仲的論斷，作為「君子聞之曰」。案《說苑．君道》：

君子聞之曰：「宋國其庶幾乎！」問曰：「何謂也？」曰：「昔者夏桀、殷紂不任其過，其亡也忽焉。成湯、文、武知任其過，其興也勃焉。夫過而改之，是猶不過。故曰『其庶幾乎！』」

從以上引述的材料可以了解，所謂「君子曰」可能是古史寫作的一種形式。這種形式匯集了時人對歷史事件或歷史人物評價而成，然後以「君子曰」的形式，保存在古代的史料中，後來應用這些材料撰寫成書，同時也保留這種論斷的形式。孫星衍《晏子春秋．序》說：「疑其出於《齊春秋》。」《晏子春秋》中有許多條「君子曰」，這許多條「君子曰」，可能原來就存在《齊春秋》之中，在編撰《晏子春秋》時被保留了下來。同樣的情形也可能反映在《左傳》裡。劉知幾《史通．採撰》說《左傳》「廣包諸國，蓋當時有《周志》、《晉乘》、《鄭書》、《楚杌》等篇，遂乃聚而編之，混成一錄。向使專憑魯策，獨詢孔氏，何以能殫見洽聞，若斯之博也」。但《左傳》「廣包他國，每事皆詳」，所引用材料的範圍非常廣泛，當然不止劉知幾所指的幾種。《左傳》所引用的材料見於其書的，就有《周志》、《周制》、《周官秩》、《周書》、《鄭書》、《商書》、《夏書》、《夏訓》等⑮，除此之外，還有當時許多文獻。在眾多的史料與文獻中，可能原來就存在著「君子曰」的形式，《左傳》作者在撰寫《左傳》時，保留了這種論斷形式，構成《左傳》對歷史事件與歷史人物評價的格式。

《左傳》共有一百三十四條關於歷史事件與歷史人物評價的論斷，其中八十四條以君子的形式道出，包括了「君子曰」、「君子謂」、「君子以為」以及「君子是以」等的評論。除此之外，還有五十條直接引用孔子、周任、仲虺、臧文仲、史佚等，當時君子的嘉言讜論。這些當時君子的嘉言讜論，可能就是「君子曰」的原來形式，經過《左傳》作者選擇或增刪後，就成為「君子曰」的格式。如上述莊公十一年引臧文仲的評論，在《說苑》就變成了「君子聞之曰」。又如文公二年的「君子以為」，在《國語．魯語》作「魯宗伯有司言」。至於襄公三年下的「君子曰」，對祁奚的稱讚，則是綜合了孔子與襄公二十一年叔向的論斷形成的。孔子的論斷見上引《國語．魯語》，至於叔向的意見，《左傳》襄公二十一年下：「叔向曰：祁大夫外舉不棄讎，內舉不失親，其獨遺我乎？」

《左傳》作者綜合當時君子的論斷，形成「君子曰」的評論形式，同時也見於《左傳》文公六年「秦伯任好卒，以子車氏之三子奄息、仲行、鍼虎為殉，皆秦之良也。國人哀之，為之賦〈黃鳥〉」下：

⓯ 徐中舒，〈《左傳》作者及其成書年代〉，《歷史教學》一九六二年十一期。

君子曰：「秦穆之不為盟主也。宜哉！死而棄民。先王違世，猶詒之法，而況奪之善人乎？《詩》曰：『人之云亡，邦國殄瘁。』無善人之謂。若之何奪之？古之王者知命之不長，是以並建聖哲，樹之風聲，分之采物，著之話言，為之律度，陳之藝極，引之表儀，予之法制，告之訓典，教之防利，委之常秩，道之以禮，則使毋失其土宜，眾隸賴之，而後即命。聖王同之。今縱無法以遺後嗣，而又收其良以死，難以在上矣。」君子是以知秦之不復東征也。

上文所引，開始時有一個「君子曰」，結尾時又另有一個「君子是以知」。這兩個君子顯然不是同一個人，但卻對同一個歷史事件，發表了他們個人的意見。《左傳》作者將他們的意見歸納在一處，作為對歷史事件或人物評論的形式。後來司馬遷《史記》的〈秦本紀〉，也引用了這段材料，不過卻將兩個君子的意見，合併成一個「君子曰」。

綜合以上所述，可以了解《左傳》中的「君子曰」，是古代史料中已存在的一種評論形式。這種論斷由當時君子的言論或意見凝聚而成。它們原來代表了當時社會的輿論，《左傳》作者在編撰《左傳》時，不僅將他們的言論或意見輯於書中，並且在經過刪節或歸納的整理以後，形成「君子曰」。《左傳》「君子曰」似乎有一定的格式。這種格式往往是假君子之口，提出論斷，然後再引用幾句格言，作為論證或結論。先秦諸子的著作，往往有一種共同的風尚，喜歡將自己的思想或意見，寫成韻文作為格言表現出來⑯。《左傳》的作者則引《詩經》作為論證或結論。因為《詩經》不僅是有韻之文，而且和歷史有密切的關聯性。所以，《左傳》的「君子曰」，總結了過去歷史材料中，原來就存在的論斷，並引用《詩經》作為論證的依據，形成一種歷史評論的格式。這種歷史評論的格式，經過司馬遷《史記》「太史公曰」的援用，對後世史傳論贊的形成，發生啟導性的作用與影響。雖然對《史記》引用《左傳》的材料有不少爭議，但事實上司馬遷在撰寫先秦時代的本紀、世家及列傳時，的確引用過不少《左傳》的資料⑰。司馬遷在《史記》中不僅引用《左傳》的材料，而且在引用《左傳》材料的同時，將《左傳》歷史評論形式的「君子曰」，也保留了下來⑱。

⑯ 劉節，《古史考存》。

⑰ 〈十二諸侯年表〉的材料就多取自《左傳》與《國語》。表序說：「譜十二諸侯，自共和訖孔子，表見《春秋》、《國語》，學者所譏盛衰大指著於篇，為成學治古文者要刪焉。」所謂古文，《漢書．楚元王傳》說他「善古文、《春秋左氏傳》」。又說「《左氏傳》多古言古字」。所以，古文或即指《左傳》而言，因此，《史記．五帝本紀》的「太史公曰」，所謂「不離古文者近是。予觀《春秋》、《國語》，其發明五帝德，帝繫姓章矣」。其中古文與《春秋》，可能也是《左傳》。

❽ 因為司馬遷在引用《左傳》材料時，同時也引用了《左傳》的「君子曰」，所以司馬遷對所引用的「君子曰」的論斷形式，仍保留下來。而且司馬遷在他的著作中，也常常應用這種論斷形式，透過「太史公曰」，評價歷史人物，以及對歷史事件發表他個人的意見（見下表）：

《史記》	《左傳》
君子聞之曰：宋宣公可謂知人矣。立其弟以成義，然卒其子復享之。（宋微子世家）	君子曰：宋宣公可謂知人矣。立穆公，其子饗之，命以義夫。（隱公三年）
君子曰：季文子廉忠矣。（魯周公世家）	君子是以知，季文子之忠於公室也。（襄公五年）
君子曰：是不終也。（魯周公世家）	君子是以知，其不能終也。（襄公三十一年）
君子曰：《詩》所謂「白珪之玷，猶可磨也，斯言之玷，不可為也。」其荀息之謂乎。（晉世家）	君子曰：詩所謂「白圭之玷，尚可磨也，斯言之玷，不可為也。」荀息有焉。（僖公九年）
君子曰：能守節矣，君義嗣，誰敢干君！（吳太伯世家）	君子曰：能守節，君義嗣也，誰敢奸君。（襄公十四年）

君子聞之，皆為垂涕曰：嗟乎！秦繆公之與人周也，卒得孟明之慶。（秦本紀）	君子是以知秦穆公之為君也，舉人之周也，與人之壹也。孟明之臣也，其不解也，能懼思也。子桑之忠也，其知人也，能舉善也。《詩》曰：于以采蘩，于沼于沚，于以用之，公侯之事，秦穆有焉。夙夜匪解，以事一人，孟明有焉。詒厥孫謀，以燕翼子。子桑有焉。（文公三年）
君子曰：秦繆公廣地益國，東服彊晉，西霸戎夷，然不為諸侯盟主，亦宜哉。死而棄民，收其良臣而從死。且先王崩，尚猶遺德垂法，況奪之善人良臣百姓所哀者乎？是以知秦不能復東征也。（秦本紀）	君子曰：秦穆之不為盟主也宜哉！死而棄民。先王違世，猶詒之法，而況奪之善人乎？《詩》曰：「人之云亡，邦國殄瘁。」無善人之謂，若之何奪之？古之王者，知命之不長，是以並建聖哲，樹之風聲，分之采物，著之話言，為之律度，陳之藝極，引之表儀，予之法制，告之訓典，教之防利，委之常秩，道之以禮，則使毋失其土宜，眾隸賴之，而後即命。聖王同之。今縱無法以遺後嗣，而又收其良以死，難以在上矣。君子是以知秦之不復東征也。（文公六年）

二、「太史公曰」與司馬遷的自注

雖然司馬遷肇創了紀傳體的史學寫作形式，並且塑製了後世史傳論贊的版型，蕭統又將這種具有文學性質的史學寫作形式，輯入《文選》中。但《文選》史論類所選的史傳論贊，卻僅從班固的《漢書》始，竟然沒有選輯《史記》的「太史公曰」，的確是一個非常有趣，而且也是一個值得探討的問題。

史傳論贊的內容，包括對歷史事件的議論和歷史人物的評價。但如果以這個標準衡量《史記》的「太史公曰」，將會發現「太史公曰」有更豐富的內容。魯實先師歸納司馬遷《史記》「太史公曰」的內容有四，即：記經歷、補軼事、言去取、述褒貶⓳。其中除了述褒貶是對歷史事件的議論，以及對歷史人物的評價外，記經歷、補軼事、言去取等三項，則屬於材料處理的範疇。關於對材料的處理，包括說明所引用材料的來源與出處，對材料的鑑別與考證，

⓳阮芝生，〈試論司馬遷所說的「通古今之變」〉引魯實先師語。見《沈剛伯先生八秩榮慶論文集》（臺北：聯經，一九七六）。

以及對材料的選擇與去取等。所以，司馬遷的《史記》「太史公曰」，實際上包括兩個部分，一是開後世史傳論贊先河的對歷史事件的議論，以及對歷史人物的評價，另一部分則是關於材料的處理方法。

關於「太史公曰」對材料的處理，鄭樵稱之為「史外之事」，他說：「凡《左氏》君子曰，皆經之新意，《史記》太史公曰，則史外之事[20]。」鄭樵認為司馬遷在紀傳之中，已詳細記載善惡是非，似乎不必在傳外另加褒貶。所以，司馬遷的《史記》「太史公曰」，所載的都是「史外之事」。對於這些所謂的「史外之事」，章實齋後來進一步解釋是司馬遷的「自注」。章實齋說司馬遷的《史記》「太史公曰」：

> 太史敘例之作，其自注之權輿乎？明述作之本旨，見去取之從來，已似恐後人不知其所云，而特筆以標之。所謂不離古文，及考信六藝云云者，皆百三十篇之宗旨，或殿卷末，或冠篇端，未嘗不反復自明也。[21]

[20] 鄭樵，《通志．總序》。

[21] 章學誠，《文史通義》內篇〈史注〉。

章實齋認為《史記》「太史公曰」，是司馬遷「明述作之本旨，見去取之從來」的自注。「見去取之從來」，也就是對材料的處理。所謂注，是中國經學傳統解釋的著作形式。這種著作形式在漢代經學形成後，透過經師對經書的闡釋和講授，逐漸形成。所以，賈逵說：「注者，注義於經下，若水之注物❷❷。」孔安國與賈逵的說法相似，認為「注者，解書之名，不敢傳述，直注己意而已。」鄭玄則將「注」解為著，他說：「言為解說，使其意義著明也❷❸。」這種解釋經典的著作形式，劉知幾說「傳之時義，以訓詁為主❷❹」，也就是透過文字和訓詁作為解釋的工具，進一步剖析經書的微言大義。因此，錢大昕說：「有文字而後有訓詁，有訓詁而後有義理。訓詁者，義理之所由，非別有義理出於訓詁之外也❷❺。」

所謂「訓詁者，義理之所由」，正說明訓詁和義理的關係，同時也闡明經注的基本精神。由訓詁而義理是對經書解釋的程序，也是經注的著作形式。不過，這種經注和魏晉以後出現的史注，所表現的意義完全不同。錢大昭對於經注和史注作了明確的劃分，他說：「注史、

❷❷《儀禮》卷一，鄭注，賈逵疏。

❷❸《禮記》卷一〈曲禮目〉，孔疏。

❷❹《說文解字詁林》卷十二上，註條引《通訓定聲》、劉知幾《史通．補注》。

❷❺錢大昕，《經籍纂詁序》。

注經不同，注經以明理為宗，理寓於訓詁，訓詁明而理自見。史注以達事為主，事不明，訓詁雖精無益也㉖。」

「明理」和「達事」是經注和史注基本的區分。所謂「達事」，也就是應用了更多的材料，進一步解釋歷史事件的真象和意義㉗。雖然，魏晉時期出現的史注是由兩漢的經注轉化而來，但在發展過程中已有了新的意義。東漢中期以後，作為政治和學術最高指導原則的儒家思想已經僵化，代表儒家思想的經學，逐漸失去其原有的權威地位，原來統合在經學之下其他的思想與學術，紛紛掙脫原有的羈絆開始獨立發展，史學也隨著邁向獨立的里程。到魏晉以後史學的地位上升，與經學並稱為「經史」。史學也成為一種專家之學，作為教學和傳授的對象，為適應這種轉變的需要，因而出現了史書單獨的注釋㉘。這正是《隋書·經籍志》所謂「遷書自裴駰為注、固書自應劭作解，其後之為注者闡其家學也㉙」。最初由於教學的實際需要而出現的史注，仍然繼承經書傳注的傳統，以訓詁為基礎，對音義與字句的解釋。不

㉖ 錢大昭，《三國志辨疑·自序》。
㉗ 逯耀東，〈裴松之與《三國志注》〉，《魏晉史學的思想與社會基礎》。
㉘ 逯耀東，〈《隋書·經籍志·史部》形成的歷程〉，《魏晉史學的思想與社會基礎》。
㉙ 《隋書·經籍志·史部序》。

過，經注和史事除了明理和達事的不同外，最大的不同，就是注經不可駁經，即使經書有任何錯誤，也不可提出批評和討論，必須要曲為解釋加以迴護。注史則不同，不論司馬遷的《史記》或班固《漢書》，有些微的誤漏，都可以提出駁糾或辨誤，因此出現不同形式的史注，《隋書．經籍志》所著錄不同形式的史注，即有注、疏、音訓、集解、正義、音義、訓纂、讀訓、考、駁義、決議、辨惑、定疑十餘種之多。

對於這些不同形式的史注，後來劉知幾的《史通．補注》，將魏晉以來形成的史注歸納為四類，即裴駰的《史記集解》、應劭的《漢書音義》、晉灼的《漢書集注》、章懷太子李賢的《後漢書注》，稱為「儒宗訓解」的一類，這一類的史注是繼承經注的傳統，以訓詁為基礎形成的。將摯虞的《三輔決錄》、周處的《陽羨風土記》等注，稱之為「列於章句，委曲敘事，存於細書」的史注，這類史注與以訓詁為主的經注已不相同。對裴松之的《三國志注》、劉孝標的《世說新語注》，則是「掇眾史之異辭，補前書之所闕」的一類。最後是楊衒之的《洛陽伽藍記》、蕭大圜的《淮海亂離志》，被認為是「手自刊補，列為子注」的一類。

所謂「手自刊補，列為子注」，也就是作者的自注。對於這類的自注，劉知幾《史通．補注》解釋說：「躬為史臣，手自刊補，雖志存該博，而才闕倫敘，除煩則意有所吝，畢載則言有所妨，遂乃定彼榛楛，列為子注。」並舉了楊衒之《洛陽伽藍記》的自注為例。《隋書．

經籍志》有楊衒之《洛陽伽藍記》五卷，兩〈唐志〉同，但卻沒有說到楊衒之的自注，宋晁氏《郡齋讀書志》、陳振孫的《直齋書錄解題》也沒有言及。所以，《四庫總目提要》就說：「據《史通》言則衒之此記，實有自注，世所行本皆無之，不知何時佚脫，然自宋以來，未聞有引其注者，則其刊落已久，今不可復觀矣。」㉚後來顧千里、周中孚認為《洛陽伽藍記》的子注，混入正文，其後經吳若准、唐晏及孫次舟等相繼將正文與子注加以區分，還其原貌㉛。不過，這類形式的注偏重材料的輯補，其目的為對本文作進一步輔助的解釋。

這種對本文作輔助解釋的自注，同樣也見於司馬遷的《史記》之中。在《史記》紀傳行文之中，偶爾也夾雜司馬遷簡單解釋性的自注。如《史記》卷七〈項羽本紀〉說：「項王、項伯東嚮坐，亞父南嚮坐，（亞父者，范增也，）沛公北嚮坐，張良西嚮侍。」卷二十八〈封禪書〉：「天下名山八，而三在蠻夷，五在中國。（中國：華山、首山、太室、泰山、東萊，）此五山黃帝之所常游，與神會。」卷五十八〈梁孝王世家〉：「自山以東游說之士，

㉚〈史部．地理類三〉，《四庫全書總目提要》卷七十。

㉛顧千里，〈跋〉，《適思齋》卷十四、周中孚，《鄭堂讀書記補遺》卷十七，認為子注混入正文。吳若准，《洛陽伽藍記集證》、唐晏，《洛陽伽藍記鉤沉》相繼將正文與子注分離，然缺乏實據，無甚標準。孫次舟《洛陽伽藍記釋例》將子注與本文作較清晰之區分。

莫不畢至，（齊人羊勝、公孫詭、鄒陽之屬。）公孫詭多奇邪計。」卷一一〇〈匈奴列傳〉：「於是，漢悉兵，（多步兵，三十二萬，）北逐之。」

如上述「亞父者，范增也」、「中國：華山、首山、太室、泰山、東萊」、「齊人羊勝、公孫詭、鄒陽之屬」及「多步兵，三十二萬」等等，都是司馬遷在行文中的自注，其目的是為了對所引用材料的解釋。這類形式的自注，也就是楊樹達所謂「古書行文，中有自注，不善讀者，疑其文氣不貫，而實非也[32]」，這類形式的自注不僅見於《史記》，同時也見於班固的《漢書》之中。不過，這種行文中解釋性的自注，與章實齋所謂「太史公曰」式自注性質是不同的。因為司馬遷的「太史公曰」，其作用是為了「明述作之本旨，見去取之從來。」尤其司馬遷「見去取之從來」的材料處理方法，非常明顯地存在於《史記》的「太史公曰」之中，可以分作四類說明如下：

一、說明參考文獻與材料的來源：《史記》卷三〈殷本紀〉：「余以「頌」次契之事，自成湯以來，采於《書》《詩》。」卷十三〈三代世表〉：「以《五帝繫諜》、《尚書》集世紀黃帝以來訖共和為〈世表〉。」卷十五〈六國年表〉：「余於是因秦記，踵《春秋》之後，起

[32] 楊樹達，《古書疑義舉例續補》卷一。

周元王，表六國時事。」卷十八〈高祖功臣侯者年表〉：「余讀高祖侯功臣，……謹其終始，表其文，頗有所不盡本末；著其明，疑者闕之。」卷二十八〈封禪書〉：「余從巡祭天地諸神名山川而封禪焉。入壽宮侍祠神語，究觀方士祠官之言，於是退而論次。」卷六十七〈仲尼弟子列傳〉：「余以弟子名姓，文字悉取《論語》弟子問。」卷九十五〈樊酈滕灌列傳〉：「吾適豐沛，問其遺老，觀故蕭、曹、樊噲、滕公之家，及其素，異哉所聞……余與他廣通，為言高祖功臣之興時若此云。」

二、材料的鑑別與考證：《史記》卷六十七〈仲尼弟子列傳〉：「學者多稱七十子之徒，譽者或過其實，毀者或損其真，鈞之未睹厥容貌，則論言弟子籍，出孔氏古文近是。」卷一二三〈大宛列傳〉：「言九州山川，《尚書》近之矣，至〈禹本紀〉、《山海經》所有怪物，余不敢言之也。」卷四〈周本紀〉：「學者皆稱周伐紂，居洛邑，綜其實不然，武王營之，成王使召公卜居，居九鼎焉。而周復都豐、鎬，至犬戎敗幽王，周乃東徙于洛邑。」按〈周本紀〉本文稱：「成王在豐，使召公復營洛邑，如武王之意。……平王立，東遷於雒邑，辟戎寇。」卷八十六〈刺客列傳〉：「世言荊軻，其稱太子丹之命，天雨粟，馬生角也，太過。又言荊軻傷秦王，皆非也。始公孫季功、董生與夏無且游，具知其事，為余道之如是。」按傳本文稱：「秦王方環柱走，卒惶急，不知所為，左右乃曰：『王負劍！』負劍，遂拔以擊荊軻，斷其左股，荊軻廢，乃引其匕首以擿秦王，不中，中桐柱。」卷八十七〈李斯列傳〉：「人皆以斯極忠而被五刑死，察其本，乃與俗議之異。」按傳本文稱：「二世二年七月，具斯五刑，論腰斬咸陽市。」卷九十七〈酈生陸賈列傳〉：「世之傳酈生書，多曰漢王已拔三秦，東擊項籍而引軍於鞏洛之閒，酈生被儒衣往說漢王，迺非也。自沛公未入關，與項羽別而至高陽，得酈生兄弟。」按傳本文稱：「沛公至高陽傳舍，使人召酈生。酈生至，入謁，沛公方倨床使兩女子洗足，而見酈生。」卷四十四〈魏世家〉：「吾適故大梁之墟，墟中人曰：秦之破梁，引河溝而灌大梁，三月城壞，王請降，遂滅魏。」按〈魏世家〉本文稱：「三年，秦灌大梁，虜王假，遂滅魏以為郡縣。」

三、材料的選擇與去取：《史記》卷六十二〈管晏列傳〉：「吾讀管氏〈牧民〉〈山高〉〈乘馬〉〈輕重〉〈九府〉及《晏子春秋》，詳哉其言之也。既見其著書，欲觀其行事，故次其傳。至其書，世多有之，是以不論，論其軼事。」卷六十四〈司馬穰苴列傳〉：「余讀司馬兵法，閎廓深遠，雖三代征伐，未能竟其義，如其文也，亦少褒矣。……世既多司馬兵法，以故不論，著穰苴之列傳焉。」卷六十五〈孫子吳起列傳〉：「世俗所稱師旅，皆道《孫子》十三篇，吳起兵法世多有，故弗論，論其行事所施設者。」卷六十九〈蘇秦列傳〉：「世言蘇秦多異，異時事有類之者皆附之蘇秦。夫蘇秦起閭閻，連六國從親，此其智有過人者，吾故列其行事，次其時序，毋令獨蒙惡聲焉。」卷一一七〈司馬相如列傳〉：「相如雖多虛辭濫說，然其要歸引之節儉，此與《詩》之風諫何異？……余采其語可論者著于篇。」卷一〇四〈田叔列傳〉本文稱：「少子仁，……仁以壯健為衛將軍舍人，數從擊匈奴。」「太史公曰」：「仁與余善，余故并論之。」卷一二七〈日者列傳〉：「古者卜人所以不載者，多不見于篇。及至司馬季主，余志而著之。」

四、軼聞逸事的附錄：《史記》卷七〈項羽本紀〉：「吾聞之周生曰：舜目蓋重瞳子，又聞項羽亦重瞳子，羽豈其苗裔邪？」卷二〈夏本紀〉：「或言禹會諸侯江南，計功而崩，因葬焉，命曰會稽。會稽者，會計也。」卷四十三〈趙世家〉：「吾聞馮王孫曰：趙王遷，其母倡也，嬖於悼襄王。悼襄王廢適子嘉而立遷。」卷五十五〈留侯世家〉：「余以為其人（張良）計魁梧奇偉，至見其圖，狀貌如婦人好女。」卷九十二〈淮陰侯列傳〉：「吾如淮陰，淮陰人為余言，韓信雖為布衣時，其志與眾異，其母死，貧無以葬，然乃行營高敞地，令其旁可置萬家。余視其母冢，良然。」卷七十七〈魏公子列傳〉：「吾過大梁之墟，求問其所謂夷門。夷門者，城之東門也。天下諸公子亦有喜士者矣，然信陵君之接巖穴者，不恥下交，有以也。」卷七十八〈春申君列傳〉：「吾適楚，觀春申君故城，宮室盛矣哉！」卷七十五〈孟嘗君列傳〉：「吾嘗過薛，其俗閭里率多暴桀子弟，與鄒、魯殊。問其故，曰：

孟嘗君招致天下任俠，姦人入薛中，蓋六萬餘家矣。」卷八十八〈蒙恬列傳〉：「吾適北邊，自直道歸，行觀蒙恬所為秦築長城亭障，塹山堙谷，通直道，固輕百姓力矣。」卷一〇九〈李將軍列傳〉：「余睹李將軍，悛悛如鄙人，口不能道辭，及死之日，天下知與不知，皆為盡哀，彼其忠實心誠信於士大夫也。」卷一一一〈衛將軍驃騎列傳〉：「蘇建語余曰：吾嘗責大將軍至尊重，而天下之賢大夫毋稱焉，願將軍觀古名將所招選擇賢者，勉之哉。大將軍謝曰：自魏其、武安之厚賓客，天子常切齒，彼親附士大夫，招賢絀不肖者，人主之柄也。人臣奉法遵職而已，何與招士！」卷一二四〈游俠列傳〉：「吾視郭解，狀貌不及中人，言語不足採者。」卷一二八〈龜策列傳〉：「余至江南，觀其行事，問其長老，云龜千歲乃遊蓮葉之上，蓍百莖共一根，又其所生，獸無虎狼，草無毒螫，江傍家人常畜龜飲食之，以為能導引致氣，有益於助衰養老，豈不信哉！」

從以上所引材料，可以了解司馬遷「太史公曰」對材料處理的方法，包括說明參考文獻與材料的來源，對材料的鑑別與考證，對材料的選擇與去取，以及軼事逸聞的附載等等。這種對材料處理的方法，正是章實齋所謂的「見去取之從來」。司馬遷這種自注，與現代學院派論文的注釋的作用相似，其目的都是為了對本文所提出的問題，作更深一層的探討和解釋，並輔助讀者對這個問題的認識和了解。其功能與作用可歸納為以下幾點：（一）說明文中所引用的論證與文獻的來源；（二）對阻礙本文進展的支節，及使讀者困惑、並減低其興趣的技術性討論、煩瑣考證、餖飣解說皆置於注中；（三）對本文引用前人或同時代學者，對同一問題所作的討論與結論，予以明確的提示；（四）對於有關的參考資料，作一個綜合的分析㉝。《史記》卷首〈五帝本紀〉的「太史公曰」，具體的表現了這些功能：

> 學者多稱五帝，尚矣。然《尚書》獨載堯以來；而百家言黃帝，其文不雅馴，薦紳先生難言之。孔子所傳宰予問五帝德及帝繫姓，儒者或不傳。余嘗西至空桐，北過涿鹿，東漸於海，南浮江淮矣，至長老皆各往往稱黃帝、堯、舜之處，風教固殊焉，總之不離古文者近是。予觀《春秋》、《國語》，其發明五帝德、帝繫姓章矣，顧弟弗深考，其所表見皆不虛，書缺有閒矣，其軼乃時時見於他說，非好學深思，心知其意，固難為淺見寡聞道也。余并論次，擇其言尤雅者，故著為本紀書首。

在〈五帝本紀〉的「太史公曰」中，司馬遷集中說明他處理有關黃帝材料的方法與態度。

㉝ H. C. Hockett, *The Critical Method in Historical Research and Writing* (N. Y.: McMillian Co., 1955).

有關黃帝的史料，在司馬遷當時是非常駁雜的。既不見於孔子的六藝，而且從戰國流傳的黃帝的傳說，經過漢武帝四周方士的渲染之後，除了傳說的誇浮之外，更增添了迂誕怪異的神話色彩，對這些材料處理起來是頗費周章的㉞。司馬遷的〈五帝本紀〉「太史公曰」，旨在說明他如何從駁雜的材料中，「擇其言尤雅者」的過程。也就是超越當時的眾說紛紜，在「不離古文者近是」的原則下，搜集與鑑別材料，然後選擇接近事實的史料，寫成〈五帝本紀〉的黃帝部分。〈五帝本紀〉是百三十篇《史記》之首，司馬遷藉此說明他處理材料的態度與方法，也是以後各篇處理材料的準則。所以，〈五帝本紀〉的「太史公曰」，一如列傳之首〈伯夷列傳〉的「太史公曰」，前者是司馬遷處理材料的凡例，後者是七十篇列傳的總序，司馬遷在這篇列傳總序中，提出了他對歷史事件議論與歷史人物評價的標準，二者相合，就是司馬遷「太史公曰」的全部內容。

因此，《史記》的「太史公曰」，包括了對歷史事件議論和歷史人物評價，以及對歷史材料處理兩個部分，其中對材料的處理屬於史學的範疇，其目的是討論與考辨材料的真偽，和表現個人才情的文學寫作完全不同。這是蕭統的《文選》，沒有選《史記》「太史公曰」的原

㉞ 參見本書〈武帝封禪與〈封禪書〉〉。

因。「太史公曰」對歷史事件的議論及歷史人物的評價，後來為班固《漢書》所繼承而形成史部的論贊，也就是劉知幾《史通．論贊篇》所謂「既而班固曰贊，荀悅曰論，《東觀》曰序，謝承曰詮，陳壽曰評，王隱曰議，何法盛曰述，揚雄曰譔，劉昺曰奏，袁宏、裴子野自顯姓名，皇甫謐、葛洪列其所號，史官所撰，通稱史臣，其名萬殊，其義一揆，必取便於時者，則總歸論贊焉。」

三、「太史公曰」、「臣松之案」與《通鑑考異》

自來討論司馬遷「太史公曰」的時候，都把「太史公曰」對材料處理的部分忽略了，但其發展的線索仍有跡可尋。鄭樵認為司馬遷的「太史公曰」所記都是「史外之事」，所謂「史外之事」也就是對軼聞逸事的附載。這種於紀傳之外別紀所聞的方法，仍殘存在《漢書》的論贊之中，不過，對「史外之事」的敘述卻不是班固所記，而出自班彪的手筆。《漢書》卷九〈元帝紀〉贊曰：

臣外祖兄弟為元帝侍中，語臣曰元帝多材藝，善史書，鼓琴瑟，吹洞簫，自度曲，被歌聲，分刌節度，窮極幼眇。少而好儒，及即位，徵用儒生，委之以政，貢、薛、韋、匡迭為宰相，而上牽制文義，優遊不斷，孝宣之業衰焉。

《漢書》卷十〈成帝紀〉贊曰：

臣之姑充後宮為婕妤，父子昆弟侍帷幄，數為臣言成帝善修容儀，升車正立，不內顧，不疾言，不親指，臨朝淵嘿，尊嚴若神，可謂穆穆天子之容者矣。

《漢書》的〈元帝紀〉、〈成帝紀〉是班彪所撰，應劭曰：「元、成帝紀皆班固父彪所作，臣則彪自說也。」《史通．古今正史篇》說，班彪「採其舊事，旁貫異聞」，作《史記後傳》六十五篇，是後來班固撰寫《漢書》的藍本。從班固沒有刪落的上述兩紀的贊看來，班彪的「後傳」的論贊，是承司馬遷的遺緒，其中可能包括對材料的處理，惜現在已無跡可尋了㉟。不

㉟ 鄭樵，《通志．總序》謂班彪著書「不可得而見，所見者，元、成二帝贊耳，皆於本紀之外，別紀所聞，可謂深入太史公之閫奧矣」。

過，章實齋所謂自注式的「太史公曰」，卻是裴松之《三國志注》的淵源所自，開創史注新的寫作形式㊱。

劉知幾說：「有好事之子、思廣異聞，而才短力微，不能自達，庶憑驥尾，千里絕群，遂乃掇眾史之異辭，補前書之所闕。」㊲他認為裴松之的《三國志注》，是這類史注最典型的代表。歷來討論《三國志》裴注的，都集中在裴松之注《三國》，補陳壽之闕的這個焦點之上，而且《三國志》裴注引用大批魏晉的史書，不似李奇注《文選》切割分裂，皆首尾俱全，這些材料時至今日得以保存，是裴注之功。但補陳壽《三國志》的闕軼，祇是裴松之注《三國志》體例之一。按裴松之注《三國志》的體例，在他〈上三國志注表〉所說有四種：

一、壽所不載，事宜存錄者，則罔不畢取，以補其闕。

二、同說一事，而辭有乖雜；或出事本異，疑不能判，並皆抄內，以備異聞。

㊱ 逯耀東，〈裴松之與《三國志注》〉《魏晉史學的思想與社會基礎》在探討裴注的淵源時，認為漢魏間經注的轉變對裴注發生啟導作用，特別是後來西晉杜預《左傳集解》對裴注發生直接影響。筆者徘徊歧途二十多年，到現在才發現「太史公曰」與裴注的關係。除此之外，上文中的若干論點，似乎還是可以成立的。本文也引用了上文中的若干材料。

㊲ 《史通．補注》。

三、若乃紕繆顯然，言不附理，則隨違矯正，以懲其妄。

四、其時事當否，及壽之小失，頗以愚意有所論辯。

歸納這四種體例，即補闕、備異、懲妄、論辯。所謂補闕，也就是《四庫全書總目提要》所說「傳所有之事，詳其委曲；傳所無之事，補其闕佚；傳所有之人，詳其生平；傳所無之人，附以同類。」這是補陳壽《三國志》的失之在略，《三國志注》多屬於這類注釋形式[38]。其次則是備異聞，即選擇一種主要的材料置於前面，將數種同說一事的相類材料並列，這是受魏晉時代釋氏譯經說經的影響，而出現的一種新的注釋形式[39]。

《三國志》裴注的補闕與備異部分，是由裴松之的助手協助所成，裴松之注《三國志》一如司馬光撰《通鑑》，除發凡起例外，最後對材料的考辯則由其親自執筆。[40]這就是裴松之注《三國志》體例中的懲妄與論辯，也就是《四庫全書總目提要》所謂「參諸書之說，以核訛異」及「引諸家之論，以辨是非」。這類形式的注，是裴松之「雜引諸書，亦時下己意」的

[38] 逯耀東，〈裴松之與《三國志注》〉，《魏晉史學的思想與社會基礎》。

[39] 逯耀東，〈裴松之《三國志注》的自注〉，《魏晉史學的思想與社會基礎》。

[40] 逯耀東，〈裴松之《三國志注》的自注〉，《魏晉史學的思想與社會基礎》。

自注。這類形式的裴松之自注，分別以「臣松之案」與「臣松之以為」來表示。案《三國志．吳書》卷九〈魯肅傳〉：

劉表死，肅進說曰……權即遣肅行，到夏口，聞曹公已向荊州，晨夜兼道，比至南郡，而表子琮已降曹公，備惶遽奔走，欲南渡江。肅徑迎之，到當陽長阪，與備會，宣騰權旨，及陳江東彊固，勸備與權併力，備甚歡悅。時諸葛亮與備相隨，肅謂亮曰：「我子瑜友也」，即共定交。備遂到夏口，遣亮使權，肅亦反命。（臣松之案：劉備與權併力，共拒中國，皆肅之本謀。又語諸葛亮曰：我子瑜友也，則亮已亟聞肅言矣。而〈蜀書・亮傳〉曰：「亮以連橫之略說權，權乃大喜。」如似此計始出於亮。若二國史官，各記所聞，競欲稱揚本國容美，各取其功。今此二書，同出一人，而舛互若此，非載述之體也。）

又《三國志．魏書》卷十〈荀彧傳〉：

評曰：荀彧清秀通雅，有王佐之風，然機鑒先識，未能充其志也。（世之論者，多譏彧協規魏氏，以傾漢祚，君臣易位，實彧之由。雖晚節立異，無救運移；功既違義，識亦疚焉。陳氏此評，蓋亦同乎世識。臣松之以為斯言之作，誠未得其遠大者也。彧豈不知魏武之志氣，非衰漢之貞臣哉？良以于時王道既微，橫流已極，雄豪虎視，人懷異心，不有撥亂之資，仗順之略，則漢室之亡忽諸，黔首之類殄矣。夫欲翼讚時英，一匡屯運，非斯人之與而誰與哉？是故經綸急病，如救身首，用能動于嶮中，至于大亨，蒼生蒙舟航之接，劉宗延二紀之祚，豈非荀生之本圖，仁恕之遠致乎？及至霸業既隆，翦漢跡著，然後亡身殉節，以申素情，全大正於當年，布誠心於百代，可謂任重道遠，志行義立，謂之未充，其殆誣歟！）

以上所引，可見《三國志》裴松之自注的一斑。前者「臣松之案」，是對材料的處理的考證；後者「臣松之以為」，是裴松之對歷史事件的議論，以及對歷史人物的評價。在《三國志注》中裴松之的自注並不多，僅占全部注釋十分之一左右，但卻是《三國志注》的精旨深義所在，因為裴松之注《三國志》，不僅拾遺補闕而已，最終的目的也是在〈上三國志注表〉所說的：「繢事以眾色成文，蜜蜂以兼采為味，故能使絢素有章，甘踰本質。」所以，裴松之自注，都是他對其助手整理的材料，經過校勘考證後所提出的個人意見[41]。同時，這些意見不僅不局限於陳壽的《三國志》，對所引用的魏晉史學著作，也以「臣松之案」與「臣松之以為」的形式進行討論[42]。這些討論包括對材料的處理，以及對歷史事件的議論和歷史人物的評價，正是司馬遷自注式的「太史公曰」的內容。所以，裴松之的《三國志注》的自注，淵源於司馬遷，也就是繼承司馬遷「太史公曰」的基礎發展而形成。

裴松之結合了「太史公曰」中對材料的處理，以及對歷史事件的議論和歷史人物的評價，創造了史注新的寫作形式，後來劉孝標的《世說新語注》，及劉昭注《後漢志》[43]，都是受裴松之《三國志注》的影響。劉知幾說「孝標善於攻繆，博而且精，固以察及泉魚，辨窮河豕」[44]，也就是說劉孝標的《世說新語注》，除了補注材料的闕軼外，對材料的考辨也是非常精湛的。所以，《四庫全書總目提要》就說：「孝標此注，特為典贍。……其糾正義慶之紕繆，尤為精核。」[45]劉孝標注《世說新語》，最初沒有像裴松之那樣明立凡例，但經分析歸納

---

[41] 逯耀東，〈裴松之《三國志注》的自注〉，《魏晉史學的思想與社會基礎》。

[42] 逯耀東，〈裴松之與魏晉史學評論〉，《魏晉史學的思想與社會基礎》。

[43] 邵晉涵，《江南書錄》「後漢書」條下謂：「劉昭注尤諳悉於累朝掌故，薈萃群說為之折衷，蓋能承六朝諸儒群經義疏之學，而通於史，以求其實用，亦可見其學之條貫矣。」

[44] 《史通．補注》。

加以區分，可分為補證、訂訛、釋例、存異、辨疑等項，集中在材料考辨方面。

司馬遷「太史公曰」的材料處理部分，經過裴松之、劉孝標的繼承與發揚，後來到司馬光修《資治通鑑》，同時並上、單獨成書的《通鑑考異》三十卷也循此線索發展。司馬光〈資治通鑑進書表〉說：

臣既無他事，得以研精極慮，窮竭所有，日力不足，繼之以夜，遍閱舊史，旁采小說，簡牘盈積，浩如煙海，抉擿幽隱，校計豪氂。上起戰國，下終五代，凡一千三百六十二年，修成二百九十四卷，又略舉事目，年經國緯，以備檢尋，為《目錄》三十卷。又參考群書，評其同異，俾歸一塗，為《考異》三十卷，合三百五十四卷。

司馬光撰寫二百九十四卷的《通鑑》的同時，為了檢尋方便，又編輯了三十卷的《目錄》，與「參考群書，評其異同」的《考異》三十卷。《目錄》是《通鑑》的索引，《考異》則是《通鑑》的注釋。在中國傳統史書中既有索引又有注釋的，自司馬光的《資治通鑑》始。

㊺〈子部．小說家類〉「世說新語」條下，《四庫全書總目提要》卷一四〇。

《通鑑目錄》或由司馬光的助手編輯，《通鑑考異》則由司馬光親自撰寫。司馬光撰寫《通鑑》時，「遍閱舊史，旁采小說，簡牘盈積，浩如煙海」，高似孫說司馬光修《通鑑》援引的材料二百二十二家，尤其唐代部分，引用了許多雜史、小說、家傳的材料，而且往往一事用三四出處。因此，對所引用的材料需要一番考辨的工夫，《通鑑考異》即為此而作。司馬光對范祖禹說：「若彼此年月事跡有相違戾不同者，則請選擇一證據分明、情理近於事實者，修者注於其下。」㊻對材料的考辨工作，在編纂長編時已經開始，司馬光並自定體例，說：「先注所捨者云某書云云，今按某書證驗云云。或無證驗，則以事理推之云云，今從某書為定；若無以考其虛實是非者，則云今兩從之。」㊼是為《通鑑考異》的所自。《四庫全書總目提要》也說《通鑑》所引用的材料其間有「傳聞異詞，稗官既喜造虛言，正史亦不皆實錄，光既擇其可信者從之，復參考同異，別為此書」㊽；《提要》又說《通鑑考異》出自裴松之的《三國志注》：

㊻〈貽范夢得〉，《司馬文公傳家集》卷六十三。

㊼〈貽范夢得〉，《司馬文公傳家集》卷六十三。

㊽〈史部．編年〉「資治通鑑考異」條下，《四庫全書總目提要》卷四十七。

辨證謬誤，以祛將來之惑，昔陳壽作《三國志》，裴松之注之，詳引諸書錯互之文，折衷以歸一是，其例最善。而修史之家，未有自撰一書，明所以去取之故者，有之實自光始。㊾

由是知《考異》獨立成書，是仿裴松之注《三國志》「詳引諸書錯互之文，折衷以歸一是」的自注體例。而裴松之的自注淵源於司馬遷的「太史公曰」，司馬光撰《通鑑考異》的目的，是為了「祛將來之惑，明所以去取之故。」這正是司馬遷「太史公曰」的遺意所在㊿。

綜合以上所述，自注式的「太史公曰」，其內容包括兩部分，其一為對歷史事件的議論與歷史人物的評價，其一為對歷史材料的處理。前者由班固的《漢書》繼承，凝聚成後世的史傳論贊，裴松之卻掌握了司馬遷「太史公曰」的舊法，具體表現在他的《三國志注》的自注中，後來劉孝標、劉昭承其餘緒，司馬光的《資治通鑑》將「太史公曰」一分為二，對歷史

㊾〈史部．編年〉「資治通鑑考異」條下，《四庫全書總目提要》卷四十七。

㊿章實齋，《文史通義．史注篇》稱「宋范沖修《神宗實錄》，別為《考異》五卷，以發明其義，是知後無可代之人，而自為之解，當與《通鑑》《舉要》《考異》之屬，同為近代之良法也。」則是承《考異》而作。

事件的議論與歷史人物的評價，放置在《通鑑》的「臣光曰」中。至於對材料的處理，則獨立撰成為《通鑑考異》一書。

史傳論贊是一種具有文學性格的史學寫作形式，原來存在於中國古代史學寫作之中，後來經過《左氏春秋》作者以「君子曰」的形式，歸納於《左傳》之中，已具雛形。此後，司馬遷的《史記》更以「太史公曰」，鑄定後世史傳論贊的版型。不過，司馬遷的「太史公曰」，除了對歷史事件的議論，和歷史人物的評價外，還包括對材料的處理，也就是章實齋所謂「見去取之從來」。「見去取之從來」是對材料的處理，這完全屬於史學的範疇，也是蕭統《文選》不選「太史公曰」的原因。但是，「太史公曰」對歷史事件的議論，和對歷史人物的評價部分，後來為班固的《漢書》繼承，是史傳論贊淵源之所自。至於「見去取之從來」的材料處理部分，班彪尚識其遺意，裴松之注《三國志》，其「臣松之案」與「臣松之以為」的自注，就是在司馬遷「太史公曰」的基礎上形成的。最後司馬光將其一分為二，《通鑑》的「臣光曰」，表現了「太史公曰」對歷史事件的議論和歷史人物的評價，至於對材料的處理則單獨成書，即《通鑑考異》。所以，司馬遷「太史公曰」對材料處理部分，雖然其流變與傳承的過程曲折迂迴，自來被史學工作者所忽略，但自班彪而裴松之，最後出現司馬光，其間脈絡，仍是有跡可尋的。

「巫蠱之禍」與司馬遷絕筆

朱東潤《史記考索》說：「《史記》一書，或曰終於麟止，或曰終於太初，或曰終于天漢，三者相去數十年，必《史記》之斷限明而後諸篇之真贋。」❶《史記》斷限自來眾說紛紜，梁玉繩《史記志疑》持終於太初，崔適《史記探源》主迄於麟止，劉咸炘條論甚詳❷。趙翼《廿二史劄記》卷一〈司馬遷作史年歲〉條下，認為司馬遷「為太史令五年，當太初元年，改正朔，正值孔子《春秋》後五百年之期，於是論次其文」，並且說《史記》成書與其〈報任安書〉同時，「征和二年事也。」而「安死後，遷，尚未亡，必更有刪定改削之功。」則是，司馬遷論《史記》在太初元年，成書在征和二年，此後尚有刪削。王國維〈太史公行

❶ 朱東潤，《史記考索．史記終于太初考》。

❷ 劉咸炘，《四史知意》之「太史公書知意辨真偽」條下。

年考略〉說：「今觀《史記》最後記事，信得出自太史公手筆者，唯〈匈奴列傳〉之李廣利降匈奴事，餘者出後人續補者。」李廣利降匈奴在征和三年，則是司馬遷撰《史記》的最終記事。❸

當然，《史記》的斷限上起黃帝，下迄漢武是沒有問題的。但司馬遷就生存在這個時代之中，其下限終於武帝何時，就值得討論了。〈太史公自序〉說到《史記》斷限有三處：

一、述往事，思來者，於是卒述陶唐以來，至于麟止，自黃帝始。

二、余述歷黃帝以來至太初而訖。

三、略推三代，錄秦漢，上記軒轅，下至于茲。

這三種不同時間的斷限，前後相距數十年，而且都有其可能。

❸王國維，〈太史公繫年考略〉，原載上海聖明智大學《學術叢編》，一九一六。後編入《觀堂集林》卷十一，作〈太史公行年考〉。

一、《史記》斷限其最終記事

所謂「卒述陶唐以來，至于麟止，自黃帝始。」案麟止，張晏曰：「武帝獲麟，遷以為述事之端。上紀黃帝，下至麟止，猶《春秋》止於獲麟也。」服虔云：「武帝至雍獲白麟，而鑄金作麟足形，故云『麟止』。遷作《史記》止於此。猶《春秋》終於獲麟然也。」張晏、服虔認為武帝獲麟，是司馬遷敘述往事之端，或《史記》止於此。武帝獲麟，案〈封禪書〉云：

> 其明年，郊雍，獲一角獸，若麃然。有司曰：「陛下肅祇郊祀，上帝報享，錫一角獸，蓋麟云。」

其明年即元狩元年（公元前一二二年）。《漢書．武帝紀》云：「元狩元年冬十月，行幸雍，祠五畤。獲白麟，作〈白麟之歌〉。」應劭曰：「獲白麟，因改元曰元狩也。」所以，「卒述陶唐以來，至于麟止，自黃帝始」，即以元狩元年獲麟為斷限，但可能不是司馬遷，而是司馬談撰寫《史記》的斷限。〈太史公自序〉云：「百年之間，天下遺文古事靡不畢集太史公，太史公仍父子相續纂其職。」也就是說司馬氏父子一方面整理圖書文獻，同時利用整理的文獻資料撰史，前者是史官職掌的本職，後者是司馬氏父子相承的私家著述。在司馬談臨終之時，這部私家著述可能留下相當的遺稿，司馬談念茲在茲，希望司馬遷繼續完成他的未竟之作。所以〈太史公自序〉云：

> 太史公執遷手而泣曰：「……余死，汝必為太史；為太史，無忘吾所欲論著矣。……自獲麟以來四百有餘歲，而諸侯相兼，史記放絕。今漢興，海內一統，明主賢君忠臣死義之士，余為太史而弗論載，廢天下之史文，余甚懼焉，汝其念哉！」遷俯首流涕曰：「小子不敏，請悉論先人所次舊聞，弗敢闕。」

後來司馬遷在太初元年，開始繼其父遺稿撰寫《史記》之時，〈太史公自序〉載其對壺遂所言：

> 余嘗掌其官，廢明聖盛德不載，滅功臣世家賢大夫之業不述，墮先人所言，罪莫大焉。

其所謂「先人所言」與「先人所次舊聞」前後呼應，其意義相同，也就是司馬談所纂就的遺稿。《史記》最精采最有價值的部份，一是楚漢之際，一是漢帝時代。前者或為司馬談所次的「舊聞」。司馬談生於漢文帝初年，當時戰國的遺黎，漢初的宿舊猶存，司馬談得以口述紀錄❹。後來司馬遷以此為基礎，緝補武帝時代的「行事」，結合而成《史記》。

司馬談所次的「舊聞」，由元狩元年起筆撰寫，同時也以此為斷。因為司馬談為太史之時，認為最大的歷史事件莫過於「獲麟」。春秋家所謂「西狩獲麟」，孔子感而作《春秋》，同時也絕筆於斯。如今武帝幸雍，與「西狩」同，又獲白麟與「獲麟」同，自「獲麟」以來四百餘歲，觀「獲麟」，因而刺激了身為史官而職掌郊祀的司馬談。開始撰《史記》。司馬遷對於「獲麟」的態度與司馬談不同，具體表現在〈封禪書〉的撰寫方面。司馬遷撰寫〈封禪書〉，為了「自古以來用事於鬼神者，具見其表裡。後有君子，得以覽焉」，而且以「然」「焉」「若」等懷疑的字眼，保存這一系列他個人親身經歷，卻無法考證的材料。但封禪對司馬談而言，卻有宗教的虔誠，他不僅侍從帝巡行天下祠祀，並且與祠官寬舒議定建甘泉太一與汾陰后土兩祠，最後「天子接千歲之統，封泰山」，他竟然不能從行而悲嘆：「是命也夫？命也夫！」最後「發憤且卒」。司馬談事蹟僅見於此，且都和漢武帝封禪相關❺。所以，司馬

❹ 顧頡剛，《史林雜識》「司馬談作史」條下。

談對漢武帝的封禪，不僅充滿宗教情操，而且認為是神聖的使命。因此，司馬談因獲白麟的激動而開始撰《史記》，並以麟止為斷，是非常可能的。獲麟是《春秋》所終，帝堯《尚書》的開始，所以司馬談說「卒述陶唐以來，至于麟止」。

〈太史公自序〉最後，司馬遷說：「余述歷黃帝以來至太初而訖」。自元狩元年至太初元年（公元前一〇四年）其間相距十八年。〈太史公自序〉又說：

（談）卒三歲而遷為太史令，紬史記石室金匱之書。五年而當太初元年，十一月甲子朔旦冬至，天曆始改，建於明堂，諸神受紀。

司馬談卒後八年，當太初元年。《集解》李奇曰：「遷為太史後五年，適當於武帝太初元年，此時述《史記》。」案《漢書．武帝紀》云：

太初元年……夏五月，正曆，以正月為歲首。色上黃，數用五，定官名，協音律。

---

❺參見本書〈武帝封禪與〈封禪書〉〉。

所謂「正曆」，由司馬遷主導所造的〈太初曆〉，於此時完成並頒布施行，不僅是當時重要的歷史事件，而且影響後世至巨。《漢書．律曆志上》云：

至武帝元封七年，漢興百二歲矣。大中大夫公孫卿、壺遂、太史令司馬遷等言「曆紀壞廢，宜改正朔」。是時御史大夫兒寬明經術，上乃詔寬曰：「與博士共議，今宜何以為正朔？服色何上？」寬與博士賜等議，皆曰：「帝王必改正朔，易服色，所以明受命於天也。創業變改，制不相復，推傳序文，則今夏時也。臣等聞學褊陋，不能明。陛下躬聖發憤，昭配天地，臣愚以為三統之制，後聖復前聖者，二代在前也。今二代之統絕而不序矣，唯陛下發聖德，宣考天地四時之極。則順陰陽以定大明之制，為萬世則。」於是乃詔御史曰：「乃者有司言曆未定，廣延宣問，以考星度，未能讎也。……書缺樂弛，朕甚難之。依違以惟，未能修明。其以七年為元年。」遂詔卿、遂、遷與侍郎尊、大典星射姓等議造漢曆。

司馬遷議造漢曆，亦見《漢書．兒寬傳》，傳稱：「後太史令司馬遷等言：『曆紀壞廢，漢興未改正朔，宜可正。』上乃詔寬與遷等共定漢〈太初曆〉。」〈太初曆〉是中國曆律學史的一次革命。據《漢書．律曆志》，參與其事的律曆專家三四十人。除民間不可考之外，其他如公孫卿、壺遂、司馬遷、鄧平、司馬可、博士賜、酒泉宜君、世下洛閎、淳于陵渠、射姓等，的確是當時學術界一項浩大工程。司馬遷既倡議在前，改曆進行之時，由於其職責關，始終參與其事。王國維〈太史公繫年考〉云：「太初改曆之議，發於公，而始終總其事者，亦公也。蓋公為太史令星曆乃其專職。公孫卿、壺遂雖參與其事，不過虛領而已。孔子言行夏之時，五百年後，卒行於公之手，此亦公之大事業也。」

司馬遷既主持太初改曆，而且始終參與其事，對後世學術的貢獻，不下於其撰《史記》。但司馬遷於《史記》之中，僅於〈韓長孺列傳〉的「太史公曰」言及「余與壺遂定律曆，觀韓長孺之義」，以及〈曆書〉說到「至今上即位，招致方士唐都，分其天部，而巴落下閎運算轉曆」而已，並沒有特別強調其個人對這方面的貢獻。不過，司馬遷談到改曆，卻是與改制相提並論，〈封禪書〉就說「夏，漢改曆，以正月為歲首，而色上黃，官名更印章以五字，為太初元年。」

漢興，君臣皆起草莽，建國之初，並未留意制度的改張。所以叔孫通定朝儀，張蒼定章程，仍因襲秦制。因此，後來自賈誼至司馬遷都希望突破秦帝的框限，改制更新。於是改正朔、易服色、定制裁度並提。其改正朔又是更新之始。❻《史記．屈原賈生列傳》云：

賈生以為漢興至孝文二十餘年，天下和洽，而固當改正朔，易服色，法制度，定官名，興禮樂，乃悉草具其事儀法，色尚黃，數用五，為官名，悉更秦之法。

當時「孝文帝初即位，謙讓未遑也。」所謂「未遑」，乃顧忌絳、灌諸勳舊的反對。後來魯人公孫臣上書，認為漢當土德，「宜改正朔，色黃」，但由於張蒼的關係，事竟未成。武帝即位，改制之議復起，王藏、趙綰議之於前，司馬相如諷於後，由此可知改制更新之議，流行於當時士人之間，最後終於由司馬遷倡領的太初改曆，完成了漢代的改制更新。所以，司馬遷認為太初改曆是一個新時代的開始，〈太史公自序〉載其對壺遂所言：

漢興以來，至明天子，獲符瑞，封禪，改正朔，易服色，受命於穆清，澤流罔極，海外殊俗，重譯款塞，請來獻見者，不可勝道。

這是一個偉大的時代，司馬遷認為身為太史，面臨這個新時代，「廢明聖盛德不載，滅功臣世

❻參見本書〈「通古今之變」的「今」之開端〉。

家賢大夫之業不述」，而且「墮先人所言」，是他莫大的罪過。於是繼先人未竟之業，開始執筆撰寫《史記》。首先撰寫的可能就是〈今上本紀〉。因為他最初所寫的〈今上本紀〉就集中在改正朔，易服色方面。〈太史公自序〉云：

漢興五世，隆在建元，外攘夷狄，內脩法度，封禪，改正朔，易服色。作〈今上本紀〉。

〈自序〉所謂「至于麟止」，是司馬談於元狩元年，開始撰寫《史記》之時，並於此為斷限。而「至太初而訖」，則是司馬遷完成《太初曆》之後，於太初元年繼續其父未竟之業，開始「述故事，整齊其世傳」之時，並準備以此時為斷限。因為司馬談認為「麟止」，是孔子著《春秋》終於獲麟的五百年之期。司馬遷則認為「太初」是改制更化的新時代開始。雖然司馬遷繼續其父未竟之業，由於新的歷史情況的出現，就不得不另選新的歷史斷限。

至於「略推三代，錄秦漢，上記軒轅，下至于茲。」所謂「下至于茲」，就是直到現在或目前。目前或現在，即前引王國維所謂「今觀《史記》最後記事，信得出自太史公手筆者，唯〈匈奴列傳〉之李廣利降匈奴事。」李廣利降匈奴，案《漢書．武帝紀》，征和三年（公元前九〇年）三月，遣貳師將軍李廣利、御史大夫商丘成、重合侯馬通等率步騎，分別出五原，西河擊匈奴，最後馬通、商丘成「皆引兵還」，而「廣利敗，降匈奴」。李廣利之敗，《史記．匈奴列傳》云：

後二歲，復使貳師將軍將六萬騎，步兵十萬，出朔方。……匈奴聞，悉遠其累重於余吾水北，而單于以十萬騎待水南，與貳師將軍接戰。貳師乃解而引歸，與單于連戰十餘日。貳師聞其家以巫蠱族滅，因并眾降匈奴，得來還千人一兩人耳。

「後二歲」，徐廣曰：「案《史記．將相年表》及《漢書》，征和三年，巫蠱始起，三年，廣利與商丘成出擊胡軍，敗，降。」王國維認為這是「《史記》最晚之記事。」但司馬遷為何選擇李廣利降匈奴，作為《史記》最後的記載，卻是個值得討論的問題。

司馬遷說：「復使貳師將軍將六萬騎，步兵十萬，出朔方。」所謂「復使」，即李廣利又一次出征匈奴。《史記．匈奴列傳》載李廣利前一次出征匈奴，在天漢二年（公元前九九年）。案《漢書．武帝紀》云：

（天漢二年）夏五月，貳師將軍三萬騎出酒泉，與右賢王戰于天山，斬首虜萬餘級。又遣因杅將軍出西河，騎都尉李陵將步兵五千人出居延北，與單于戰，斬首虜萬餘級。陵兵敗，降匈奴。

《史記．匈奴列傳》載其事云：

其明年，漢使貳師將軍廣利以三萬騎出酒泉，擊右賢王於天山，得胡首虜萬餘級而還。匈奴大圍貳師將軍，幾不脫。漢兵物故什六七。漢復使因杅將軍敖出西河，與彊弩都尉會涿涂山，毋所得。又使騎都尉李陵將步騎五千人，出居延北千餘里，與單于會，合戰，陵所殺傷萬餘人，兵及食盡，欲解歸，匈奴圍陵，陵降匈奴，其兵遂沒，得還者四百人。單于乃貴陵，以其女妻之。

李廣利此次出征，結果則是李陵降匈奴。而李陵參與這次戰役的任務，是「欲以分匈奴兵，毋令專走貳師也」。《史記．李將軍列傳》載其事云：

數歲，天漢二年秋，貳師將軍李廣利將三萬騎擊匈奴右賢王於祁連天山，而使陵將其射士步兵五千人出居延北可千餘里，欲以分匈奴兵，毋令專走貳師也。陵既至期還，而單于以兵八萬圍擊陵軍。陵軍五千人，兵矢既盡，士死者過半，而所殺傷匈奴亦萬餘人。且引且戰，連鬥八日，還未到居延百餘里，匈奴遮狹絕道，陵食乏而救兵不到，虜急擊招降陵。陵曰：「無面目報陛下。」遂降匈奴。其兵盡沒，餘亡散得歸漢者四百餘人。單于既得陵，素聞其家聲，及戰又壯，乃以其女妻陵而貴之。

荀悅則謂最初漢武帝欲李陵「貳師將軍督輜重」。《前漢紀》卷十四云：

陵者，李廣孫，敢兄當戶之子。上使陵為貳師將軍督輜重，陵稽首曰：「願得自當一隊。」上曰：「吾無騎與汝。」陵曰：「不用騎，願以少擊眾，步兵五千人，涉單于庭。」上壯而許之。

但最後李卻兵敗而降匈奴。李陵既降，《漢書．李陵傳》云：

後聞陵降，上怒甚，責問陳步樂，步樂自殺。群臣皆罪陵，上以問太史令司馬遷，遷盛言：「陵事親孝，與士信，常奮不顧身以殉國家之急。其素所畜積也，有國士之風。今舉事一不幸，全軀保妻子之臣隨而媒蘗其短，誠可痛也。且陵提步卒不滿五千，深輮戎馬之地，抑數萬之師，虜救死扶傷不暇，悉舉引弓之民共攻圍之。轉鬥千里，矢盡道窮，士張空拳，冒白刃，北首爭死敵，得人之死力，雖古名將不過也。身雖陷敗，然其所摧敗亦足暴於天下。彼之不死，宜欲得當以報漢也。」初，上遣貳師大軍出，財令陵為助兵，及陵與單于相值，而貳師功少。上以遷誣罔，欲沮貳師，為陵游說，下遷腐刑。

上述《漢書》材料則源自司馬遷的〈報任安書〉：

陵未沒時，使有來報，漢公卿王侯奉觴上壽。後數日，陵敗書聞，主上為之食不甘味，聽朝不怡。大臣憂懼，不知所出。僕竊不自料其卑賤，見主上慘悽怛悼，誠欲効其款款之愚。以為李陵素與士大夫絕甘分少，能得人之死力，雖古名將不過也。身雖陷敗，彼觀其意，且欲得其當而報漢。事已無可奈何，其所摧敗，功亦足以暴於天下。僕懷欲陳之，而未有路。適會召問，即以此指推言陵功，欲以廣主上之意，塞睚眦之辭。未能盡明，明主不深曉，以為僕沮貳師，而為李陵游說，遂下於理。拳拳之忠，終不能自列，因為誣上，卒從吏議。

綜合以上材料，最初武帝欲遣派李陵督貳師輜重，而後李陵自請為一隊，率步兵五千出居延，其任務為李廣利的「助兵」，即「欲以分匈奴兵，毋令專走貳師也」。後李陵敗降，司馬遷為其游說，因誣上而下獄。然其所以誣上，並非因李陵之降，而是「欲沮貳師」。所謂「欲沮貳師」，即前述「初，上遣貳師大軍出，……及陵與單于相值，而貳師功少。上以遷誣罔，欲沮貳師」。

因此，李陵敗降匈奴而滅族，司馬遷為李陵游說而下獄。但司馬遷獲罪並非全為李陵游說，推言李陵之功，而是「欲沮貳師」。所以，李陵滅族，與司馬遷個人的悲劇，皆緣於天漢二年李廣利出征匈奴。《史記．匈奴列傳》終於太初四年，即：

漢既誅大宛，威震外國。天子意欲遂困胡，乃下詔曰：「高皇帝遺朕平城之憂，高后時單于書絕悖逆。昔齊襄公復九世之讎，《春秋》大之。」是歲太初四年也。

漢武帝伐匈奴之意在此，「太初四年」，即司馬遷所謂「余述歷黃帝以來至太初而訖」的斷限之內。天漢二年李陵降匈奴，及〈李將軍列傳〉附敘李陵降匈奴事：

單于既得陵，素聞其家聲，及戰又壯，乃以其女妻陵而貴之。漢聞，族陵母妻子。自是之後，李氏名敗，而隴西之士居門下者皆用為恥焉。

皆為司馬遷於天漢二年李降匈奴後所增補，故《漢書．司馬遷傳》又有《史記》終於天漢二年之議。自天漢二年至征和三年，前後相隔九年間，司馬遷〈報任安書〉所謂：「隱忍苟活，函糞土之中而不辭者，恨私心有所不盡。」復因李廣利降匈奴與「巫蠱之禍」，對其已撰成之百三十篇，五十二萬六千五百字的《史記》有所增刪，於是出現其〈自序〉所謂「略推三代，錄秦漢，上記軒轅，下至于茲」的第三個斷限。

「上記軒轅，下至于茲」則見於司馬遷〈報任安書〉：

僕竊不遜，近自託於無能之辭，網羅天下放失舊聞，考其行事，綜其終始，稽其成敗興壞之紀，上計軒轅，下迄于茲，為十表，本紀十二，書八章，世家三十，列傳七十，

> 凡百三十篇，亦欲以究天人之際，通古今之變，成一家之言。❼

司馬遷絕筆的〈報任安書〉，又出現了《史記》第三個斷限。所以，〈自序〉的三個斷限，及《史記》最終的記事，不僅和漢武帝時代的發展和演變相關，而且和司馬遷個人的際遇有密切的關係。

二、「巫蠱之禍」與司馬遷絕筆

漢武帝寵愛李廣利，因李廣利是霍去病、衛青亡故後，漢武帝唯一信賴的征討匈奴的將領，而且是漢武帝為伐匈奴從外戚中選拔，經過訓練直屬中央的精銳部隊，其待遇與出身隴西世家的李陵完全不同❽。而且李廣利又是李夫人之兄。《漢書．李廣利傳》云：「李廣利，女弟李夫人有寵於上，產昌邑哀王。」案《史記．外戚世家》云：

---

❼〈報任少卿書〉，《文選》卷四一。

❽參見本書〈〈匈奴列傳〉的次第問題〉。

李夫人蚤卒，其兄李延年以音幸，號協律。協律者，故倡也。兄弟皆坐姦，族。是時其長兄廣利為貳師將軍，伐大宛，不及誅，還，而上既夷李氏，後憐其家，乃封為海西侯。

李廣利征大宛在太初元年。案《漢書．武帝紀》云：「（太初元年）秋八月，行幸安定，遣貳師將軍李廣利發天下讁民西征大宛。」又《史記．大宛列傳》云：

漢使者往既多，其少從率多進熟於天子，言曰：「宛有善馬在貳師城，匿不肯與漢使。」天子既好宛馬，聞之甘心，使壯士車令等持千金及金馬以請宛王貳師城善馬。宛國……不肯予漢使。……於是天子大怒……而欲侯寵姬李氏，拜李廣利為貳師將軍，發屬國六千騎，及郡國惡少年數萬人，以往伐宛。期至貳師城取善馬，故號「貳師將軍」。……是歲太初元年也。

李廣利太初元年西征大宛，四年始旋歸。《漢書．武帝紀》云：「（太初）四年春，貳師將軍廣利斬大宛王首，獲汗血馬來。作〈西極天馬之歌〉。」案《史記．樂書》云：

後伐大宛得千里馬，馬名蒲梢，次作以為歌。歌詩曰：「天馬來兮從西極，經萬里兮歸有德。承靈威兮降外國，涉流沙兮四夷服。」

欣愉之情，溢於言表。《史記．大宛列傳》云：

貳師之伐宛也，而軍正趙始成力戰，功最多；及上官桀敢深入，李哆為謀計，軍入玉門者萬餘人，軍馬千餘匹。貳師後行，軍非乏食，戰死不能多，而將吏貪，多不愛士卒，侵牟之，以此物故眾。天子為萬里而伐宛，不錄過，封廣利為海西侯。又封身斬郁成王者騎士趙弟為新畤侯。軍正趙始成為光祿大夫，上官桀為少府，李哆為上黨太守。軍官吏為九卿者三人，諸侯相、郡守、二千石者百餘人，千石以下千餘人。奮行者官過其望，以適過行者皆絀其勞。士卒賜直四萬金。伐宛再反，凡四歲而得罷焉。

李廣利之封海西侯，《漢書．李廣利傳》載其封侯詔書云：「貳師將軍廣利征討厥罪，伐勝大宛，賴天之靈，從泝河山，涉流沙，通西海，山雪不積，士大夫徑度，獲王首虜，珍怪之物畢陳於闕。其封廣利為海西侯，食邑八千戶。」倖寵過望。誠如司馬遷所謂「武帝欲侯寵李氏故」。其後，司馬遷為李陵游說被斥「欲沮貳師」而下獄議，或即種因於此。

李廣利伐大宛後十一年，即征和三年，復將七萬騎出五原，擊匈奴，兵敗，降匈奴，其降匈奴，司馬遷謂「貳師聞其家以巫蠱族滅，因并眾降匈奴。」《漢書．匈奴傳》云：

會貳師妻子坐巫蠱收，聞之憂懼。其掾胡亞夫亦避罪從軍，說貳師曰：「夫人室家皆在吏，若還不稱意，適與獄會，郅居以北可復得見乎？」貳師由是狐疑，欲深入要功，遂北至郅居水上。

至於李廣利涉及「巫蠱之禍」，《漢書．劉屈氂傳》詳載其緣由：

其明年，貳師將軍李廣利將兵出擊匈奴，丞相為祖道，送至渭橋，與廣利辭決。廣利曰：「願君侯早請昌邑王為太子。如立為帝，君侯長何憂乎？」屈氂許諾。昌邑王者，貳師將軍女弟李夫人子也。貳師女為屈氂子妻，故共欲立焉。是時治巫蠱獄急，內者令郭穰告丞相夫人以丞相數有譴，使巫祠社，祝詛主上，有惡言，及與貳師共禱祠，欲令昌邑王為帝。有司奏請案驗，罪至大逆不道。有詔載屈氂廚車以徇，要斬東市，妻子梟首華陽街。貳師將軍妻子亦收。貳師聞之，降匈奴，宗族遂滅。

李廣利敗降匈奴，緣於「巫蠱之禍」。「巫蠱之禍」是武帝晚年所發生骨肉相殘、人倫巨變的宮廷政治鬥爭，株連甚眾。《漢書．公孫賀傳》云：「巫蠱之禍起自朱世安，成於江充，遂及公主、皇后、太子，皆敗。」事變發生經過，《漢書．武帝紀》云：

征和元年……冬十一月，發三輔騎士大搜上林，閉長安城門索，十一日乃解。巫蠱起。

二年春正月，丞相（公孫）賀下獄死。

夏四月，……閏月，諸邑公主、陽石公主皆坐巫蠱死。

夏（五月），行幸甘泉。

秋七月，按道侯韓說、使者江充等掘蠱太子宮。壬午，太子與皇后謀斬充，以節發兵與丞相劉屈氂大戰長安，死者數萬人。庚寅，太子亡，皇后自殺。初置城門屯兵。更節加黃旄。御史大夫暴勝之、司直田仁坐失縱（太子），勝之自殺，仁要斬。八月辛亥，太子自殺于湖。

三年春正月，行幸雍，……三月，遣貳師將軍廣利將七萬人出五原，……廣利敗，降匈奴。

夏……六月丞相屈氂下獄要斬，妻梟首。

「巫蠱之禍」禍延三年，《漢書．戾太子傳》云：「是時，上春秋高，意多所惡，以為左右皆為蠱道祝詛，窮治其事。」當是時，司馬遷隨侍武帝左右，親歷這場政治風暴。這場政治鬥爭殺戮慘重，司馬遷的兩位至友田仁與任安亦同遭池魚之殃。

司馬遷與田仁「相友善」。並傳其事附於〈田叔列傳〉之後，傳稱：

叔以官卒，魯以百金祠，少子仁不受也，曰：「不以百金傷先人名。」仁以壯健為衛將軍舍人，數從擊匈奴。衛將軍進言仁，仁為郎中。數歲，為二千石丞相長史，失官。其後使刺舉三河，上東巡，仁奏事有辭，上說，拜為京輔都尉。月餘，上遷拜為司直。數歲，坐太子事。時左相自將兵，令司直田仁主閉守城門，坐縱太子，下吏誅死。仁發兵，長陵令車千秋上變仁，仁族死。

〈田叔列傳〉次於〈萬石張叔列傳〉與〈扁鵲倉公列傳〉之間，是《史記》中比較特殊的一篇列傳。司馬遷撰〈萬石張叔列傳〉，〈自序〉云：「敦厚慈孝，納於言，敏於行，務在鞠躬，君子長者。作〈萬石張叔列傳〉。」〈萬石張叔列傳〉所傳非僅石慶、張叔，尚有衛綰、直不疑、周仁等。其中衛綰、石慶於武帝初以御史大夫遷任丞相。直不疑、張叔則為御史大夫，周仁為郎中令。他們都是文景兩朝的舊臣，於武帝初任職中央要津者，此五人合傳與其後的〈魏其武安列傳〉合觀，象徵文景兩朝與武帝即位之初，新舊權力結構的轉變與過渡，至於田叔官不過魯相，事亦乏善可陳，竟一人獨據一傳次於其間，而且司馬遷對於石慶等五人有不同的評價。傳末「太史公曰」：「仲尼有言曰『君子欲訥於言而敏於行』，其萬石、建陵、張叔之謂邪？是以其教不肅而成，不嚴而治。塞侯微巧，而周文處讇，君子譏之，為其近於佞也。」至於司馬遷撰〈田叔列傳〉，〈自序〉云：「守節切直，義足以言廉，行足以厲賢，任重權不可以非理撓，作〈田叔列傳〉。」司馬遷對田叔的評價，「太史公曰」：「孔子稱曰『居是國必聞其政』，田叔之謂乎！義不忘賢，明主之美以救過。」若非司馬遷所謂「仁與余善」，田叔何得此佳傳？則是，田仁與司馬遷之交，就非泛泛了。

司馬遷於〈田叔列傳〉之終，「太史公曰」之後，突然增添一句「仁與余善，余故并論之」。雖然「太史公曰」有輔軼事之例，如此補敘，則顯突兀，也是全書僅見。其所並論者，乃「幼子出不受也」後，其所敘田仁為官及其「坐太子事」兩部份。田仁涉太子事被誅，是征和二年七月間的事，則司馬遷所「並論」田仁事的增添則是在此之後，而且可以肯定這段記事出於司馬遷的手筆，因此司馬遷所「并論」者，不僅為其「下至于茲」作一個旁證，同時也可以補王國維所謂的司馬遷最終的記事，而且由此可知司馬遷因「巫蠱之禍」，對其已完稿的《史記》所增刪不止一處。

「巫蠱之禍」是司馬遷自天漢二年以來，所遭遇最嚴峻的困境，摯友田仁因縱太子被誅，其悲痛可知。當是時，司馬遷隨侍武帝在甘泉，在絕對權威的武帝前，祇有隱含恭謹從事，其後隨駕返京，即將田仁之誅附記於〈田叔列傳〉之後，但當時情勢未明或因現實忌諱，所記語焉不詳。對田仁之誅有「坐縱太子，下吏誅死」，與「長陵令車千秋上變仁，仁族死」兩種不同記載❾，其下更有的「陘城今在中山國」無關贅語，當時司馬遷心情複雜與情勢迫急，躍於紙上。關於田仁縱太子事，褚少孫於〈田叔列傳〉後補敘云：

其後逢太子有兵事，丞相自將兵，使司直主城門，司直以為太子骨肉之親，父子之間不甚欲近，去之諸陵過。是時武帝在甘泉，使御史大夫暴君下責丞相「何為縱太子」，

❾《漢書．公孫賀傳》載田仁、任安獲罪敘之較詳。

> 丞相對言「使司直部守城門而開太子」。上書以聞，請捕繫司直，司直下吏，誅死。

車駕還京，「巫蠱之禍」未歇，當是時，田仁已誅，任安下獄待決，司馬遷思前想後，感慨衷來，於是乃有〈報任安書〉之作。任安獲罪，亦因太子事。褚少孫云：

> 是時任安為北軍使者護軍，太子立車北軍南門外，召任安，與節令發兵。安拜受節，入，閉門不出。武帝聞之，以為任安為詳邪，不傳事，何也？任安笞辱北軍錢官小吏，小吏上書言之，以為受太子節，言「幸與我其鮮好者」。書上聞，武帝曰：「是老吏也，見兵事起，欲坐觀成敗，見勝者欲合從之，有兩心。安有當死之罪甚眾，吾常活之，今懷詐，有不忠之心。」下安吏，誅死。

褚少孫云：「臣為郎時，聞之曰田仁故與任安相善。」司馬遷則因與田仁相善，因而與任安相友善。任安，滎陽人。少孤困，為人將車之長安，求事小吏，未有因緣，其後家居武功。初為亭長，後除三老，出為三百石長，治民。坐上出游共張無功而罷斥，其後為軍舍人，與田仁訂交。褚少孫云：

（安）乃為衛將軍舍人，與田仁會，俱為舍人，居門下，同心相愛。此二人家貧，無錢用以事將軍家監，家監使養惡齧馬，兩人同床臥，仁竊言曰：「不知人哉家監也！」任安曰：「將軍尚不識人，何乃家監也！」

其後武帝有詔衛將軍舍人為郎。衛將軍悉取舍人中富給者，後少府趙禹復次問之，僅得田仁、任安二人，並曰獨此二人，餘無可用者。褚少孫又曰：

有詔召見衛將軍舍人，此二人前見，詔問能略相推第也。田仁對曰：「提桴鼓立軍門，使士大夫樂死戰鬥，仁不及任安。」任安對曰：「夫決嫌疑，定是非，辯治官，使百姓無怨心，安不及仁也。」武帝大笑曰：「善」。

由此可見田仁、任安相交友善。其後任安為益州刺史，田仁為丞相長史。當任安為益州刺史時，曾致書司馬遷。《漢書．司馬遷傳》云：「遷既被刑之後，為中書令，尊寵任職。故人益州刺史任安予遷書，責以古賢臣之義。」司馬遷接書未覆。至此時任安繫獄決，司馬遷恐為時不多，乃作書以報故人。即〈報任安書〉所云：

曩者辱賜書，教以慎於接物，推賢進士為務，意氣勤勤懇懇，若望僕不相師用，而流俗人之言。僕非敢如是也。……書辭宜答，會東從上來，又迫賤事，相見日淺，卒卒無須臾之間得竭指意。今少卿抱不測之罪，涉旬月，迫季冬，僕又薄從上上雍，恐卒然不可諱。是僕終已不得舒憤懣以曉左右，則長逝者魂魄私恨無窮。請略陳固陋。闕然不報，幸勿過。

至於司馬遷〈報任安書〉草於何時，趙翼《廿二史劄記》卷一「司馬遷作史年歲」條云：

〈報任安書〉內，謂安抱不測之罪，將迫季冬，恐卒然不諱，則僕之意終不得達，故略陳之。安所抱不測之罪，緣戾太子以巫蠱事斬江充，使安發兵助戰，安受其節而不發兵，武帝聞之，以為懷二心，故詔棄市。此書正安坐罪將死之時，則征和二年間事也。

趙翼認為〈報任安書〉寫於征和二年，王鳴盛亦有此論，《十七史商榷》卷二「字子長」條下云：

〈征和二年〉田仁、任安二人皆坐戾太子事誅，而《史記・田叔傳》及仁死事，且云：

予與仁善，故述之。又〈報安書〉作於安下獄將論死之時，故巫蠱之獄，戾太子之敗，遷固親見之。

趙翼、王鳴盛皆認為〈報任安書〉作於征和二年，王國維〈太史公行年考〉則將〈報任安書〉繫於太始四年：

案公報益州刺史任安書，在是歲十一月。《漢書．武帝紀》，是歲春三月行幸太山，夏四，幸不其，五月，還，幸建章宮。〈書〉所云會從上來者也。又冬十二月，行幸雍，祠五畤。〈書〉所云今少卿抱不測之罪，涉旬，返冬季，僕又薄從上上雍者也。〈報任安書〉作為是冬十一月無疑。或以任安下獄坐受衛太子節，當在征和二年，然是年無冬巡事，又行幸雍在次年下月，〈報書〉不合，〈田叔列傳〉後載褚先生所述武帝語曰：任安有當死之罪甚眾，吾常活之。是任安於征和二年前曾坐他事，公〈報任安書〉自在太始末，審矣。

王國維因褚少孫述武帝語謂「任安有當死之罪甚眾，吾常活之」，而將〈報任安書〉繫於太始四年。或太始四年，任安於益州刺史任內修書與司馬遷。司馬遷公私兩忙，接書未覆，直到征和二年任安因太子事繫獄待決，適司馬遷隨武帝返京，但又將隨侍武帝幸雍，恐其間任安臨刑，「私恨無窮」。倉促間寫下這封〈報任安書〉時間可能在征和二年十一月至十二月間，即〈報任安書〉所謂「涉旬月，迫季冬」。過此，司馬遷又將隨駕離京，即《漢書．武帝紀》所云：「(征和）三年春正月，行幸雍，至安定、北地。」

不過，不論司馬遷的〈報任安書〉寫於何時，都是一封欲寄無從寄的信。因為〈報任安書〉全文二千餘字，漢代簡牘長短各有定制，往來書信用一尺之簡，後世書信稱尺牘即緣於此。據《居延漢簡》一尺之簡，每簡三十字左右，除去繫繩的天頭地尾，每簡祇容二十餘字，則〈報任安書〉全篇當在百簡以上[10]。百餘之簡編之成篇，束之成卷，應有很大的體積，如何達任安手中是一個問題。司馬遷本人曾因李陵事件繫獄，對獄中的情況深切了解，即〈報任安書〉所云：

今交手足，受木索，暴肌膚，受榜箠，幽於圜牆之中，當此之時，見獄吏則頭槍地，

[10] 劉國鈞，《中國書史簡編》（北京：書目文獻出版社，一九八一）。

視徒隸則心惕息。何者?積威約之勢也。

所以，這是一封無法遞入牢獄的信，即使遞出，若被留中，上達天聽，當斯時，武帝因恐失去權力的掌握與控制，發動這次殘酷的政治鬥爭，親如骨肉亦遭殺戮，這封充滿憤懣的〈報任安書〉若落在武帝手中，其後果可知，不僅司馬遷和其族必遭不幸，他忍辱撰成的《史記》亦必遭毀散。在這種嚴峻的情勢下，司馬遷當然不可能冒此大不韙，遞出這封信。

這不僅是一封欲寄不能寄的信，更是司馬遷原本不欲示人的書信，如果司馬遷為了回覆任安在益州刺史任上，致司馬遷「教以推賢進士」，司馬遷以「如今朝雖乏人，奈何令刀鋸之餘薦天下豪雋哉」，或「身直為閨閤之臣，寧得自引深臧於巖穴邪」覆之足矣。更何須更「舒憤懣以曉左右」?所謂「憤懣」，即因為李陵游說「拳拳之忠，終不能自列，因為誣上，卒從吏議」，對司馬遷身心遭受殘害，反復訴說。司馬遷與任安既為知交，司馬遷謂「身非木石，獨與法吏為伍，深幽囹圄之中，誰可告愬者!此正少卿所親見」。既已「親見」對其原委知之甚詳，更何須喋喋?

當斯時，司馬遷親歷這場空前的殘酷的政治鬥爭，非僅田仁與任安，其故舊株連者眾。而司馬遷隨侍武帝左右必須蔽飾其內心悲痛，稍有不慎，即可能被禍。經此巨變，武帝以往在司馬遷心中偉大的形象完全幻滅。司馬遷經歷這場政治風暴，身心交瘁，身體大不如前，即書中所謂「是以腸一日而九回，居則忽忽若有所亡，出則不知所如往」。尤其想及自己所遭受的屈辱，「汗未嘗不發背霑衣也」。因此，藉〈報任安書〉將以往「抑鬱無誰語」者，若骨梗在喉，一吐為快。最後終釋解內心積鬱已久的心結。所以在〈報任安書〉最終，司馬遷說：「今雖欲自彫瑑，曼辭以自解，無益，於俗不信，祇取辱耳。要死之日，然後是非乃定。」所以，〈報任安書〉不僅是一封欲寄無從寄的信簡，而且是一篇司馬遷最後的絕筆，可視為司馬遷的遺書，藉〈報任安書〉道出。⑪

既為遺書，無需示人，希望這份遺書與所撰的《史記》同傳後世，即〈報任安書〉所言「僕誠已著此書，藏之名山，傳之其人通邑大都，則僕償前辱之責，雖萬被戮，豈有悔哉」。同樣地，司馬遷也希望〈報任安書〉可以傳世，使後世讀《史記》同時讀〈報任安書〉，可以從其最後絕筆，了解他撰寫《史記》的心路歷程。

⑪司馬遷之〈報任安書〉似陳寅恪寫給蔣天樞〈贈蔣秉南序〉皆可作遺書讀。見逯耀東，〈陳寅恪的「不古不今」之學〉，《胡適與當代史學家》（臺北：東大圖書，一九九八）。

三、「微文刺譏」與「詩書隱約」

《文選》卷四十一〈書〉上，將司馬遷〈報任少卿書〉與楊惲〈報孫會宗書〉並列。楊惲是司馬遷的外孫。《漢書．司馬遷傳》云：「遷既死後，其書稍出。宣帝時，遷外孫平通侯楊惲祖述其書，遂宣布焉。」楊惲是楊敞之子。《漢書．楊敞傳》云：「惲，字子幼，以忠（兄）任為郎，補常侍騎。惲母，司馬遷女也。惲始讀外祖《太史公記》，頗為《春秋》。以材能稱。好交英俊諸儒，名顯朝廷，擢為左曹。」則是，司馬遷所謂他的《史記》「藏之名山，傳之其人」，即傳於楊惲，其中包括原不欲示人的〈報任安書〉。惲父楊敞，傳稱楊敞曾給事大將軍幕府。後遷御史大夫，代王訢為丞相，傳云：

明年，昭帝崩。昌邑王徵即位，淫亂，大將軍光與車騎將軍張安世謀欲廢王更立，議既定，使大司農田延年報敞。敞驚懼，不知所言，汗出洽背，徒唯唯而已。延年起至更衣，敞夫人遽從東箱謂敞曰：「此國大事，今大將軍議已定，使九卿來報君侯。君侯不疾應，與大將軍同心，猶與無決，先事誅矣。」延年從更衣還，敞、夫人與延年參語許諾，請奉大將軍教令，遂共廢昌邑王，立宣帝。

楊敞柔懦畏事，不及其夫人決絕果斷，其夫人即司馬遷之女，楊惲之性格則不似其父母。傳稱惲「性刻害，好發人陰伏，同位有忤己者，必欲害之，以其能高人」。又云：

惲上觀西閣上畫人，指桀紂畫謂樂昌侯王武曰：「天子過此，一二問其過，可以得師矣。」畫人有堯舜禹湯，不稱而舉桀紂。惲聞匈奴降者道單于見殺，惲曰：「得不肖君，大臣為畫善計不用，自令身無處所，若秦時但任小臣，誅殺忠良，竟以滅亡；令親任大臣，即至今耳。古與今如一丘之貉。」惲妄引亡國以誹謗當世，無人臣禮。又語長樂曰：「正月以來，天陰不雨，此《春秋》所記，夏侯君所言，行必不至河東矣。」以主上為戲語。尤悖逆絕理。

惲以「妄引亡國以誹謗當世」，事下廷尉，宣帝不忍加誅，免為庶人。傳稱「惲既失爵位，家居治產業，起室宅，以財自娛。歲餘，其友人安定太守西河孫會宗，知略士也，與惲書諫戒之。為言大臣廢退，當闔門惶懼，為可憐之意，不當治產業，通賓客，有稱譽」云云，於是楊惲乃有〈報孫會宗書〉之作。〈報孫會宗書〉云：

惲材朽行穢，文質無所底，幸賴先人餘業得備宿衛，遭遇時變以獲爵位，終非其任，卒與禍會。足下哀其愚，蒙賜書，教督以所不及，殷勤甚厚。然竊恨足下不深惟其終始，而猥隨俗之毀譽也。言鄙陋之愚心，若逆指而文過，默而息乎，恐違孔氏「各言爾志」之義，故敢略陳其愚，唯君子察焉！惲家方隆盛時，乘朱輪者十人，位在列卿，爵為通侯，總領從官，與聞政事，曾不能以此時有所建明，以宣德化，又不能與群僚同心并力，陪輔朝廷之遺忘，已負竊位素餐之責久矣。……行已虧矣，長為農夫以沒世矣。是故身率妻子，戮力耕桑，灌園治產，以給公上，不意當復用此為譏議也。

其下則謂「惲幸有餘祿，方糴賤販貴，逐什一之利，此賈豎之事，汙辱之處，惲親行之。下流之人，眾毀所歸，不寒而栗」云云。其後會有日食天變，騶馬猥佐成上書告惲：「驕奢不悔過，日食之咎，此人所致。」下廷尉驗案，得惲〈報孫會宗書〉，宣帝見而惡之，廷尉以惲大逆無道，腰斬，妻子徙酒泉郡。

從以上的材料可以了解，司馬遷身後將他的《史記》遺留給楊惲，同時可能也包括〈報任安書〉。這封司馬遷最後絕筆的信簡，顯然對楊惲發生直接的影響，觀其〈報孫會宗書〉不論文字語氣，字裡行間充塞憤懣，一似其外祖的〈報任安書〉。蕭統編《文選》將〈報孫會宗書〉附於〈報任安書〉之後，有其微意在焉。楊惲自幼長於外祖家，親受司馬遷的教誨，司馬遷遭禍被刑，對其身心造成摧殘與損害知之甚詳，因此對造成悲劇的武帝深懷憤恨，而對君主權威的批判，其腰斬抄家，就其來有自了。由此又引申出另一個問題。《漢書．司馬遷傳》說司馬遷的《史記》闕十篇，有錄無書，其中包括〈今上本紀〉。關於〈今上本紀〉之闕，後世眾說紛紜⓬。案《漢書．司馬遷傳》云：「宣帝時，遷外孫平通侯楊惲祖述其書，遂宣布焉。」但在宣布之前，以楊惲性格，及長久以來因其外祖父司馬遷被刑，對武帝心懷怨恨，因此《史記》的〈今上本紀〉毀於其手，也是非常可能的。

不過，司馬遷的《史記》與〈報任安書〉經楊惲的宣佈而流傳千古。尤其〈報任安書〉是後世研究司馬遷最接近的材料。但〈報任安書〉與作為《史記》總結的〈太史公自序〉有

⓬ 衛宏，《漢舊儀注》云遷作本紀，極言景帝之過，及武帝之過，武帝怒而刪之。然若如是，司馬遷豈得苟活，《史記》必遭毀滅。

相同的地方，也有相異之處。這些相異之處，正是探索司馬遷撰寫《史記》最重要的材料。

由於「巫蠱之禍」現實政治環境的突變，司馬遷對其已撰成的《史記》有所節刪或增添，雖然其刪節的部份，已不可知，但戾太子的材料被刪是很明顯的，武帝有五子，據、閎、旦、胥、髆。閎、旦、胥入〈三王世家〉，戾太子據，僅於〈外戚世家〉云「立衛皇后子據為太子。」據元狩七年立為太子，時年七歲，則見《漢書．武五子傳》。至於增添的部份，一是田仁之死，一是李廣利降匈奴，都和司馬遷個人恩怨有關，事在「巫蠱之禍」之征和年間，於是在司馬遷最後絕筆的〈報任安書〉中出現「上計軒轅，下迄于茲」的《史記》新的斷限。這個新的斷限同時也出現在已撰成的〈太史公自序〉中，顯然是在撰寫〈報任安書〉之後增添的。

司馬遷〈太史公自序〉最後道出他撰寫《史記》的終極目標：

> 罔羅天下放失舊聞，王跡所興，原始察終，見盛觀衰，論考之行事，略推三代，錄秦漢，上記軒轅，下至于茲，……。凡百三十篇，五十二萬六千五百字，為《太史公書》。序略，以拾遺補蓺（藝），成一家之言，厥協六經異傳，整齊百家雜語。

〈報任安書〉同樣說出他撰寫《史記》的終極目標：

> 僕竊不遜，近自託於無能之辭，網羅天下放失舊聞，考其行事，綜其終始，稽其成敗興壞之紀為十表，本紀十二，書八章，世家三十，列傳七十，凡百三十篇，欲以究天人之際，通古今之變，成一家之言。

所謂「拾遺補藝，成一家之言」與「欲以究天人之際，通古今之變，成一家之言」都是司馬遷撰《史記》追求的終極目標，但結果並不一樣，前者是對周秦以前散亂文獻圖籍的校整。文獻圖籍的保管是史官原始的工作之一，「欲以究天人之際，通古今之變」，為了尋求歷史演變與發展的因果關係。而且武帝初設太史令，本不是為了撰史。太史公的工作是「凡歲將終，奏新年曆，凡國祭祀、喪、娶之事，掌奏良日及時節禁忌」，也是史官的原始職掌。司馬遷在〈報任安書〉說到自己的工作，而云「文史星曆近乎卜祝之間，固主上所戲弄，倡優畜之」。所以余嘉錫云：「太史既掌星曆，則馬商輩以別職奉召修史，而與太史之官初無所涉。」修史非太史令的職掌，司馬遷撰《史記》是其本職外的家族事業，是私修而非官撰。⓭

⓭余嘉錫，〈太史公書亡篇考〉，《輔仁學誌》十五卷一、二期合刊，一九四七，收入《余嘉錫論學雜著》。

私修國史，法有所禁。《後漢書．班固傳》云：「有人上書顯宗，告固私改作國史者，有詔下郡，收固繫京兆獄，盡取其家書。」雖然，司馬遷撰《史記》「略推三代，錄秦漢」，避免了「國史」的限制，但若「欲以究天人之際，通古今之變，」就有「以古非今」之虞了。所以〈太史公自序〉以「拾遺補蓺，成一家之言」作結，「欲以究天人之際，通古今之變」留在其作為遺書的〈報任安書〉中，以傳後世。

司馬遷在〈太史公自序〉中，關於李陵事件云：「遭李陵之禍，幽於縲紲。乃喟然而歎曰：『是余之罪也夫！是余之罪也夫！身毀不用矣。』」寥寥數語一筆帶過，〈報任安書〉則血淚滿紙。最後言及其所撰《史記》：

> 草創未就，適會此禍，惜其不成，是以就極刑而無慍色。僕誠已著此書，藏之名山，傳之其人通邑大都，則僕償前辱之責，雖萬被戮，豈有悔哉！

所以，後世將司馬遷的《史記》與李陵事件糾纏在一起，甚至將《史記》視為謗書。所謂謗書，案《三國志．魏書．董卓傳》，注引謝承《後漢書》載，董卓被誅的時候蔡邕適在王允坐，聞之而有嘆惜之音。因而受到王允的責斥，並交付廷尉。蔡邕謝罪，懇求王允，願黥首為刑，以繼漢史。公卿憐惜蔡邕的文才，共向王允勸諫。王允則云：

> 昔武帝不殺司馬遷，使作謗書，流於後世。方今國祚中衰，戎馬在郊，不可令佞臣執筆在幼主左右，後令吾徒並受謗議。

於是殺邕。對於這段記載，裴松之認為謝承「妄記」。他以為：「史遷紀傳，博有奇功于世，而云王允謂孝武應早殺遷，此非識者之言。但遷為不隱孝武之失，直書其事耳，何謗之有乎？」[14]

雖然裴松之認為司馬遷「直書其事，何謗之有」，但司馬遷的《史記》，被視為謗書，卻非自王允始。班固〈典引序〉，記載他於永平十七年與賈逵、傅毅、杜矩、展郤、郗萌等，受詔雲龍門，小黃門趙宣持〈秦始皇本紀〉詢問他們：「太史遷下贊語，寧有非也？」班固答對此贊出於賈誼〈過秦〉，並云：

---

[14] 《三國志·魏志·董卓傳》注引謝承《後漢書》條下，裴松之自注。

賈誼〈過秦〉篇云，向使子嬰有庸主之才，僅得中佐，秦之社稷未宜絕也。此言非是。即召臣入問。本聞此論非耶？將見問意開寤耶？臣具對素聞知狀。詔因曰：「司馬遷著書，成一家之言，揚名後世。至以身陷刑之故，反微文刺譏，貶損當世，非誼士也。」⓯

詔書所謂司馬遷以「陷刑之故，反微文刺譏，貶損當世」，似據班固對狀形成的。但班固卻沒有說明他是如何作對的。

不過，案《漢書．司馬遷傳》贊，班固對司馬遷總結的評論是這樣的：「以遷之博物洽聞，而不能以知自全，既陷極刑，幽而發憤，書亦信矣。跡其所以自傷悼。」司馬遷「既陷極刑，幽而發憤」著《史記》，也許是班固寫〈司馬遷傳〉意旨所在。《漢書．敘傳》就這樣說：「烏呼史遷，薰胥以刑，幽而發憤，乃思乃精，錯綜群言，古今是經。」

班固對司馬遷的評價，基本是根據班彪的《敘略》。但《敘略》並未論及此事。不過司馬遷遭李陵之禍的鬱結，反映在他著作之中，兩漢以來一直流傳著。劉歆、班氏父子撰《漢書》

⓯ 班固，〈典引序〉，《文選》卷四十八。

棄餘的材料，後來由葛洪彙集成《西京雜記》，就說司馬遷「後坐舉李陵，陵降匈奴，下遷蠶室，有怨言」。這些怨言反映在〈伯夷列傳〉的「為善而恨」，〈項羽本紀〉的「踞高位者，非關有德」，以及〈屈原賈生列傳〉的「辭旨抑揚，悲而不傷」等等⑯。王充的《論衡》是漢代討論《史記》較多的著作，對這個問題有較深一層的討論。那是他在《論衡．禍虛篇》中，不同意司馬遷對蒙恬不死諫而受極刑的評價，因而提出《史記．伯夷列傳》的盜跖、〈仲尼弟子列傳〉的顏回加以討論。

> 太史公為非恬之為名將，不能以彊諫，故致此禍。夫當諫不諫，故致受死亡之戮。身任李陵，坐下蠶室，如太史公之言，所任非其人，故殘身之戮，天命而至也。非蒙恬以不彊諫，故致此禍；則己下蠶室，有非者矣。⑰

王充雖然沒有直接指出司馬遷微文刺譏，但卻說出司馬遷因下蠶室，對《史記》所發生的影

⑯ 葛洪，《西京雜記》卷五。

⑰ 王充，〈禍虛〉，《論衡》卷六。

響。這種傳說一直流行著，荀悅的《漢紀》就繼承了班固「幽而發憤」的說法：「司馬子長既遭李陵之禍，喟然而嘆，幽而發憤，遂著《史記》。」所以到曹魏時這種說法似已被肯定。《三國志．魏書．王肅傳》云：

帝又問：「司馬遷以受刑之故，內懷隱切，著《史記》非貶孝武，令人切齒。」

雖然王肅為司馬遷辯白，認為「隱切在孝武，而不在於史遷也。」但魏明帝對司馬遷的批評，似代表當時一般人的看法。所以，魏晉以後，《史記》《漢書》和其他經書一樣，同樣被列為傳授的對象，為了教學的需要各有注釋，但《隋書．經籍志》所著錄的《史》《漢》注釋，《漢書》的注釋遠超《史記》。傳《史記》者少，或可能受《史記》是「謗書」的影響。⓲

司馬遷因遭李陵之禍，內心鬱結，反映在他的著作之中，而對現實政治有所「微文刺譏」，因而《史記》被視為「謗書」。這種看法在漢魏之際與魏晉之間，逐漸形成，成為後世討論與批評司馬遷及其《史記》的主要的依據。代有其人，論者甚眾。但作為中國史學奠基

⓲ 參見逯耀東，《魏晉史學的思想與社會基礎》。

者的司馬遷，若以僅僅洩憤作為其著史的目的，則《史記》就不能成為中國史學開山之作，而流傳千古了。因此，司馬遷著《史記》是一回事，二者不可混為一談。當然，刑餘之人的積抑，不自覺流露於字裡行間，則是難免的。〈報任安書〉云：

（陵）身雖陷敗，彼觀其意，且欲得其當而報漢。事已無可柰何，其所摧敗，功亦足以暴於天下。僕懷欲陳之，而未有路。適會召問，即以此指推言陵功，欲以廣主上之意，塞睚眦之辭。未能盡明，明主不深曉，以為僕沮貳師，而為李陵游說，遂下於理。拳拳之忠，終不能自列，因為誣上，卒從吏議。

其所以為李陵游說，因沮貳師而下獄，皆因為「拳拳之忠，終不能自列」。這種遭遇與韓非相似。《史記．老子韓非列傳》云：「韓非知說之難，為〈說難〉書甚具，終死於秦，不能自脫。」其〈說難〉云：

凡說之難，非吾知之有以說之難也，又非吾辯之難能明吾意之難也，又非吾敢橫失能盡之難也。凡說之難，在知所說之心，可以吾說當之……

《史記》韓非與老子合傳，司馬氏敘戰國諸子列傳，對其生平、著書，著作性質與要旨，學術由來，及其後的學術承傳，各略作敘述，其形式與劉向、劉歆父子校書所著的敘錄相似。所謂敘錄相似，「既審定其篇次，又推論其生平，以書而言，謂之敘錄可也。」這也是司馬談、遷「拾遺補藝」整理圖書文獻工作的體例。所以，敘述先秦諸子著書，僅舉歸指，甚少直接引用原文，至於全篇引錄韓非〈說難〉，則絕無僅有。由此，可知司馬遷借他酒杯澆自己塊壘的微意了。

當然，無可否認司馬遷舉著書過程中，將其個人遭遇的鬱結，有意或無意融於《史記》中，至於「微文刺譏」，誹謗今上，即使他想這樣做，在當時現實政治環境下也是不可能，況且他寫的是歷史，不是個人的遭遇。所以，王若虛說：「《史》非一己之書，豈所以發其私憤者哉！」[19]

不過《史記》雖非專為司馬遷個人鬱結而發，但面對當時現實政治環境，而且寫的又是當代之史，司馬遷下筆就不得不慎重了。所以，在他和壺遂討論「春秋之義」之時，最後談到他撰寫《史記》的問題。壺遂問道：

---

[19] 王若虛，〈史記辨惑〉，《滹南遺老集》卷十九。

> 孔子之時，上無明君，下不得任用，故作《春秋》，垂空文以斷禮義，當一王之法。今夫子上遇明天子，下得守職，萬事既具，咸各序其宜，夫子所論，欲以何明？

司馬遷則以「唯唯，否否，不然」相對。「唯唯，否否」似有未盡之意。並且說「《春秋》采善貶惡，推三代之德，褒周室，非獨刺譏而已也。」當時由他主導與壺遂改纂的《太初曆》已經完成或已頒佈施行，他認為一個新的時代已經開始。面對著這個新時代的開始，而且自己身為史官，司馬遷為「廢明聖盛德不載，滅功臣世家賢大夫之業不述，墮先人所言，罪莫大焉」。於是，開始「述故事，整齊其世傳」，將當代的材料保存下來。

雖然，司馬遷說《春秋》並非專為「刺譏」，但從他的「唯唯，否否，不然」的話中，已可以了解他是有所保留的。因為他已經體驗到現實政治，對於記錄當代之史的限制。所以，他在〈匈奴列傳〉說：

> 孔氏著《春秋》，隱桓之間則章，至定哀之際則微，為其切當世之文而罔褒，忌諱之辭也。

所謂「至定哀之際則微」，《索隱》曰：「仲尼仕於定哀，故其著《春秋》，不切論當世而微其詞也。」所以，司馬遷深切了解政治現實，即使孔子著《春秋》也是難免的，因為有所忌諱，對於自己生存的那個時代，不得不罔予褒贊。對於現實政治的殘酷，司馬遷在遭李陵之禍後，有更深刻的切身體驗。他在〈太史公自序〉說：

於是論次其文。七年而太史公遭李陵之禍，幽於縲紲。乃喟然而歎曰：「是余之罪也夫！是余之罪也夫！身毀不用矣。」退而深惟曰：「夫《詩》《書》隱約者，欲遂其志之思也。」

「《詩》《書》隱約者，欲遂其志之思也。」《索隱》曰：「謂其意隱微而言約也。」《正義》也說：「《詩》《書》隱微而約省者，遷深惟欲依其隱約而成其志意也。」所「隱約」，與孔子著《春秋》，「至定哀之際則微」的隱略是相同的。這是司馬遷經李陵之禍後，再三思惟後選擇的寫作道路。唯有在「隱約」的前提下，才能避免現實政治的限制，而這些「唯唯，否否」的未竟之意，祇有「俟後世聖人君子」探索了。不過，司馬遷自己已在其最後絕筆的〈報任安書〉中留下了伏筆。

附錄一：沈剛伯先生論「變」與司馬遷的「通古今之變」

王子（民國六十一年）初，陰雨綿綿，濕冷難耐。一日雨霽，剛伯先生盱衡世局，感慨身世，寫了一首七言，其中有：「望八衰翁壯志闌，百年俯仰感多端；浮生富貴如朝露，列國興亡儘跳丸。」剛伯先生生於李鴻章與帝俄訂祕約的一八九七年，他說：「可說憂患俱來，以後經八國聯軍，二十一條種種不幸的事變，我已由小而壯，日在列強環伺之下過活，惴惴若大難將至。」其後民國十三年剛伯先生考取湖北官費，留學英國，在上海候船，準備放洋，恰遇留法的勤工儉學的留學生與清華留美學生，也在候船放洋，彼此衝突激烈，剛伯先生冷眼旁觀，已預感到將來中國歷史的坎坷了。其後在英倫，適逢寧漢分裂，第三國際由巴黎派員游說加入共產黨，剛伯先生以寧做自由自在的人以對，於是，官費斷絕，困厄幾至斷炊，祇得買棹歸國。去國三年，世事大變，恍如隔世。後來更遭八年離亂，倉惶渡臺……所以，剛伯先生終其一生，就被這種憂患與變亂的情緒縈繞著。

剛伯先生在他的〈方孝孺的政治學說〉中說：「任何學說，尤其是政治學說，總免不了要從當時的環境中得著很多啟示，受到很大的影響。一個生在太平盛世的學者坐而論道，和一個生逢百罹的思想家備受荼毒，所抒發的政治理論絕不會一樣。」剛伯先生作為一個史學家，同樣也受到其生存時代思潮的感染。剛伯先生生於憂患，長於離亂。他處世之中，俯仰古今之後，更進一步思考變通之道。所以，剛伯先生論學立說，皆以「變」為基點進行討論。與司馬遷撰《史記》「欲以通古今之變」是近似的。

一

所謂「變」，剛伯先生認為對於歷史與文化的探索，必須從古往今來的種種跡象中，尋覓出新舊因革的過程，這便是太史公所謂的「通古今之變」。人類的歷史是各種變動的紀錄。《易．繫辭》說：「聖人有見天下之動而觀其會通，以行其典禮。」也就是說各種制度規章及其施行，是人類最有價值的活動。因此，典章制度的變動也牽引歷史的變動。這種自戰國時代形成的思想，使後來的中國史學家將變和動聯繫起來，形成一個探索歷史的概念。將「變」視為文化的來源，也就是文化由事物演變而生，更因事物的變而發揮其功能。因此，往往因物質與人心的變，引發許多新的問題。這些新的問題有些是原來文化可以解決的；有些問題卻是已定型的文化無法應付的。因此，原有的文化不得不作局部的變，以謀求新問題的解決。此即所謂「窮則變，變則通」，「通」是變的過程與結果。歷史在變通中循環發展，至於無窮。所以，文化不僅在變動中發展，而且在變動中滋榮起飛。

文王詩中周公說：「侯服於周，天命靡常。」剛伯先生認為「天命靡常」，不僅是中國的特殊思想，也是「變」衍生的思想根源。所謂「常」，即不變之謂。《韓非子》釋常：「凡物之一存一亡，乍死乍亡，初生未衰者。」皆不可謂之常。唯有「與天地萬物之剖俱生，至天地之消未衰者」，始得謂之常。「天命靡常」，也就是天命不是固定永恆，而是變動無常的，此即謂之「變」。老子說「道可道，非常道。」自來對這句話有許多不同的解釋。但剛伯先生認為這句話的意思是凡是可說的道理，都不是固定的。老子又說：「反者，道之動。」道和動彼此是相對的，有原動和被動的意思。所以，老子講高下、長短、大小相對之理，就是為尋找一個變動的軌跡，也就是「變」的哲學。因此，老子特別注意事物相推之理，認為世間事物都有剛柔之別，以此推衍而有陰陽。以陰代表柔，以陽代表剛。更有所謂的和平，以平代表陽，以和代表剛。名詞雖多，其表現變的原則是一致的。那就是以剛柔相推動而生變。老子認為形而上是道，形而下是器，化太極是為變，推而行之是為通。剛伯先生認為形而上的道是精神文明，形而下的道是物質文明。精神文明與物質文明融合而產生新的文明，是為變。將變推而行之則為通。這是老子所尋出的變動軌跡。將儒家「天命靡常」與道家「道可道，非常道」銜接，形成的變通思想，不僅是司馬遷「通古今之變」的思想所自，也是剛伯先生「變」的理論基礎。

剛伯先生以這個理論基礎分析文化變的性質有二，一是依因果的規律循序漸進，呈直線式向前的變動。如孔子於春秋末期，私人講學，開有教無類的風氣，其結果自然演變成戰國時期的百家爭鳴。另一方面荀子主張「法後王」，其學生李斯在掌握權力後，運用政治力量，「收去天下詩書百家之語，以愚百姓，使天下無以古非今」，二者同樣是變，但結果卻不同。因果式的自然演變不論速度快慢，或幅度大小、影響好壞，都可視為變的常軌。歷史上因、革、損、益即由此形成。至於另一種變，卻不是正常的。其發生在文化衰歇或停頓的時候，以革命精神和手段突破傳統的僵局，另闢蹊徑，拓舊謀新。文化經此一變，而進入更博大的新領域。韓昌黎文起八代之衰，馬丁路德革公教之命，皆屬此類非常之變。正常的變是普通因果律所發生的連鎖作用，至於非常之變則原因複雜，或顯或隱，發展演變多端。

剛伯先生認為文化的功用，在於物質環境的利用，經濟生活的安定，社會需要的滿足，政治組織的維繫，並支持已有的禮教，保障人民生活的安定。不過，一種文化形成之後並不是靜止的，各種情況不停地變動。但所發生的變動往往非常小且慢，固有的文化也隨著變動稍加調整。一旦舊的文化體系無法適應新的生活需要，就得突破這種文化體系另謀革新。因為行之已久文化體系往往已經定型，成為傳統的權威。生活在這種權威下的個人，對傳統的權威祇能作些微的詮釋與修正，無法作大幅的改變。在傳統權威籠罩的環境下，是無法談到個人自由的。如果時勢需要而謀求改變，就必須打破舊權威的約束，使個人從傳統中解放出來。

個人從傳統中解放出來，向舊的權威進行挑戰，因而發生文化的革新與蛻變。剛伯先生認為文化的蛻變，往往先從文學開始。因為文學是思想具體的表現，發抒思想的文學自然會影響新思潮的培養。另一方面，個人既獲得解放，思想也獲得自由的發展，因而產生各種不同的論點，使原來定於一尊的思想也獲得多元化的發展。所謂文化的蛻變，是將當時的文化加以改變。不過，「變」不是鬪空的創造，剛伯先生說新的理想往往根植幾百年前，新的學說常是將某些潛在微言加以闡揚與引申。所以，從某些方面來說，文化的蛻變固然是推陳出新，但也可以說是溫故知新。因此，文化的變與革新往往先從整理古籍入手，但卻不對古代文化全盤接受，而是以當代的眼光與個人的理智，將古聖先賢的言論，重新加以詮釋，並進一步將這些理論發揚光大，成為新文化。所以，文化的蛻變與革新，必須求之於古。

二

剛伯先生認為個人的智慧與知識，無法超越整個民族的經驗累積。一切思想的創造皆上有所承，正像一株參天的古木，是由一粒小小的種子長成。但那粒種子卻是前代古木遺留下來的。剛伯先生認為在文化蛻變與革新過程中，不可避免受到外來文化的衝擊與挑戰，這是一個極待解決的問題。因此，一方面要審時度勢自固國本，一方面要虛心學習擇善而從，使外來文化與固有文化融合貫通，使其在固有文化中起發酵作用，形成舊文化的新血輪。剛伯先生說在舊文化蛻變革新之初，個人突破禮繁文勝的舊傳統，往往率性而行，回歸自然，為尋求個人心靈之寄，而向藝術方面發抒個人真實的感情。但另一方面卻趨向實際與現實，將一切知識都應用在實用方面，以期將精神與物質合而為一。文化的蛻變，由於社會的動盪與政治紊亂而起。文化革新之後，新的政治體系與制度，新的社會秩序與價值漸漸出現與形成，因為文化、社會與政治的革新是互為因果的。

剛伯先生以變為基點，推衍出文化蛻變與革新的規律，並以此為基礎討論中國歷史與文化的發展與變遷，認為中國歷史曾發生三次巨大的蛻變與革新，第一次發生在西元兩百年至六百年之間，也就是漢末至隋唐之初。第二次在西元一千至一千二百年之間，也就是宋太宗立崇文書院，編《太平御覽》的時候起，至朱熹死的那年為止。第三次則出現在我們所經歷的時代，直到現在仍在蛻變中。剛伯先生說「由堯舜至於湯，五百有餘歲」，蓋五百年而文化丕變，在我國歷史殆成一個不爽之循環律。

剛伯先生認為文化蛻變與革新，發生在亂世，以中國歷史上的第一次文化大革新的魏晉南北朝為例，剛伯先生說：「這的確是一個令人驚異的怪時代，政府不能維持秩序，而國力仍強；人民鮮能安居，而農業的拓殖與工商發展並未稍停；五胡占了大部分的中國，而先後俱被同化，反成了中華民族的新血輪；到處均上無道揆，下無法守，而新的政治和土地制度卻在此時出現；中外新舊的思想信仰衝突混亂，呈現出一片亂糟糟的景象，而有系統的哲學卻逐漸形成；大多數的地方都是禮壞、樂崩，黌舍荒廢，而學術著作與文藝作品之足垂不朽者反過於兩漢盛世；在上者常爾詐我虞，在下者多鮮廉寡恥，而忠義節烈、特立獨行之士卻史不絕書；知識份子的生命幾全無保障，而著述論辯之自由好像毫未受到惡勢力的摧殘；凡此種種，從表面上看起來，似乎全是些不可思議的矛盾現象。若以上述變的理論細加推詳，便不難知道這原是文化大革新時所應有的經過。自蟲之化為蝴蝶，須歷九死而後生；老鳳之變成雛鳳，先要舉火自焚，方能從灰燼中振翮高飛。一切生命莫不孕育誕生於苦難之中，人類創作的文化也同樣底壯長於混亂之世。那種光被四表、震古爍今的唐代文化祇不過是這些矛盾現象調合澄清後的成果耳。禍作福階，理由亂來，此乃宇宙不易之理。治史者當在此等去處尋求治亂興衰的消息，探索蛻變演進的過程，不可因其跡象混亂，遂認為天地真閉，而斯文將喪也。」

三

剛伯先生以文化的蛻變討論中國歷史的發展與演變。同樣地，他認為中國史學的黃金時代也發生在世變方殷之時。剛伯先生認為世界上有了人，就有歷史；但是有了歷史，不見得就會發生史學。如以超自然為依據的埃及、巴比倫、希伯來、印度等文化以神道為主，將人世間一切的創作都附麗於宗教之下以超自然為依據，是不會產生史學的。因為這種文化承認人類自己用自由意志，經過理智的思考而後創造出來的。因此，祇有以人道為本的文化，才能產生史學。一切結果都應由自己負責，其動機與影響才有提供人研究的價值。這種研究便是史學。以這個標準衡量古代文化，祇有中國與希臘才有史學。而且史學的產生是在那種文化相當發展之後，突然發生重大變動時候。也就是政治結構瀕臨崩潰，社會組織搖動，經濟生活與禮教活動發生重大轉變之時，才是史學發生之日。

所以，世變愈急，則史學變得愈快，世變愈大，則史學變得愈新。因為人們抱著鑑往知來的目的去讀歷史，一逢亂世，便想從歷史中探尋事變之由。於是每一個時代都有根據其時代精神所改的新史書，因而出現這個時代的史學觀點。有了新的史學觀點與新的歷史重心，於是對舊的材料會有新的解釋、新的組合與新的價值。中國史學產生在春秋時代孔子修《春秋》。當時正是大變動的時代。孔子在政治上提倡的改革運動失敗後，乃退而重修魯國的《春秋》，想藉這部史書保存過去人類一些有價值的活動。秦漢統一中國，至漢武帝罷黜百家以配合政治實際的需要。這種政治、經濟、社會、學術的變動，導致司馬遷的《史記》的出現。司馬遷承認歷史是有繼續性的，因而從古代一直寫到當代，使史成為專門之學，中國史學自此得以成立。

此後，東漢覆亡，自三國直至隋，是一個大變動的時代，也是中國文化第一次蛻變與革新的時代。這是個動盪的時代，也是史學發達的時代，不僅史學著作豐富，新的史學寫作體裁相繼湧現，證明中國文化大變遷時代，也是史學向前邁進的時代。時代安定文化變動不大的唐代，史學反而沉寂。宋代是中國文化第二次蛻變與革新的時代，從文化復興建立新的國家，為了發揚古代思想，就得研究與考釋古籍，於是新的史學因而產生，司馬光的《資治通鑑》，上接春秋，下迄五代，突破斷代史的局限，重新肯定歷史的繼續性。宋代史學既發揚中國的民族性，又闡釋固有的文教，在質量雙方面都遠過唐代。近百年來是中國歷史文化變動最大的時代，歐風東漸，在兩種文化激盪之後，漸漸採用西方的治史方法，在清末民初，出現了許多與史學有關的論文與專著，既發揚以往數百千年的文化傳統，又融會貫通西方的史學方法，開闢現代中國新史學的途徑。所以，中國文化大變動的時代，也是中國史學發展的黃金時代。

世間的因果關係極難推測，更無法尋得一個定律，雖然有因必有果。但剛伯先生認為相同的因，卻不一定產生相同的果。同為一切事除了因之外，還有各種不同的緣。而且所謂的緣非常複雜，既有自然的，也有人為的，還有外在或內在的。因和緣結合可能得到某些結果，但由因緣到結果是變動的過程，也是司馬遷所尋求的「通古今之變」。剛伯先生說：人類的歷史是連續性的，古變為今，新變為舊，形似而質易，或改而性存，這些演變是有跡可尋，有理相通的。治史者應考其因緣，核其究竟，而觀其會通。這便是「承百代之流，而會當今之變」。「承百代之流，而會當今之變」，正是司馬遷修史的目的。司馬遷的「通古今之變」，認為歷史有連續性、有進化性而且是整體性的，所以他極盡其所知、所能，將時間和空間聯成一片，更進一步探究古今之變的因果關係。

四

司馬遷撰《史記》為了「成一家之言」。但在司馬遷的著作之中，卻存在著兩個「成一家之言」。其一是《史記》全書總結的〈太史公自序〉卷終所言：

罔羅天下放失舊聞，王跡所興，原始察終，見盛觀衰，論考之行事，略推三代，錄秦漢，上記軒轅，下至于茲，……百三十篇，五十二萬六千五百字，為《太史公書》。序略，以拾遺補藝，成一家之言。

一是《漢書．司馬遷傳》所引司馬遷〈報任安書〉所云：

網羅天下放失舊聞，考之行事，稽其成敗興壞之理，凡百三十篇，亦欲以究天人之際，通古今之變，成一家之言。

雖然二者內容相似，但最終追求的目標卻不同。前者是「以拾遺補藝，成一家之言。」「拾遺補藝」是對圖書文獻的整理。這種工作必須透過「厥協六經異傳，整齊百家雜語」的過程，才可以完成。這種工作是繼承孔子刪《詩》《書》，定禮樂。對上古以來的文獻資料作第一次系統整理以後，對五百年來歷經戰亂與秦火的圖書與文獻資料，再作第二次系統的整理。圖書與文獻的整理是中國傳統簿錄之學範疇的工作。中國傳統目錄學的目的是為了鏡考學術源流，並予以歸類。關於圖書文獻的整理是史官份內的工作，司馬氏父子相繼校書祕閣，司馬談完成諸子六家的分類，司馬遷則繼續敘孔子六藝之成，以及後來的六藝之傳。他們父子對於圖書文獻整理工作，已分別著錄於《史記》中。這種對孔子以來的學術發展與演變系統的敘述，就是〈自序〉所謂「拾遺補蓺，成一家之言。」

但「拾遺補藝」是對周秦學術文化發展與演變的總結，但卻不是對歷史的撰述。司馬遷〈報任安書〉所謂「欲以究天人之際，通古今之變」，不僅是司馬遷撰《史記》另一個「一家之言」，也是司馬遷追求的終極目標，更是中國史學的成立的基礎。司馬遷先提出「古今」，肯定歷史發展的時間繼續性，然後由「古今」衍生出「古今之變」。雖然，司馬遷之前已有

「古今之義」存在，但「古今之義」與「古今之變」不同。「古今之義」是經典的解釋意有古今之別，「古今之變」則是在肯定歷史發展時間的繼續性，然後再進一步「考其行事，稽其成敗興壞之理」，也就是探討歷史發展與演變的因果關係。經此一「變」之後，中國史學才從先秦將歷史視為教訓與知識的層面，提升到史學思想的層次，然後中國史學始得建立。

所以，司馬遷的「成一家之言」，包含兩種不同的意義，一是「拾遺補藝」，對孔子以後散亂的圖書與文獻，再作一次系統的整理，也就是對上古學術作一個總結。然後再將經過整理的系統材料，納入時間的框限中，探討歷史發展與演變的因果關係，此即司馬遷所謂的「通古今之變」。前者是學術的，後者是史學的，二者結合起來即為司馬遷的「成一家之言」，也是司馬遷撰《史記》對中國學術與史學繼往開來的貢獻。不過，問題是和司馬遷著《史記》有直接關係的「通古今之變」，竟然在於《史記》之外的〈報任安書〉中，的確是一個值得探討的問題。而且透過這個問題，也可能對司馬遷的「通古今之變」，獲得進一步的了解。

關於這個問題可以從「通古今之變」的「古今」開始。首先是「今」，司馬遷在〈自序〉論及《史記》的斷限有三處，下限都在漢武帝時代。其中之一是「略推三代，錄秦漢，上記軒轅，下至于茲」。所謂「于茲」，也就是目前或現在。《史記》最後記事是〈匈奴列傳〉中，征和三年李廣利降匈奴。司馬遷的《史記》完成後，因為「巫蠱之禍」發生，而有所刪削，

〈報任安書〉可能也在此時寫成，是司馬遷最後的絕筆。所以，司馬遷所謂「古今之變」的「今」，如稱武帝本紀為〈今上本紀〉的「今」，包括了整個漢武帝時代。

五

漢武帝自建元元年至後元二年，在位共五十四年。在這五十四年中，司馬談任太史自建元至元封元年，前後恰三十年。司馬談卒後三年，司馬遷繼任太史，至征和二年〈報任安書〉說：「得侍罪輦轂之下二十餘年矣」。武帝崩於後元二年，司馬遷或也在此時前後不久棄世。所以，司馬氏父子相繼為太史，侍從武帝左右，或從巡幸天下，或侍議中廷，前後經歷了整個漢武帝時代。漢武帝時代是一個空前變動的時代，司馬氏父子因為職務的關係，久處於政治權力結構中心之內，他們雖然不是決策者，卻親歷每一個重大的歷史的事件。對這些重大歷史變動，感受更深。而且記錄與著述也是太史工作之一，因此他們感到有責任將這些親歷的歷史變動記錄下來。所以，司馬談臨終對這個願望仍念念不忘，遺言司馬遷說：「今漢興，海內一統，明主賢君忠臣死義之士，余為太史而弗論載，廢天下之史文，余甚懼焉。」司馬談所欲論載的，即其個人所經歷的漢武帝時代。其後司馬遷繼承其遺志，「悉論先人所次舊聞」，開始撰寫《史記》，其與上大夫壺遂討論其所欲撰寫者，也集中在他所生存的漢武帝時代：

漢興以來，至明天子，獲符瑞，封禪，改正朔，易服色，受命於穆清，澤流罔極，海外殊俗，重譯款塞，請來獻見者，不可勝道。臣下百官力誦聖德，猶不能宣盡其意，且士賢能而不用，有國者之恥；主上明聖而德不布聞，有司之過也。且余嘗掌其官，廢明聖盛德不載，滅功臣世家賢大夫之業不述，墮先人所言，罪莫大焉。

司馬遷父子所欲撰述的，都是他們所生存與經歷的漢武帝時代，《史記．今上本紀》是記載漢武帝時代轉變的主要資料，不過〈今上本紀〉自司馬遷以後已經軼散。但司馬遷撰寫〈今上本紀〉的意旨，仍然有跡可尋。案〈自序〉云：「漢興五世，隆在建元，外攘夷狄，內脩法度；封禪，改正朔，易服色。作〈今上本紀〉。」因此，〈今上本紀〉的主要內容有二，即「外攘夷狄」與「內脩法度」。所謂「外攘夷狄」，即〈自序〉所謂「北討彊胡，南誅勁越，武功爰列，作〈建元以來侯者年表〉」。「外攘夷狄」集中對匈奴的征討，這是自高祖「平城之圍」，所遺留的嚴重歷史屈辱問題。漢武帝為復仇討伐匈奴，不僅是這個時代的重要問題，而且其影響擴及這個時代的政治，社會與經濟各個層面。

至於「內脩法度」，〈自序〉云：「諸侯既彊，七國為從，子弟眾多，無爵封邑，推恩行義，其埶銷弱，德歸京師。作〈王子侯者年表〉。」漢初王國郡縣並存，地方分權或中央集權，一直是長久以來無法解決的歷史問題，賈誼曾為此而痛哭流涕。至漢武帝號以「推恩行義」的方式，徹底解決這個問題，然後「德歸京師」。所謂「德歸京師」，即〈建元已來王子侯者年表〉「太史公曰」：「盛哉，天子之德，一人有慶，天下賴之。」也就是由地方分權轉變為中央集權，然後樹立了君主絕對的權威。君主絕對權威的樹立與中央集權，是漢武帝時代政治體制的轉變，更突出了這個時代的歷史性格。司馬遷〈今上本紀〉所謂「內脩法度」，就建立在這個基礎上。

因為，政治體制與制度的轉變，象徵著政治權力結構的重組，與新的政治權力中心的建立。漢初承秦制發展至漢武帝時代需要作一次調整與重組。於是，漢武帝把握這個機會，對政治權力作一次新的重塑。司馬氏父子由於職務的關係，處於這個轉變與重塑的權力結構中心之內，對於這次統治體制與權力結構的轉型，有深刻與切身體驗。所以，〈今上本紀〉集中在這方面的敘述，從「德歸京師」的權力集中於中央，到「一人有慶，天下賴之」的君主絕對權威的樹立，不僅是司馬遷撰寫〈今上本紀〉的主旨所在，也是漢武帝時代歷史轉變與發展的主流。司馬遷以〈今上本紀〉為基礎，分別以「內脩法度」的〈王子侯者年表〉與「外攘夷狄」的〈建元以來侯者年表〉作時間的貫穿，輔以自魏其武安侯至汲黯一組列傳，以及其後的〈儒林〉〈酷吏〉等諸類傳和「略協古今之變」的八書形成一個完整的單元，構成漢武帝時代完整的歷史圖像，但卻有許多「古今之變」的變端蘊於其間，正是司馬遷撰寫《史記》所欲探究的。

六

司馬遷在撰寫《史記》過程中，因遭遇「李陵之禍」，內心鬱結，反映在他的著作之中，而對現實政治多所「微文刺譏」，因而《史記》被視為「謗書」。這種看法在漢魏之間與魏晉之際逐漸形成，成為後世討論與批評司馬遷及其《史記》的依據。當然，無可否認司馬遷在寫作過程中，將其個人際遇的鬱結，有意或無意融於《史記》之中，也是非常可能的。至於「微文刺譏」，誹謗今上，即使他想這樣做，在當時現實的政治環境下，也是不可能的。況且他寫的是歷史，不是個人的遭遇。所以，王若虛就說：「史非一己之書，豈所以發其私憤哉！」不過，《史記》雖非專為司馬遷個人鬱結而發，但面對當時殘酷的現實環境，而且所寫的又是當代之史，司馬遷既久處政治權力中心之內，而且其個人又受現實政治的摧殘，下筆就不得不謹慎了，這也是不將「欲以究天人之際，通古今之變」載於《史記》中的原因。所以在司馬遷和壺遂討論「春秋之義」時，最後問司馬遷撰寫《史記》的問題，壺遂問道：

孔子之時，上無明君，下不得任用，故作《春秋》，垂空文以斷禮義，當一王之法。今夫子上遇明天子，下得守職，萬事既具，咸各序其宜，夫子所論，欲以何明？

司馬遷以「唯唯，否否，不然。……」以對，並且說「《春秋》采善貶惡，推三代之德，褒周室，非獨刺譏而已也」。雖然司馬遷說孔子的《春秋》，並非專為「刺譏」。但從他「唯唯，否否，不然」，似有未竟之意，可以了解他是有所保留的。因為他已體驗在現實政治環境下，即使孔子記錄當代之史，也遭遇到某種程度的限制。所以，司馬遷在〈匈奴列傳〉「太史公曰」：

孔氏著《春秋》，隱桓之間則章，至定哀之際則微，為其切當世之文而罔褒，忌諱之辭也。

所謂「定哀之際則微」，《索隱》曰：「仲尼仕於定哀，故其著《春秋》，不切論當世，微其辭也。」所以，司馬遷深切了解政治現實的殘酷，即使孔子著《春秋》也難避免的。因為孔子對自己生存的時代，不得不罔予褒贊。司馬遷處於君主的絕對的權威之下，對此，已有所認識和了解，尤其遭李陵之禍後，更有深刻的切身體驗。所以，他在〈自序〉說：

> 於是論次其文。七年而太史公遭李陵之禍，幽於縲紲。乃喟然而歎曰：「是余之罪也夫！是余之罪也夫！身毀不用矣。」退而深惟曰：「夫《詩》《書》隱約者，欲遂其志之思也。」

「隱約」，《索隱》曰：「謂其意隱微而言約也。」《正義》也說：「《詩》《書》隱微而約省者，遷深惟欲依其隱約而成其志意也。」這是說孔子著《春秋》受到現實政治的限制。司馬遷撰《史記》時，絕對的君主權威已經形成，遭受到較孔子更嚴重的現實政治的壓抑，並且切身受其摧殘。如何超越現實政治的桎梏，在觸犯時諱的情況下，保留當代歷史的記錄，的確是司馬遷頗費思量的問題。因此，司馬遷欲上肇《春秋》，效法孔子以「隱略」的方法撰寫當代之史。不過，司馬遷的隱略與孔子不同，孔子的隱略是「定哀之際則微」，但司馬遷的

「隱略」則是武帝時代則彰，也就是較其他時代更為詳盡。所以，司馬遷採取另一種「隱略」的方法，就是從寫作的形式方面突破與超越。首先司馬遷採用對經書解釋的經傳關係，轉變為本紀與列傳，以十二本紀與七十列傳形成《史記》的主體。劉知幾就說：「蓋紀者，編年也；傳者，列事也。編年者，歷帝王之歲月，猶《春秋》之經；列事者，錄人臣之行狀，猶《春秋》之傳。《春秋》則傳以解經，《史》《漢》則傳以釋紀。」然後，輔以書、表與世家形成《史記》的完整結構。

〈自序〉云：「著十二本紀，既科條之矣。」所以，本紀的寫作形式上承《春秋》編年之法。至於其為本紀，則原本於《春秋》經，而其他的表、書、世家、列傳則為經之緯。因此，本紀是統領眾事的綱領，其目的為了敘述一個時代的重大歷史事件，以及歷史發展的主要趨勢。所以本紀僅記其大端，至於列傳及其他則委曲細事以釋本紀。不過，每一個本紀以一個時代斷限互不相聯，因而司馬遷另創「並時異世，年差不明」的十表。以十表貫穿十二本紀，然後歷史的發展不以朝代斷限，始有歷史繼續性可言，於是出現了「古今」之別。司馬遷撰《史記》的「隱略」就隱於「古今」之中。很明顯地，《史記》中存在著兩個黃帝，一是〈五帝本紀〉由傳說提煉的歷史黃帝，一是〈封禪書〉中的神仙黃帝。前者是古，後者是今。《史記》既立「自孔子卒，京師莫崇庠序，唯建元元狩之間，文辭粲如也」六藝之傳的

〈儒林列傳〉，又撰「孔子布衣，傳十餘世，學者宗之，自天子王侯，中國言六藝者，折中於夫子」的〈孔子世家〉，〈儒林列傳〉是今，〈孔子世家〉則是古。自〈儒林列傳〉始，學統與政治一分為二，此即為司馬遷在《史記》中的「古今」。

《史記》的結構分為本紀、表、書、世家、列傳五類，似各自分立，然彼此間互有關聯，形成一個不可分割的整體，即〈自序〉所謂「二十八宿環北辰，三十輻共一轂，運行無窮」。本紀為歷史發展演變的中心若北辰，年表以時間縱向貫穿，八書以時間橫向相聯形成一個軸心，世家、列傳輻湊，形成一個向前運行歷史巨輪。促使向前發展與演變者，即為隱藏於軸心中的「變」。所謂變，即〈平準書〉所謂「物盛則衰，時極而轉，一質一文，終始之變也」。此即司馬遷所謂「原始察終，見盛觀衰」，「考之行事，稽其成敗興壞之理」，至此，歷史不僅是一種知識或教訓，而從演變與發展的因果關係中提升到史學的層次，中國史學得以建立。所以剛伯先生認為司馬遷的《史記》有歷史的連續性、進化性，而且是一個整體，將時間、空間聯成出一部人類的全史。

附錄二：漢晉間史學思想變遷的痕跡

——以列傳與別傳為範圍所作的討論

肇創於司馬遷《史記》的列傳，和流行於魏晉間的別傳，是中國傳統史學兩種不同的寫作形式。雖然列傳和別傳表面上都以人物為主體，但表現的意義卻不同，列傳以人繫事，和以時繫事編年體的本紀相結合，形成中國傳統正史紀傳體的版型。雖然紀傳體的寫作還有表、志，但列傳卻是紀傳體的主體結構，並且依附本紀而存在。列傳人物的功能，環繞在本紀而存在，表現這些人物在其生存的歷史時期中，對他們生活的社會群體所作的貢獻。這個社會群體以儒家的價值結構而成，個人侷限在結構之中，除了這個群體之外，並無獨立施展的餘地。所以，列傳基本上是以人繫事，藉人敘事是沒有個人獨立的個性可言的。

至於別傳，是一種以個人為單位的傳記。流行於東漢末年至東晉末年的兩百年間，獨立於正史之外的一種史學寫作形式，其性質和列傳以人繫事不同。別傳是以傳敘人，比較注重個人在群體社會中的表現，表現和貢獻不同，表現象徵著個人已突破過去儒家的價值體系的框限，對個人價值的肯定，使個人在群體社會中，有更大的揮灑空間，而且不僅限於政治一隅。所謂貢獻，個人已融於社會群體之中，祇要政治或社會的需要，個人除作無私無我的奉獻和犧牲，別無其他選擇。由於東漢末年儒家思想權威的地位衰退，促使個人意識的醒覺，漸漸形成許多非儒家性格的新類型，為別傳的形成提供了有利的發展條件。另一方面，這個時期也是中國史學脫離經學的桎梏，邁向獨立發展的轉變的關鍵時期。因此，透過對列傳與別傳的討論，或許可以探索出漢晉間史學思想轉變的痕跡。

一、列傳與「拾遺補藝」

司馬遷撰寫《史記》列傳以人物為篇名，因此對《史記》列傳往往產生錯覺，認為列傳以敘人為主。不過，單純以「敘人臣之事跡，令可傳於後世」考察列傳，在某些方面很難得到一個合理而周延的解釋。因為〈扁鵲倉公〉敘醫方，〈龜策〉述卜筮，〈貨殖〉兼論物產，與列傳敘人的體例不合。

因此，司馬遷最初立列傳之意如何，仍然是一個值得討論的問題。關於這個問題先從《史記》本身開始，褚少孫補《太史公書》去司馬遷不遠，所補輯多處引用到傳。其所引用傳的意義，歸納起來，所謂傳包括正經以外的「外家雜語」、先賢稱述的解釋性傳記，以及時下流行的童謠俗說等。其中所謂的「外家雜語」、與司馬遷〈太史公自序〉的「六經異傳」與「百家雜語」是相同的。〈太史公自序〉最後結語說：「以拾遺補蓺，成一家之言，厥協六經異傳，整齊百家雜語」。

「成一家之言」是司馬遷撰《史記》，追求的終極目標。不過，在司馬遷的著作中，卻存在著兩個「成一家之言」。另一個「一家之言」，卻在《史記》之外的〈報任安書〉中，即：「欲以究天人之際，通古今之變，成一家之言」，雖然同為「成一家之言」，但所表現的意義卻不相同。「拾遺補藝」是對圖書文獻的整理，必須經過「厥協六經異傳，整齊百家雜語」的過程，最後才能完成。至於「通古今之變」，則是將經過系統整理的圖書文獻資料，以時間貫穿起來，然後「考之行事，稽其興廢成敗之理」。二者綜合起來，司馬遷的「成一家之言」，則是對先秦的學術思想與文獻，作一次系統的整理後，以此為基礎探索過去，尤其司馬遷個人生存時代的變遷由來，及其因果關係，中國史學因而得以建立。所以，《史記》內外的兩個「成一家之言」，是司馬遷尋求的兩個不同的層次，也是司馬遷撰寫《史記》上綜群經，下啟諸史繼往開來的貢獻。

不過，自來討論司馬遷的「成一家之言」，祇注意「通古今之變」，卻忽略了「拾遺補藝」。「拾遺補藝」不僅是對先秦圖書文獻作系統的整理，同時司馬遷的列傳也由此而出。自來對於部次流別，鏡考源流的簿錄發展，往往都集中於劉向、歆父子在這方面的貢獻。完全忽略了司馬氏父子在這方面的拓創。事實上，武帝時對圖書文獻的徵集與整理，規模較成帝時為大，而且是自孔子刪《詩》《書》、定禮樂，對上古圖書文獻第一次整理後的五百年，再對上古先秦文獻所作的第二次整理。司馬談、司馬遷父子由於職掌的關係，相繼校書祕閣。而且司馬談認為這是件神聖的工作，臨終前仍對司馬遷一再叮嚀，〈自序〉說「先人有言，自周公卒五百年而有孔子，孔子卒後至於今又有五百年，有繼明世，正《易傳》、繼《春秋》、本《詩》、《書》、《禮》、《樂》之際。意在斯乎！意在斯乎！小子何讓也」。從司馬談的遺言看來，這時他對諸子的文獻似已整理完成，希望司馬遷繼承他的未竟遺志，繼續完成六藝的整理工作。關於諸子文獻整理工作，司馬談以黃老思想為主導，提出他的〈論六家要指〉，並據此規劃出陰陽、儒、墨、名、法、道德等六家。後來，班固據劉氏撰寫的《漢書．藝文志．諸子略》，就是在這個基礎上形成的。

司馬遷「紬史記石室金匱之書」，繼續圖書文獻的校整工作。但由於政治環境的轉變，而且處於罷黜百家獨尊儒術之際，在不牴觸現實的政治情勢，又不阿附俗儒論經之說的情況下，而將孔子的成六藝，置於諸家之上，且獨立在儒家之外，將學術傳統與現實政治作一個明確的劃分。《漢書．藝文志》的〈六藝略〉，即自此而出。司馬氏父子校書祕閣，將圖書文獻經過系統整理，或編輯簿錄，雖流傳不廣，劉歆校讎、班固撰〈藝文志〉卻以此為藍本。祇是某些被劉歆引用未及刪改，班固仍因循其舊。所以，《漢書．藝文志》還殘留若干司馬氏簿錄的痕跡。如著錄於〈諸子略〉的《晏子》、《荀子》、《魯仲連》、《管子》、《商君》、《蘇子》、《張子》等，及〈詩賦略〉的《屈原賦》，〈兵書略〉的《吳子》，條下都有班固的自注：「有列傳。」顏師古說：所謂「有列傳」，指的是《太史公書》。

的確，這些著作的作者，《史記》都有列傳，而且列傳所述不專一家之作。如〈老子韓非列傳〉、〈孟子荀卿列傳〉，並兼述同時期其他作者的著作，敘著作的意旨及其學術的流變。中國傳統目錄學著作體制歸納起來有三種：一、考證一書篇目的源流，二、考證學術淵源的敘錄，三、考證一家之學源流的小序。這些著書人的列傳，或是司馬氏父子校書的小序或敘錄聯綴而成。章學誠《校讎通義》「漢書藝文志諸子略」條下，就說：

> 〈藝文〉雖始於班固，而司馬遷之列傳，實討論之。觀其敘述，戰國秦漢之間，著書

諸人之列傳，未嘗不於學術淵源，文詞流別，反覆而論次焉。劉向、劉歆蓋知其意矣，故其校書諸敘論，既審定其編次，又推論其生平，以書而言，謂之敘錄可也，以人而言，謂之列傳可也。史家存其部目於藝文，載其行事於列傳，所以為詳略互見之例也。

所以，列傳與敘錄是一體的兩面，互為裡表。章學誠認為讀《漢書》的〈藝文志〉，必須同時讀《史記》的列傳，所謂讀其書必須知其人。在書為敘錄，在人為列傳。所以，《史記》列傳由司馬遷「拾遺補藝」，「整齊百家雜語」的簿錄轉變而來。在整理文獻圖籍的過程中，列傳的寫作形式已漸漸醞釀而出了。

列傳以人繫事，但所繫的事卻不是孤立的，和以時繫事的本紀前後相應。雖然，中國傳統正史的寫作，包括紀、傳、表、志諸體。但紀和傳卻是紀傳主要的結構。紀，記事件的大端；傳，委曲敘事以釋紀。因此，劉知幾以《春秋》和《左傳》的關係，解釋紀傳體的紀和傳。他說：「夫紀傳之興，肇於《史》《漢》。蓋紀者，編年也；傳者，列事也。編年者，歷帝王之歲月，猶《春秋》之經；列事者，錄人臣之行狀，猶《春秋》之傳。《春秋》則傳以解經，《史》《漢》則傳以釋紀」。《史》、《漢》以傳釋紀，則司馬遷最初創立列傳的目的，為了解釋本紀中記載的歷史大事。這是司馬遷校書祕閣，從「拾遺補藝」中所獲的啟示，尤其《左傳》以不虛託空言，探索夫子的微言大義，其以事釋經對司馬遷發生直接的影響。班固說《左傳》「論本事作傳，明夫子不空言說經」，杜預進一步說《左傳》以事釋經，為了「令學者原始察終，尋其枝葉，究其所窮」。劉勰《文心雕龍》也說《左傳》「原始察終，創為傳體」，劉知幾以此進一步推論：「傳者，傳也。所以傳示來世」；並且說「《左傳》之釋經也，言見於經文，事詳傳內，或傳無而經存，或經闕而傳存。其言簡而要，其事詳而博，誠聖人之羽翮，而述者之冠冕也」。

漢代解經之書，有兩種不同的形式：一是以訓詁解釋經典的傳，以孔安國的解釋《尚書》的傳為代表，一是事詳而博的傳，以左丘明的《春秋左氏傳》為代表；二者雖然同為解釋經典，但表現的意義卻不同，前者為了發明義理，後者為了記載故事。所以，趙翼說：「古人著書，凡發義理，或解釋故事皆為之傳」，並且說：「漢時所謂傳，凡古書及說經皆名之，非專為以敘一人之事，其傳專以敘事，人名一傳，則自史遷始」。也就是漢代的傳為了說經，以人敘事的傳，即從司馬遷《史記》的列傳開始。章學誠分析《史記》列傳的由來說：「《史》之有列傳也，猶《春秋》之有《左氏》也。《左氏》依經而次年月，列傳分人而著標題」，司馬遷將《左傳》以時繫事的方式，稍作改變，將事歸納在人名之下而敘之，形成《史記》的列傳。由對經書義理的探究，轉變為事的敘述，是史學形成的重要關鍵，《左傳》正是由經學通向史學過渡的橋樑。司馬遷在系統整理秦漢學術的「拾遺補藝」之際，應用經傳解釋的關係，創立以人繫事的列傳。所以列傳的形成不僅和司馬遷「拾遺補藝」有密切的關係，也是司馬遷撰寫《史記》上綜群經、下啟諸史的標竿。

二、〈伯夷列傳〉與《漢書．古今人表》

雖然列傳以人繫事而釋本紀，但《史記》七十列傳之首的〈伯夷列傳〉，卻議論多於敘事。所謂議論，即表現司馬遷個人意見的「太史公曰」。《史記》「太史公曰」承繼《左傳》「君子曰」的形式，又開後世史傳論贊的先河。史傳論贊的內容包括史學家個人對歷史事件的議論，與對歷史人物的評價。個人主觀的意見與歷史客觀的敘述，同存於一卷之中，而不相混淆的寫作形式，表現了中國傳統史學的特殊性格。而且個人主觀的意見與客觀的歷史敘述，正是史學與文學區別之處。所以，蕭統編《文選》將記事之史、繫年之書摒於《文選》之外，劃清了自東晉以來文史合流的現象。但卻將史傳論贊歸納為〈史論〉一類，收入《文選》之中。認為史傳論贊表現了史學家個人的才思，具有文學作品的性質。所以，史傳論贊是一種具有文學性質的史學著作。

不過，《文選．史論類》所選的史傳論贊，卻不包括司馬遷的「太史公曰」，而自班固的《漢書》始。其原因為「太史公曰」是司馬遷《史記》的自注，除了歷史事件的議論與歷史人物的評價外，還包括「見去取之從來」的材料處理。材料的處理純粹是史學的問題，完全和文學無涉，可能是《文選》不選司馬遷「太史公曰」的原因。《史記》沒有凡例，〈五帝本紀〉是《史記》百三十篇之首，〈五帝本紀〉的「太史公曰」，可能就是司馬遷處理材料的凡例。〈五帝本紀〉的「太史公曰」，集中對於黃帝材料的處理及其態度。《史記》中存在著兩個黃帝，一是武帝時所形成的神仙黃帝，對於這部份浮誇荒誕，但卻無法考證的材料，司馬遷將其沉澱於〈封禪書〉中，留待後人來梳理。然後再從戰國以來眾說紛紜的材料中「擇其言尤雅者」，而且「不離古文者近是」的材料，塑製另一個歷史的黃帝。司馬遷處理這一部份材料頗費周折，前後經過對材料的輯訪、鑑別與考辨，然後才完成。因此，置於篇首，作為以後處理材料的凡例。

如果〈五帝本紀〉是司馬遷處理材料的凡例，那麼，議論超過敘事的〈伯夷列傳〉則是七十列傳序錄。這是一篇複雜又迂迴的文章，因為其中雖然以罷黜百家、獨尊儒術後的儒家思想為標竿，即於篇首開宗明義說：「夫學者載籍極博，猶考信於六藝」。不過，卻有更多其家學的黃老之言，並且參雜著司馬遷個人際遇的慨嘆。如何將儒家思想與黃老之言銜接而不顯痕跡，如何抒發個人的慨嘆又不觸犯忌諱，也許是司馬遷撰寫〈伯夷列傳〉之初，要仔細思量的問題。

至於司馬遷在古聖賢人中，為何選擇伯夷、叔齊，作為其對歷史人物評價的標準？司馬遷說：「伯夷、叔齊雖賢，得夫子而名益彰。」並且說：「孔子序列古之仁聖賢人，如吳太伯、伯夷之倫，詳矣。」《論語》多處敘及伯夷、叔齊，〈季氏篇〉云：「齊景公有馬千駟，死之日，民無德而稱焉。伯夷、叔齊餓于首陽之下，民到于今稱之」，並且稱伯夷、叔齊為「古之賢人」、「逸民」。孟子稱伯夷、叔齊為「聖之清者」，除了孔孟，先秦諸子也對伯夷、叔齊有很高的道德評價，荀子將伯夷、叔齊與務光、箕子等並列，韓非認為許由、務光、卞隨、伯夷、叔齊等十二人，都是「上見利不喜，下臨難不恐，或與之天下而不取，有萃辱之名，則不樂食穀之利」的賢者，尤其《莊子》書中稱美伯夷、叔齊之處更多。所以司馬遷選擇孔孟及先秦諸子共同稱美的歷史人物，作為其評論的標準。

雖然，司馬遷於〈伯夷列傳〉的卷首，言道其選擇材料與評論人物，完全以孔子的六藝為據，但對伯夷、叔齊事跡的「傳曰」以下二百一十五字，則不取《論語》與《孟子》，而以《莊子．讓王》與《呂氏春秋．誠廉》的材料綜合而成。《莊子》與《呂氏春秋》是黃老家言，材料既取自黃老家言，自然影響到其對人物的評價。不過，司馬遷〈伯夷列傳〉對歷史人物的評價，仍然是依據夫子之言的。記載孔子之言的《論語》對歷史人物評價，有進與退兩個不同的標準，即孟子對伯夷的評價，所謂「非其君不事，非其民不使，治則進，亂則退」。治和亂是個人所處的時代，和個人在這個時代所作的選擇。孔子說「隱居以求其志，行義以達其道」，即是進退兩種不同的選擇。所謂「行義以達其道」，是個人對「仁」實踐的表現。《論語》對抽象的「仁」，有各種不同的解釋。但具體的表現則是「志士仁人，無求生以害仁，有殺生以成仁」。殺生求仁是儒家價值中，個人對生活的群體社會，所作的絕對無私無我的犧牲奉獻，而且往往是知其不可為而為之的。這種無私無我的犧牲奉獻是儒家價值體系所追求的終極目標，「求仁得仁」也是儒家道德規範實踐的最高評價，對於「仁」的執著或追求。至於「隱居以全其志」，則是孔子所謂「邦有道，則仕，邦無道，則可卷而懷之」；「卷而懷之」是退藏於密的意思，退藏於密即為隱。不過儒家所謂的隱，並不是完全隱逸消逝，個人仍處群體之中，和政治保持一種疏離的關係。

不論「行義以達其道」，或「隱居以求其志」，孔子都予以高度的評價，前者是「兼善天下」，可稱為積極的儒家，後者是「獨善其身」，可稱為消極的儒家。至於孔子也曾有「道不行，乘桴浮於海」歸隱的喟嘆。因此，《論語》中孔子有許多關於「隱居以求其志」的言論，在〈憲問〉中孔子就說：「賢者辟世，其次辟地，其次辟色，其次辟言」。辟世、辟地即為隱。〈憲問〉並且記載了微生畝、晨門、荷蕢者，以及〈微子〉的楚狂接輿、長沮、桀溺等，都是隱士。孔子雖然與這些隱士的理念不同，但卻對他們予以很高的評價。隱士和逸民的理念和行徑，是儒家消極思想的表現，和道家思想肯定個人在群體中的價值和尊嚴是相近的。司馬遷終於在道不同不相為謀的儒家和道家思想之間，尋得一個銜接點。於是，以當時顯學的儒家思想形式，並且以其家學黃老之言的思想內涵，評論「趣舍有時」包括伯夷、叔齊在內的「巖穴之士」，然後並以這種評價作為選擇歷史人物敘事。〈伯夷列傳〉為七十列傳的序錄，但其所敘事或立論卻有後世隱逸傳的傾向，或者後來史傳的隱逸傳即由此而出。

問題是司馬遷為何作這樣的選擇，可能和其個人的際遇有關。司馬遷〈報任安書〉說他「賴先人緒業，得待罪輦轂之下，二十餘年矣」。但二十多年宦途生涯，卻是非常波折與不幸的。最初得繼承其父的緒業為太史，得以「廁下大夫之列，陪外廷末議。」前程似錦，其後因為李陵游說，誣上而下蠶室。但仍處於權力結構之內，在絕對權威的君主漢武帝之旁，雖欲擺脫而不得，祇有怯弱苟活，「亦頗識去就之分」，對於輕去就而能和政治保持疏離的清士，有更多的嚮往。不過，司馬遷內心仍存在著如其〈悲士不遇賦〉所謂「時悠悠而蕩蕩，將遂屈而不伸，使公於公者，彼我同兮，私於私者，自相悲兮，天道微哉，吁嗟闊兮，人理顯然，相傾奪兮」的不平，因此而有「天道無親常與善人」的疑問。而將伯夷與盜跖作一個類比，尤其對「近世操行不軌，專犯諱而終身逸樂厚富，累世不絕」感到不解，這正是司馬遷撰寫〈伯夷列傳〉真正意旨所在。因恐觸及政治忌諱，而採用孔子「《詩》《書》隱約者，欲遂其志之思也」的方法，保存在〈游俠列傳序〉之中：

伯夷醜周，餓死首陽山，而文武不以其故貶王，跖、蹻暴戾，其徒誦義無窮。由此觀之，竊鉤者誅，竊國者侯，侯之門，仁義存，非虛言也。

也許這就是司馬遷撰寫〈伯夷列傳〉的意旨所在，並以此評價歷史人物與選擇歷史人物入傳而敘事。司馬遷對〈儒林〉、〈酷吏〉依附政治，協助武帝樹立君主絕對權威的批判，對〈游俠〉、〈貨殖〉游走於政治法律邊緣的稱贊，和司馬遷內心深處，嚮往和政治保持疏離的關係有關。

因為班固無法了解司馬遷撰寫〈伯夷列傳〉複雜曲折的歷程，以及因個人際遇引發的感慨。因此，對司馬遷的《史記》提出批評：「論大道先黃老而六經，序游俠則退處士而進奸雄，述貨殖則崇勢利而羞賤貧」。這正是司馬遷據〈伯夷列傳〉對歷史人物評論後，選擇歷史人物敘事的方法。當然，班固對司馬遷的批評，也是無可厚非的，因為班固生長於儒家定於一尊的時代，而且又出身於經學世家，除了完全依據儒家的價值體系提出評論，此外別無選擇。

不過，班固也有他對歷史人物評價的標準。由儒家價值體系演化而來的《漢書．古今人表》，就是班固歷史人物評價的準則。〈古今人表〉將歷史人物自聖人、仁人、智人到愚人，分成上上、上中、……至下下九等。這種分類的方法，完全依據《論語》「生而知之，上也；學而知之，次也；困而學之，又其次之；困而不學，民斯為下矣」的標準，分成「可與為善，不可與為惡」的上智，「可與為善，可與為惡」的中人，以及「可與為惡，不可與為善」的下愚。善惡的標準完全視其對儒家道德規範實踐的程度而定，不過班固的〈人表〉雖稱「古今」，所錄的卻都是西漢以前的歷史人物，西漢以後的人物一個也沒有「博采」。因此，後來的學者認為這是一篇尚未完成的著作。但在被稱為開中國斷代史先河的《漢書》，竟存在一篇完全與漢代無關的著作，的確是耐人尋味的。

班固說《漢書》立〈古今人表〉的目的，是為了「顯善昭惡」。因此，「篇章博舉，通於上下，略差名號，九品之敘」。「通於上下」正是《漢書》的意旨所在。班固《漢書．敘傳》說：「旁貫五經，上下洽通」。顏師古注《漢書》，認為是班固著《漢書》諸表與志的「經典之意」所在。〈古今人表〉與諸志都超越《漢書》斷代為史的範圍。班固說他撰〈古今人表〉

為了「通人理」，所謂「通人理」，就是以儒家的經典貫穿，突破古今上下時間的界限，將古往今來的歷史人物納入九等的框限之內，作一個綜合的評論。然後，以這種評論為基礎，作為《漢書》選擇當代歷史人物敘事的標準。所以，《漢書．古今人表》是《漢書》諸傳的凡例，與〈伯夷列傳〉是《史記》七十列傳的序錄是相同的。所不同的是司馬遷選擇了消極的儒家，班固選擇了積極的儒家作為歷史人物評價的標準。積極的儒家將個人融於群體之中，所作的無私無我的奉獻，正是歷代統治者的期盼。因此，班固《漢書》對歷史人物評價的論贊，形成以後正史論贊的版型，這也是《文選．史論類》選班固的論贊為首的原因。

不過，將不同性格與類型的歷史人物，置於九等框架之內，而且完全以儒家的思想本位對歷史人物所作的評論，既沒有彈性又不客觀。所以，范曄批評班固的《漢書》的歷史人物評論「既任情無例，不可作甲乙辨，後贊於理近無得」。至於其所撰《後漢書》的論贊卻「皆有深意深旨」，尤其諸雜傳後，「筆勢縱橫，實天下之奇作」，「諸雜傳」指《後漢書》的類傳而言。關於類傳，實啟於《史記》，《史記》有〈刺客〉、〈儒林〉、〈酷吏〉、〈游俠〉等類傳，《漢書》多因循其舊；《後漢書》則削去《漢書》的〈游俠〉、〈貨殖〉，另增〈黨錮〉、〈文苑〉、〈獨行〉、〈方術〉、〈逸民〉、〈列女〉等類傳。這些新類傳出現在《後漢書》中，並非范曄個人卓越的創見。事實上，從東漢末年開始，歷史人物傳記的類型，已有擴大的現象。魚豢《魏略》是記載東漢末年較詳盡的一部書。雖然早已佚散，但從各家轉引的殘篇裡，可以發現《魏略》有〈儒宗〉、〈純固〉、〈清介〉、〈勇俠〉、〈苛吏〉、〈游說〉、〈妄倖〉、〈止足〉等類傳。東晉王隱《晉書》又有〈處士〉、〈才士〉、〈寒雋〉、〈鬼神〉等類傳。這些不同類傳的出現，象徵魏晉史學家已漸漸突破《漢書．古今人表》，單純以儒家道德規範評論歷史人物的界限，更自由地從各方面評價歷史人物。這是東漢末年至魏晉以來，儒家思想衰退，個人突破儒家道德規範的約束，作層次的分化，最後使個人的個性可以多方面發展，另建新人生價值體系外結果。流行在兩晉時代的別傳出現，就建立在這個轉變基礎上。

三、別傳與《世說新語》

單純以個別歷史人物為單位的別傳，是魏晉史學轉變過程中，出現的新的歷史寫作形式。這種新的寫作形式，劉知幾稱為「別錄」或「私傳」。別傳既稱為別錄或私傳，自然是由私家撰寫，而不是國家的記錄。所以湯球認為別傳「別乎正史而名之」，和以人繫事的正史的列傳或傳是不同的。事實上，魏晉別傳的「別」含意不僅限於此，和魏晉時期文學領域裡出現的「別集」相似。別集是個人個別的文集，每一個個人的文集各自有其不同的風格。《隋書．經籍志》別集小序說文學作者「其志尚不同，風流殊別，後之君子，欲觀其體勢，而見其心靈，故別聚焉」。所以別集的個別表現各自與眾不同。同樣地，個人的別傳稱之為別，也有這種意味在內。所以，別傳的別，可作分別或區別解。因此，魏晉別傳代表了兩種不同的意義，一是表現別傳與正史列傳不同，一是表現別傳與別傳間彼此不同。這兩種意義說明一個事實，就是由於魏晉個人自我意識的醒覺，對個人性格的尊重和肯定，而且不再重視對儒家道德實踐的表揚，而偏重個人性格的發揮，像〈平原彌衡傳〉所表現的孤傲、〈嵇康別傳〉所表現的狂放，都是最好的說明。

雖然，這一類的人物別傳在《隋書．經籍志．雜傳類》著錄不多，但《三國志》裴注、《世說新語》劉注，以及唐宋類書《北堂書鈔》、《初學記》、《太平御覽》等，卻引用眾多別傳約二百一十餘種。所以，別傳不僅是魏晉史學發展中重要的支流，而且在當時是非常流行的。魏晉別傳產生與流行的上限和下限，自東漢末年至東晉末年的兩百年間。這兩百年間正是個人突破〈古今人表〉儒家理想性格後，個人個性新類型重組的時代。經過重組後的個性新類型，不僅為這個時期史學寫作新形式的別傳，拓寬了選擇材料的範圍，同時也為這個時代的史學家提供了對歷史人物評價新的標準。

東漢開始，光武帝特別重視名節，對王莽時代「裂冠毀冕相攜而去」之士的搜求，卻有某種政治的意味。企圖將個人的道德的人格，歸納在班固〈古今人表〉的儒家理想人格框限之內，與政治合而為一。但這種個人道德與政治凝而為一的情況，由於君主絕對權威衰微，以及作為政治指導的儒家思想僵化，漸漸形成個人道德與政治分離，原來統一在儒家思想下的理想人格，開始作層次的分化。以李固為代表的「上以殘暴失君道，下以篤固盡臣節，節盡則死亡」，還堅持儒家道德與政治結合的最後理想；以李膺為代表的「激素行以恥權威，立廉尚以振貴執」，則表現了個人道德與政治漸漸分離；最後形成「蟬蛻塵埃之中，有致於寰區之外」的逸民。象徵著個人道德和國家政治權力的分離，又回歸到司馬遷《史記》的〈伯夷列傳〉所嚮往的境界。而且國家權力下降，個人意識上升與醒覺是東漢末年至魏晉之間，意識形態領域裡的重要轉變。

漢末至魏晉個人意識的上升和醒覺，具體表現在《世說新語》之中，記錄魏晉時代社會人物的逸聞軼事的《世說新語》，就是這個時代人物評論的結晶。一千一百多條的《世說新語》，敘述了這個時代六百四十五人不同風貌，其中三百九十五人見於正史，其他的則分別見諸家史、郡書、或譜系，尤其是這個時代流行的別傳。在現存的別傳中，劉孝標注竟用了一百三十九種之多。而且《世說新語》所敘述的人物，從二世紀晚期的東漢末年，至四世紀末的晉宋之際為止，與這個時代發展與流行的別傳的上限和下限相吻合。別傳是魏晉個人意識醒覺的產物，《世說新語》表現個人脫離儒家道德規範後，個性獨立發展的過程。因此透過對《世說新語》的探討，不僅可以對別傳的形成與發展，得到進一步的認識和了解，同時也可以尋出魏晉史學思想變遷的痕跡。

現行《世說新語》的目錄分上中下三卷，共三十六篇，這三十六篇是對這個時期出現的新性格類型，所作的歸納和總結。上中下三卷各篇前後排列的秩序，代表這些個性新類型的發展與形成的階段。首四卷是〈德行〉、〈言語〉、〈政事〉、〈文學〉等篇，這種分類方法雖然承孔子對其弟子因才施教之舊，但卻有了新的內容。首先是「德行」，在東漢國家集體權力下降，個人獨立意識上升，使得士人所追求的儒家理想人格分化之際，士人的社會地位反而提高。因為在外戚和宦官的權力鬥爭中，他們所表現的道德勇氣，受到社會普遍的尊敬。〈德行〉篇最初所出現的人物是陳蕃、李膺、郭林宗、陳寔，他們都是當時清流知識份子的表率。他們的言行模式，往往成為其他士人爭相仿效的對象。不過他們所追求的理想人格，雖然仍然在儒家理想的人格架構之下，但在內容和實質上，已和過去大不相同。因為他們所表現的行為已將對國家效忠的目標下移，轉變為區域性的鄉土服務，以及家族間的孝悌、朋友間的信義，藉此突出個人的獨立特行，以提高社會的聲譽，及對社會的影響力。所以《世說新語》選擇漢魏之際作為一個起點，敘述儒家理想人格的分化與轉變，是非常具有歷史意義的。

在這個轉變的時期中，像儒家理想人格轉變一樣，同時也發生在學術思想領域。儒家思想在兩漢時期，不論在學術、社會、政治、文學、藝術各方面，都居於唯我獨尊的支配權威地位。尤其在學術方面，除了經學之外，便無其他學術可言。但任何思想依附政治一躍而居於權威地位，就失去原有的彈性而僵化。因此經學發展至東漢晚期已漸漸衰微，六經刊石，經文從此固定，鄭玄、馬融注經，雖博採今古，但經學的宗派也因此形成。所以兩漢的經學發展到這時，不論在形式和內容方面都開始凝固。因此，到東漢末年儒家經學所壟斷的學術思想，也發生不同層次的轉變，原來籠罩在經學下的其他學術，包括了文學、藝術和史學，都有擺脫經學而獨立的傾向。《後漢書．文苑傳》特別強調，文學著作由於不同的作者，出現不同的文學風格，而且由散篇的賦、頌、箴、誄、論以及雜文若干篇，計算個人的作品，至兩晉而有代表個人著作的別集出現。同時文學評論的雛形已經形成，象徵著文學已逐漸脫離經學而邁向獨立。

文學脫離經學獨自發展，從東漢末年開始。因此，《世說新語．文學》選擇馬融與鄭玄的關係開始，說明東漢末年師弟關係的轉變。這種轉變後來成為鄭玄遍注群經，不別今古、不守家法，是東漢經學解釋轉變的重要關鍵。所以，〈文學〉篇所敘不僅是文學，也說明漢晉間由經學而玄學的學術流變。就〈文學〉通篇而言，雖言文學，事實上卻和〈言語〉較為接近。

所載的都是當時名人的言談，巧言慧語。這些巧言慧語就是魏晉清談的形式，也就是所謂的談辯。談辯之風興於東漢末年，與兩漢察舉制度的鄉閭評議有密切的關係。因為兩漢察舉制度的鄉閭評議，到東漢末年轉變為名士對人物的品評與清議，對魏晉談辯之風發生推波助瀾的作用。不過由於談辯之風的興起，而使守家法、講章句的經學式微，〈文學〉篇首敘馬融、鄭玄，就是為了表明這個轉變的開始。

至於「政事」，依儒家的解釋，就是「佈政治事，各得其所」的意思。不過，東漢末年的政治已有法家傾向，下至三國時代，形成曹魏的名法之治。〈政事〉篇首敘陳實為太丘令，有吏詐稱其母病求假，事覺收獄，陳實治以欺君不忠，母病不孝，不忠不孝，其罪莫大，下令殺之。潁川陳氏自來有法家傾向，此條所表現陳實對法家精神的貫徹，說明當時所謂的政事也在轉變中。所以，《世說新語》第一卷的四篇，雖然在形式上保持孔子四種施教的名目，但事實上卻是新的內容，這也說明《世說新語》所敘，包括了政治、學術及價值觀念都處在一個轉變的時代，使個人的個性開始超脫儒家道德規範的約束，有新的轉變方向。

《世說新語》中卷九篇，自〈方正〉、〈雅量〉、〈識鑒〉、〈賞譽〉、〈品藻〉、〈規箴〉、〈捷悟〉、〈夙慧〉、〈豪爽〉等，是漢魏之際儒家理想人格分化轉變期中，所出現的人物個性新類型。很明顯地，這些個性的新類型，是東漢末年人物品評識鑒之風影響下形成的。不過，《世說新語》所出現的人物個性新型，是從儒家理想人格類型轉化而來。因此，在某種程度上還以儒家道德規範為依據。後來經過曹操有計劃的摧殘，以及魏晉之際政治的變動，使士人的理想人格徹底和儒家道德規範完全分離，然後形成《世說新語》下卷的自十四篇〈容止〉至三十六篇〈仇隙〉等更多的新個性類型。

不過，使儒家理想人格徹底破產的卻是曹操。曹操自建安十五年春至二十二年秋，連續頒布了三道命令，此即為「魏武三令」，一再強調他選用人才唯才是舉，即使不仁不孝而有治國之才者即可任用，這個政策宣布在儒家思想衰退，個人意識上升之際，不僅加速儒家理想人格的分化，同時更引發當時政治與學術領域的巨大變動。不過，這個政策的宣布是有現實的意義的，其目的在打擊大族與抑制名士的交遊和清議，成為曹氏政權祖孫三代一貫執行的政策。這個政策實際上針對東漢名士月旦人物，標榜交遊而發。兩漢地方選舉主要的依據是鄉閭評議，鄉閭評議又建立在對人物的鑒識和鄉議的基礎上。不過，東漢末年對人物的品評，實際卻掌握在一批名士之手，一經他們品題即身入清流。結果不僅干涉政府的用人權力，而且形成朋黨交遊，浮華相尚的風氣。這種現象已引起當時著名的政論學者崔實、仲長統、徐幹、王符的痛心疾首的批評。他們的立論都在崇名核實的基礎上。由於針對這個問題的批評，因而出現了對人物觀察分析的學問，如鍾會的才性異同之論、劉劭的《人物志》，都在這時出現。

曹魏行名法之治，名法之治以崇名核實為骨幹。劉劭是當時的名法之臣，《人物志》在形式上繼承了東漢末年儒家的傳統，並且總結了東漢末年人物品評鑒識的風氣，但實際卻以當時流行的崇名核實為基礎，配合了當時政府用人需要為前提。因此，劉劭的《人物志》對人物的分類，已突破班固〈古今人表〉的框限，並掌握了東漢末年人物評價的潮流。以當時流行崇名核實的思想為基礎，並配合現實政治實際的需要，另外鑄出新的理想人格標準，恰與東漢末年儒家思想衰退，士人所追求儒家理想人格層次分化的情況匯合，而形成《世說新語》中卷所出現的九種不同性格的類型。這個時期正處於新的個性類型轉變的過渡時期。

不過，自高平陵之變後，曹爽及其支黨都被夷三族，過去環繞在曹爽四周的名士都遭株連，於是曹魏的政權轉移到司馬氏家族手中，但司馬氏的政權卻是建立在被曹氏抑制的大家世族的基礎上。這些世家大族和河內司馬氏家族一樣，都是所謂「本諸生家，傳禮來久」的儒學世家，他們的結合象徵被曹氏抑制的世家大族對名法之治的反抗。於是，他們又極力提倡儒家的禮教，不過，此時所提倡的儒家的禮教，不僅沒有內容，而且祇是空洞的形式。而且司馬氏家族的陰謀篡奪，與大家世族敗德傷俗的行為，和原來的儒家道德標準背道而馳，因而引起一部份士人的蔑視與激烈的反對，阮籍、嵇康就是代表性的人物。他們非薄堯、舜、周公、孔子等儒家的聖人，並徹底破壞禮法，使正在形成的新人格類型徹底和儒家分離，形成個人個性的完全解放。於是出現了前面所說的《世說新語》下卷，和儒家理想人格完全不同的二十三種新人物性格的類型。

所以，《世說新語》所表現的是個人脫離儒家理想人格後，新的人格類型發展與轉變的過程。這種新人格類型的轉變與形成，和漢魏之際、魏晉之間的學術思想與政治發生交互的影響。因此，分析《世說新語》三十六種人格類型，可以為別傳的形成發展提出一個背景的說明。從司馬遷列傳的形成，及其成為正史紀傳體的主體結構，到魏晉別傳形成並成為正史之外的一支，其間的過程是非常曲折與複雜。不過，一個時代的史學產生在一個時代之中，和其存在的時代發生交互的影響，因此，從以人繫事的列傳，到純粹以人物為主的別傳，似乎無甚關聯，但如果從這些著作出現的時代討論和分析，彼此的關係仍然是有跡可尋的。

附錄三：前不見古人

——談中國歷史人物的塑型

英國倫敦大學漢學教授杜希德 (D. C. Twitchett) 在他的一篇〈中國傳記作品〉❶中，認為中國雖然是一個「傳記豐富的國家，但中國傳記的寫作，在頑強而牢不可破的傳統束縛下，經過兩千年的發展，時至今日仍停留在學步階段」。因此他說：「中國列傳典型的例子，像編年史一樣，枯燥而無人的氣息，近代讀者欲尋傳主人的端倪，將發現極難形成不同的寫照。」

作為一個中國人，乍讀這段文字，似乎會有一種被輕蔑的憤怒。因為我們一直以悠久的

❶ D. C. Twitchett "Chinese Biographical Writing," *Historians of China and Japan*, London: Oxford University Press, 1961.

歷史，和綿延不絕的歷史記載而自豪；而且中國是世界傳記寫作創始的國家，司馬遷就是傳記寫作的鼻祖。我們的一部二十五史，即是以傳記體裁組合而成的。不過在我們讀過我們祖先所留下的珍貴遺產，然後再放下民族的優越感，冷靜地分析以後，也會承認杜希德並非無的放矢。是的，我們是一個傳記寫作豐富的國家，可是從司馬遷到現在兩千年以來，卻始終沒有產生一部像西方描繪出個人在歷史中所發生的影響，以及個人對歷史的感受那樣單獨的個人傳記，這也是我們無法否認的事實。

杜希德雖指出中國傳記寫作的缺點，卻沒有進一步分析這個問題產生的原因，由於中國與西方傳記寫作，產生在兩種迴然不同的文化環境之中，所以表現的方法當然不同，更無法相提並論。關於這個問題不僅杜希德不能了解，即使我們自己往往也會發生誤解。因為司馬遷的《史記》是由一百六七十個主要人物編織而成，那裡有帝王將相之輩，也有雞鳴狗盜之徒，有「風蕭蕭兮」慷慨悲歌的義士，也有「力拔山兮」窮途末路的英雄。他所創造的傳記體，成為後世歷史寫作遵循的形式。因而，便產生一種錯覺，認為中國紀傳體是以人為主的。事實上，中國的紀傳體和編年體一樣，同樣敘述歷史事件發展的過程，及演變的因果關係，所不同的，編年體是以年繫事，紀傳體則以人繫事而已。

所謂「傳」，劉知幾說：「列事也。」趙翼更進一步解釋說：「古書凡記事立論，及解經者，皆謂之傳，非專記一人之事蹟也。」所以中國最早的「傳」，並非記載一個人的事蹟，而是解釋經典的著作。所以《尚書》有大小夏侯、歐陽的傳，《詩經》有齊、魯、韓三家傳，《春秋》有公羊、穀梁、左氏、鄒夾氏幾家的傳。這些傳，也就是章實齋所謂的「依經起義」，「附經而行」的書。中國自古經史不分，章實齋又說：「古人未嘗離事而言理。」所謂「六經」，「皆先王之政典也」，也就是說「六經」是過去經國的紀錄。這些過去政治的紀錄，經過儒家加以整理與理想化後，歸納成一些原理原則。這些原理原則，轉過來變成後世政治最高指導的準則，社會所遵循的行為模式及道德規範。而「傳」就是列舉事實來說明與解釋經典「微言大義」的作品。

同樣地，司馬遷以孔子的《春秋》為藍圖，創造中國史學的新形式。他的紀傳體將史料歸納成三類，分別以「本紀」「世家」「列傳」的形式表現。然後再將這些史料類比排列，分類解釋。從表面上看各傳獨立，互不相關，但事實上各篇間卻有著無形的邏輯關聯性。「本紀」是許多史料歸納的總結，然後再演繹成「世家」「列傳」。所以本紀祇記事的大端，僅敘某事發生在某時，至於事件演變的本末與影響，卻更詳盡地記載在世家或列傳裡。他寫本紀，是為了追尋「王跡所興，原始察終，見盛觀衰」。他寫世家，是為了說明「輔拂股肱之臣配焉，忠信行道，以奉主上」。他寫列傳，是為了敘述那些「扶義俶儻，不令己失時，立功名於天下」的人們。由此可以了解本紀所敘述的是歷史的主流，世家與列傳是解釋主流的發展與演變，所以世家與列傳對於本紀，正像《左傳》與《春秋》的關係一樣，將經典所含的意義，作更清晰的闡釋。除了本紀、世家、列傳之外，《史記》還有「書」「表」，在此不作詳論。司馬遷融合中國古史寫作的形式，鑄造成中國史學新的版型，這個新的版型，一直支配了中國兩千年史學寫作的形式。

對於這種寫作形式，有人認為過於繁瑣，鄧嗣禹先生就認為中國的傳記體，把歷史分割成不清的碎片，因此讀中國正史，如吃西餐，本紀如牛排、列傳如素菜，讀者需自加選擇，自己調味。不過如果認清中國的傳記體以敘事為主，這樣的問題就不會發生了。

關於這個問題，可以從《史記》的類傳與合傳加以分析。所謂類傳，即是將事蹟相類的人物組合成一傳，像〈儒林〉、〈循吏〉、〈酷吏〉、〈刺客〉、〈游俠〉、〈滑稽〉、〈日者〉、〈貨殖〉等都是類傳。至於合傳，兩人或兩人以上，雖然所處的時代不同，但事蹟、學術、境遇相似而合成一傳，如〈老子韓非〉、〈屈原賈生〉、〈孫子吳起〉等傳屬於這一類。司馬遷寫這一類的傳記，是為了說明某個歷史事件演變與發展的過程。像魯仲連與鄒陽合傳，魯仲連是戰國齊人，一介匹夫，游說諸侯義不帝秦；而鄒陽是西漢時代人，曾游說梁孝王不成而下獄，後來在獄中上書梁孝王得釋，這兩個人不僅所處的時代不同，而且事蹟也不相類，不過他們都是游說之士，一個處於游說橫行的時代，一個處在游說沒落的時代，司馬遷「觀始察終」便選擇這兩個人物，敘述游說之士興廢始末。

趙翼認為《史記》「次第皆無意義，隨得隨編也」。像《史記》卷四十九〈李將軍列傳〉、五十〈匈奴列傳〉、五十一〈衛將軍驃騎列傳〉、五十二〈平津侯主父列傳〉，對於這樣的編排方法，他批評「朝臣與外夷相次」，顯得非常不倫不類。不過這一連串的傳記，目的在說明西漢對匈奴關係的轉變。因為西漢自白登之圍後，一直和匈奴維持著羈糜的和親關係，這種使賈誼痛哭的屈恥關係，直到漢武帝時代才重新調整。雖然李廣進攻匈奴沒有獲得成功，但他卻是漢朝對匈奴的關係，由和親轉變為進攻的關鍵人物，這是〈李將軍列傳〉列在〈匈奴列傳〉之前的原因。至於排在〈匈奴列傳〉之後的〈衛將軍驃騎列傳〉，因為他們是征匈奴的英雄人物，公孫弘與主父偃對於朔方郡設置與否的辯論，使他們進入匈奴問題的範疇。再說司馬相如與卓文君的「鳳求凰」，在中國文學史上留下風流韻事，但他所以能進入歷史，卻由於他出使西南夷，這是〈司馬相如列傳〉編在〈西南夷列傳〉之後的原因，所以不僅在史料的解釋方面，即在目錄的編排方面，司馬遷也同樣注意事與事之間的關聯性。

至於中國傳記記事的標準，則根據儒家的經典，司馬遷寫《史記》「欲上肇《春秋》」，因此不論在材料的選擇與材料的鑑別和考訂，完全依據這個標準。在材料的選擇方面，必須「不離古文者近是」，所謂「古文」就是儒家的經典。至於材料的鑑別與考訂，由於當時「載籍極博」而眾說紛紛，所以「猶考信於六蓺」，也就是辨別材料的真偽，而以儒家的六藝為準則。另一方面，對於材料的解釋，同樣也以儒家思想為基礎。《史記》的本紀以〈五帝本紀〉、世家以〈吳太伯世家〉、列傳以〈伯夷列傳〉為首，主要的目的在闡明儒家最高的道德標準──「禮讓」，至於列傳的首三篇〈伯夷〉、〈管晏〉、〈老子韓非〉等三傳，分別表揚儒家立德、立功、立言三不朽的精神。因此司馬遷利用歷史事實，解釋儒家的經典，他所創造的紀傳體，更接近劉知幾所謂的「傳，列事也」。

雖然，司馬遷根據儒家的經典，解釋歷史的事實，而且他本人又曾從董仲舒習過《公羊》，但他所處的時代，正是漢武帝罷黜百家，獨尊儒術的時代，儒家思想雖然憑藉政治力量，超越其他思想脫穎而出，卻是還沒有獲得絕對的領導地位，其他各家思想，在當時仍然保持原有的潛在影響。在他〈自序〉裡論「六家要指」，雖然是闡述他父親司馬談的思想，同時也感染許多時代思潮的痕跡。

所以後來班固批評他：「論大道則先黃老而後六經，序游俠而退處士，述貨殖則崇勢力羞賤貧。」在《漢書》的作者班固眼中看來，雖然司馬遷尊重儒家思想，將孔子列入世家，而且尊為「至聖」，但他的儒家思想仍然不夠純正。這完全由於他們所處的時代不同。班固生長東漢儒家思想鼎盛的時代，而且又是經學世家，所以他的《漢書》不僅在寫作的形式上，同時在思想上，充份地表現這是一部儒家思想典型的作品。班固在〈敘傳〉中說：「唐虞三代，詩書所及，世有典籍，故雖堯舜之盛，必有典謨之篇，然後揚名於後世，冠德於百王，故曰『巍巍乎其有成功，煥乎其有文章也』。漢紹堯運，以建帝業……史臣乃追述功德，私作本紀，編於百王之末，廁於秦、項之列。太初以後，闕而不錄，故探纂前記，綴輯所聞，以述《漢書》。」他在思想方面，由上古三代延續而來，也就是儒家思想一脈相傳的。《漢書》所以為「書」，是想仿效「典謨之篇」的《尚書》。在寫作的方法上，他在〈敘傳〉裡又說：「綜其行事，旁貫五經，上下洽通，為春秋考紀、表、志、傳，凡百篇。」他將「本紀」直接稱為「春秋考紀」，已經說明了他寫本紀和司馬遷一樣是仿孔子的《春秋》。因此，不論在思想與寫作的態度上，都充滿儒家思想色彩。《漢書》雖然是寫自「高祖終于孝平王莽之誅，十有二世，二百三十年」西漢一代的歷史，而後世稱《漢書》是中國斷代史的創始者。可是他的〈古今人表〉與「志」卻超越了漢代的範圍，後來受到劉知幾激烈的批評；他說：「表志所錄，乃盡犧年，舉一反三，豈以若是，膠柱調瑟，不亦謬歟！」劉知幾的這種批評，多少有些武斷，因為《漢書》雖然寫西漢一代之史，但卻不能忽略班固的「旁貫五經，上下洽通」的目的，《漢書》是表揚西漢一代，在政治與社會各方面實踐儒家思想的著作。它的

「表」「志」雖然超越前代，可是卻肯定儒家思想的價值，班固就利用這些價值判斷，作為衡量西漢政治與社會的標準。因此《漢書》比《史記》更能表現儒家的思想。這也是在魏晉南北朝儒家思想中衰的時代中，一些衛道的知識份子，欣賞《漢書》遠超《史記》的原因。

中國的傳記體，在司馬遷創造出固定的形式後不久，班固更注入儒家思想，於是以後的傳記體，就成為政治與社會實踐儒家政治理想、道德規範的紀錄。這些紀錄分別由兩類人物表現出來：一類是合於儒家道德標準的明君、賢臣、孝子、義士、節婦；另一類是儒家行為規範的叛逆者，他們是昏君、亂臣賊子。不論這兩類人物的那一類出現在中國的史書上，都充滿教育的意味。讀中國史書，就成為讀夫子之教、聖人之道的另一個形式，了無詩意與美感，更無趣味可言。中國的史學家也在這種負荷下，載筆沉重，創造不出有血有肉、有感情有欲望的歷史人物來。這種現象正是杜希德所批評的。不過這種現象並不是兩千年來發展的結果，而是中國傳記寫作的形式在開始的時候，就不是為了塑造與描繪歷史人物，後來這種形式更在儒家的思想約束下而僵化了。

既然中國的史學家無法創造一個具體的歷史人物，中國史書又成為政治的鏡鑑，與個人道德修養的典範，於是中國歷史祇是屬於少數政權的掌握者，與社會高級知識份子的專利品。至於社會上廣大的人群，卻無法從那裡吸取歷史的知識及經驗。但尋求對過去的了解與認識，是人類所具有的本能，既然歷史著作無法使他們滿足，祇有從另一方面取得補償。於是文學家和戲曲家便代替了史學家，擔負起中國歷史教育的任務，他們的作品經過流傳與廣布以後，在社會上發生一定的作用。他們所描繪的歷史人物，比歷史家所敘述的人物要生動可愛，而且更像「人」，更使人易於接受，經過長久的時間以後，塑造成一定的形象，浮現在人們的心目中，至於這些人物本來的面目反而煙消雲散了。

關於這個問題，可以從曹操的塑型加以分析。記載曹操事蹟的書，主要的是《三國志》，但讀《三國志》的人畢竟不多，不過北宋以後有了平話，開始說三國故事，後來羅貫中又利用這些材料編成《三國演義》，清朝末期三國戲又盛行起來，祇要讀過小說，看過戲，聽過平話，誰都會認識那個大奸白臉，於是曹操成了家喻戶曉的人物了。

曹操的這個臉譜，是由許劭對他的兩句批評而引起的。《三國志．魏書》卷一裴注引孫盛《異同雜語》說：

（操）嘗問許子將：「我何如人？」子將不答。固問之，子將曰：「子治世之能臣，亂世之姦雄。」

許劭對於曹操的批評是很恰當的，這兩句話的意義，治和亂、能和姦是相對的。但治世和亂世是指曹操所處的時代，能臣和姦雄都是指的曹操一個人，也就是說曹操個性和常人一樣，包括善惡兩面。但後世批評曹操，祇重後面一句，即曹操屬於姦雄的一面，不過姦雄臉譜的形成不是偶然的，是在中國歷史著作中，特有的「正統」觀念支配下，經過長久時間而塑成的。

關於曹操是能臣或姦雄的問題，在隋唐以前似乎沒有什麼爭論，陳壽寫《三國志》以魏為正統，雖然在東晉時，干寶的《晉紀總論》，習鑿齒的《漢晉陽秋》，一度曾提出蜀為正統的論調，但大部的著作仍然以魏為正統，因為在歷史上政權的遞嬗，隋唐是繼承晉的，而司馬氏家族的政權又得自魏，魏為正統當然不會發生問題的。這種情況到宋，尤其南宋以後就變了。因為在北宋時代北方有遼，南宋又和金對立，如果承認魏為正統，北宋繼承唐，而遼的政權得自北宋，金又從遼獲得政權，那麼遼金就成為正統，南宋反而不是正統了。特別當時南宋的處境，和三國鼎立時代的蜀漢相似。朱熹的《通鑑綱目》，便帝蜀而寇魏以劉備為正統，除了爭正統之外，還有內華夏外夷狄的意味在內。

後來元朝統治中國，這種爭論就變得更激烈了，因為元的政權得自金，又翻過來帝魏而寇蜀，以魏為正統。但在一般不甘受異族統治人的心目中，反而以蜀為正統，又經過小說家與戲曲家的渲染，極力推崇劉備，而大罵曹操。於是曹操的奸白臉譜，在人心目中有了一定的形象，許劭對曹操「亂世姦雄」的批評，也發生了作用。所以曹操挾天子、廢皇后、帶劍上朝，都成為亂臣賊子的典型。漸漸的大家忽略他「能」的一面，他曾利用漢獻帝這塊招牌，統一北方分割的局面；他曾在中原地區實施屯田，恢復董卓之亂後北方殘破的景象；同時由於他父子的風流文采，促成建安文學在中國歷史上的輝煌成就。他被視為姦雄，完全由他與漢獻帝的關係，也就是因為他的挾天子令諸侯，不過，在當時的情勢下，即使他不挾，其他的群雄同樣也會挾，正像他自己所說，如果他不利用漢朝的這塊老招牌，「正不知有幾人稱王，有幾人稱帝」，使中原地區的分裂又延續下去，而他這樣做，卻使漢朝又延續二十幾年。這正是他「能」的一面，卻被他那副白色的臉譜掩蓋了，現在我們認識的曹操，是平劇「逍遙津」、「捉放曹」、「打鼓罵曹」裡的曹操，不論他換上什麼戲裝，他那副臉譜卻永遠不會改變的。

由此可以了解，我們過去的歷史學家，在傳記寫作形式，與牢不可破的傳統思想的雙重約束下，既沒有留下一部偉大的傳記著作，更沒有留下一個可供塑造的歷史人物。而文學與戲劇所塑造的歷史人物，卻又遠離歷史事實的藩籬，更加深縈繞在歷史四週的濃霧，我們觀察過去的歷史人物，像霧裡看花，除了一團朦朧外，很難看清他們本來的面目。所以，雖然我們自稱是一個偉大的傳記國家，可是我們今天卻陷在「前不見古人」的悲涼境界之中。

當然，我們無法把這些錯誤，完全歸咎於我們的祖先，我們今天的歷史工作者也要負責的，因為在中國近代化的過程中，我們的史學也曾接受西方挑戰的刺激，擺脫某些傳統的約束，向一個新的境界邁進。可是經過幾十年的發展，卻仍然像一個練武功的人，無法打通任督二脈，更上一層樓。因此，我們的史學始終停留在考訂的階段，無法跨進歷史解釋的領域。所以，我們今天的歷史學家，都像珍珠的採集與鑑別者一樣，祇努力於採集與鑑別珍珠，完全忽略了這些經過他們鑑定的珍珠，還可以再經過加工，鑲串成美麗的項鍊，以致使那些晶瑩的珍珠散棄滿地，而失去原有的光彩，的確令人非常惋惜。

魏晉史學及其他(三版)

逯耀東／著

祇有文化理想超越政治權威之時，史學才有一個蓬勃發展的空間，魏晉正是這樣的時代。魏晉不僅是個離亂的時代，同時也是中國第一次文化蛻變的時期，更是中國史學黃金時代。書中一系列魏晉史學的討論，雖然是作者研究魏晉史學的拾遺，卻也道出對這個時期史學探索的某些觀念。

從平城到洛陽——拓跋魏文化轉變的歷程(二版)

逯耀東／著

在永嘉風暴中，拓跋氏部族最後進入長城，不僅收拾了黃河流域邊疆民族破壞的殘局，並建立了較長期的統治政權；同時對東漢以來滲入長城的其他邊疆民族作了一次融合。然後以此為基礎，和漢民族作一次徹底的融合，而孕育了新的血輪與新的文化因子，成為後來隋唐帝國建國的基礎。

國家圖書館出版品預行編目資料

抑鬱與超越：司馬遷與漢武帝時代／逯耀東著.——二版一刷.——臺北市：東大，2024
面； 公分.——（糊塗齋史學論稿）

ISBN 978-957-19-3360-3（平裝）
1.(漢)司馬遷 2.史記 3.學術思想 4.研究考訂 5.史學

610.11 112016915

糊塗齋史學論稿
抑鬱與超越——司馬遷與漢武帝時代

作　　者｜逯耀東
發 行 人｜劉仲傑
出 版 者｜東大圖書股份有限公司
地　　址｜臺北市復興北路 386 號 (復北門市)
　　　　　臺北市重慶南路一段 61 號 (重南門市)
電　　話｜(02)25006600
網　　址｜三民網路書店 https://www.sanmin.com.tw

出版日期｜初版一刷 2007 年 5 月
　　　　　初版二刷 2015 年 5 月
　　　　　二版一刷 2024 年 1 月
書籍編號｜E620570
I S B N｜978-957-19-3360-3